학교상담 사례연구

박경애 · 이재규 · 김혜원 · 조현주 · 김인규 · 김춘경 · 김희수
신지영 · 윤정혜 · 이한종 · 조붕환 · 조정연 · 최태산 · 홍종관 공저

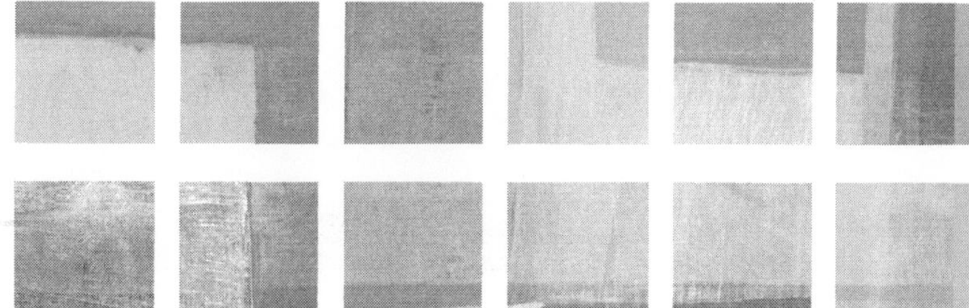

학지사

『학교상담 사례연구』 발간에 부쳐 …

우리 학교상담학회의 오랜 숙원이던 『학교상담 사례연구』를 출간하게 되어 기쁩니다. 2000년 이후 상담학의 양적 확산과 질적 성장에도 불구하고 현장의 상담사례를 발굴하여 소개한 문헌이 그리 많지 않았기 때문에 본 학회가 주관한 이 책은 상당한 의미가 있습니다.

이 책은 정확하게 말하면 학교상담에 관한 사례집이라기보다는 학생을 대상으로 한 사례집입니다. 수록된 상담사례는 학교의 상담실뿐 아니라 Wee센터, 청소년상담센터, 다문화센터 등 여러 장면에서 일반교사, 전문상담교사, 청소년상담자, 상담교수 등의 다양한 상담자가 학생을 대상으로 수행한 것들이며 집단따돌림, 게임중독, 학교폭력, 청소년기 우울증, 친구 문제 등 학생들이 많이 호소하고 있는 11가지 문제를 다루고 있습니다.

각 사례별로 학교상담학회 임원진인 여러 교수가 중심이 되어 1~2편의 전문가 논평을 추가하였습니다. 이러한 논평은 논평자의 이론적 관점에 따른 사례개념화, 상담의 진행과정, 상담의 결과, 총평으로 구성되어 있습니다.

이들 중에서 어떤 사례는 성공적이었다고 평가된 반면, 충분한 효과를 거두지 못했다고 판단되는 사례도 있습니다. 전자의 사례는 유사한 사례를 다룰 경우에 필요한 참조 틀을 제공해 줄 것이며 후자의 사례들은 분석과 연구를 통해 학생상담의 독특성, 상담실무자의 고통, 상담 대상이 되는 학생들의 특징 등을 체계적으로 밝히는 데 필요한 단서를 제공해 줄 것입니다. 또한 전체 상담사례를 통해 드러난 상담의 과정, 상담의 기술, 상담자의 태도 등은 학생상담의 이론적 특징을 체계화하는 데 일조할 수 있을 것입니다. 따라서 이 책을 학교상담 또는 학생을 대상으로 한 상담에 임하고 있는 상담자들이 활용하면 도움이 될 것입니다.

이번 사례집을 발간함에 있어서 몇 가지 편집 원칙을 정했습니다.

첫째, 내담자의 사적 정보를 보호하는 것이었습니다. 이를 위해서 내담자와 내담자 주변인의 이름은 모두 가명으로 처리했고, 내담자의 특이한 경험은 경험의 특수성을 손상하지 않는 범위 내에서 가감하였으며, 상담자에 대해서는 경우에 따라 실명 혹은 가명으로 제시하되, 상담자의 소속기관을 밝히지 않기로 하였습니다.

둘째, 사례에 대한 충분한 정보를 제공하기 위해서 노력하였습니다. 내담자의 특징과 처한 상황, 그리고 상담진행과정에 대해서 가능한 한 구체적으로 밝히려고 노력하였습니다. 이는 이 책을 읽는 독자들이 사례를 통해서 내담자와 상담진행과정에 대해서 구체적으로 이해하고 상담과정에 대해서 숙고할 수 있도록 하기 위함입니다.

셋째, 사례에 대해서 논평을 할 때, 논평자의 이론적 입장을 분명히 밝히려고 노력하였습니다. 하나의 현상은 그 현상을 바라보는 관점에 따라서 다양해질 수 있듯이, 하나의 상담 사례에 대한 논평도 논평자의 이론적 관점에 따라서 다양할 수 있을 것입니다. 때문에 논평자의 이론적 관점을 소개하고, 사례에 대한 논평이 절대적인 논평이 될 수 없음을 미리 밝혔습니다.

이 책이 나오기까지 많은 분들의 희생과 노력이 있었습니다. 우선 자신의 사례를 세상에 기꺼이 노출해 주신 11명의 상담자와 그들의 내담자에게 깊은 감사를 드립니다. 자신의 사례를 공개하는 것을 꺼리는 분위기에서 내신 용기는 동료 및 선후배 상담자들이 체계적이고 효율적인 상담을 하는 데 크게 기여하게 될 것입니다. 논평을 써 주신 2010년 9월부터 2013년 2월까지 학교상담학회의 임원진으로 봉사해 주신 교수님들(최태산-부회장, 조붕환-부회장, 김춘경-부회장, 이재규-학술위원장, 김혜원-학회지발간준비위원장, 조현주-교육연수위원장, 김희수-자격관리위원장, 김인규-국제교류위원장, 윤정혜-아동상담분과위원장, 조정연-특수아 상담위원장, 신지영-특별위원장, 이한종-감사)과 전임 회장이셨던 홍종관 교수님께 감사드립니다. 특히 이재규 교수님, 김혜원 교수님, 조현주 교수님께서는 이 책을 기획하고 사례 발굴 및 전체 과정에 깊이 관여해 주셨습니다. 마지막으로 이러한 과정에서 생긴 여러 가지 잡무를 기꺼이 수행해 주신 박현아 선생님께도 고마움을 전합니다.

2013년 3월

한국학교상담학회장 박경애

차례

사례 1

사는 게 무섭고 힘들어요(고3, 남)

상담자: 김경보

1. 내담자에 대한 기본정보

1) 내담자 인적사항

김연우(가명), 만 17세, 고등학교 3학년(일반계), 남자.

2) 내방 경위

상담을 신청한 이후 자발적으로 상담실로 찾아와 언제 상담할 수 있는지를 문의하였다. 작년에도 잠깐 상담을 받았는데(2008년 학교상담실에서 2회기 상담) 그때는 상담받을 준비가 안 되어 있었던 것 같고, 이번에는 상담을 받고 싶다고 말하였다.

3) 상담 신청 당시 주 호소 문제

• 성격이 소심하다. 예전에는 그냥 참았는데 지금은 참으려고 해도 속에

서 화가 난다. 하지만 화를 내지는 않는다. 애들하고 장난칠 때 불안해지고, 어떻게 대응해야 할지 모르겠다. 장난쳤을 때 대응하지 못하면 친구들이 미워할 것 같다. 친구들하고 재미있게 농담도 하면서 지내고 싶은데 말을 못하면 불안하다. 내가 이야기하면 재미있어야 한다는 생각이 든다. 트라우마가 있는 것 같다.

- 불안하면 울렁증처럼 심장이 벌렁거린다. 숨이 막히고 말을 못하겠다. 학교 오면서도 헐떡거린다. 가족을 제외하고 사람을 처음 만났을 때, 남들은 잘 어울리는데 나만 따돌리는 것 같고 불안감을 느낀다. 무시당하는 것 같다.

4) 내담자 인상 및 태도

보통 키에 약간 살이 있는 체격이다. 얼굴이 검은 편이며 약간 비뚤어져 있다(한쪽 입이 비대칭적으로 올라가 보임). 약간 허스키한 목소리로 자신감 없이 이야기한다(목소리가 이상하다는 생각은 전혀 들지 않음). 다리를 잘 떨며 다소 불안해 보이는 모습이다. 상담시간 내내 다리를 떨어 상담자가 이유를 물어보자 얼굴이 붉어지며 굉장히 미안해했다. 다른 사람이 자신을 무시하지 않을까에 대한 불안이 있다고 하였다.

5) 가족사항

- 아버지(?): 회사원. 예전에는 ○○○ 대기업에 다니셨는데 지금은 모르겠음. 직급은 과장. 대졸. 가족 중에 내담자와 가장 가까움.
- 어머니(?): 회사원. 고졸. 집안일을 잘 하지 않고 음식도 잘 못함. 지금은 무슨 일을 하는지 잘 모르겠는데 매일 외출해서 저녁 때 들어옴. 최근에는 술에 취해 들어오는 날이 많음.

• 형(21): ○○고 자퇴. ○○○대학 학생. 학원 비슷한 학교에 다니다가 지금은 게임으로 돈을 번다고 함. 어릴 때부터 내담자를 무시하고 때렸다고 함.

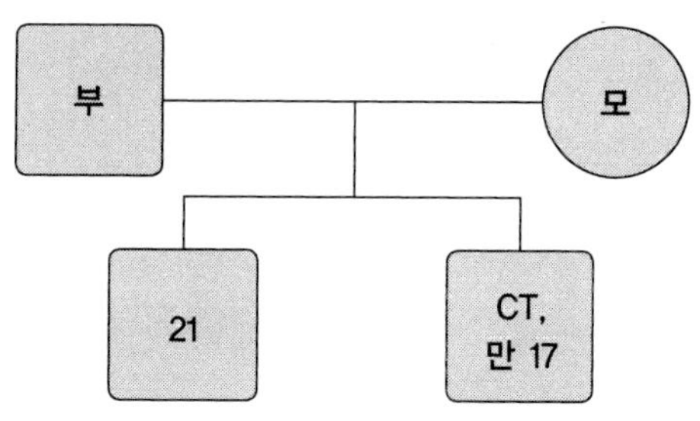

2. 내담자 이해

1) 내담자 발달사

• 태어날 때 숨을 못 쉬어 인공호흡기를 사용했다고 한다. 내담자는 그 이유 때문에 자신의 목소리가 이상한 것 같다고 이야기하면서, 녹음해서 목소리를 들었는데 쉿소리가 나고 이상하다고 하였다.
• 7살 때 유치원 가기 전까지 부모님과 떨어져 외할아버지와 외할머니랑 같이 살았다고 한다.
• 초등학교 2, 3학년 때쯤 방과후 학교에서 아이들이 유령과 귀신은 똑같다고 이야기해서, 같이 끼어 이야기하고 싶은 마음에 그냥 막말(?)을 하였다. 그리곤 "아니죠?"라고 선생님께 물어보니 선생님께서 한숨을 쉬며 한심하다는 듯한 반응을 보였다. 그 이후로 불안해지기 시작한 것 같다고 하였다.

• 어머니와 형의 기가 세서 집에서 항상 눌려서 지냈다. 어릴 때부터 부모님의 관계가 좋지 않아 폭언과 물건을 집어던지는 등 같은 아파트에 사는 주민들이 나와서 걱정할 정도로 싸움이 잦았다. 어머니가 술에 취해 아버지를 때리기도 했고 그럴 때 아버지는 어머니를 피해 형과 자신을 집에서 데리고 나가 피신해 있었다고 한다. 형은 어릴 때부터 내담자를 많이 때렸고 돈을 자주 빌렸다. 성격이 이랬다저랬다 해서 무섭다고 하였다.

2) 심리검사결과

2009년 9월 8일 불안하고 화가 잘 나서 친구들과의 관계에서 어려움을 호소하며 교내 상담실을 방문하였고, 이때 심리검사(MMPI-A, SCT)를 받았다. 2010년에 고등학교 3학년이 되면서 상담을 3개월 정도 쉰 후에 다시 상담을 시작하였고, 상담진행상황 점검 및 감별진단을 위해 심리검사(K-WAIS, BGT, HTP, KFD)를 실시하였다.

(1) 지능검사(K-WAIS)

언어성 소검사	점수	동작성 소검사	점수
기본지식 문제	9	빠진 곳 찾기	9
숫자외우기	11	차례맞추기	10
어휘 문제	8	토막짜기	8
산수 문제	9	모양맞추기	7
이해 문제	10	바꿔쓰기	10
공통성 문제	9		
언어성 지능=83		동작성 지능=71	
전체 지능=77			

(2) MMPI-A

VRIN	TRIN	F1	F2	F	L	K	Hs	D	Hy	Pd	Mf	Pa	Pt	Sc	Ma	Si
37	74T	67	67	69	39	34	70	78	63	64	66	73	82	72	54	65

A-anx(75), A-dep(73), A-hea(70), A-aln(82), A-lse(82), A-sod(74), A-trt(80), IMM(70), A(73), NEGE(70)

(3) BGT

5′26″→2′11″

(4) 그림검사(HTP, KFD)

① HTP

- H(2′05″): (도심에 있는 집입니까? 교외에 있는 집입니까?) 외곽. 펜션이다.
  (이 그림에서 날씨는 어떠합니까?) 밝을 것이다. 화창한 여름이다.
  (집의 분위기는?) 밝은 것 같다.
  (이 집을 보면 누가 생각납니까?) 행복하게 사는 가정이 생각난다.
  (이 집을 보면 무엇이 생각납니까?) 성의 없게 그렸다.

- T(43″): (어디 있는 나무입니까?) 관광지, 사람들이 보러 오기도 하는 유서 깊은 곳이다.
  (나무의 나이는 몇 살인가?) 꽤 오래된, 엄청나게 오래된 나무다.
  (나무가 죽었나 살아 있나?) 살았다.
  (나무의 건강은 어떠한가?) 양호하다.
  (나무 주변에는 어떤 것들이 있는가?) 나무 한 그루가 있다.
  (이 나무는 나중에 어떻게 될 것인가?) 몇 년이 지나 평화롭게 살다가

나이 들어 부러져 누워 있을 것이다.

• P(M)(2′03″): (이 사람은 누구인가?) 학생, 은지원이다.
(몇 살인가?) 13살이다.
(무엇을 하고 있나?) 같이 놀려고 하고 있다.
(이 사람은 어떤 생각을 하고 있는가?) 친구들에게 무시를 당했다(심한 장난으로).
(이 사람은 건강한 편입니까? 약한 편입니까?) 아플 것 같다.
(이 사람 장점과 단점은?) 속은 따뜻한데 놀 때는 컨트롤이 안 된다.
(이 사람에게는 무엇이 필요한가?) 모자도 쓰고, 멋있게 꾸미고 싶어 한다.

• P(W)(2′01″): (이 사람은 누구인가?) 외동딸이다.
(이 사람은 몇 살인가?) 6살이다.
(무엇을 하고 있나?) 부모님과 같이 백화점에 가고 있다.
(무슨 생각을 하며, 기분은 어떤가?) 부모님과 같이 백화점에 가서 좋아하는 거 살 수 있다고 생각해서 기분이 좋다.
(이 사람 장점과 단점은?) 밝을 것 같다. 하지만 불리한 상황에서는 울면서 짜증내고 떼를 쓴다.

② KFD(5″): (식구들이 무었을 하고 있나?) 계곡에서 노는 모습이다. 엄마는 음식을 사 오고 나랑 형은 계곡에서 물놀이를 하는 중이다. 아빠는 고기를 굽고 있다.

(5) SCT

• 나에게 이상한 일이 생겼을 때 왜 나만 계속 이럴까?

- 어리석게도 내가 두려워하는 것은 친구들과 얘기할 때 내가 말하면서 말이 막혔을 때.
- 다른 친구들이 모르는 나만의 두려움은 자신 있게 말을 해도 불안한 것.
- 내가 잊고 싶은 두려움은 모든 일이 잘 안 될 것 같아 불안한 것.
- 때때로 두려운 생각이 나를 휩쌀 때 불안이 커져서 뭘 잘해 보려 해도 안 된다.
- 우리 윗사람들은 솔직히 조금이지만 가끔 이상하다. 나에게 신경을 안 쓰는 것 같다.
- 윗사람이 오는 것을 보면 나는 긴장을 한다.
- 내 생각에 가끔 아버지는 착하지만 지금은 솔직히 화를 많이 낸다.
- 내가 바라기에 아버지는 조금 신경질을 줄이고 관심을 가져 주는 사람.
- 나의 어머니는 조금 가족에게 외면당하는 사람.
- 어머니와 나는 엄마가 관심을 가져 주는 아들.
- 나는 어머니를 좋아했지만 나에게 조금 더 신경을 써 주면 좋겠다.
- 내가 어렸을 때는 많이 한심했다고 생각한다.
- 어렸을 때 잘못했다고 느끼는 것은 애들과 잘 얘기를 못했던 것.
- 생생한 어린 시절의 기억은 좀 더 행복했다면 좋겠다.
- 내가 어렸을 때 우리 가족은 그다지 사이가 좋지 않았다.
- 우리 가족이 나에 대해서 관심을 조금 받는 사람.
- 내가 저지른 가장 큰 잘못은 딱히 없지만, 매일 모든 행동들이 실수로 지나갈 때.
- 무슨 일을 해서라도 잊고 싶은 것은 옛날 친구들과 제대로 못 놀았던 것.
- 내가 늘 원하기는 친구들과 평범하게 지내는 것.
- 내가 정말 행복할 수 있으려면 그냥 힘든 일을 잘 견디고 평범하게 지

내는 것.

- 언젠가 나는 개그맨이 되어 많은 사람들에게 행복을 나눠 줄 수 있는 사람이 되었으면 좋겠다.
- 나의 야망은 TV에 나와 유재석과 강호동처럼 남을 웃기는 것.
- 나의 평생 가장 하고 싶은 일은 남에게 웃음을 주는 사람.
- 내가 늙으면 한국 말고 미국 같은데 가서 공기 좋은 곳에서 사는 것.
- 내가 싫어하는 사람은 좀 이기적인 행동을 지나치게 하는 사람.
- 무엇보다도 좋지 않게 여기는 것은 남이 너무 이기적으로 행동하는 것.
- 나의 가장 큰 결점은 공부 못하고, 못한다는 불안감에 시달리는 것.
- 내가 믿고 있는 내 능력은 7년간 배운 글짓기가 그나마 능력이라고 생각함.

검사결과 초기학습과 관련된 기초학습 경험이 부족하고, 기본적인 수학 능력의 부족으로 학업수행에 많은 어려움이 있었을 것으로 보인다. 내담자의 주된 정서는 불안으로 보인다. 검사 수행을 끝까지 하였으나 자신감이 없었고 검사에 의욕적이지 못했던 태도로 보아, 현재 겪고 있는 문제들로 인해 불안하고 우울한 정서가 결과에 다소 부정적인 영향을 미친 것으로 평가된다.

3) 상담자가 파악한 내담자 문제

어린 시절부터 지속된 부모 간의 갈등으로 인해 긴장, 불안 등의 스트레스 경험을 지속적으로 해 왔을 것으로 파악된다. 그리고 이로 인해 신체화 문제를 지속적으로 호소하고 있는 것으로 보인다. 부모의 잦은 싸움과 갈등은 부모에 대한 신뢰감 형성을 어렵게 하였으며, 지속적인 신체화 문제에 부모로부터 충분히 수용받지 못했던 경험들은 내담자의 불안감과 피해의식을 확대시켰을 것으로 생각된다. 대인관계와 관련된 인지능력에 있어서 상황을 오지각하거나 과도하게 지각하는 경향이 있어, 사회적 상황에서 맥락 파악의 어려움과 함께 문제해결 및 대처능력이 부족한 것으로 보인다. 또래관계를 포함한 대인관계에서 때때로 화를 느끼고는 있으나 표현하지 못하고 수동적인 태도를 보이는 등 상당한 어려움을 경험하고 있는 것으로 보인다. 또한 자아성장에 대한 욕구는 있으나 외모, 학업에 있어서 노력에 비해 성취결과가 만족스럽지 못해, 자신에 대해 부적절감을 경험하고 있고 전반적으로 자신감이 떨어져 있는 것으로 보인다.

3. 상담목표

- 불안감이 없어졌으면 좋겠다(내담자 목표).
- 새로운 사람을 만날 때 어색함을 견디고 다양한 소재로 이야기하고 싶다(내담자 목표).
- 신뢰할 수 있고 안정적인 상담관계 형성하기.
- 병원에 가서 아픈 곳 진단받기.
- 상황을 있는 그대로 바라보기(과도하게 오지각하지 않도록 하기).
- 불안한 대인관계 상황에서 자신의 의견을 주장하기.

4. 도움을 받고자 하는 것

- 이미 1년 전에 종결된 사례인데 급하게 종결이 되어 아쉬움이 많았다. 청소년 상담에서 부모 상담의 필요성을 느끼고 있었고, 이 내담자의 경우 부모님의 올바른 관심과 도움이 필요하다고 판단되었으나, 내담자의 부모가 상담자를 피해 결국 연락을 하지 못한 채 종결하게 되었다.

이런 경우 청소년 상담에서 어떻게 접근을 해야 하는지 궁금하다.

- 내담자를 제대로 이해하고 있었는지, 만약 상담을 지속했다면 어떻게 접근하면 좋았을지 알고 싶다.
- 인지적으로 경계선에 있는 듯한 내담자가 일반 학교 교육과정에서 적응하는 것이 힘들 것 같다는 생각이 든다. 이와 비슷한 학생들의 비중이 얼마나 되는지, 그들을 어떻게 도우면 좋을지 궁금하다.

5. 상담내용 요약

1) 상담진행과정 개요

- 접수면접(2009. 9. 8. 화)
- 검사 실시(2009. 9. 9. 수) – MMPI, SCT
- 1회기(2009. 9. 16. 수)
- 2회기(2009. 10. 9. 금)
- 3회기(2009. 10. 13. 화)
- 4회기(2009. 10. 21. 수)
- 5회기(2009. 10. 28. 수)
- 6회기(2009. 11. 6. 금)
- 7회기(2009. 11. 20. 금)
- 8회기(2009. 11. 26. 목)
- 9회기(2009. 12. 4. 금)
- 10회기(2009. 12. 18. 금)
- 11회기(2009. 12. 22. 화)
- 12회기(2009. 12. 29. 화)

- 13회기(2010. 1. 14. 목)
- 14회기(2010. 1. 21. 목)
- 15회기(2010. 1. 28. 목)
- 16회기(2010. 2. 4. 목)
- 17회기(2010. 2. 18. 목)
- 18회기(2010. 2. 25. 목)
- 19회기(2010. 3. 16. 화)
- 20회기(2010. 3. 30. 화)
- 21회기(2010. 7. 22. 목)
- 22회기(2010. 8. 13. 금)
- 23회기(2010. 9. 10. 금)
- 2012. 1. 16. 상담사례 발표 허락받음

2) 상담내용 회기별 요약

1회기(2009. 9. 16. 수)

(검사하면서 어땠어?) 할 때는 조금, 아니 할 때는 아무렇지도 않았는데요, 다 하고는 좀 이상하게 나올까 불안감도 있었어요. 편했어요. (검사하면서는 아무렇지도 않았어?) 그때는 불안감이 좀 있었는데 그냥 여기 와서 조금이나마 저를 고치고 싶은 마음이 있어서 마음이 편해진 것 같아요. 내가 좀 더 나아진 것 같아서. (나아진 것 같았어?) 네. 긍정적으로 생각하면서 계속 변하고 싶은데요. 계속 불안하고 제가 한번 불안감이 있으면 뭐든지 안 되는 것 같아요. 진짜 안 되거든요, 뭐든. 뭔가 더 잘하려고 하면 이렇게 울렁증 같은 게 있어 가지구 안 되는 거 같아요. 근데 상담하고 조금이라도 나아진 것 같아서 마음이 편해요. (그렇구나. 어떤 게 나아진 것 같아?) 남들에

게 제 마음을 솔직하게 말하는 …. (솔직하게 말할 수 있을 거 같아?) 자연스럽게 말할 수 있을 것 같아요. (자연스럽게 말하는 건 어떤 거야?) 말을 자신 있게 말해도요, 불안감이 있었거든요. 이런 말을 했던 게 옳은가 한 번 더 의심하게 되는데요. 지금은 말하면요, 지금은 의심 같은 게 없어진 것 같아요. 그냥 자연스럽게 말하고 내가 이런 말을 했구나 하고 아무 의심 안 하고 마음 편한 걸 느끼는 것 …. (예전에는 말하고 의심을 했는데 지금은 덜해졌구나.) 네. (어떻게 해서 그렇게 된 것 같아?) 제가 예전에는 노력도 안 하고 있었는데요. 지금은 노력인지 아닌지 모르겠는데요. 긍정적으로 생각하는 … 이것도 아닌데 … 어떤 식으로 말해야 되지? 하여튼 뭔가 내가 했다는 마음으로, 내가 하고 싶은 대로 해 가지고 잘된 것 같아요. 내가 하고 싶은 대로, 예전에는 남들에게 의지를 많이 했는데요. 내가 뭐를 자신 있게 말해도 남의 말이 옳다고 생각하고 그랬는데 지금은 내 말을 자신 있게 말할 수 있고 그게 옳다고 의심하지 않아요. 의심을 조금 하지만 예전보다는 나아진 것 같아요. (그랬구나.) 자신 있게 말할 수 있게. (내 생각이 옳은 생각일 수도 있고, 나도 뭔가 할 수 있다는 생각을 했나 보다.) 네. (훌륭한데.)

내1: 근데 아직도 좀 불안해서 ….

상1: 응. 아직도 좀 불안한 건 있고. 검사한 것들을 보면 ○○가 가장 힘들어 보이는 게 걱정인 것 같아.

내2: 맞는 거 같아요. 뭐든지 걱정이 심해요. 남들은 그 일을요, 그저 그렇게 생각하는데 괜히 걱정을 부풀리게 생각하고 걱정이 마음속에서 안 떨어지고 그래 가지고. 그냥 쉽게 생각하면 될 것을 어렵게 생각하고. 빙 돌려서.

상2: 이전에도 상담받았던 적이 있나 보다.

내3: 저번에도 말했듯이 나쁜 것만 생각해서 걸려 가지고 한 두 번인가 받았는데요. 그 선생님이 더 하면 더 할 수 있다 그랬는데 그냥 두 번만 하면 돼요 하고 제가 그냥.

상3: 오래 한 게 아니었구나. 나쁜 것만 생각했었어? [웃음.] 이번에는 어땠어?

내4: 검사할 때는 모르겠는데 … 하면서요. 생각이 드는 게 내가 조금 나아질 수 있다면 뭐든지 하겠다는 그런 생각들.

상4: 내가 좋아질 수 있다면 뭐든지 할 수 있겠다?

내5: 자신 있는 건 아니고 하여튼 그런 생각이 들었어요. 뭔가 나쁘게 나오면 지금 기회에 고쳐야겠다고. 시간도 없으니까 지금 안 고치면 나중에 못 고친다. 옛날부터 하나도 안 변한 것 같이 느껴져 가지고, 지금 조금이나마 변한 거 같아서 빨리 나쁜 게 있다면 바뀌고 조금 더 좋게 변했으면 좋겠다고 생각했어요.

상5: 조금의 변화를 느꼈구나.

내6: 말하는 것도 좀 더 자연스럽게 자신 있게 말하고 옛날보다 ….

상6: 근데 아직 ○○ 마음에는 성에 차지 않고?

내7: 네. 그냥 평범하게 되고 싶은데 내가 진짜 공부도 못하구요, 운동신경도 안 좋고, 다리도 이상하고, 목소리도 이상하니까요. 뭐든지 자신 있게 못 해 가지구요.

상7: 잠깐. ○○가 뭐가 이상하다구?

내8: 다리가 굳었어요. 뼈가 굳은 건지 근육이 굳은 건지 모르겠는데요. 아빠가 말하기에는 계속 놔두다가 나중에 군대 갈 때요, 체크해 가지구 … 너는 성격도 그렇고 … 솔직히 말하면요, 아빠가 얘기하는 게 냉정하게 말하거든요. 군대가 좀 심하잖아요. 아직도 그런 게 남아 있으니까. 따돌리고 그런 게 남아 있으니까. 다리 가지구 안 가거나 그쪽으로 갔으면 좋겠다고. 근데 애들이 놀리긴 하는데요. 그렇게 불편하다고 생각은 안 하는데 신경이 쓰이긴 쓰여 가지구, 지금 다리 연습하고 있어요. 제대로 걷는 거. 근데 다리가 이상하다고 생각되거든요. 이상한 건 확실한 것 같아요. 다리가 굳었나? 굳은 것 같기도 하고 정확히 모르겠는데 다리 이상하고 목소리 이상해요.

상8: ○○가 목소리하고 다리가 이상하다고 생각하는구나.

내9: 네. 남들이 보기에 장난 잘 치는 애들이 그렇게 말하니까. 그렇게 심각하게 생각하지는 않는데요. 신경이 쓰이기는 쓰여요. 나중에 커서 목소리 때문에 뭔가 되는 것도 안 될까 그런 걱정이 좀 있기는 있어요.

상9: 신경이 많이 쓰이는 것 같은데?

내10: 네. 많이 있어요. 제일 걱정스러운 게 나중에 커서요. 신입사원 같은데 목소리 때문에 안 될까 봐 그런 게 많아요, 걱정이.

상10: 목소리가 이상하다고 언제부터 느꼈어?

내11: 7살 때요. 7살 때까지는 목소리가 이상한지 몰랐는데요. 엄마한테 물어보니까 엄마가 어떤 식으로 들었는지 모르겠는데 이상하대요. 좀 다르대요. 제가 어디 가서 얘기할 때 괜히 나한테 시선 집중되는 거. 지금은 신경도 안 쓰이는데 옛날에는 신경 쓰여 가지구 걱정이 많았던 것 같아요.

상11: 엄마가 ○○한테 이상하다고 했다고?

내12: 제 기억엔 제가 그냥 "목소리 이상해?" 그러니까 그건 아주 옛날 일인데 "이상하다"고 그때 그렇게 얘기했는데요. 지금은 아빠가 긍정적으로 얘기해 주시는 것 같아요.

상12: 아니 아니, 처음에 ○○가 엄마한테 "목소리 이상해 엄마?" 그러니까 엄마가 그런 거 같다고 말씀하셨구나.

내13: 기억이 정확히는 안 나는데요.

상13: ○○ 기억에 ….

내14: 네.

상14: ○○는 그 이야기 듣고 어땠어?

내15: 잘 기억은 안 나는데 그 뒤로 제가 말하면 시선이 집중되는 게 왠지 내가 죄지은 거 같고 그런 느낌이 든 것 같아요. 지금은 신경도 안 쓰는데 옛날에 ….

상15: 엄마가 "그래" 그러고는 다른 말씀은 안 하셨어?

내16: 그 옛날 말고 크면서 걱정해 가지구 얘기를 했거든요. 근데 엄마가요, 중학교가 되면요, 변성기가 오니까 그때까지 기다려 보자 하고 기다려 가지고 변성기가 지금 지났는지 안 지났는지 모르겠는데 지금은 신경 안 쓰고 지내고 있어요. 아니 신경이 많이 쓰이는데 그닥 신경을 안 쓴다고 할까? 그냥 평범하게 … 지내고 있어요.

상16: ○○야. 내 몸이 이상하다는 생각이 들면 제일 먼저 떠오르는 게 뭐야?

내17: 왠지 남들보다 불리한 거.

상17: 내가 이상하다, 안 좋은 것 같다, 그러면 어떻게 하지?

내18: 포기하는 거 같아요. 그냥 그렇구나.

상18: 몸이 아프면 어떻게 하지?

내19: 나으려고 노력하죠.

상19: 어떻게 노력해?

내20: 아빠한테 아프다고 하고 제가 감기약 찾아 가지고 ….

상20: 몸이 아프면 아빠한테 얘기하는구나.

내21: 아프면 그냥 장난 식으로 그냥 아프다고. 그렇게 심하게 아픈 적은 옛날에 딱 한 번 있었는데 그거 말고 큰 병이 걸린 적이 없어 가지고.

상21: ○○가 아프다고 할 때 엄마는 잘 안 들어 주셨나 보다.

내22: 제가 말을 … 옛날부터 계속 … 태어날 때도 그렇고 걱정할 짓을 많이 했으니까, 지금 어리광 같은 걸 부려도 잘 안 받아 주는 것 같아요. 제가 아프다거나 그런 말을 옛날부터 많이 얘기했으니까. 지금은 신경을 써 주는데, 제가 보기에는 신경을 조금만 써 주시는 것 같아요. 완벽하게 그렇게 해 주는 게 아니라. 신경 써 주는 … 거 ….

상22: ○○아, 말을 고르지 않아도 돼. 네가 생각나는 대로 얘기해도 되고 네가 느껴지는 걸 그대로 이야기하는 게 좋아. 더하거나 덜하거나 할 필요도 없고 네가 느껴지는 그대로 솔직하게 이야기하면 더 좋을 것 같아.

내23: 제가 생각하기에도 만화 같은 걸 많이 보거든요.

상23: 왜냐하면 ○○이야기 듣는데 속상해서 그래. 7살 아이가 엄마한테 가서 나 뭔가 이상한데 그랬는데 엄마가 "너 이상한데" 이러면, 기분이 어땠어? 지금 생각해 보자. 유치원 다니는 아이가 엄마한테 가서 이상하다고 이야기하는데 거기에 대해 별로 언급을 안 했다고 하니까.

내24: 씁쓸했을 것 같아요. 어린 나이니까 별로 충격 정도는 아니지만 그래도 많이 씁쓸하다고 느꼈을 것 같아요.

상24: 씁쓸하고 또 어땠을까?

내25: 충격 … 받았을 것 같아요, 솔직히.

상25: 그랬구나. 충격받았을 거 같고. 어떤 게 충격이었을 것 같아?

내26: 넌 말이 이상하다고 하니까. 남들과 다르다는 사실이. 뭔가 달라서 소외 … 이상하다고 생각하는 거. 말을 잘 못하겠는데 이상하다고 느꼈을 것 같아요.

상26: 이상하게 느꼈겠다. 남들하고 다르다고 생각하니까. 남들하고 다르니까 사람들 앞에 나서는 것도 ….

내27: 네, 좀 … 걱정이 되는 것 같아요. 제일 먼저 걱정하는 게 내 목소리가 이런데 남들이 잘 들어 줄까, 무시하진 않을까, 그런 생각. 그리고 막상 가서 얘기하면 나한테 시선이 집중되어서 이상하게 나의 목소리를 생각하지 않을까, 그런 생각.

상27: ○○는 목소리가 이상하면 무시당할 것 같은 생각이 드는구나.

내28: 네, 그런 생각이 드는 것 같아요.

상28: 목소리가 이상하다고 무시하나?

내29: 제가 생각하기에도 부풀려서 걱정하는 것 같은데 그렇게 생각하게 되는 것 같아요.

상29: ○○는 목소리가 어떻게 이상하다고 느껴져?

내30: 네, 애들이. 아까도 장난 식으로 얘기하는 것 같은데 상처받으라고 하는 게 아니라 … TV에 할아버지 목소리가 나오면 "너 나왔다"고 그렇게 하는데 저도 장난인 걸 알거든요. 제가 신경을 많이 쓰니까 괜히 오버하게 "내 목소리가 어떤데?" 하고 욕하고 하면 그렇게 반응하면 안 좋다고 생각하니까 장난 식으로 받아들이는 거죠. 장난인데 제가 신경을 써 가지고 괜히 나 혼자 화를 내거나 그런 건 아니라고 생각하니까.

상30: 참는구나.

내31: 참는 것 같아요. 네. 참는 것 같아요.

상31: ○○아, 지금 다리 떨지?

내32: 네. [웃음.]

상32: 다리가 언제나 떨려? 어떨 때 떨리는 것 같아?

내33: 오른쪽 다리가 예전부터 그랬는데요. 왼쪽 다리도 점점 더 오른쪽 다리하고 똑같이 되는 것 같이 왠지 그런 거 같아요.

상33: 굳어지는 것 같이 느껴져?

내34: 증상이 남들하고 다른 것 같아요. 남들은 긴장해서 그런 것 같은데요. 저는 뼈가 굳어지면서 계속 이러거든요. 계속 앞쪽으로 해요. 이렇게 해요. 이게 더 자연스러운 것 같아요. 원래 이게 자연스러운데 여기가 불편해요. 이게 편한 것 같아요. 그래서 억지로 하려고 해도 다리가 느낌이 나요. 자연스러운 게 아니라. 잘 때도 다리 때문에.

상34: 병원에 가본 적이 있어?

내35: 7살 때 한 번 딱 갔어요. 그리고 그다음에는 아빠가 그전 집에서 살 때는요. 다리를 펴야 된다고 해 줬는데 지금은 안 해 줘요.

상35: 7살 때 갔을 때 병원에 무슨 일 때문에 간 거야?

내36: 다리 때문에. 기억나는 게 의사선생님이 다리를요. 올려서 걸어 보라고 한 거 딱 하나 기억나구요. 어렸을 때니까 아빠만, 진료한 거를, 아빠만 들으니까 진료한 거 못 듣고 그냥 올린 다음에 걸어 보라고 거기까지만 기억나요.

상36: ○○야. 선생님은 좀 이상해. 뭐가 이상하냐면 ○○가 몸이 이상하다고 느꼈잖아. 다리도 굳어 가는 것 같고 목소리도 이상한 것 같다고 그랬단 말이야.

내37: 한 번 다리 걱정을 하면 걱정거리들이 연속으로 줄서듯이 연속으로 나서 생각을 안 하면 편할 텐데 괜히 걱정이 부풀어 오르니까.

상37: 아빠 무슨 일 하시지?

내38: 회사. 과장이요.

상38: 어디 다니셔?

내39: 모르겠는데. 예전에는 ## 다니셨는데요. 지금은 또 다른 데 가서 일하고 돌아오고 하니까.

상39: ○○야. 선생님이 이상한 게 뭐냐면, 왜 병원을 가지 않았는지 이상하게 느껴져.

내40: 제가 말해도 엄마가 미루는 것 같아요. 엄마도 형아도 아빠도 다 제가 용기 있게 자신 있게 말했으면 그래도 계속 가자고 했으면 했을 텐데, 엄마가 짜증낼 것 같아서 ….

상40: 짜증낼 것 같아서 ○○가 얘기를 안 했던 거야?

내41: 얘기했는데요 ….

상41: 응.

내42: 얘기해도 왠지 미뤄진 것 같아요.

상42: 얘기 언제 했어?

내43: 1학년 때 양호선생님한테 불려가서 다리가 굳었다고, 들어 보니까 경직이라고.

상43: 양호선생님이 그러셨어?

내44: 네. 양호선생님이 물리치료 계속해야 된다고. 제가 물어봤죠. 수술하면 나아지냐고 …. 근데 수술은 안 되고 물리치료 계속 받아야 된다는데 친구들한테 물어봤어요, 다리 뼈 다친 애들한테. 집에서 해 주는 거랑 똑같다고 병원 가도 그 정도밖에 안 해 준다고 ….

상44: 근데 ○○가 다리 경직이 왔다고 했잖아. 양호선생님한테 얘기 들었잖아. 그러면 경직이 어떻게 오게 된 건지, 경직이 지금은 고칠 수 있는 건지, 그런 거 알아야 되지 않을까? 나는 무지 걱정되거든.

내45: 신경을 안 쓰고 싶어요.

상45: 신경을 안 쓰면 안 되지. 네 몸인데. ○○가 심리적으로 느낌만 있는 거였으면 모르는데 양호선생님이 그렇게 말씀하셨으면 병원에 갔어야지. 뭐가 그렇게 겁났어. 엄마한테 얘기하는 게?

내46: 말해도 안 갈 것 같아요. 제가 무슨 아프다고 해도 아빠한테 감기 걸렸다고 해도 제가 옛날부터요, 아프다고 그런 소리 많이 했으니까 아프다고 하면 꾀부리는 것 같이 그런 얘기하는 것 같이 들으니까.

상46: 꾀병이라고 생각하시는 경우가 많았구나.

내47: 옛날엔 잘 받아 주셨는데 지금은 옛날에 아프다고 꾀도 많이 부리고 그러니까 지금은 어리광부리 ….

상47: 그럼 ○○야. 엄마한테 말을 못하겠어?

내48: 말은 할 수 있을 것 같아요.

상48: 병원은 어디로 가야 할 것 같아?

내49: 신경과.

상49: 응. 정형외과를 가 보는 것도 괜찮을 것 같고.

내50: 이 코도 여기 다쳤잖아요. 엄마가 원래 여름방학에 가자고 그랬거든요. 1학기 때. 저도 불안하고 엄마가 그냥 겨울방학 때 하자 그랬어요. 또 불안해서 물어봤어요. 어차피 곧 어른이니까 졸업하고 코 수술 하자고 코 수술도 졸업하고 하기로 했어요. 뼈를 깎아야 된대요. 저번에 싸워 가지구요. 옛날에 학원에서 그때 갔을 때 병원에 갔거든요. 뼈가 부러졌으면 코를 만질 때 되게 아파해야 하는데 안 아프다고 괜찮다고 해 가지고, 그것만 하고 돌아와 학교에서 또 한 번 싸워 가지고 갔는데, 학교에서 싸운 건 그닥 괜찮은데 예전에 싸웠던 게 그랬다고. 그때 엄마하고 병원 가서 엑스레이 찍어 보고 수술을 한 번 해야 된다고 그래서 여름방학 때 한다 겨울방학 때 한다 그러다가, 지금 엄마가 하는 얘기가 저도 불안하니까 어른 돼서 하는 게 낫다고 생각하고 졸업하고 한다고 했어요. 수술.

상50: 수술은 그때 해도 되는 거구나?

내51: 갈아서 세우는 ….

상51: 다리나 목소리는 병원에 다녀오는 게 어떨 것 같아?

내52: 또 수술하고 돈 많이 써지고 엄마 신경 쓰이게 하고 솔직히 불안할 것 같아요. 이거 심각하다 들을수록.

상52: ○○ 집이 어려워?

내53: 집이 어려운 것 같아요. 솔직히 말해서. 이런 말까지 하면 안 되는데 아빠가 요즘엔 옛날엔 안 그랬는데, 옛날에도 많이 싸웠어요. 지금은 싸우는 건 없어졌는데요. 옛날에 엄마가 성격이 좀 있었는데 좀 나아진 것 같고, 아빠가 돈이 계속 없다고. 엄마가 돈을 아빠한테 주는데요. 그것 때문에 싸우고 그런 게 있어 가지구.

상53: 엄마가 아빠한테 돈을 주셔?

내54: 엄마가 아빠한테 용돈을 주는데 정확히 모르는데 60만 원 정도 주는데 아빠가 하는 얘기는 벌써 다 썼대요. 저가 생각해도 좀 한심한 것 같아서. 아빠가 저한테 2만 원만 빌려 달라고 해서 전 빌려 주는 게 낫겠다 하고 빌려 주고 있어요. 형아도 빌려 주고 하는데 형아도 병신(?)인 것 같아요. 어제도 하는 얘기가 형아가 옷이 이렇게 됐다고 그래서 엄마하고 얘기를 하는데요. 엄마는요. 형아가 하는 얘기는 참으면서 들어 주는 것 같아요. 저한테는 제가 말을 하면 오히려 화를 내는 것 같아요. 그런 것 때문에 말하기가 거북하고, 형아가 돈 달라고 계속 그런 게 있으니까 제가 그러면 더 심해지는 것 같아서 자신 있게 말을 못 하는 거 같아요.

상54: 돈이 걱정돼서 아프다고 말을 못하겠구나.

내55: 또 돈 달라고 그러니까 아빠도 또 돈 가져가고.

상55: 네가 걱정 안 해도 돼. 부모님이 걱정하실 문제야. 선생님이 좀 화가 난다. ○○가 말 못하게 하는 상황들이 좀 화가 나고, 내 몸이 이상하다고 생각되는데 실제로는 아닐 수도 있는 거거든.

내56: 심각한 게 아닐 수도 ….

상56: 심각한 게 아닐 수도 있고 이상한 게 아닐 수도 있어. 근데 진단도 안 받고 있는 건 좀 안타깝다.

내57: 가 볼게요. 엄마한테 얘기해서. 이런 거 걱정 없애고 싶어서 상담하고 싶은 ….

상57: 여기서는 신체적인 것에 대해 검사나 진단을 내릴 수는 없잖아. 그러니까 병원에 가서 진단을 받아 보는 것도 좋을 것 같아.

2회기(2009. 10. 9. 금)

시험 망했다. 초등학교 때부터 공부를 안 해 기초가 안 되어 있다. 열심히는 하고 있다. 책 읽으려 노력한다. 한 권에 5일 정도 걸린다. 말을 워낙 못하는데 공부하면 나아질까 생각하고 있다. 다리는 병원에 안 갔고, 피부과에 다녀왔다. 아빠가 필리핀 다녀왔는데 피부병에 걸렸다. ○○대학병원 다녀왔는데 무슨 병인지 잘 모른다고 한다. 집 앞 병원에 가 일주일 동안 약 먹고, 바르고 있다. 아빠가 서너 달 전에 피부병이 생겨, 등에 한 달 정도 약을 발라 드렸다. 그러다가 3주 전에 아빠랑 똑같이 피부병에 걸렸다는 걸 알았는데 1주 전에 병원에 갔다. 점점 더 번지는 것 같아 놀라서 뜨거운 음식 안 먹고, 사우나 가지 않고 있다. 그다음에도 안 나으면 엄마가 이번 주만 보고 다른 병원 가 보자고 했다. 코는 졸업하고 수술하자고 했다. 코 때문에 딱히 불편한 점은 세수할 때. 의사선생님 말로는 코가 거의 잘못될 가능성이 없지만 자다가 눌릴 가능성이 있다고 그래서 세수는 얼굴에 뭐 묻었을 때 수건으로 닦고 있다.

돈이 많이 나간다. 내가 병이 많이 걸려서. 태어날 때도 돈이 많이 들었다. 숨을 안 쉬어 죽을 뻔해 큰돈 내고 인공호흡기 했다고 한다. 그래서 목소리가 이상해졌다. 허스키. 너무 심각하지는 않지만 신경 쓰인다.

한문 시간에 청소 잘하는 사람으로 뽑혔는데 선생님이 첫 모습과 달리 목소리가 깼다고 농담했다. 애들도 다 웃고, 나도 이상하다 생각한다. 농담 식으로 얘기하는데 나는 심각하고 진지하게 반응하는 게 싫다. 7살 때부터 사람들이 쳐다보고 이상하다고 하니까 특별한 것 같다. 길을 가다가 큰 소리로 얘기하는데 친구가 "야, 너 쳐다봐"라고 얘기했다. 어릴 때부터 목소리 이상하다고 놀림받았다. 초등학교 1, 2학년 때부터 이상하다는 얘기 들었지만 목소리 때문에 열 받아 싸운 적은 없다. 농담이겠지 하고 넘어간 것 같다. 상처받고 마인드컨트롤 못하니까.

3회기(2009. 10. 13. 화)

내1: 소심해서 지금도 친구한테 부탁해서 숨겨 두고 왔어요. 사물함을 자물쇠로 잠가 달라고. 영 불안한 게, 안 닫혀 가지구, 숨겨 두고 왔어요. 또 가져가면 짜증날까 봐.

상1: 물건 없어지는 게 ○○것만 없어져?

내2: 모르겠는데 그런 소리를 친구들이 담아 놓는 스타일 같아서 얘기 안 하니까 정확히 모르겠어요. 저번에도 어떤 친구가, 천 원짜리를 주머니에 넣었는데 살짝 삐져나왔었어요. 그걸 다른 친구가 살짝 빼갔는데 걔가 모른 거예요. 애들이 다 웃었는데 나만 갑자기 정색하면서 "쟤가 가져갔어" 그러면 왠지 어색해진다고 해야 하나? 나한테만 그럴까 봐. 그래서 4교시 때 물어봤어요. 걔가 아직도 몰라 가지고 알려 줬어요. 그때 자신 있게 못 말해 가지구. 이런 게 싫어요. 나도 화가 나는데, 만약에 친구가 나와 같은 상황에 빠지면 자신 있게 못 도와주고. 비겁한 거 같고 얍삽한 거 같아요. 나는 착한 척을 했는데, 화나고 했는데, 그런 상황이 오면 가만히 있고 그런 게 한심해서. 지금도 그런 생각을 많이 해요. 착한 척 안 하면, 정직하게 살면, 마음이 편해지거나 나아지지 않을까 생각하는데 화가 나긴 화가 나요.

상2: ○○야. 어떤 상황을 이야기하는 거야?

내3: 뭘 훔쳐 가면 화가 나요. 훔친 친구를 알면서도 속상한데 자신 있게 못 도와주고. 옆에서 웃고 그런 자신이 한심해요. 생각해 보니까 착한 척인 것 같아요.

상3: 누가 주로 그렇게 장난쳐?

내4: 가끔씩 하긴 해요. 주도하는 것도 아니에요. 개인이 스스로 해 가지고 친구들이 웃는 거예요.

상4: 주로 하는 친구가 있을 거 아니야?

내5: 그런 건 자세히 모르겠는데 ⋯.

상5: 몇 번 그랬어?

내6: 내가 본 거에는 몇 명 정도 있어요. 어떤 애는 가방, mp3 가져가서 숨기고 ….

상6: 몇 번이야?

내7: 내가 본 기억으로는 4번 정도.

상7: 몇 명이었어?

내8: 다 달라요. 4번 중에 2번은 똑같았고, 2번은 심하게 한 애들은 끝까지 안 돌려주고, 장난 식으로 하면 가져갔다 돌려주고.

상8: 돌려줬던 아이는 하나야?

내9: 두 명이었던 것 같아요. 한 아이가 사전 같은 걸 갖고 다녀요. 노래 듣고. 애들이 뒤에서 장난치고 숨기고 그러는데 내가 보기에는 장난보다 심하게 느껴지고 웃기진 않아요. 그때 내 자신을 보면 웃고 있어요. 별로 웃기지 않는데 넘기는 것 같이. 웃기긴 웃긴데, 저건 아니라고 생각하면서도 ….

상9: 반마다 그런 일들이 있는 거야?

내10: 다들 있는 것 같아요. 저번에도 한 명이 체육시간에 다른 반에 들어가서 뭘 훔쳤다는 둥 그러니까 우리 반만 그러는 것 같지는 않아요 …. 그 친구를 보면 나도 그 상황을 아니까 속상한 것 같으면서도, 애들이 다 같이 하니까 반격을 진지하게 해 가지고 다음에 못하게 진지하게 얘기해서 해야 되는데, 장난친 애가 정색을 하면서, 정색하거나 웃거나 하니까 그 상황을 좋게 대처하지 못하는 걸 보면 슬퍼요 …. 그 애의 얼굴을 보면 웃고 있어요. 내가 생각하기에는 저 상황에서 어떻게 웃을 수 있나, 웃기지 않을 텐데, 걔도 내가 볼 때는 그 상황을 웃으면서 넘기려고 하는 것 같아요 …. 이제는 안 하는 것 같아요. 그때 보기에는 저건 아니다 싶었어요. 자기가 훔쳐갔는데 계속 아니라고 하니까. 돌려주지도 않고. 찾는 건 결국 찾았어요.

상10: 어떻게 찾았어?

내11: “여기 있잖아” 이러면서.

상11: ○○가 보기에는 그 아이가 어떤 아이인 것 같아?

내12: 힘은 동등한데, 마음이 약하다고 해야 할까, 마음도 강한 것 같은데 가져가요. 장난을 심하게 치니까. 동등한 것 같아요, 힘은. 친해져서 장난을 심하게 치니까. 지금은 별로 안 그러니까.

4회기(2009. 10. 21. 수)

사물함을 자물쇠로 잠가 달라고 하고 왔는데 불안한 게 안 떨쳐진다. 남이 잘못했을 때 화가 나는데 친구가 같은 상황에 있으면 못 도와준다. 행동하지 못하고, 착한 척한다. 물건 훔쳐가거나 장난하면 화가 나는데, 훔친 친구를 알면서도 속상한데 자신 있게 못 도와주고, 내가 한심해 보인다. 언젠가 [한 아이 물건을] 4번 숨겼던 적이 있다. 2번은 같은 아이였다. 내 눈에는 장난보다 심하게 느껴지는데 웃으며 넘기고 있다. 다음에 못 하게 진지하게 얘기해야 하는데 장난치는 애가 웃거나 하면 못하겠다. 알고 있으니까 알려 주고 싶은데 …. 짝꿍이 [잃어버렸던] 교통카드를 가지고 가 ○○에게 말해 줬다. 그런데 서로 주먹질하고 싸우게 돼 더 악화되었다. 이야기 안 해 줬으면 하고 후회한 것 같다. 도와줬어야 하는데 답답한 마음을 해소하고 싶으니까, 나의 답답한 마음을 풀기 위해 얘기한 거다. 애들이 다 웃는데 내가 정색하고 얘기하면 분위기 어색해질 수 있을 것 같았다. 돌려줄 수 있지만 왜 얘기했냐 하면서 불똥 튈 것 같았다. [물건 숨기는 것을 봤을 때 어떻게 해야 할지 같이 살펴봄.]

5회기(2009. 10. 28. 수)

내1: [상담 시 제공되는 음료를 거부함.] 오줌이 계속 나와 물을 줄이고 있어요. 조금 먹어도 화장실 자주 가요. 그래서 밥 먹을 때도 국 안 먹으려고 해요. 한 시간 되기 전에 화장실 가요. 목이 마르면 참아요.

상1: 수업시간에 화장실 가야 하면 어떻게 하나?

내2: 지금은 물 마시는 양이 엄청 줄었어요. 수업시간에도 곤란해요. 다른 애들은 손들고 화장실 가는데 왠지 나쁜 짓 하는 것 같아요. 수련회 같은데 가면 애들이 다 같이 있으니까 큰일을 못 보겠어요.

상2: 자기 의사표현을 잘하고 싶구나.

내3: 마음 내키는 대로 내 의사를 전달하고 싶어요.

상3: 하고 싶은 것들이 어떤 건가?

내4: ① 수업시간에 화장실 가겠다고 얘기하고, ② 애들하고 어울릴 때 자신 있게 이야기하고 싶어요. 원래는 내가 볼 때 재미있다 생각하는 것들은 막 얘기하는데 반응이 없어서 불안해서 말 못해요. ③ 재미있는 말을 잘하고 싶어요. 하찮은 주제를 가지고도 웃을 수 있는 …. ④ 갈등상황에서 유연하게 대처하고 싶어요. ⑤ 부정적인 생각을 긍정적인 생각으로 말을 바꿔서 이야기하고 싶어요. 예를 들어 [친구들은] 게임 이야기하면 아이템 이야기하면서 이어져요. 공통점이 있으니까 …. 나는 게임에 관해 알고 있어도 얘기하는 것을 부정적으로 해서 말을 끊어 버리는 것 같아요.

가장 두려운 게 친구의 반응이 말도 안 되는 것 같이 보이면 허겁지겁 이야기해요. 얼어 있어요. 친구가 한 번 부정적으로 얘기하면 내가 잘못한 것 같아요. 친구가 나와 상반된 이야기하면 말을 못해요. 총 쓰는 캐릭터가 좋다고 얘기하는데 친구는 칼 쓰는 캐릭터가 좋다고 이야기하니까 내 생각대로 안 돼 답답한 것이 있어요. 상반된 얘기하면 멈춰 버려요. 그다음에 반발해야 하는데 그렇구나 하고 끊겨 버리는 거죠. 얘기하려 해도 자연스럽게 못 넘기고, 말이 헛나오면서 사소한 일에서도 내 말이 맞다고 하면 싸우는 경우로 갈 수 있지 않을까 생각해요. 공통점이 없는 것처럼 느껴져요. 다르면 단절되는 것 같구요. 키 큰 아이들은 키 큰 아이들과 어울려요. 불쾌하고 유치한 면이 있는 것 같아요. 애들은 구별해서 나눠요. 갑자기 냉정하게 바뀌는 것 많이 봐 왔어요. 나는 많이 당했어요. 초등학교 3학년 때도 단번에 왕따가 되었고, 초등학교 4학년 때 6명의 무리에서 한 명이 어떤 애한테 "넌 저리로 가"라고 얘기했어요. 이후에 나에게도 "넌 이제 재미없으니까 가"라고 얘기했어요. 세상이 무너질 정도로 심하게 충격적이었어요. 무리에서 쫓겨나는구나 ….

6회기(2009. 11. 6. 금)

오늘 아침 6시~9시 사이에 화장실 4번 다녀왔다. 그동안 자각을 못했던 것 같다. 밥 한번 먹고 물 마시고 그랬는데 고2 올라와서부터 물을 적게 마시기 시작했다. 아빠가 화를 내면서 물 마시지 말아라 한다. 집에서는 계속 살 쪘다고 한다. 밥을 왜 많이 먹냐, 왜 많이 펐냐 …. 형이 먹는다 그러면 사 주는데 내가 먹고 싶다고 하면 그만 먹어라 한다. 화난다. 밥을 펐는데 계속 뒤에서 가족들이 뭐라고 한다. 그렇게 많이 먹냐고. 밥 푸려다 내려놓고 방에 들어갔다. 주말 아침에 오랜만에 가족이 모여 뭐라고 했다. 평소에는 나한테 신경 안 쓰는데 가끔 뭐라고 하는 게 짜증난다. 학교 갔다 와서 밥 먹으려면 6시 이후에 왜 먹냐 한다 …. 나는 달라지는 게 꺼림직하다. 사소한 거라도 바뀐다고 생각하면 동요한다 …. 형은 마인드컨트롤이 안 되는 것 같다. 내 잘못이라고 생각하는데, 형이 게임하고 있는데 잘 안 되면 밥 푸는데 갑자기 부정적으로 욕하고, "또 많이 먹지. 병신아." 한다. 아빠는 도와주는 척해 준다. 형은 남이 자신과 반대되는 이야기를 하면 욕을 한다. "이 새끼는 조절을 못 해. 마인드콘트롤이 안 되는 거야."라고 한다. 형하고 이야기를 하면 소리가 줄어든다. 중학교 때는 게임하고 있었는데 형이 친구랑 와서는 티셔츠 찾아보라고 해 싫다는 표정을 했더니 "화를 내? 화를 내?" 하며 기분 나쁘게 얘기했다. 그런데 친구한테는 웃으면서 이야기하더라. 좀 쫄아서 "어떤 티셔츠야?"라고 물었는데 어떤 티셔츠인지 말도 안 해 주고 그냥 찾으라고 했다. 형은 집에서 게임하고 대회 나가서 이기면 프로게이머 된다고 했다. 워낙 자유로운 시간이 많으니까 저녁에 나가서 새벽에 들어와 학교 끝나고 오면 자고 있는 경우가 많다. 자기가 할 수 있는 것도 나에게 시키는 게 많다. "물 가져와라. 리모컨, 핸드폰 가져다 줘."라며 …. 형이랑 각방 쓰라고 중학교 때 이사 갔는데 나는 방에서 자고 거실에서 아빠랑 형이랑 잔다. 아빠는 형 방에서 잘 수 있는데 그러면 모두가 편한데 혼자 안 잔다고 그랬다. 이사 오기 전까지 아빠, 형하고 같이 잤으니까 나만 따로 자는 게 불쾌했다. 갑자기 혼자 잔다는 게 무서웠다. 바깥에 혼자 내버려진 느낌이었다. 쫓겨나서 혼자 있는 것 같은 두려움 때문에 같이 자면 안심이 된다. 이제는 덩치도 커지고 두려움도 사라졌다. 아침에 아빠가 일찍 일어나 깨워 준다. 엄마는 계속 잔다. 아빠는 "깨워 주는 건 엄마가 해야 하는데"라고 이야기한다. 엄마는 음식 잘 못하지만 음식 많이 한다. 엄마가 돈 관리 하는데 부모님이 자주 다투는 편이다.

7회기(2009. 11. 20. 금)

다리를 많이 떠는 편이다. 마음속으로 불안감이 컸는데 이제는 불안감이 덜한 것 같다. 어른이 되니까 나아져야겠다는 생각이 든다. 형이 장난을 많이 한다. 형이 잘생겼다고 했을 때 기분 좋았는데 "그 말 들으니까 좋냐?"고 해 충격이었다. 속으로는 부정적이었는데 겉으로는 이 상황을 넘겨야지 했다. 형 친구들하고 놀 때 내 말을 무시하듯이 그랬다. 아빠하고 형하고 밥 먹으면서 군대 이야기 했는데 아빠랑 형이 "다리 고쳐서 군대 갈 거냐? 너는 군대 가면 고생할 거야" 그랬다. 다리로 군대 안 갈 수 있다고 한다. 다리가 오르막길 오르는데 이상하다. 공룡처럼 뛴다. 이렇게 있다가 앞으로 누워서 지내야 되지 않을까? 그런 불안이 밀려올 때도 있다. 엄마한테 다리 이야기 하면 또 이러냐, 불편하게 왜 그러냐고 말할 것 같다. 실제로 말도 했었는데 옛날에 그렇게 얘기했던 것 같다. (현재 불편한 곳은?) 피부병은 병원 다녀왔고, 다리 마비, 코 수술은 고등학교 졸업하면 해 준다고 했다.

8회기(2009. 11. 26. 목)

일본어 선생님은 화를 안 내시는 편이다. 그런데 애들이 종이비행기를 날리다 선생님 앞에 떨어뜨렸다. 선생님이 누가 날렸냐고 물었는데 애들이 안 나와 수업 안 하고 그냥 나가셨다. 양심 있으면 와서 찾아가라고 했다. 비행기 던진 아이가 가서 얘기해도 안 오셨다. 그 상황에서 선생님 도와 드리고 싶었는데 상담실에 와서 이야기하는 게 비겁하게 느껴진다. 선생님이 그동안 수업 안 듣고 그런 게 쌓였던 것도 있고, 양심을 지켜야 한다고 생각해서 화를 내신 것 같다. 아이들은 안 그러던 사람이 왜 그러냐고 어이없어했다. 초등학교 4학년 때 머리에 물 뿌리고 애들이 때리고 도망가며 장난하는 거 즐겼는데 어느 순간 화가 나더라. 친구가 넌 착할 줄 알았는데 화를 내는구나 그래서 어이없었다. 나도 화낼 수 있는 사람인데 어이없었다. 초등학교 때까지는 안 그랬는데 3, 4학년 때는 카리스마 있는 애들이 부러워 친구하고 싶었다. 그런데 공부 잘하면 그들은 다른 세상 사람 같았다. 초등학교 때는 착하게 보이고 싶어서 웃어넘겼고, 중학교 때는 포스 있는 친구들한테 말고는 화를 낸 것 같다. 고등학교 때는 말 잘하고 공부 잘하는 애들이 장난치면 웃으며 넘기고, 나보다 좀 떨어진다고 생각하는 아이들한테는 화낸다. [이러는 내가] 비겁하다고 생각된다. 공부 잘하고, 애들 웃기고, 친구들 많고, 카리스마 있는 아이들에게 밀려 선불리 못한다.

9회기(2009. 12. 4. 금)

애들이 조그만 장난 했을 때 쿨하게 넘기고 싶다. 예전보다 나아졌는데 욕심이 많다. 어색해지는 게 엄청나게 싫어서 웃으며 넘겼는데 지금은 화낼 때 화낸다. 저번 주에 일본어도 못하고, 한문도 해야 하는데 애들이 떠들거나 말을 걸어 민감한데 열받았다. 그런데 해야 하는 일을 우선적으로 했다. 수행평가 하는데 괜히 민감해졌다. 친구는 그냥 와서 말을 걸었다. 전에는 낙서하는 게 괜찮았는데 그때는 낙서하는 게 불쾌하게 생각되고 사소한 것에도 화가 났다. 처음에 살짝 했을 때 '하지 말라'고 하면 안 했으면 좋겠다. 나를 무시하는 것 같다.

10회기(2009. 12. 18. 금)

상담하면서 얘기한 것 시도해 보기도 하고 생각을 많이 하게 된 것 같다. [친구들과] 다르게 생각하고 옳다고 생각하는 것을 자신 있게 이야기하면 될 것 같다. 친구한테 인정받고 싶어서 친구 의견을 무조건 옳다고 했다. 지금은 다시 한 번 생각해서 내 생각을 이야기해 보기도 한다. 친구가 하는 평범한 이야기들, 게임, 만화, 드라마 얘기하면 긴장해서 말을 더듬으면서도 말 걸어 줬다는 거 자체가 기분 좋아 억제 못하고 오버해서 이야기한다. 그러면 친구가 싫어하는 것 같다. 말을 흥분해서 더듬으니까 짜증내는 것 같았다. 말을 더 능숙하게 하고 싶다.

11회기(2009. 12. 22. 화)

자기 일 안 하는 거 싫다. 맡겨진 일은 충실히 해야 한다. 처음에는 그런 마음으로 성실하게 했다. 3학년 때는 융통성 없는 선생님 안 만났으면 좋겠다. 성실한 선생님 만났으면 좋겠다. 2학년 들어와 청소를 책임져야 하는 일을 선생님이 많이 맡겼다. 그런데 자신 있게 말하기 겁이 난다. 빨리 청소하고 가자고 말하고 싶었는데 애들이 나한테 싫다 할 것 같다.

12회기(2009. 12. 29. 화)

불안해져서 공부 열심히 하려고 한다. 의욕은 많은데 중도 포기한 경우가 많다. 끝까지 해야 하는데 의지가 부족하다. 어릴 때는 하라는 거 끝까지 했는데 지금은 꾀부리고 …. 글짓기 배웠는데 3명이 집에 와서 같이 했다. 어릴 때 친구 ○○○. 초등학교 1학년 때 부모님끼리 알고, 공부 잘하는 친구였는데 이사 갔다. 같이 하다가 실망감이 있었다. 나오다 안 나온다고 하니까. (친구들하고 같이 하고 싶었구나.) 혼자 가서 친구 사귀는 게 불안했다. 미술 할 때도 안 한다고 울고 그랬다. 엄마가 보기에는 안 한다고 생각하니까. 너무 많이 해 보라고 해서 그런 거다. 그런데 겉으로 싫다고는 하는데 속으로는 좋았던 것 같다. '미술 하면 잘할 수 있을까?' 그렇게 한다는 거 자체가 큰 부담으로 왔다. 친구 이사 가고 글짓기 그만뒀다. 3명이어야 하는데 안 되는 것 같고 그래서. (같이 하는 게 중요하구나.) 왜 그만뒀을까 궁금하고, 공허하고, 서러웠다. 3명이 재미있었는데 빈자리가 커져서. 많이 좋아했던 친구다. 나 혼자라도 글짓기 얼마든지 할 수 있었는데, 하찮은 이유로 그만두었다는 게 나중에 생각해 보니 겨우 그 정도 이유로 왜 그만뒀을까 …. 피구하는데 공에 맞아서 떨어지면 '왜 이렇게 못하나' 괜히 그런 걸 마음에 둔다. 선배가 게임 하나 못하냐고 해, 게임하다 무시당하는 게 싫다. '패밀리가 떴

다' 보면 좋아 보인다 …. 엄마가 신경 안 쓸 것 같았는데 '왜 상담하냐' 물어봐 줘서 좋았다. 어른이 돼서 친구와 어울리지도 못하면 안쓰러워 보이고 안 될 것 같다. 친구가 부탁을 하면 꿍꿍이가 있나 불안하다.

13회기(2010. 1. 14. 목)

[상담자 사정으로 상담장소를 옮기게 됨. 이후 학교 상담실이 아닌 상담자가 근무하고 있는 상담실로 와서 상담을 지속함.] 개학이 2월 2일인지 궁금하다. 친구한테 전화하는 건 정확하지 않아 신뢰가 가지 않는다. 보충이 쓰여 있는 프린트를 보면 되는데 집에서 보면 말다툼할까 봐 숨겨 놨다. 인터넷 홈페이지 확인하는 것도 신뢰가 가지 않는다. 행정실에 전화하려니 왠지 울컥거리고 울렁증 같은 게 있다. 그러고 싶지 않은데 김현철[개그맨] 같이 더듬고 있는 것 같다. 목소리가 허스키해 전화 받는 사람이 '어떻게 하지?' 생각할 것 같다 …. 카드 충전하는데 옆에 사람이 쳐다보더라. 선생님이 알려 준 지하철 타고 1번 출구로 나왔다. 버스 타면 된다는 생각을 못했다, 잘못 탈까 봐. 그래서 간판 보면서 걸어왔다. 아빠랑 같이 왔었다. 아빠가 내가 어디 간다고 하면 '불안하다' 생각해서, '혼자 가면 헤매겠다'는 생각이 들어서, 따라간다고 그랬다. 엄마도 오늘 간다고 하니 아빠랑 같이 가라고 했다. 그런 얘기 들으면 내가 한심해지고 오기가 생긴다. 지금은 알았다고 하고 혼자 나왔다. 아빠가 중간에 나를 데려다 준다고 했는데 '왜 나는 혼자 못 간다고 생각하시냐?'고 대들었다. 옛날부터 잘한다고 생각하던 것이 잘 안 되는 경우가 많았다. 한 번 잘한 건데 다음에 해서 안 되면 절망에 빠진다 …. 지하철에서 내렸는데 군인이 나에게 물었다. 지금은 모른다고 했는데 옛날에는 불안해하며 말 더듬다가 결국은 모른다고 했었다. 지금은 여유롭게 모른다고 하니까 좀 뻔뻔하다는 생각이 든다. 나는 뭐든지 알고 있다는 자만심, 다른 사람들은 다 알 거라는 생각에 내가 한심하게 느껴진다. 그런데 형아는 다르다.

자기는 게임만 하면서 나한테 공부하라고 소리 지르는 거라서 무시한다. 헛소리라 생각하고 넘어간다. ['나는 모든 걸 다 알아야 해. 그래야 다른 사람이 날 무시하지 않는다. 다른 사람들은 다 알 거다. 내가 하는 것들은 어정쩡하게 풀린다.'는 주제에 대해 이야기함.]

14회기(2010. 1. 21. 목)

형이 많이 먹는다고 자꾸 뭐라 한다. 밥 먹다가 정색하면서 자꾸 잔소리를 해 댄다. 그런 것들 때문에 밥 먹을 때 신경 쓰인다. 형이 너 그렇게 먹으니까 살이 안 빠지지 하면서 걱정은 해 주는 것 같은데, 밥 먹는데 그렇게 말을 하니까 걱정은 해 주는 것 같으면서도 걱정해 주는 것만큼 내가 거부감 있게 받아들이는 것 같다. 나는 176cm, 90kg다. 형은 173~4cm, 50kg. 엄마는 형한테만 "뭐 먹을래?" 그런다. 아빠는 "형이 왜 그러냐, 자기 혼자 대장인 것처럼 왜 떠드냐"고 이야기한다. 형은 욱하는 성격인데 엄마와 닮았다. 형은 욕하고 욱해서 갑자기 기분 나쁘게 얘기한다. 밥 먹다가 정색하면서 "왜 이렇게 많이 먹냐?"고 해서 아빠가 그러지 말라고 했는데 형이 개겼다. 부모님께 욕하고, 폭력성이 높다. 지금은 계속 집에 있다 …. TV보고 있었는데 형이 소리 질러서 나갔는데 엄마가 술 취한 상태로 들어왔다. 매일 나가는데 일주일에 거의 매일 마신다. 운동(에어로빅 등)도 자주 바뀐다. 대학 가서 공부도 한다. 아빠는 12시나 새벽에 집에 들어와서 새벽 7시에 출근한다.

아빠가 예전에는 안 그랬던 것 같은데 엄마가 돈 있는데 없는 척한다고 한다. 그러면서 자기는 맨날 술 마시고 한다고 한다. 엄마는 "돈이 없어 술 못 마신다. 친구들이 돈 내게 해서 마신다."고 한다. 초등학교 때부터 부모님은 가끔씩 크게 싸웠다. 집어던지고, 가끔씩은 엄청나게 싸웠다. 형, 아빠랑 나가서 새벽에 엄마 몰래 고기 먹고 있다가 몰래 들어왔었다. 택시기사였던 할아버지 살아 계셨을 때 엄마가 우리한테도 화내면 할아버지께서 우리를 데리고 가셔서 할아버지 집에 가서 살았다. 엄마가 난리 쳤다. 과하게 했다. 술 취해서 그런지 몰라도. 옛날에 난리 치다가 공에 미끄러져 다쳐 병원에 입원했었다. 유치원 때 한 달에 한 번 정도 엄마가 술 취해 와서 아빠를 때렸다. 손으로 때리거나 칼 들고. 지금은 많이 허약해져서 그런지 지금은 형아가 소리 지르고 엄마한테 욕하고 그런다. 종이에 불태워 다 죽자고 울면서 그랬다. 어느 날은 식칼 가지고 뭐라 했다. 중학년 때 학기 중에 3명[아빠, 형, 나]이 나와 여관에서 잔 기억이 있다 …. 형이 공부는 잘했는데 학교 안 간다고 했다. 영어선생님이 공부한다고 하면 돈 안 받고 시키고 싶다고 할 정도였다. 그래서 학교 안 가고 학원 다녔다 …. 형이 옆집에 가서 싸운다고 신고해서 형사들이 왔는데, 형이 공부 못한다고 흥분해서 데려가라고 했다. 엄마가 아빠 때문에 화내면서 양복을 밖으로 다 던졌다. 아빠가 부탁해서 내가 바구니 들고 나가 주워 왔다. 아줌마들이 둘러싸고 "착하다, 착하다"라고 했다.

15회기(2010. 1. 28. 목)

외할아버지와 택시 타고 낚시 많이 갔는데, 내가 가장 마지막에 내렸는데 열쇠가 안에 있는데도 불구하고 문을 잠가 버렸다. 7살 때는 할아버지가 택시 닦고 있는데 액셀을 밟아 사고 날 뻔했다. 7살 유치원 가기 전까지 외할아버지, 외할머니랑 같이 살았다. 부모님과는 떨어져 살았다. 외할아버지한테 오토바이 태워 달라 했다가 넘어졌던 기억이 있다. 어릴 때는 외할아버지한테 혼났다. 방학 때는 형이랑 한 달 동안 외할아버지 집에서 보냈다. 만날 돈 달라고 해서 PC방 가서 게임했다. 형 먼저 보내고 5,000원 더 주시고 그랬다 …. 심각하게 생각할 필요도 없는데 소심하다. 잘못한 거 있을 때 그런 것까지 생각해서 마인드컨트롤 못해서 답답하다. 어제 형에게 혼났다. 은

행에 돈 넣는 거 형이 가기 싫어해 나를 시켰는데 해 본 적이 없어 그냥 돌아왔더니 "넌 나이가 몇인데 못하냐?"고 했다. 은행 가서 뒤에 사람들 기다리고 있는데 눈치 보이고 카드 떨어뜨렸다. 형이 7만 원 넣으라고 했는데 잘못하면 어쩌나 했다. 남이 옆에서 욕하거나 걸어가면 나에게 얘기를 안 하는 것에 민감하게 반응한다. 괜히 불안하다.

16회기(2010. 2. 4. 목)

TV에서 보면서 공감했던 것이 △△△가 [사람들 이야기에] 못 끼어들고 무조건 웃는 거다. 남이 얘기하는데 끼어들지 못하고 웃는다. 나도 그렇게 습관 되어서 웃는다. 그런데 어떤 애가 "너 왜 웃냐?"고 해서 당황했다. 생각 안 하고 웃기만 했는데. 웃지 않으면 소외될 것 같다 …. 물어봤을 때 빨리 대답해야 한다. 질문에 빨리 대답 못하는 이유가 그 상황이 이해가 안 되기 때문이다. 좋아하는 사람과 있을 때, 남들이 웃을 때, 내가 웃지 않으면 싫어할 것 같다.

17회기(2010. 2. 18. 목)

맹장을 일부러 떼서 군대 안 가는 사람이 많다. 20살 되면 군대 가야 하는데 다리가 이래서 안 가는 게 더 좋다고 생각한다. 다들 바쁘다. 엄마, 아빠 다들 늦게 들어오는데 길을 잘 몰라서 혼자 병원에 못 간다. 워낙 안 가본 데가 많아서 버스 탔을 때 이상한 데로 갈 염려가 있다. 너무 길을 모른다. 옛날에 놀이공원에 가서 길을 잃어버린 적이 있다. 7살 때 엄마, 친척동생, 엄마 친구, 엄마 친구 아들이랑 여러 명 같이 가서 바이킹 타고 기다리고 있다가, 자동차 게임에 집중해 엄마 이야기를 안 듣는 바람에 길을 잃어 엄마 아는 사람에게 발견되었다. 소심하고 용기가 없어서 울었던 것 같다. 남을 나보다 높은 존재라고 생각하고 나를 너무 낮춰 생각한다.

18회기(2010. 2. 25. 목)

열심히 해야 한다고 생각하는데 너무 안 해서 힘들다. 공부 열심히 해서 대학 들어가는 것도 힘든데, 대학 들어가서 하고 싶은 거 해야 하는데, 남은 1년 동안 공부하려 한다. (어떻게 해야 대학에 가나?) 공부하는 방법 잘 찾아야 하는데 …. 노래하는 것, 춤추는 것 무시했는데 그들도 노력했구나 하는 생각이 든다. 내가 내 시선으로 보면서 그들이 노력하는 모습은 못 보고 너무 무시했다.

19회기(2010. 3. 16. 화)

어른이 돼서 잘 살 수 있을까라는 생각을 한다. 말하기도 전에 어색해져 말이 끊기거나 한다. 이야기를 하는 데 있어 문제점은 공통점이 없다는 것이다. 이야기를 하려면 그 친구가 좋아할 만한 주제로 길게 해야 하는데 공통점을 찾을 수 없다. 내가 좋아하는 것만 이야기한다. 말이 끊기면 소외감이 든다. 오버인 것 같지만 안 될 것 같다. 쉬는 시간에도 누워 있으면서 가만히 있으면 안 될 것 같다. (친구들 사이에서 소외될까 걱정되는구나.) 애정을 갈구하는 것 같다. 다른 사람과 어색함을 견디기 힘들다. 생판 모르는 친구가 나에게 웃으며 이야기해 주면 기쁘다. 어색한 분위기 속에 있다 보면 이야기도 안 하고, 친구와 얘기 안 하고 가만히 있으면 왕따가 될 수 있다 …. □□와 초등학교 때부터 알고 지냈다. 프린트를 선생님한테 받고 돌아왔는데 샤프가 없어졌다. 다른 때 같으면 민감하게 싸웠을 텐데, 지금은 생각을 해 본다. 얘가 분명히 가지고 갔을 텐데 모르는 척하면서 기다린다. 무작정 욕하면서 달라는 게 아니라. 친구가 그런 모습을 즐기니까. (어째서 친구들이 장난을 계속 하는 것 같아?) 자랑일 수도 있는 게 착하다고 생각해서 그런 것 같다 …. [모든 사람과 친해져야 하는지에 대해 이야기함.]

20회기(2010. 3. 30. 화)

다리가 쥐난 것처럼 아픈데 너무 아프다. 아빠한테 말씀드렸는데 다리 아픈 걸로 군대 편하게 가라고 한다. 걸으면 무릎 아래 종아리가 너무 아프고, 가만히 앉아 있어도 쥐가 나는 것 같다. 최대한 병원에 빨리 가 보려 한다. 아픈지는 3~4일 됐는데 찍힐까 봐 체육시간에 안 빠진다. 군대 가기 싫은데 병원 가는 게 더 좋은 것 같다. 걱정인 게, 왜 나는 이렇게 상처가 많이 나고 나에게만 이런 일이 있을까라는 것이다. 엄마가 화나서 아빠하고 싸울 때 얘기하는 거 들었는데, "○○ 아플 때 당신은 돈 안 냈다."고 했다. 안 그래도 돈 없는데 나보다 엄마, 아빠 돈 드는 게 걱정이 된다. 어찌되었든 나 때문에 돈 쓰게 되니까 그런 게 싫다. 수술을 받는다고 해도 걱정은 해 주겠지만 내가 아파하는 걸 견디는 것보다 돈 쓰는 걸 더 아파할 것 같다. 내가 너무 여기저기 아프다고 해서 그런 것 같기도 한데 아프다고 하면 버럭 화내면서 그런 얘기하지 말라고 한다. 옛날 같았으면 상처받았을 텐데 …. 옛날부터 학교 가기 싫어서 어리광을 많이 부려서 어느 순간 폭발하셨다. 아빠, 엄마가 신경이 예민해져서 그런 거 같다. 유치원 때부터 아프다고 했다. 엄마는 회사원이었는데 유치원 가기 싫다고 울어 할아버지한테 전화해서 데리러 와 달라고 해 할아버지 집에 있었다. 엄마가 회사를 가야 하는데 내가 우니까 화가 나긴 났는데, 심하게 혼내거나 때리거나 하지는 않았다 …. 엄마가 무서웠다. 술 먹고 들어와서 그동안 화났던 것 폭발해 집을 난장판으로 만들곤 했다. 집 나와서 아빠랑 형아랑 호텔 가서 자고, 치킨 먹고, 여관 가서 자고 그때부터 단련돼 또 이러냐 …. 지금 생각해 보면 어리광도 있었다. 엄마가 밥을 먹여 줬을 때니까 초등학교 1학년 때쯤이었다. 학교 안 간다고 뜨거운 물로 이마를 문지르기도 했다. 이마를 문질러서 열이 나면 학교에 안 가도 될 거라 생각했다. (어째서 학교에 가기 싫었나?) 혼자 노는 게 싫었다. 아이들하고 못 섞이는 게 싫었다. 나만 기쁘고 남들은 안 기쁘니까. 그런 일들이 많아 차라리 혼자 노는 게 좋았다. 내가 재미있다고 생각한 것 얘기했을 때 남이 안 웃으면 되게 실망했다. 지금은 견딜 수 있는데 실망, 충격이었다. (어떤 부분이 충격인가?) 남에게 무시당하는 것 같아서다.

21회기(2010. 7. 22. 목)

주변에 있는 책상 중에 화장실 대리석 같은 게 있는데, 거기에 부딪혀 2주 동안 병원에 가서 소독해야 한다. 찢어져 꿰맸다. 이런 적이 없어 좀 무서웠다. 졸업하면 코 수술한다고 했는데 걱정이 된다. TV에서 수술하는 장면 보면서도 긴장된다 …. 방학되면 노는 습관이 있다. 웃으면서 얘기할 일이 아닌데 긴장을 안 한다. 수능을 심각하게 생각 안 한다. 마음 편히 있다. 그런데 형아가 참견하는 것 같아 짜증났다. 삼촌 만났는데 살쪘다고 살 빼라고 했다. 가족들이 살 빼라고 해서 내일부터 산에 올라가려 한다. 신경 써 살을 빼려고는 하는데 형이 너무 당당하게 말하니까 …. 다이어트 할 때 3끼는 먹어야 된다고 하는데 형은 2끼만 먹으라고 한다. 형이 자기 의견이 맞다고 이야기하면서 욕하고 내 의견을 존중 안 해 짜증난다. 신경 안 쓰기로 했다. 신경 써 봤자 나만 짜증난다. 어릴 때부터 수동적으로 엄마, 형이 뭘 해라 하면 무조건 따라 하다가, 어느 순간 너무 짜증나서 싫다고 표현하면 "네가 뭘 아냐?" 이야기한다. 무시하는 것 같다. 그다음에 나도 반격한다. 형은 얕봐서 편한데 친구는 동등하니까 싫은 말 하면 안 될 것 같다. 오랜만에 [친구를] 만나 긴장돼 말을 더듬었다. 말을 못하고 친구 의견을 거부하면 안 된다. 상담 하러 오면서, 뭉쳐 다니는 사람들 보면서 따돌림 당할까 두렵다. 저녁에는 그래도 괜찮은데 대낮에 사람들이 뭉쳐 다니는 것을 보거나 옆에 지나가면 긴장된다. 낮에는 갈 길만 가면 되는데 괜히 신경 쓰이고 긴장되고 혼자 다니는 걸 두려워하는 것 같다. 무시할 것 같다. 긴장돼 가슴이 쿵쿵된다. 소심하게 생각하다 보면 자신이 한심해지고, 걸어가면서도 왜 이렇게 긴장하게 될까 해결책이 생각나지 않는다. 한심하게 생각된다. 남들은 여유롭게 가는데 나는 긴장한다. 소심한 내가 싫다. 대인기피증처럼 3명만 있어도 긴장된다. (뭐라고 무시할 것 같아?) 구체적으로 생각한 적은 없다. 사람들이 나에 대해 나쁜 말을 할 것 같다. 뭉쳐 다니는 사람들이 부럽고, 나만 혼자 다니는 것 같다. 친한 사람들이 모여 있을 때는 그나마 나은데, 내가 생일파티 같은 데 가면 긴장해서 말도 못하게 된다. 초등학교 3, 4학년 때 친구 생일을 미스터 피자에서 했다. 아는 사람만 모일 줄 알았는데 모르는 사람이 있어 선물만 주고 뛰어 나왔다. 제 친구는 다른 친구들하고 얘기하고, 사람들 모였는데 나랑 얘기 안 하고. 생일이었던 친구 제외하고 아는 친구가 한 명도 없었다. 선물은 아줌마에게 주고 나왔다. 아줌마한테 연락이 와서 갔는데 내가 모르는 애들만 있어 괜히 위축됐었다.

22회기(2010. 8. 13. 금)

(엄마는 전화를 안 받으시네?) 모르겠다. 나갔을 때 전화 안 받는다. 엄마는 일은 딱히 안 하고 운동하고, 절에 다니시고, 주부 일도 아빠랑 내가 한다. 지금은 아빠가 더 많이 한다 …. 상담에 대해 물어보는 건 괜찮은데 심각해지는 건 싫다. 상황에 따라 다른데 어떤 사람이든 신경 써 주는 건 좋지만 계속 파고들어 질문하면 오히려 더 짜증나고, 나중에는 나 같은 건 신경 쓰지 않았으면 좋겠다는 생각이 든다. (어째서 그런가?) 너무 간섭을 많이 하는 것같이 느껴진다. 형 때문인 것 같다. 욕하는 거랑 때리는 거 없어지고 좋아진 것 같은데 나도 모르게 무슨 행동을 하면 갑자기 화를 내거나 욕이 나온다. 자기에게 해를 끼치는지 갑자기 화내거나 한다. 형이 친구 데리고 집

에 왔을 때 나는 게임하고 있는데 빨리 찾으라고 갑자기 신경질 냈다. 그런데 착한 척하면서 상황을 좋아지게 연기하는 거 짜증난다. 진짜 날 위해서 이야기하는 건지 그 상황을 넘기려고 하는 건지, 이제는 형이 잘해 줘도 나중에 또 지랄할 텐데 싫어서 못 믿겠다. 남이 진심으로 해 줘도 형처럼 그럴까 봐 두렵고, 남이 신경 써 준다고 해도 부담으로 느껴진다. 다른 사람이 좋을 때와 나쁠 때의 기복을 못 따라가는 것 같다. '형아가 미친 놈이구나' 그렇게 생각해 봤자 좋을 게 없으니까 변하려고 노력하고 있다. 형이 축구하고 집에 와서 왜 돈이 없냐고 엄마한테 이야기했다. TV 보고 있는데 "너 평소에 하는 모습이 짜증난다."고 했다. 착한 척하며 이야기하는데 "공부 안 했지? 게임만 했지? 게임기 부셔 버린다!"고 소리쳤다. (엄마, 아빠는 뭐라셔?) "네가 왕이냐, 네가 애한테 왜 그러냐?"고 하신다. 모르는 건지 신경을 안 쓰는 건지 모르겠다. (엄마, 아빠가 어떻게 해 줬으면 좋겠어?) 나하고 형하고 싸웠을 때 인정했으면 좋겠다. 형이 잘못하는 거, 내가 잘못한 거 인정하는 게 정상이라고 본다. 정상적으로 인정했으면 좋겠다. 내가 방에서 나와 왔다 갔다 하는 게 신경 쓰였는지 형이 "미친 놈, 나오지 마. 냄새난다."면서 짜증 냈다.

23회기(2010. 9. 10. 금)

[부모님에게 계속 연락 시도했으나 연락 받지 않음.] 전문대로 갈 생각이다. 그런데 아직 잘 모르겠다. 여기저기 추천해 줬는데 …. 애완동물학과, 제과제빵학과. 그런 데로 가면 허탕이다. (허탕이 무슨 의미야?) 지원해도 될 수 있을 것 같은데 직업 갖는 게 힘들 것 같다. 직업을 얻어도, 가게를 해도 안 될 것 같다. 제빵은 인기 많을 것 같은데 힘들다. 자세히는 모르겠는데 애완동물과는 인기가 없을 것 같다. 좋아하는 걸 해야 할 것 같다. 돈에 욕심이 많은 것 같다. (전문대 가려면 어떤 점수가 필요한가?) 6등급 정도. 성적이 안 좋아

점수 안 보는 데로 가든지 아니면 돈 모아 일본 가서 사는 것도 좋을 것 같다. 좋아하는 쪽보다 가능한 쪽으로 가려고 한다. 일본어는 좀 하니까 아르바이트 하면서 살 수 있을 것 같다. (한국에서는 살 수 없을 것 같아?) 일본은 가능할 것 같다. 한국은 재수한다고 해도 돈이 많이 든다고 한다. 제일 무서운 게 백수 되는 거다. (재수할 수 있는 건가?) 돈은 아르바이트를 한다고 해도 …. 엄마, 아빠는 돈이 없어 못 내줄 것 같고. 내가 공부를 너무 안 하고 못하니까 선생님이 "재수는 공부하던 애나 하는 거다."라고 했다.

* 학교수업과 진학준비로 앞으로는 상담받기 어렵다고 해서 종결하게 됨.

상담자: 김경보
논평자: 김혜원

논평자 김혜원은 인간중심적 상담, 인지행동 상담을 기초로 한 절충주의적 입장을 견지하고 있다. 따라서 아래의 논평은 본인의 이론적 관점에서 비추어 본 내용이기 때문에, 다른 상담 이론적 관점에서 본 사례를 논평한다면 다른 평가가 가능함을 미리 밝혀 둔다.

본 사례는 여러 가지 어려움을 호소하는 청소년 내담자를 1년여의 기간 동안 성실하고 힘 있게 이끌면서 상담해 준 점이 돋보이는 사례이다. 본 사례를 논평하는 데 있어 첫째, 내담자 문제에 대한 사례개념화, 둘째, 상담진행과정에서 돋보이는 점, 셋째, 상담진행과정에서 아쉬운 점 및 대안적 개입 방향을 중심으로 논평하고자 한다.

1. 사례개념화

1) 사례개념화의 타당한 측면

상담자는 내담자의 문제에 대해 비교적 다양한 내용을 성실하게 파악하고 있다. 구체적으로, 상담자는 내담자의 다양한 신체화 증상, 불안감과 피해의식, 대인관계와 관련된 인지능력 및 대처능력 부족, 자신감 저하를 상담에서 주요하게 다뤄야 할 문제로 파악하고 있다. 사례 전반을 통해 볼 때, 이러한 상담자의 파악은 적절하고 내담자가 호소하고 있는 어려움을 포괄적으로 이해하고 있다고 볼 수 있다.

2) 사례개념화에서 보완될 측면

내담자의 문제가 생겨나게 된 원인에 대한 파악은 다소 부족하다고 보인다. 특히 내담자가 어떤 경위와 구체적 계기로 첫 시도 및 두 번째 시도로 상담을 시작하게 되었는지와, 가족과 관련된 세부 정보(부모의 연령 및 직업, 가정경제 상황, 3대 genogram[가계도] 등)에 대해서는 파악되어 있지 않다. 이에 따라 가정환경 및 가족구성원의 특성으로 인해 내담자가 현재 어떤 심리적 환경을 경험하고 있는지를 이해하는 데 한계가 있다.

2. 상담진행과정

1) 상담진행과정에서 돋보이는 점

본 사례에서 상담자의 개입이 적절했다고 보이는 점들은 다음과 같다.

우선적으로, 상담자가 힘 있게 상담의 진행을 이끌어 갔다는 점이 돋보인다. 내담자는 자주 하나의 화제에서 다른 화제로 넘어가면서 머물지 못하는 패턴을 보인다. 또한 사실만을 보고할 뿐 자신의 감정을 세부적으로 표현하거나 감정 들여다보기를 못하는 경우가 많다. 이럴 때 상담자는 내담자를 이끌어서 감정을 표현하게 하고, 특히 부정적 감정을 적극적으로 말하도록 개입하고 있다(예를 들어, 1회기 중 "○○야. 말을 고르지 않아도 돼 …. 네가 느껴지는 걸 그대로 이야기하는 게 좋아."). 이러한 노력으로 인해 내담자는 평소와 달리 자신의 감정을 차분하게 들여다볼 수 있었을 것이고, 상대방에게 느끼는 부정적 감정을 있는 그대로 수용하는 데 도움을 받았을 것이다.

둘째, 상담자는 내담자의 상황을 구체적으로 파악하려 노력하고 있다. 내담자의 서술은 매우 간략하고 피상적인 경우가 많은데, 이럴 때 상담자는 보다 구체적인 내용을 파악하기 위해 적극적으로 개입하고 있다. 예를 들어, 내담자가 자신의 목소리가 이상하다고 반복해서 호소할 때 상담자는 목소리가 어떻게 이상하다고 느껴지는지를 구체적으로 다루고 있고, 내담자가 호소하는 신체적 문제들에 대해서도 병원 가는 것에 대한 구체적 제안을 하고 있다. 이러한 개입으로 인해 가족 중 어느 누구도 내담자의 문제에 세심한 관심을 가져 주지 않는 상황에서, 내담자는 세밀한 돌봄을 받는 경험을 했을 것이다. 또한 자신의 문제를 피상적으로만 호소하고 넘어가던 패턴에서 벗어나, 현실적인 해결방안을 실천하기 위한 행동을 할 수 있었을 것이다.

2) 상담진행과정에서 보완되었으면 하는 점

본 사례에서 상담자의 개입 중 다소 아쉬웠다고 여겨지는 점들은 다음과 같다.

첫째, 사례개념화 내용과 연결되는 것으로 상담의 구조화와 관련된 부분이다. 현재 제시된 상담목표는 지나치게 간략하거나 표면적인 변화(예: 병원에 가서 아픈 곳 진단받기)에 대한 것이 많다. 또한, 제시된 목표들 간에는 유기적으로 연결되는 것들이 있음에도 불구하고 이러한 관련성을 고려한 흔적이 보이지 않는다(예를 들어, 두 번째와 여섯 번째 목표). 따라서 상담자는 현재 제시된 내용들 중 내담자를 위해 가장 중요하게 다루어야 할 목표와 그러한 목표를 이루기 위한 세부전략이 무엇인지 판단하고, 이러한 판단하에 상담과정을 좀 더 효율적으로 사용했으면 좋았으리라 생각한다. 이러한 아쉬운 점으로 인해 총 23회기의 긴 상담회기를 진행했음에도 불구하고 특정 목표를 향해 깊이 있게 개입된 흔적은 찾아보기 어렵다.

둘째, 내담자의 인지적 특성과 관련해서 상담자가 내담자의 특성에 맞춰 적절하게 상담했는지에 대해 생각해 볼 필요가 있다. K-WAIS 결과에 따르면 내담자의 전체 지능점수는 '77'로 일반적으로 볼 때 '경계선'의 수준에 해당된다. 우선적으로 이러한 검사 결과가 얼마나 정확한 것인지에 대한 판단이 필요한데, 이를 위해 전문가에 의해, 표준화된 방법에 따라, 안정된 상황에서 시행된 것인지에 대한 검토가 필요하다. 이러한 조건들이 모두 충족되었다 하더라도 도출된 결과가 내담자의 실제 특성을 보여 주는 것인지 혹은 불안감이 높은 내담자 특성으로 인해 오염된 결과인지에 대한 보다 신중한 판단이 필요했다고 본다.

셋째, 본 사례에서 상담자는 대표적이라고 알려져 있는 심리검사들을 대부분 실시했다. 그러나 심리검사의 실시 시기가 적절치 않아 검사결과가 충분히 활용되지 못했을 것으로 보인다. MMPI와 SCT는 상담 초기(2009. 9. 9)에 실시했지만, 나머지 검사들(K-WAIS, BGT, HTP, KFD)은 20회기의 상담이 진행된 이후(2010. 3. 30. 이후)에야 실시했다. 이들 심리검사 이후에는 21~23회기만 진행했기 때문에, 검사결과에 대한 해석뿐 아니라 결과내용을 상담에 활용하는 것도 어려웠을 것으로 보인다. 또한 BGT와 HTP, KFD에 대한 원본 그림이 제시되지 않아 내담자의 심리상태를 파악하는 데 한계가 있다.

3. 상담결과

1) 상담목표 달성도

상담자가 제시한 주요목표에 근거해서 볼 때, 목표의 달성도는 다음과 같다고 보인다.

먼저, 내담자의 불안감 해소, 대인관계에서의 자연스러운 대화(내담자 목표) 및 자기주장하기에 관해 살펴보면, 상담 초반(특히 1~4회기)에 제기된 내담자의 불안감은 상담 중반과 후반으로 가면서 조금씩은 줄어드는 양상을 보이고 있다. 예를 들어, 내담자는 상담자가 권하는 것을 실천해 보기도 하고, 대인관계에서 적극적인 자세를 보이는 시도 등을 하기도 한다. 그러나 상담 중반 및 후반에서도 내담자는 여전히 공부에 대한 불안, 신체적 증상에 대한 불안, 길에서 만나는 낯선 사람들에 대한 불안 등을 호소하고 있어 범불안적 특징과 대인관계 불편함이 감소되지 않은 것을 알 수 있다. 따라서 전체적으로 볼 때 이에 대한 상담목표 달성도는 미흡했다고 판단된다.

둘째, 신뢰할 수 있고 안정적인 상담관계 형성하기는 비교적 성공적이었다고 본다. 내담자는 상담자의 이끔에 따라 상담장면에서 다양한 시도를 했고, 특히 상담자의 개인적 사정으로 센터를 옮긴 이후에도 자발적으로 상담에 임하고 있다. 또한 23회기에 이르기까지 상담이 지속된 것을 볼 때도 상담자와 내담자 간에 신뢰할 수 있고 안정적인 관계형성이 있었다고 볼 수 있다.

셋째, 상황에 대한 객관적인 지각과 아픈 곳 진단받기에 대해서는 일부만의 효과가 있었다고 생각한다. 다양한 신체적 증상에 대해 상담자는 적극적으로 병원치료를 권했고, 이러한 권유가 내담자의 치료동기를 유발했다고 보인다. 그러나 이러한 호소가 갖고 있는 내면적 의미와 동기에 대한 상담적 접근이 부족했기 때문에 내담자는 끊임없이 새로운 증상을 호소하는 양상을 보이고 있다(세부 내용은 다음 내용에 언급).

2) 미해결 문제와 그에 대한 대처방안

미해결 문제에 대한 대처방안으로 다음과 같은 점들을 생각할 수 있을 것이다.

첫째, 내담자가 호소하고 있는 문제들에 대해서이다. 내담자는 계속적으로 다양한 신체적 증상과 대인관계 전반에서의 불안을 호소하고 있다. 내담자가 호소하는 신체적 증상들은 가족들에게도 오랫동안 무시되어 왔던 것이고, 내담자 또한 병원에 가서 적극적으로 치료받기를 피하고 있는 상태이다. 이런 상황으로 볼 때, 내담자에게 현재 필요한 것은 증상이나 문제 자체에 대한 초점만이 아니라 이러한 호소와 관련된 내적 동기에 대한 공감과 이해라고 보인다. 따라서 내담자의 표면적 증상에 초점을 맞추기보다는 내담자가 호소하고 싶었을지 모르는 심층적 측면에 보다 많은 관심을 기울여 줄 필요가 있었다고 본다.

둘째, 내담자는 인지적으로 혼란스러워하고 있고 내담자의 인지적 수준에 대해 상담자의 확신이 없는 상태이기 때문에, 내담자가 호소하는 문제해결을 위해서는 보다 구체적인 행동주의적 상담접근이 필요했다고 생각된다. 즉, 당면하고 있는 특정 문제(예를 들어, 친구들과의 관계에서 자신의 감정을 적절히 표현하기)를 풀어 가는 데 있어, 상담장면에서 구체적인 연습과 반복적 훈련을 유도했다면 내담자는 보다 자신감을 갖고 친구관계에 임할 수 있었을 것이다.

셋째, 상담자가 내담자의 긍정적인 측면에 좀 더 주의를 기울였다면 내담자의 불안해소 및 대인관계 문제해결에 도움을 줄 수 있었을 것이다. 상담자가 파악하고 있듯이 내담자는 비록 다양한 문제를 호소하고 있고 이러한 문제들로 인해 여러 영역에서 부적응적인 측면을 보이지만, 상담에 대한 동기가 높고 자신의 문제를 수정하려는 의지가 크다. 내담자는 부모의 무관심과 지원 부족(특히 엄마) 속에서도 자발적으로 상담을 시작했을 뿐 아니라 오랜 기간 동안 지속하고 있다. 또한 제시된 내용만으로는 확실치 않지만 내담자는 비교적 호감을 주는 외모를 가진 것으로 보이는데, 주변사람들이 '잘생겼다'는 평을 한다는 점에서 그렇게 유추된다. 따라서 상담자가 내담자의 긍정적인 측면에 더 초점을 맞춤으로써 내담자 또한 자신의 부족한 부분에 초점을 맞추는 패턴을 멈추고, 보다 자신감 있게 대인관계를 맺을 수 있도록 도울 필요가 있었다고 본다.

4. 총평

본 사례는 1년여의 시간과 총 23회의 상담 기간 동안 내담자로 하여금 자발적으로 상담에 임하게 했다는 점만으로도 어느 정도 성공적인 사례라고 평할 수 있다. 특히 내담자는 대인관계에서 심한 불안감을 느끼고 낮은 자신감을 갖고 있다는 점에서, 상담자와의 긍정적인 만남은 내담자에게 하나의 성공 경험으로 작용했으리라 생각한다. 또한 가족과 친구들로부터 돌봄과 소속의 기쁨을 느끼지 못해 온 내담자에게 있어, 든든한 지지자인 동시에 문제해결을 위해 함께 애써 주는 상담자의 존재는 타인과 세상에 대한 시각을 희망적으로 바꿔 주는 통로가 되었으리라 생각한다. 다만, 이러한 효과들에도 불구하고, 본 사례에서 내담자는 자신이 호소한 문제 중 한 가지라도 분명하게 해결되는 경험을 하지 못했다고 볼 수 있다. 이런 점에서 상담자는 보다 분명한 사례개념화와 목표설정 및 상담구조화를 통해 보다 집중된 개입을 했었다면 더 좋았으리라는 아쉬움이 남는다.

상담자: 김경보
논평자: 신지영

본 논평자는 역동적 정신치료를 바탕으로 해당 사례에 대한 논평을 하고자 한다.

1. 사례개념화

이 사례는 불안을 주 호소 문제로 하는 고등학교 2학년 남학생인 내담자와 1년 동안 23회 상담이 진행된 사례이다. 내담자의 불안은 주로 학교 내에서의 친구들 사이에서 나타나고 있고 특히 말을 하려고 할 때 자신의 생각을 표현하면 상대가 어떻게 생각할지, 그 말이 옳은 말인지, 잘 대응을 못하면 따돌림 당하지 않을지 불안해하고 울렁거리는 증상을 보인다. 말과 관련된 증상에서 목소리가 7세경부터 이상하게 느껴지고, 목소리 때문에 남들이 자신의 말을 들어줄지, 무시당하지 않을지 불안이 더 심해졌다. 이러한 여러 신체적 증상이 나타난 것과 같은 시기인 7세 때 다리가 굳어진다는 이상한 느낌을 받고 병원에 한 번 간 적이 있다. 내담자는 7세까지 외조부모 밑에서 자랐으며, 이후 부모님과 같이 살게 되면서 목소리와 다리 이상의 증상을 보이는 등 심리적 갈등이 심했던 것으로 보인다. 그러나 부모, 특히 어머니에게 관심과 보살핌을 거의 받지 못하고 부모간의 심한 싸움을 자주 목격하고 형에게 구타를 당하면서, 초등학교 2학년 때 친구들과의 대화에서 제대로 반응하지 못한 후 불안증세가 시작되었다. 이러한 점들을 고려할 때 이 사례는 7세를 기준으로 외조부모와의 생활, 외조부모와 생활하면서의 부모와의 접촉 등을 검토하고 7세 이후 부모와의 생활과 관계, 형과의 관계 등을 탐색해서 내담자의 현재 불안 증상과 신체 증상을 이해하고 줄여 나가는 것이 필요한 사례이다. 어머니로부터의 무관심과 방치와 같은 정서적 결핍과 대화의 부재 등이 내담자의 문제핵심에 자리 잡고 있으므로, 내담자와 어머니와의 관계와 거기에서 오는 내담자의 감정을 어떻게 처리하느냐가 이 상담의 관건으로 보인다.

상담자는 내담자가 호소하는 문제를 경청하고 적극적으로 질문을 함으로써 내담자가 중요한 자료들을 많이 내놓도록 하고 있다. 상담 동안 내담자의 주 호소 문제인 불안에 대해서 많은 대화가 오가고 있고 친구들 사이에서 표현을 못하는 어려움과 거기에서 오는 갈등이 다뤄지고 있다. 또한 내담자가 어머니, 아버지, 형에 대한 기술(description)도 하고 있다.

그러나 상담자는 내담자를 둘러싸고 있는 환경과 내면적 정서상태를 내담자가 호소하고 있는 불안의 문제와 유기적으로 연결시켜서 사례개념화를 형성하고 있는지 검토할 필요가 있다. 내담자가 내놓은 많은 자료들로 내담자의 어렵고 힘든 생활을 짐작할 수는 있지만, 그것들이 어떻게 여러 신체적, 정서적 증상들을 만들어 내고 있는가에 대한 분석이 되고 있지 못한 것으로 보인다.

2. 상담진행과정

이 사례는 상담자가 내담자의 고민에 적극적으로 귀 기울이고 질문을 하고 있으며 내담자도 자신의 어려움을 솔직하게 털어놓고 있기 때문에, 내담자와 상담자의 관계가 잘 이루어져 있다고 짐작할 수 있다. 내담자가 상담에 성실하게 임한 것 또한 상담자와의 좋은 관계를 보여 주는 것이다. 특히 내담자가 남 앞에서 자신을 표현하는 것에서 생기는 불안 문제를 갖고 있는데, 상담자가 경청함으로써 안심하고 자신을 드러내는 연습을 할 수 있는 기회가 되었다고 보인다. 또한 내담자의 부모가 내담자에게 관심이 부족하고 특히 어머니의 경우는 내담자를 방치하는 수준으로 보이는데 반해, 상담자는 상당히 적극적으로 내담자의 어려움에 관심을 가져 주는 것 또한 상담에 긍정적인 역할을 했을 것이라 사료된다.

그러나 내담자에게 현재로서 가장 고통스러운 부분인 불안의 문제를 효과적으로 다루지 못했다는 점이 상담진행과정에서 가장 보완되어야 할 부분이다. 이것은 상담자가 불안이라는 증상의 이면에 숨어 있는 내담자의 고통을 감지하지 못했기 때문이라고 볼 수 있는데, 증상에 대한 조금 더 깊은 이해가 필요하겠다.

두 번째로는 내담자가 어머니, 아버지에게서 느끼는 감정이 잘 다루어지지 않았다는 점이다. 어머니가 가정을 잘 돌보지 않고 내담자에게 관심이 없어 보일 때의 감정, 부모의 잦은 싸움에서 느꼈던 자신의 마음 등에 조금 더 초점을 두고 상담을 진행했었다면, 같은 문제의 호소가 반복되는 상담에 돌파구가 될 수도 있었을 것이다.

끝으로 심리검사가 상담에 실제적으로 활용된 것으로 보이지 않는다. 상담을 하는 데 있어 심리검사를 통해 내담자의 상태를 파악하고 그 자료를 갖고 내담자의 정서 상태나 가족관계를 질문하는 등, 상담을 보다 효율적으로 진행할 수 있는 도구로 사용했는지 의문이다.

3. 상담결과

내담자의 상담목표인 '불안감이 없어졌으면' 하는 목표는 더 많은 시간과 훈습을 필요로 한다. 그러나 '새로운 사람을 만나 어색함을 견디고 다양한 소재로 이야기하고 싶다'는 또 다른 목표에 대해서는 적어도 상담자라는 새로운 사람과의 만남과 솔직한 대화가 내담자의 좋은 출발이 되어 줄 것으로 보인다. 또한 1년간의 성실하고 돈독한 상담관계가 잘 맺어진 것이 내담자의 약한 대인관계를 보충하는 측면으로 작용할 것이다.

그러나 안타까운 것은 내담자가 현실의 대인관계에서 불안과 긴장이 감소되는 경험을 실제로 제대로 해 보지 못하고 상담이 종결된 점이다. 또한 내담자의 부모에 대한 부정적인 감정이 제대로 표출되지 않았기 때문에 종결 후 부모와 친구들과의 관계에 안내와 지침을 주기에 부족한 채 마무리가 된 면이 있다고 보인다.

4. 총평

이 사례는 대인관계에서 자기표현을 할 때 불안 증상을 주로 호소하는 고등학교 2학년 남학생 사례로, 상담자가 성실하고 책임감 있는 자세로 내담자와 좋은 관계를 맺고 1년 동안 상담을 진행한 사례이다. 내담자가 심리적 어려움과 여러 증상들을 솔직하게 털어놓을 수 있도록, 경청하고 질문하고 조언하는 상담자의 적극적 태도를 볼 수 있다.

다만 내담자의 주요 증상인 대인관계에서의 불안을 효과적으로 다루고 관련요인들을 밝히지 못한 것으로 보인다. 증상의 배경과 환경적, 내적 원인들을 탐색함으로써 내담자의 역동이 드러나서 내담자를 더 깊이 있게 이해할 필요가 있었다고 본다. 또한 내담자가 자신의 고충을 얘기할 수 있는 기회를 많이 가졌으나, 내담자의 위축되고 눌려 있는 감정을 발산할 수 있는 상담이 되도록 부모와 형에 대한 감정, 느낌 등에 초점이 맞춰졌다면 하는 아쉬움이 남는다.

사례 2

왕따 없는 세상에 살고 싶어요(초5, 여)

상담자: 이은영

1. 내담자에 대한 기본정보

박○○(여), 초등학교 5학년.

2. 내방 경위

내담자는 2학년 때 아버지 회사 문제로 이사를 했다가 4학년 때 다시 전학을 왔는데 '○○가 왕따여서 전학 갔다 왔다'는 소문이 퍼지면서 5학년이 되었을 때 정말 따돌림을 받게 되었다. 이 일로 고민을 하다 학교 선생님의 권유로 본 센터에 상담을 의뢰하였다.

3. 주 호소 문제

• 어머니는 내담자가 친구관계 때문에 많이 힘들어하고 집에서 짜증을

많이 낸다고 한다.

• 학교에서 친구들이 없으며 따돌림을 당하고 있다.

4. 행동관찰 및 인상

안경을 썼고 160cm 정도의 키와 약간 마른 체격이다. 이야기에 두서가 없으며 상대의 이야기를 듣기보다는 자신의 이야기를 하려 한다. BGT검사 시 재미있을 것 같다고 하며 검사에 의욕을 보이고 잘하려는 모습을 보여주었다. 크게 그리려고 하다가 여러 장의 카드를 그려야 한다고 하자 "작게 그려야겠네요." 하면서 스케치하듯 그림을 그렸다. 다이아몬드 그리는 것이 어렵다고 하면서 선이 비뚤어지자 다시 지우며 제대로 그리려고 하는데 잘 안 된다고 하소연했다. 5번 그림을 그릴 때 점이 "19개 맞죠?" 하면서 확인했다. 오자마자 친구들 때문에 힘들었던 내용들로 이야기를 시작하며 이야기를 할 때마다 "~는 아세요?" "~아시죠?"라고 자주 물어보곤 한다.

5. 가족사항

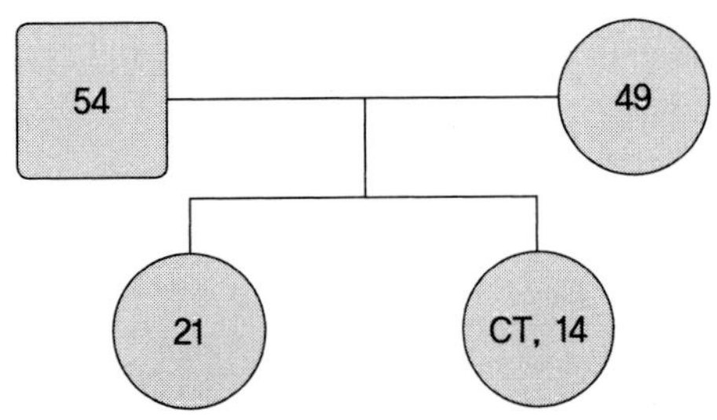

• 아버지(54): 회사원. 내담자를 무척 귀여워하기는 하지만 엄격할 때는

매우 엄격하게 대하며 자신의 감정에 따라 내담자를 대하는 경향이 있다.

- 어머니(49): 주부. 늦게 태어나고 기다렸던 자녀여서 수용적이며 ○○가 원하는 것은 대체로 들어주는 편이다. ○○의 감정기복이 심해 이를 맞추다 보니 힘들어하고 있다.
- 언니(20): 대학생. 모범적인 성향으로 모에게 의지가 많이 되지만 ○○를 경쟁자로 의식한다.

6. 검사결과 및 해석

1) SCT

- 내가 가장 행복했을 때는 딱히 여러 가지다.
- 내가 좀 더 어렸다면 공부도 안 하고 놀았을 것이다.
- 내가 제일 걱정하는 것은 미래이다. 현재이다. 친구 문제 …. 반 친구들과 못 지내서 …. 베프들도 다른 반으로 흩어져서 ….
- 대부분의 아이들은 다 사람의 겉모습만 보고 판단한다.
- 우리 아빠는 무섭다. 그리고 친절하며 좋다.
- 내가 가지고 있는 것 중에서 제일 아끼는 것은 많다.
- 여자애들은 쪼잔하고 깐깐하다.
- 나는 때때로 공주병 말기 환자가 되기도 한다.
- 나의 나쁜 점은 좀 이상하다.
- 내 소원이 마음대로 이루어진다면 난 소원을 버릴 것이다. (?) 남이 해주길 바라는 것은 원치 않기 때문에 …. 내가 이뤄야 보람 있으니까 ….
- 내가 만일 외딴 곳에 혼자 살게 된다면 부모님과 언니와 제일 같이 살

고 싶다.

- 내가 만일 동물로 변할 수 있다면 개가 되고 싶다. 왜냐하면 귀엽고 애완동물로서 주인에게 사랑받아 보고 싶다.

2) KPRC

타당도			자아탄력성	지적발달		정서			행동		대인관계		현실접촉
T/R 신뢰도	L 타인의식	F 특이반응	ERS 자아탄력	VDL 언어발달	PDL 운동발달	ANX 불안	DEP 우울	SOM 신체화	DLQ 비행	HPR 과잉행동	FAM 가족관계	SOC 사회관계	PSY 정신증
51	41	63	31	63	70	60	76	60	71	67	63	70	78

3) HTP와 KFD

(1) 집 그림(7'25")

이 그림을 그릴 때는 동유럽을 다녀온 직후였다. 내담자는 그림을 그리다가 "지우개 좀 빌려 써도 될까요?"라고 물어본 후 지우개를 사용했다. 지붕의 길이를 계속 조율하다가 "너무 짧은 것 같아요."라고 하더니 4분 50초에 "이건 좀 아닌 것 같아요. 다시 그려야겠어요."라고 하며 뒷면에 다시 그리기 시작했다. 가로로 준 종이를 계속 세로로 수정해서 그렸다. 그리다가 잘못 그린 것 같다고 하며 "이탈리아에서는 권력을 상징하는 거예요."라고 이야기했다.

- 지붕은 무엇으로 만들어졌나요? "콘크리트인가? 대리석? 유럽에 대리석이 많잖아요."
- 이 집에는 몇 명이 살고 있나요? 그 사람들은 누구인가요? 위에서부터 4층일까요? 하나, 둘, 셋 맨 위는 장식일까요? [계속 상담자에게 질문함. 몇 명이 살고 있는지 3번 물어본 후 답변함.] "시종, 귀족, 그런 사람들 ⋯.

궁전은 아니에요. 궁전 치고는 초라한 것 같아요. 인원은 100명. 베르사이유 궁전이 5,000명이 살았으니까 …. 많나요?"

- 집안 분위기는? "불화가 많아요. 권력이 있으니까 …. 그런데 잘못된 곳이 있네요. 문이 가운데 있어야 하는데 …. 조화가 안 되네요."
- 이 집에 필요한 것이 있다면? "가구, 귀족집안이니까 장신구 …. 화려한 만큼 인형도 있을 것 같아요. 화려한 인형 …."
- 이 집에 대해 설명할 것이 있다면 적어 주세요. "웅장한 궁전을 그리고 싶었어요. 베르사이유 궁전 같은 …. 아니면 하얗고 작은 예쁜 집을 그리고 싶었어요. 그 그림이 나의 꿈이에요."

(2) 나무 그림(1′23″)

- 이 나무는 어떤 나무입니까? "아랫것이 또아리를 틀어요. 뱀 같아요. 뿌리가 썩은 느낌. 뿌리가 또아리를 틀고 있고 …. 할머니 나무 … 뿌리가 박혀 있어요."
- 이 나무는 몇 년쯤 된 나무입니까? "500년."
- 이 나무의 건강상태는 어떤가요? "늙었어요. 건강은 양호한데 …. 우연히 그렸는데 나무를 보니까 슬퍼하는 것 같지 않으세요?"
- 이 나무에 필요한 것은? "양분, 햇빛, 물."
- 나무에 대해 더 하고 싶은 이야기가 있다면 적어 주세요. "섭섭한 점은 아래 … 아래를 못 그린 것 같아요. 뿌리가 배배 꼬아져서 인상 깊지 않아요?"

(3) 인물화(여자 5′45″)

그림을 그리던 중 "손톱은 패스 …. 너무 세세한 것을 신경 쓰는 것은 좀 그래서요." "한쪽 발은 뚱뚱. 한쪽 발은 날씬." 하면서 그림을 지워 버렸다. 그런 후에 몇 살로 보이는지 물어보았다.

- 이 사람의 나이는 몇 살인가요? "중3, 키는 160cm 정도 …. 6학년보다 작은 것은 좀 그렇잖아요. 내가 160cm인데 …. 두 손을 모은다고 그렸는데 야한 부분을 만지고 있는 것 같아요. 야동 같은 …. 코가 납작하네요. 동양인 같은 …. 눈꺼풀은 일본인 …. 볼은 아기 같아요. 너무 통통하다."
- 무엇을 하는 사람인가요(직업)? "학생."
- 이 사람은 지금 무엇을 하고 있나요? "자위."
- 지금 이 사람은 무엇을 생각하며, 어떻게 느끼고 있습니까? "무언가를 골몰히 생각하는데 자위 …. 이놈의 손을 지워 버리고 싶어요. 예의 바른 아이를 변태로 만들었어요. 기분을 모르겠어요. 일단은 손의 각도가 틀린 상태 …."
- 이 사람은 어떤 성격의 사람입니까? 장점과 단점은 무엇입니까(특성)?
  장점: 똑똑하다. 손재주가 있다. 손을 빼면 예의 바를 것 같다. 이 손 때문에 이미지가 ….
  단점: 못생겼다.
- 이 사람에게 소원이 있다면 무엇입니까? "엄마와 화목하게 지내는 것. 부모님과 사이가 안 좋은 것 같아요. 외동딸 …. 외로워하고 …. 고독하고 …."
- 이 사람에 대해 더 하고 싶은 이야기는? "살짝 모나리자 같은 느낌."

(4) 인물화(남자 4′42″)

"남자 치고는 기네요." 하면서 머리를 짧게 수정했다.

- 이 사람의 나이는 몇 살인가요? "18살."
- 무엇을 하는 사람인가요(직업)? "고등학생."
- 이 사람은 지금 무엇을 하고 있나요? "폼 잡고 있어요. 학교에서 …. 옛

날 교복 같아요. 50년대 …. 목에 모자를 달아 주고 싶어요. 눈이 부리부리한 귀신같아요."

- 지금 이 사람은 무엇을 생각하며, 어떻게 느끼고 있습니까? "별 생각 없어요. 멍청해 보이지만 똑똑해요. 똑똑한데 멍청한 척 하는 거죠. 눈은 독수리같이 생기지 않았어요? 눈이 부리부리한게 …. 한 가지를 보면 그림의 각도가 오른쪽을 향하고 있어요. 오른쪽에 뭔가 있다는 뜻이 아닐까요? 누구를 싫어하는 생각을 하는 것 같아요. 나쁘다, 눈이 부리부리하고 …. 이 부분이 스마일하지 않다."
- 이 사람은 어떤 성격의 사람입니까? 장점과 단점은 무엇입니까(특성)? 장점: 쿨하고 무뚝뚝하다. 운동을 잘한다.
  단점: 툭하면 화를 낸다. 성격이 더럽다.
- 이 사람에게 소원이 있다면 무엇입니까? "싫어하는 애에게 복수를 하고 싶어요. 아! 아! 선생님 미치겠어요. 야한 부분이 티가 나요. 그 부분을 진하게 …. 미치겠어요. 내가 전생에 변태였나? 왜 이쪽을 진하게 했을까요?"
- 이 사람에 대해 더 하고 싶은 이야기는? "얘는 무서운 것인데, 죽이는 것 …. 킬러 같은 …. 무서워요."

(5) KFD(14′28″)

가족이 함께 노래방을 가서 ○○가 노래를 부르고 가족들이 박수를 쳐 주고 있는 상황.

"언니는 박수를 치게 그렸는데 원래는 안 그래요. 현실적이지 않는 것이 언니가 탬버린을 들고 박수를 치지 않는다는 거예요. 그리고 아빠가 날씬하게 그려졌어요.

섭섭한 것이 있다면 식탁을 지우고 싶어요. 식탁이 땅콩 같아요. 마이크 덮개는 잘 그렸어요."

○○: 즐거워요. 내가 노래 부르는 것을 좋아해서 …. 스트레스가 풀리니까 ….

언니: 보통. 노래 부르는 것을 좋아하지 않고 …. 노래방에 오면 분위기는 타는데 …. 언니 노래를 같이 부른다고 하면 약간 삐쳐요. 선생님이 보기에 치마 같아요? 바지 같아요? 바지에요. 다시 그려야겠다.

엄마: 좋아요. 엄마도 웃으셨으니까 ….

아빠: 엄마와 같을 것 같아요.

엄마는 처음에는 안 간다고 했다가 아빠가 끌고 가면 좋아하세요.

4) BGT

copy: 14″

recall: 4′14″ 기억력 테스트네요. 이러면 난처한데. 이것밖에 생각이 안 나요. 맞다, 점 19개였죠?

7. 상담목표

- 친구를 사귀고 싶다.
- 5학년을 잘 마무리한다.

8. 상담내용 회기별 요약

1회기(2010. 6. 10) - 접수면접, SCT, KPRC

어머님과 상담

2학년 때 아버지 직장 문제로 전학을 갔다가 4학년 2학기 때 전학을 왔다. 4학년 때는 친구들과 잘 지냈는데 5학년에 올라가면서 ○○가 왕따를 당해서 학교를 전학 갔다가 돌아왔다는 소문이 퍼지면서 4학년 때 친했던 친구들과도 멀어지게 됐다. 4학년 때 친구 중 A와 B가 있는데 B의 부모가 모두 맞벌이여서 B의 집에 가서 놀지 말고 우리 집으로 아이들을 데리고 오라고 했는데 이 일로 B와 사이가 안 좋아지면서 B가 소문을 퍼뜨려 친구들과 멀어진 것 같다. 선생님과 상담 시 ○○가 또래보다 느린 편이라는 조언을 들었다.

○○가 친구들 때문에 힘들어하는 것은 한 달 정도 됐으며 현재 체육시간에도 놀 친구가 없다고 표현하고 요즘은 수업시간에 책만 읽고 있다. 집에서는 몇 번을 불러야 대답을 하고 요즘 욕을 하고 싶은데 참는다고 이야기 한다.

○○와 상담

- 남학생들이 3, 4월 정도부터 놀리기 시작함. 5학년 때 왕따여서 전학 왔다는 소문이 퍼짐.
- 한 반이 30명. 남학생 17명 중 3명은 관심이 없고 14명이 놀림.
- 여학생 13명 중 7명이 놀리고 5명 중 친구가 1명, 다른 1명은 반반.
- 2학년 때는 대체로 여차 친구와 놀지 않고 남학생들과 장난하면서 지냄.
- 현재는 나와 짝이 되면 아이들이 비명을 지르며 옆으로 피하는 행동을

보임.

- 상담에 대한 기대: 친구를 만나고 즐거운 학교생활을 하는 것. (인기 많은 것은 바라지도 않는다.)

2회기(2010. 6. 17) – 30분 늦게 와서 20분만 상담진행

C가 내 영어시간 짝인데 나를 괴롭혔어요. (어떻게 괴롭혔는데?) 영어시간에 게임을 하다가 부딪쳤는데 더럽다고 했어요. (그 상황을 좀 더 이야기해 주면 좋을 것 같아.) 빙고게임을 하는데 내가 패스를 하다가 실수로 C와 부딪쳤는데 나를 밀치면서 더럽다고 했어요. 또 내가 실수로 던진 것이 D 머리에 맞자 나에게 재수 없다고 했구요. 학교 외부에서도 일이 있었는데 A도 다른 아이들에 비해 인기가 없어요. E도 A가 못생겼고 냄새가 나서 싫어한다고 이야기했어요. A는 이틀에 한 번 머리를 감는다고 해요. 나는 매일 감는데 …. A는 한 번도 그런 이야기를 들은 적이 없다고 해요. 내가 구두쇠인데 요즘 A에게 맛있는 것을 사 줘요. 아이스크림이나 떡볶이나 …. 그런데 A와 많이 싸우는 편이에요. 이틀에 한 번꼴로 싸워요. 내 인생에서 제일 많이 싸우는 친구인 것 같아요. A는 항상 한가해서 A가 놀자고 할 때 계속 놀다 보면 일이 밀려요. 그렇다고 안 놀아 주면 또 삐치구요. 내가 양심적으로 내 잘못은 1%고 A 잘못은 99%예요. 내가 A 욕을 좀 할 테니까 들어 주세요. A는 B에게 왕따 당한 적이 있고 B하고 E에게 휘둘려요. A는 고집불통이고 약속한 것을 안 지키는 경우가 많아요. 나를 때리려고 했고 B와 E가 A에게 그렇게 하지 말라고 했어요. 학교에서 나는 혼자 있고 다른 아이들은 무리로 있는데 A가 내 옆에 오지 않고 여자 무리 옆으로 가 버렸어요. 여기까지는 이해해요. 하지만 A는 내 사정을 이해하지 않아요. F가 나를 구박하면 나는 이해하지 않고 F만 챙겨요. 가장 상처받은 부분은 A의 부탁으로 B, E, A가 가는 것을 미행하는데 들켜 버린 거예요. 그래서 A를 쳐다봤는데 시치미를

떼고 있는 거예요. 아이들은 나 보고 싸이코라고 하면서 왜 미행하냐고 물어보고 …. 물에 빠지면 목숨 걸고 구해 주겠다고 했는데 …. 약속을 잘 지킨다고 하면서 안 지켰어요.

3회기(2010. 6. 24) – 20분 늦게 옴

남자애들은 놀리기만 하지만 여자애들은 여우예요. 나에게만 여우같이 구박을 해요. (어떻게?) 나와 F가 칠판 담당인데 어제는 F가 칠판담당이었어요. 내가 그냥 확인을 좀 하려고 지우개를 보고 칠판을 문질러 봤는데 짜증을 내는 거예요. (무엇 때문에 확인을 했는지 궁금하네.) 내가 질투의 화신이에요. 내가 칠판정리를 잘 해서 담임샘이 칭찬을 해 주기 때문에 그 애가 나보다 더 잘하는지 확인을 해 보고 싶었어요. F도 칠판 정리를 잘하는 학생이기 때문이에요. (입장을 바꾸어서 ○○ 칠판 담당인데 F가 확인을 했다면 어땠을까?) 기분은 나빴겠지만 그렇다고 짜증은 내지 않을 것 같아요. 친구까지 와서 왜 손을 대냐고 짜증을 냈거든요.

[○○가 친구관계에 너무 힘들어하여 10일간 여행을 다녀온 후 상담을 하기로 함.]

[방학이어서 시골에 갔다가 돌아와서 상담 실시]

4회기(2010. 8. 5) – HTP, KFD 실시

5회기(2010. 8. 12)

저 인형이 무서워요. 눈에서 피가 나올 것 같아요. (눈에서 피가 나올 것 같다고?) 무서워요. 저런 인형보다는 곰돌이 인형이 좋아요. 잘 때도 곰돌이

인형을 안고 자거든요. '푸우' 아시죠? 이따만 한 거 …. 그거를 놓고 그래요. 안 그러면 무서워서 못 자요. (안 그러면 무서워서 못 자?) 좋아하긴 하는데 …. 밀폐된 공간에서 혼자 있으면 무서워요. 혼자 있을 때 거울을 보면 거울에 귀신이 있는 거 같고요. 거울을 보고 가위바위보를 하면 …. 좀 그런 게 있잖아요. 그리고 내 모습보다 끔찍하게 나오는 경우도 있고 …. 제가 끔찍하게 무서워하는 귀신이 …. 물귀신 …. 또 버려진 인형이요. 인형의 저주도 있잖아요. 선생님이 아까 나가셨는데 인형과 둘이 있으니까 무서웠어요. (그런 생각이 들었구나.) 무서워요. 제가 밀폐된 공간에 있으면 무서워요. 바비인형도 무섭고 …. 동물인형만 괜찮아요. (언제부터 그랬는데?) 어렸을 때부터요. (어렸을 때라면 언제?) 잘 모르겠어요. 엄마도 무서운 것을 싫어해서요. [중략] a라고 …. 그런데 얘가 쫌 삐딱한 데가 있어요. (어떻게?) 저에게 욕을 해요. ㅆㅂ. (어떤 것 때문에 욕을 해?) 그럼 욕을 좀 할게요. 할 수 없으니까 …. 사람들이 채팅을 할 때 욕을 하면 경고가 나오니까 …. 씨발이라 이런 글을 쓸 때는 ㅆㅂ이라고 쓸 때도 있고요. [쓰면서 계속 지움.] 이렇게 여러 가지가 있어요. 주로 많이 쓰는 게 이거죠. (a와 채팅할 때 이런 이야기를 하는 거야?) 채팅할 때가 아니라 그냥 이야기할 때요. 그리고 제가 조금 …. 저도 욕을 해요. (같이 하는 거니?) 같이 하는 거는 아니고요. 얘가 끈질기게 할 때 …. 알쏭달쏭한 사이예요. 저는 별로 안 하는데요. 그런다고 할 수 있죠. 많이 고쳤는데 …. 4학년 때 얘들과 어울리다 보니까 장난으로 할 때도 욕을 했어요. 욕을 해도 기분 나빠 하지 않았어요. 얘들이 욕을 일상생활처럼 했어요. (친구들이 일상생활처럼 욕을 하는 것이 ○○는 어땠는데?) 나쁜 것 같아 고치고 있어요. (어떤 것 때문에 나쁘다는 생각이 들었어?) 나쁘긴 하지만 친구들과 어울리기 위해 했다기보다는 …. 생각하기 나름이니까 …. 얘들에게는 나쁘지 않다고 생각하니까 …. 얘들하고 어울리기 위해서 …. 그래도 나쁘긴 한 거 같아요. (어떤 것 때문에?) 10명 중 8명이 욕을 해요. (많은 아이들이 욕을 하는데 …. ○○가 욕을 하지 말아야겠다는 생각을 갖게 된 이유가 있을 것 같은데 ….) 확 줄이지 않고 점점 줄여요. 요즘은요. 내성적인 애들은 욕을 안 할 거 같잖아요. 그런데 욕을 해요. 무서워요. 선생님 같은 경우는요. 내성적인 애들이 욕을 안 할 것 같잖아요. 내성적인 애들이 욕을 하는 것은 뜻밖이라는 생각이 들어요. 회장도 욕을 하는 것을 보고 깜짝 놀랐어요. (○○는 어떤 때 욕을 하니?) 일단은 놀리는 경우에는 안 하는데 …. 상대가 욕을 할 경우에요. 너무 화가 날 때 …. 욕을 하면 스트레스가 풀리잖아요. 그래서 해요. 방에 폭 틀어박혀서 …. 누구에게 안 하는 욕은 심하게 나쁜 것 같지 않아서 …. (욕을 하는 것이 나쁘다는 생각이 들지만 스트레스가 쌓일 때와 ○○에게 심한 말을 할 때는 하는구나.) 네. (친구들이 ○○에게 심한 말을 한 적이 있었니?) 욕한 애는 별로 없었는데요. (아까 a가 욕을 했다고 한 거 같은데 ….) 어린 녀석이 깝치는 거죠. (어?) 황당한 게요. 걔가 진짜 …. 언제 밤에 데려다 달래요. 그래서 내가 나도 가야 한다고 하니까 내가 힘이 세니까 데려다 달라고 하는 거예요. 또요 제가 욕을 안 하는 것이 제가 날라리 소질이 없대요. 솔직히 딴 사람하고 차별이 있다고 하면 기분이 나쁘지 않아요? (날라리 소질이 없다는 것이 차별받는 것처럼 느껴지나 봐 ….) 응 …. 또 …. 욕도 안 하고 …. 여자애들이 남자애들을 패는데 그것도 안 하고 …. 만만하게 보이는 것 같아요. 요즘 애들요. (○○가 욕도 안 하고 남자애들을 때리지도 않아서 만만하게 보는 것 같아.) 그런 것도 있는 것 같아요.

6회기(2010. 8. 18)

어제 콘서트에 갔어요. SBS 방송국 마당에서 공연을 해서 28분 전에 갔는데 거의 뒷자리에 앉았어요. 최신 가수는 맨 처음과 나중에 나오고 나머지는 꾸린 가수들 … 이승환 … 조피디 … 손담비는 최신곡을 맨 처음 부르고 그다음에 토요일 밤에 부르고 …. 손담비 아시죠? 그리고 맨 마지막에는 샤이니가 나왔어요. 샤이니는 최신곡을 나중에 불렀죠. 최신 가수가 안 나올 때는 다들 노래도 안 듣고 …. 최신 가수만 보는 더러운 세상 …. 발라드 가수는 밀려나요.

7회기(2010. 9. 9)

남자아이가 "나에게 찐따야 빨리 나와."라고 이야기해서 내가 선생님에게 이르고 그 이후부터는 아이들이 나를 놀리지는 않아요. 그리고 친절한 여자애들이 조금 있어요. (어떤?) 반에서 회장과 부회장인데 그 아이들은 내가 물어보면 답변을 해 주거든요. 그래서 그 애들이 몰려 있으면 함께 다녀요. A는 나에게 불친절해요. 나를 이해해 주는 친구는 G인데 …. 4학년 때부터 같은 반이었고 나에게 칭찬을 많이 해 줘요. A가 기분 나쁘게 하는 성격이라고 하면 G는 그 반대예요. 나의 친구에 대한 조건을 90% 충족시키는 아이예요. 모자라는 것이 있다면 살짝 약을 올린다는 것이죠. (어떤?) 연예인을 하려면 여드름이 없어야 한다는 식으로요. [중략] 아는 언니가 ××중 부회장이에요. 언니를 오늘 만났는데 괴롭히는 애들 있으면 말하라고 했어요. (그랬구나. 무슨 이야기를 하다가 그런 이야기가 나온 거야?) 그냥 잘 기억이 안 나요. (어디서 이야기를 했는데?) 아파트에서 만났어요. (아파트에 이야기할 만한 곳이 있니?) 아파트 엘리베이터 안에서 이야기를 했어요. (그럼 오래 이야기하지는 못했겠다. 언니와는 어떻게 친해지게 됐는데?) 4학년 때 이사를 왔을 때 언니가 먼저 "이사 왔지?"라고 물어보면서 친해졌어요. 그때 내가 번호를 땄어요. (얼마나 자주 만나는지?) 몇 달에 한 번 정도 만나요. (문자는?) 1번 정도 …. A는 이상해요. 내가 칭찬을 해 주면 칭찬에 질린다고 하며 나에게 칭찬을 해 주지도 않아요.

8회기(2010. 9. 30)

애들 앞에서 자기를 무시하라고 한다. 나하고 어울리지 말라고 친구들에게 이야기했다고 하고 …. 4년 지기가 배신을 때린다는 생각이 들었다. A는 학교에서는 내가 말을 걸어도 무시를 한다. A는 아부를 하고 여우 같다. 못생기고 …. 공부도 못하고 …. 천연덕스러운 것이 있다. 실과시간에는 참여도 잘 안 하다. 부지런하지도 않고 …. 마음에 안 든다. A는 내가 아이들 앞에서 내숭을 떤다고 하면서 목소리가 변한다고 하는데 …. 나는 잘 모르겠다. 친구들이 빌려 달라고 하면 잘 빌려 주고 1학기 때는 회장선거도 나갔고 …. 사교성도 좋아서 친구들에게 먼저 다가가고 인기도 좋았는데 …. 왜 친구들이 이러는지 잘 모르겠다.

[상담시간과 학원시간이 겹쳐서 방학 중에 상담을 받겠다고 연락이 옴.]

[다시 연락이 와서 아이에게 상담도 필요할 것 같은 생각이 들어서 다시 상담을 시작함.]

어머님과 상담(2010. 11. 7)

G에게서 전화가 왔다. ○○와 약속을 했는데 ○○가 안 나온다고 …. 그래서 보니 A와 싸우고 와서 화가 났는지 나에게 반욕을 했다. 그래서 몇 대 때려 줬더니 욱해서 들어갔다. ○○가 밥을 먹을 때도 딴짓을 하다가 참치를 아버지가 다 먹자 “어떤 놈이 먹은 거야?”라고 이야기를 해서 아버지가 윽박질렀다. ○○의 아빠는 잘못한 것만 이야기하는 것이 아니라 “니가 그렇게 말을 하니까 왕따를 당하지.”라는 말을 했다. 아빠는 예뻐하면서도 말을 함부로 하고 사소한 일에도 화를 내신다.

9회기(2010. 11. 16)

[성적이 많이 올랐다는 것을 이야기함.] 내가 인사해도 잘 받아 주지 않아요. 그래도 이제 면역이 돼서 참을 만해요. H는 시비는 안 거는데 나에게 쌀쌀맞아요. I는 인사도 받아 주었는데 나만 빼고 다른 애들에게 껌을 주었어요. 그 부분이 서운해요. A는 이성 친구를 사귀어야 중학교 올라가서도 좋다고 하면서 a초에서는 한 반에 5커플이나 있다고 했어요. a초 아시죠? 요즘은 정말 …. 유치원생들도 사귀고 …. 스킨십을 해요. 너무 어이없죠. 나는 이런 이성교제를 반대해요. (선생님은 괜찮다는 생각을 하는데 ….) 유치원생들이 스킨십 하는 것이 말이 되나요 …. 오글거려요. (어떤 스킨십을 이야기하나?) 그냥 …. 이야기하기가 좀 …. 나는 연애경력도 제로고 고백 받은 것도 제로고 유치원생 때 뽀뽀 받은 것이 전부예요. (뽀뽀는 괜찮나?) 뽀뽀 정도는 괜찮아요. (그러면 유치원 때 뽀뽀 말고 어떤 스킨십을 생각하나?) 말 못해요. 그냥 …. 오글거려요. A는 6번이나 고백을 받았는데 나는 한 번도 받지 못했어요.

10회기(2010. 11. 24)

여자애들은 남자애들과 있을 때 내숭을 떨고 돋보이려고 하는 것 같아요. (그런 친구가 있니?) J라고 있는데 A도 싫어해요. 요즘은 여자가 남자를 너무 밝히는 것 같아요. 남자가 그렇게 좋은지 …. 때려도 “하지 마”라고 이야기하면서 좋아하는 것이 느껴져요. 좋은 친구면 내숭을 떨든 … 남자에게 앙탈을 부리든 상관없는데 … 나에게 대하는 태도와 남자애들에게 대하는 태도가 달라요. [중략] G와 A만 내 비밀을 알고 있어요. A는 나 보고 왜 그런 애를 좋아하냐고 얼굴도 별로고 키도 안 크다고 하지만 … 나도 1학기 때는 J가 얼굴에 상처가 있어서 깡패같다고 생각했는데 … 꼭 늑대같아요. 성격도 무뚝뚝하고 …. 그런데 마음씨 때문에 반했어요. 착하거든요. J가 L의 머리를 잡고 장난을 하길래 질투 더하기 심통이 나서 "너 L 좋아하냐?"고 했더니 어색하게 웃어 줬어요. 그게 너무 좋았어요. 그런데 몇 월인지 기억은 잘 안 나는데 갑자기 나에게 찐따 새끼라고 놀렸어요.

11회기(2010. 12. 7)

4살 때는 귀여웠어요. 피부도 하얗고 눈도 사슴 같았다고 하고 …. (지금도 귀엽다는 생각이 드는데 ○○는 그때가 제일 귀여웠다는 생각이 들었구나.) 그렇게 이야기해 주니 고마워요. 요즘은 여드름이 나서 별로 예쁘다는 생각이 안 들어요. 요즘 A가 재수 없어요. (어떤 부분에서?) 평소에는 "○○야"라고 부르는데 요즘은 "○○○?"라고 부르거든요. 그리고 L가 A에게 나하고 놀지 말라고 했대요. (L가?) 내가 신용 안 하는 애예요. A는 내가 장난을 안 받아들이고 … 뒤끝이 있다고 하는데 나는 잘 모르겠어요. (어떤 부분 때문에 A가 그렇게 생각하는지 예를 들어 주면 좋겠다.) A가 놀래켜서 내가 장난을 하지 말라고 했는데 그것 때문인 것 같아요. (이 부분은 ○○의 생각인 것 같은데 …. A와 이 부분에 대해 이야기해 봤나?) M과 A가 놀다가 싸워서 헤어졌어요.

12회기(2010. 12. 14)

(4학년 때는 친구가 많았다고 했는데 ….) [반 친구들 이름을 다 이야기함.] 가난했던 친구도 있고 부모가 이혼한 친구도 있고 … 쌍둥이도 있었어요. 전학 오기 전에 N이라는 남자아이가 있었는데 서로 음악을 좋아해서 친해졌어요. 전학 후에는 G와 E, A가 베프인데 요즘 G와 조금씩 싸워요. 자기주장이 너무 강하거든요. E는 같은 반인데 남자애들에게 내숭을 떨어서 여자애

들이 싫어해요. E 부모님이 이혼했다고 하면서 비밀로 해 달라고 해서 친구라는 느낌이 들어요. A와는 4학년 때도 많이 싸웠어요. 요즘에 같이 다니지 않아요. 원래는 크리스마스 선물을 주려고 했는데 안 줄 거예요. 요즘 나에게 쌀쌀맞게 굴면서 은근슬쩍 피해요.

13회기(2010. 1. 12)

4년 지기 친구여서 아깝고 …. 원망스러워요. 자존심도 상하구요. (어떤 부분이 가장 큰지?) 밉고(50%), 아쉽고(45%), 서운하고(5%) …. 얼떨떨하기도 하고 …. (아쉬움은?) 그동안 잘 지냈는데 … 4년 지기 친구인데 …. 어렸을 때는 이러지 않았어요. 어렸을 때 내가 술래였을 때 A에게 감동받은 적이 있어요. (어떤?) 술래가 나를 바로 잡아서 내가 당황했는데 …. A가 자신이 술래 하겠다고 하더니 바로 그 술래를 잡았어요. 그런 게 어디 있냐고 그 친구가 그랬는데 … 너도 그러지 않았냐고 했어요. 복수를 해 준 것보다 그 부분에 대해서 감동받았어요. A가 자기 사생활에 간섭하지 말라고 이야기하면서 개학 후에 모른 척해도 서운하지 말라고 했는데 … 분명한 것은 이야기하지 않았어요. 나는 A에게 서운해도 사소한 일로 화를 내지 않고 타일러 줘요. 내가 좀 낙천적인 성격이거든요.

14회기(2010. 1. 21)

전학을 갈 계획이에요. 여기서는 점점 상황이 안 좋아지는 느낌이에요. (어떤 부분에서?) 말도 안 하고 가만히 있는데 남자애들이 욕을 하고 가요. 이 기회로 인해서 성숙해질 것 같아요. (어떤 부분에서?) 내 꿈 중 하나가 사회복지사인데 … 어려운 이웃을 돕고 싶은데 … 그 아이들 마음을 알 수 있으니까 …. 이번에 힘든 일이 끝나면 좋은 일이 있을 것 같아요. (어떤 부분에서 안 좋아진 것 같은지?) 남아 있던 여자애들도 떨어져 나가고 … 인사 정도 했던 여자아이들 …. 또 전학에 대한 부분은 친구 문제도 있지만 이사를 가면 방이 4개이기 때문에 넓어서 좋을 것 같아요. 앞으로는 왠지 잘될 것 같은 마음이 들어요.

[추후 3번 정도 더 만날 계획이었으나 전학 문제와 이사 문제로 바빠서 이사 이틀 전에 부모님이 함께 센터에 내방함. 가족이 함께 MBTI 검사를 한 후 종결함.]

15회기(2011. 2. 21) - 종결. MMTIC 해석(아버님과 어머님이 함께 참석)

부모님과 ○○의 MBTI 검사 후 그에 대한 해석을 함.

서로가 다름을 이해하고 이로 인해 나타나는 갈등상황들에 대해 이야기를 함.

전학을 간 후 친구들과의 관계에서 어떻게 하면 좋을지에 대해 이야기하고 전학 가는 곳에서도 상담받기를 권유한 후 종결함.

상담자: 이은영
논평자: 박경애

1. 사례개념화

이 사례는 학교 내 교우관계의 어려움을 주 호소 문제로 하는 초등학교 5학년 여학생과의 15회 상담으로 종결된 사례이다. 내담자는 삶의 대부분에서 친구들과의 관계에만 온 신경을 쏟고 있으며 칭찬과 관심을 받는 데에 초점을 맞추고 있으나 실제로 화가 불쑥불쑥 튀어 나온다. 그런 욕구가 채워지지 않고 조절되지 못함으로써 통제되지 못하고 또 그것이 관계를 악화시키는 악순환을 보인다. 그런 욕구가 가족 안에서 어떻게 형성되었는지를 파악하는 것이 이 사례의 관건으로 보인다.

그러나 상담자는 내담자가 호소하는 문제를 중심으로 해서 전체 사례를 파악하고자 하기보다는 내담자가 괴로워하는 문제만을 듣고 거기에 대한 질문을 하고 있다. 즉 상담자는 내담자가 보통 꺼내는 주제인 학교 내에서의 친구들과의 갈등에 대해서 주로 경청을 하였고 내담자가 말하는 내용을 중심으로 질문을 하면서 상담을 진행하였다. 내담자의 가족 내에서의 생활, 학교에서의 생활 등 객관적인 자료에 대한 검토가 없고, 내담자의 정서적 상태와 같은 주관적인 관찰과 질문 등이 나타나 있지 않으므로 상담자는 사례개념화를 하기보다는 내담자의 호소 문제를 함께 들어 주는 상담을 한 것으로 보인다.

내담자를 제한된 시간 내에 효율적으로 돕기 위해서는 단순히 호소 문제를 들어 주는 것을 넘어서서 내담자의 문제에 대해 전체적으로 파악하는 사례개념화가 요구된다. 이를 위해서는 내담자가 호소하는 현재 문제에 대한 자세한 상황검토를 해야 한다. 친구들과의 갈등이 구체적으로 무엇인지, 거기에서 오는 감정은 어떠한지를 우선 파악하고 이러한 문제가 생기게 된 배경에 대한 탐색을 하는 것이 요구된다. 특히 내담자가 초등학생이기 때문에 부모의 영향이 절대적이므로 부모와의 관계, 언니와의 관계 등 기타 가족관계가 어떠한지도 탐색의 대상이 된다. 내담자의 문제와 내담자를 둘러싸고 있는 환경을 자세하게 파악해서 그것들 간의 역동을 확인하고 살펴보는 사례 작업이 나타나지 않은 점이 아쉽다.

2. 상담진행과정

1) 상담진행과정에서 돋보이는 점

이 사례는 상담자가 내담자의 말에 귀를 기울이고 있고 내담자가 자신의 어려움을 잘 털어놓고 있기 때문에 내담자와 상담자의 관계가 잘 이루어져 있다고 본다. 내담자가 일주일에 한 번 상담에 성실하게 임한 것 또한 상담자와의 좋은 관계를 보여 주는 것이다. 상담자 또한 상담과 심리검사 실시, 부모와의 상담 등 여러 방법을 통해 내담자에게 도움을 주고자 하는 정성이 보인다.

2) 상담진행과정에서 보완되어야 하는 점

내담자가 초등학생이므로 자신을 잘 표현하지 못하거나 초점 없이 얘기하는 경우가 많아서 아동, 청소년 상담에서는 관계를 훼손하지 않는 선에서 상담자가 조금 더 적극적으로 내담자가 얘기하지 않는 부분도 질문하고 탐색하는 것이 필요하다. 여기서는 내담자가 꺼내 놓는 이야기만을 따라가다 보니까 학교 내의 친구와 있었던 갈등 얘기만이 상담과정 전반에 걸쳐 계속 반복되고 있다. 상담자가 내담자를 이해하기 위해 필요한 정보를 주도적으로 묻고 탐색하면서 상담과정이 나아가야 할 것이다. 그러나 부모와의 상담이나 심리검사가 상담에 실제적으로 활용되고 있는 것으로 보이지는 않는다. 초등학생인 내담자가 자신을 표현하는 한계를 가지고 있기 때문에 내담자 어머니와의 상담을 통해서 가족들 간의 관계나 분위기, 내담자의 성격, 어린 시절 등의 여러 중요 정보를 얻을 수 있어야 한다. 상담자는 여러 가지 심리검사를 실시했지만 내담자를 파악하고 내담자의 정서 상태나 가족관계를 질문하는 등 상담을 보다 효율적으로 할 수 있는 도구로 사용되고 있는 것으로 나타나 있지 않다. SCT에서 내담자가 기술한 것을 보면 내담자가 문장을 정확하게 이해하고 있는지가 불분명하기 때문에 아이의 지능검사를 통해 객관적인 지적능력의 파악이 필요하다. 또한 기술한 내용이 구체적으로 무엇을 의미하는 것인지에 대한 보충질문을 통해 내담자를 좀 더 명확하게 이해하지 못한 점이 아쉽다. 예를 들면 "내가 가장 행복했을 때는 딱히 여러 가지다." "나의 나쁜 점은 이상하다." "내가 가지고 있는 것 중에서 제일 아끼는 것은 많다." 등이다. 본 사례에서는 구체적인 그림을 제시하지 않았기 때문에 상담자가 제시한 그림검사의 설명자료에 따른 검사의 해석과 이 해석을 통해 본 보완점은 다음과 같다. 집 그림을 통해서 내담자는 우유부단하고 의존적인 성격으로 외부의 영향을 많이 받는다는 것을 알 수 있다. 그것도 별로 중요하지 않는 부분에 지나치게 신경을 쓰면서 외부의 시선을 의식하는 것 같다. 또한 현실 적응력 부분에서도 어려움을 보이는데 이러한 경향은 또래관계 문제와 연결되어 있는 것으로 보인다. 현재 가족 분위기에 대해서는 부정적으로 인식하고 있으며 부모님이 내담자를 훈육할 때에 일관적인 태도를 통해 내담자의 의존적인 성향을 잡아 주는 것이 필요하다. 나무 그림을 통해서는 자신의 문제를 스스로 해결하는 능력이 부족하고 매사에 가족에게 의존하는 경향이 보이며 미성숙한 심리적 발달상태를 보여 주고 있다. 자신의 뿌리, 근원적인 면(능력)에 대한 자신감이 없고 흔들리는 상태이다. 인물화에서 내담자는 외적인 것에 많은 신경을 쓰는 미성숙한 모습을 보인다. 내담자에게 자위행위와 관련된 주제가 있을 것으로 추측되므로 이런 문제를 상담자가 다루었으면 좋았겠다. 혹시 남자 친구가 있을 경우에 이를 살펴봐 주는 것도 필요하다.

3. 상담결과

1) 상담목표 달성도

상담목표를 '친구를 사귀고 싶다.' '5학년을 잘 마무리 한다.'로 잡았는데 상담목표와 범위가 넓어서 막연한 경우이다. 조금 더 구체적이고 현실적인 목표를 설정하는 것이 상담에 도움이 되겠다. 상담자가 성인친구가 되어 주었으나 실제 친구 간의 관계는 잘 회복하지 못하고 상담이 종결된 것으로 보인다.

2) 미해결 문제와 그에 대한 대처방안

내담자가 친구들 간의 갈등을 반복적으로 호소하고 있고, 결국 자기와 친구들 간에 왜 갈등이 생기는지, 어떠한 것을 조심하면 친구들과 잘 지낼 수 있는지 알지 못한 채 전학을 가게 되었다. 내담자의 어떤 태도와 행동이 친구 간의 관계에서 갈등을 일으키는지를 파악하고, 거기에 맞게 내담자를 지도해 주고 안내해 주는 것이 해결되지 못한 과제로 남아 있다.

4. 총평

이 사례는 학교 내의 교우관계에 대한 어려움, 따돌림을 주 호소 문제로 하는 초등학교 5학년 여학생을 대상으로 15회 상담으로 종결된 사례이다. 학교 선생님의 권유로 상담센터를 방문해서 내담자가 2010년 6월부터 보통 일주일에 1번 간격으로 15회 상담을 하였으며 내담자의 어머니가 몇 번 상담에 참여하였다.

15회 동안 내담자가 성실하게 상담회기를 수행하고 내담자가 자기의 상황을 상담자에게 잘 털어놓는 것으로 보아 상담자와 내담자의 관계는 대체로 잘 형성된 것으로 보인다.

전체적 총평은, 상담자가 심리검사를 하고 내담자의 어머니와 상담을 했으나 결과적으로 내담자에 대한 정보가 많이 부족하다는 아쉬움이 있다. 가족으로 부모와 8살 많은 언니가 있는데 가족관계는 거의 드러나지 않아서 가족 안에서의 내담자의 위치, 부모와의 관계, 언니에 대한 질투, 부모의 사이 등을 알 수 없었다. 내담자 모와의 상담에서도 가족관계는 상세히 다뤄지지 않았다. 주로 내담자의 학교 내에서의 친구들과의 갈등을 단순 반복적으로 얘기하는 수준에 맞춰져 있으며 그 정보 또한 내담자의 내적 상태 혹은 외적인 학교생활에 대한 파악에 도움이 되지 않는다. 내담자의 부정적인 기분을 단순히 드러내는 것으로 그치는 수가 대부분이어서, 상담이 감정적 해소의 역할을 했을 뿐 그 이상의 내담자의 문제를 파악하고 원인을 알아내어

학교와 가족 내에서의 갈등과 어려움을 연결하고 거기에 따라서 부모의 협조를 구해 앞으로의 방향을 안내해 주는 유기적 관련성이 결여된 점이 아쉬운 사례이다.

상담자: 이은영
논평자: 최태산

본 사례는 친구관계에서 어려움을 호소하는 초등학교 5학년 내담자(여)를 14회기 동안 상담한 사례이다. 본 사례를 논평하는 데 있어 첫째, 내담자 문제에 대한 사례개념화, 둘째, 상담진행과정에서 돋보이는 점, 셋째, 상담진행과정에서 아쉬운 점 및 대안적 개입방향을 중심으로 논평하고자 한다.

1. 사례개념화

1) 사례개념화의 타당한 측면

상담자는 내담자의 문제에 대해 파악하고 있다. 상담자는 내담자의 따돌림 문제를 상담에서 주요하게 다뤄야 할 문제로 보는 것으로 파악된다. 사례 전반을 통해서도 이러한 상담자의 파악은 적절하고 내담자가 호소하고 있는 어려움들도 포괄적으로 이해하고 있다고 보인다. 내담자가 어떤 경위와 구체적 계기로 상담을 시작하게 되었는지와, 가족과 관련된 세부 정보에 대해서도 파악하고 있다.

2) 사례개념화에서 보완될 측면

그럼에도 불구하고 내담자의 문제가 생겨나게 된 원인에 대한 파악은 다소 부족하다고 보인다. 또한 가정환경 및 가족구성원의 특성으로 인해 내담자가 현재 어떤 심리적 환경을 경험하고 있는지를 이해하는 데 한계가 있다. 그리고, 본 사례에서 상담자는 대표적이라고 알려져 있는 심리검사들을 대부분 실시했다. 그러나 검사결과가 나열되어 있을 뿐 이에 대한 해석을 통해 내담자의 문제나 심리상태를 이해하거나 상담적 개입에 활용한 점은 제시되어 있지 않다.

2. 상담진행과정

1) 상담진행과정에서 돋보이는 점

본 사례에서 상담자의 개입이 적절했다고 보여지는 점은 다음과 같다.

신뢰성 있고 안정적인 상담관계 형성하기는 비교적 성공적이었다고 본다. 비록 학교 선생님의 권유로 상담을 시작하기 했으나 내담자는 자발적으로 상담에 임하고 있다. 또한 14회기에 이르기까지 상담이 지속된 것을 볼 때도 상담자와 내담자 간에 신뢰롭고 안정적인 관계가 형성되었다고 볼 수 있다. 특히 내담자의 이야기를 성실하게 들어 주고 편안하게 자신의 이야기를 할 수 있도록 한 점이 돋보인다.

2) 상담진행과정에서 보완되었으면 하는 점

본 사례에서 상담자의 개입 중 다소 아쉬웠다고 여겨지는 점들은 다음과 같다.

첫째, 사례개념화 내용과 연결되는 것으로 상담의 구조화와 관련된 부분이다. 현재 제시된 상담목표는 지나치게 간략하거나 표면적인 문제(예: '친구를 사귀고 싶다.')에 대한 것이 많다. 따라서 상담자는 내담자를 위해 가장 중요하게 다뤄져야 할 목표와 그러한 목표를 이루기 위한 세부전략이 무엇인지 판단하고, 이러한 판단하에 상담과정을 좀 더 효율적으로 사용했으면 좋았으리라 생각한다. 이러한 아쉬운 점으로 인해 총 14회기의 상담회기를 진행했음에도 불구하고 목표를 향해 깊이 있게 개입된 흔적은 찾아보기 어렵다.

둘째, 상담자는 내담자의 이야기를 보다 세부적으로 파악하지 못했다는 점이다. 내담자의 서술은 매우 간략하고 피상적인 경우가 많은데, 이럴 때 상담자는 보다 구체적인 내용을 파악하기 위해 적극적으로 개입할 필요가 있다. 예를 들어, 내담자가 친구들과 학교에서 일어난 일들을 이야기할 때 상담자는 그 상황에서 어떻게 생각하고 느끼고 대처했는지를 구체적으로 다루었다면, 내담자는 자신에 대해 보다 명확히 알아차리는 경험을 했을 것이다. 또한 자신의 문제를 피상적으로만 호소하고 넘어가던 패턴에서 벗어나 현실적인 해결방안을 향해 구체적인 행동을 할 수 있었을 것이다.

이와 더불어, 상담자가 상담의 진행을 이끌어 가지 못했다는 점을 들 수 있다. 내담자는 자주 하나의 화제에서 다른 화제로 넘어가면서 머물지 못하는 패턴을 보인다. 또한 사실만을 보고할 뿐 자신의 감정을 세부적으로 표현하거나 감정 들여다보기를 못하는 경우가 많다. 이럴 때 상담자는 내담자를 이끌어서 감정을 표현하게 하고 특히 부정적 감정을 적극적으로 말하도록 개입할 필요가 있다. 이를 통해 내담자는 자신의 감정을 차분하게 들여다볼 수 있었을 것이고, 상대방에게 느끼는 부정적 감정을 있는 그대로 수용하는 데 있어 도움을 받았을 것이다.

3. 상담결과

1) 상담목표 달성도

상담자가 제시한 주요목표에 근거한 목표의 달성도는 다음과 같다고 보인다.

내담자의 친구 사귀기와 더불어 5학년을 잘 마무리한다는 목표에 관해서이다. 12회기에서 내담자가 점점 상황이 안 좋아지고 있다고 느끼고 결국 다른 학교로 전학을 가게 된 것을 볼 때 어려움이 감소되지 않은 것을 알 수 있다. 따라서 전체적으로 볼 때 이에 대한 상담목표 달성도는 미흡했다고 판단된다.

2) 미해결 문제와 그에 대한 대처방안

미해결 문제에 대한 대처방안으로 다음과 같은 점들을 생각할 수 있을 것이다.

첫째, 내담자의 심리적 어려움을 공감하고 정서적으로 지지하는 것이다. 발달단계 중 아동·청소년기에는 또래의 영향이 큰 만큼 또래집단에서 배제되어 홀로 떨어지는 경험은 심각한 것이다. 내담자에게 현재 필요한 것은 문제 자체에 대한 초점뿐 아니라 이러한 호소와 관련된 상실감, 슬픔, 수치심, 좌절감, 분노 감정, 부정적인 자기지각, 세상에 대한 지각, 미래에 대한 지각 등에 대한 공감과 이해라고 보인다. 따라서 표면적 사실에 초점을 맞추기보다는 내담자의 심층적 측면에 보다 많은 관심을 기울여 준다면 내담자는 보다 든든한 지지를 받아 자기 문제를 자신의 수준에 맞게 통찰할 수 있고 나아가 건강한 방식으로 표현할 수 있는 방법을 찾을 수 있으리라 생각한다.

둘째, 내담자의 어떤 요인이 따돌림 상황과 관련되는지 충분히 파악하는 것이다. 즉, 누가, 어떻게, 언제부터, 얼마나 자주, 어떤 상황에서 괴롭히는지, 내담자는 어떤 생각을 하고, 어떻게 반응하고, 왜 괴롭히는 것 같은지, 어떻게 반응할 때 더 심해지고 또는 멈추는지 등에 대해 파악한다. 예를 들어, 따돌림 상황에 대해 무기력하게 대처하거나 거의 대처하지 못한 채 일방적으로 당하는 경우 의사소통의 문제가 있을 수 있다. 따라서 상담자는 내담자가 또래들 속에서 어떤 방식으로 의사소통을 하는지 구체적으로 재연하게 하고 파악하는 것이 필요할 것이다.

셋째, 내담자가 호소하는 문제해결을 위해서는 보다 구체적인 인지행동주의적인 상담접근이 필요하다고 생각된다. 즉, 대안행동 및 변화를 계획하고 단계적으로 실행하도록 격려하는 것이다. 예를 들어, 의사소통 문제를 해결해 나가는 데 있어 내담자가 어떤 마음에서 대처방식을 취하는지 살펴보고 잘못된 부분이 있다면 내담자가 새로운 대처 방식을 찾아보고 상담장면에서 구체적인 연습과 반복적 훈련을 유도한다면 내담자는 보다 자신감을 갖고 친구관계에 임할 수 있을 것이다.

넷째, 내담자의 자원이나 장점 등 긍정적인 측면을 찾아내고 활용한다면 내담자의 대인관계 문제해결에 도움을 줄 수 있을 것이다. 내담자는 힘든 상황에서도 학교에서 잘 견뎌 나갔고, 전에는 친한 친구를 사귄 경험들도 있으며, 친구들과 잘 지내고 싶은 마음이 많다. 또한 상담자에게 자신의 이야기를 솔직하게 털어놓고, 상담에 대한 동기가 높다. 따라서 상담자가 내담자의 긍정적인 측면에 더 초점을 맞춤으로써 내담자 또한 자신의 부족한 부분에 초점을 맞추는 패턴을 멈추고, 자신이 할 수 있는 것들에 대한 새로운 인식을 하고 다시 긍정적인 경험을 위한 기회를 갖도록 동기화할 수 있을 것이다.

다섯째, 따돌림 문제의 효과적인 해결을 위해서는 초기 대응, 지속적인 관심 및 전문적 개입이 필수적인 만큼 추후에도 부모, 교사, 상담자가 연계하여 도움을 받을 수 있도록 하는 것이 필요할 것이다.

4. 총평

본 사례의 내담자는 따돌림으로 인해 불안감을 느끼고 자신감이 떨어지고 자기존중감도 저하되어 있다는 점에서, 상담자와의 긍정적인 만남은 내담자에게 정서적 지지 경험으로 작용했으리라 생각한다. 또한 친구들로부터 돌봄과 소속감을 충족시키지 못해 온 내담자에게 상담자의 존재는 그러한 결핍을 충족시키는 기회가 되었으리라 생각한다. 이러한 효과들에도 불구하고, 본 사례에서 내담자는 자신이 호소한 문제가 해결되는 경험을 하지 못했다고 할 수 있다. 이런 점에서 상담자가 보다 분명한 사례개념화와 목표 및 상담전략을 설정하여 깊이 있는 개입을 했었다면 더 좋았으리라는 아쉬움이 남는다.

사례 3

한강에서 뺨 맞았는데 종로에서라도 풀어야지요(중1, 여)

상담자: 기경숙

1. 내담자에 대한 기본정보

정○○(여), 중학교 1학년(14세).

2. 내방 경위

내담자는 어느 날 함께 다니던 같은 반 아이(A)의 뺨을 때리고 지속적으로 다른 아이들(4명)을 동원하여 A를 괴롭히는 행동을 하다가 A의 부모에 의해 학교에 알려지면서 상담이 의뢰되었다.

3. 주 호소 문제

- A를 보면 짜증이 나요 …. 잘난 척하는 것이 재수 없어요.
- 아빠가 매일매일 자신에게 화를 내고 동생과 차별해요.

• A는 거짓말을 잘하고 애들이 모두 싫어해요.

4. 행동관찰 및 인상

다른 학생들과 대화할 때 기다리지 못하고 호들갑스럽게 "상담 언제 해요?" 하면서 끼어들고 "급해요" 하며 방해하곤 한다. 보통 체격에 밝고 명랑하다가 갑자기 우울해하는 등 정서기복이 심하다. 흥분할 때는 행동이 부산하며 고조된 목소리와 빠른 말투로 상대에 대한 배려 없이 자신의 이야기를 하는 데 급급하고, 수업시간에 자주 늦게 들어가 학과 선생님들에게 혼나며, 복도를 친구와 크게 웃으며 돌아다닌다. 우울할 때는 의기소침해지고 말도 안 하고 엎드려 있으며 가끔 삐쳐서 이동수업시간에 안 가고 교실에서 커텐을 내려 컴컴한 상태로 혼자 엎드려 있곤 한다. 자기가 원하는 대로 하지 않거나 기다려 주지 않으면 용서 안 한다고 거칠게 말해서 친구들과 다툼이 자주 있다. 상황에 맞지 않게 들이대고 거짓말을 잘한다고 반 아이들이 싫어한다. 남자 반을 기웃거리다가 한 남학생에게 관심을 보이고 그 남학생의 핸드폰 번호를 알아낸 후 지속적으로 문자를 보내어 남학생이 상담실에 스토커로 신고한 적도 있다.

5. 가족사항

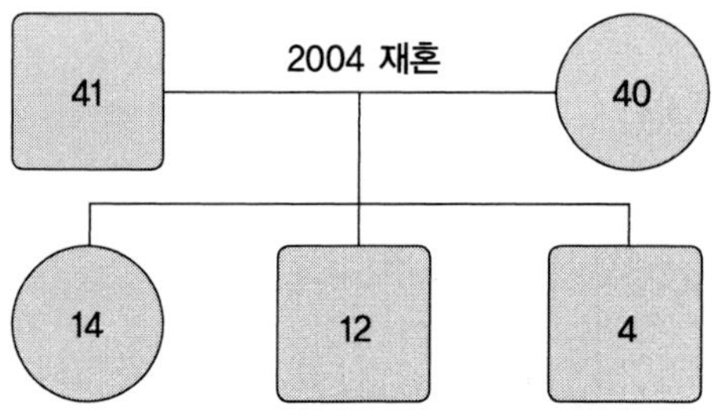

- 아버지(41): 건축회사에 다니다가 다리가 부러져 수술하여 치료 중이다. 보통 체격에 근육질 몸으로 다부진 인상이나 대인관계에 어려움이 있어 보인다. 말할 때 안면경직과 긴장이 눈에 띄고 막내아들로 태어나 중매결혼의 문제가 생기자 어머니에게 아이들의 양육을 맡기고 따로 살다가 J가 7세 때 재혼, 1년 후에 자녀들을 데리고 살게 되었다. 평소 화를 잘 내고 거친 말을 잘하며 부부싸움이나 다툼이 있으면 푸는 것이 아니라 나가거나 회피해 버린다.
- 어머니(40): 내담자가 7세 때 재혼, 초등학교 1학년 때 함께 살게 되었다. 자신도 두 아이를 두고 재혼을 했기에 최선을 다해 살았다. 회사를 다니고 있으며 J가 초 3년 때부터 도벽과 다툼 등 학교에서 사고를 많이 쳤다. 6학년 때 담임을 잘 만나서 J의 학교생활이 많이 달라졌다. 5학년 말에 병원에서 종합검사를 받게 했는데 ADHD로 진단이 되어 두 달 동안 약을 먹다가 아이 출산으로 정신이 없다 보니 J의 상태가 나아진 것 같아 약을 끊었다고 한다. 자신은 새엄마고 남편은 자기 딸인데도 사고가 터지면 한 번도 학교에 가지 않고, 회피하며 J만 혼내고 …. 무엇보다도 남편의 행동이 달라져야 한다고 했다. 자신은 아이들은 규칙적으로 만나고 있으며 가족이 모두 알고 있다고 한다. 하지만 J의 친모는 나타나지도 않는다고 한다.
- 동생(12): 누나와 자주 싸우며 아빠가 있을 때는 잘하다가 없으면 누나에게 함부로 대한다. 조용한 편이나 고집이 세고 운동을 좋아하며 아빠와의 관계는 좋다. 새엄마와 누나와는 사이가 좋지 않고 아빠가 없을 때는 불안하다.

6. 검사결과 및 해석

1) ADHD 검사

2) HTP

3) MMPI-A

원점수	6	9	4	3	7	1	22	11	31	31	31	22	9	14	15	15	27
T점수	55	51	51	44	47	67	71	49	61	62	71	59	41	43	43	38	47

MMPI-A 내용 척도 점수

척도	A-anx	A-obs	A-dep	A-hea	A-ain	A-biz	A-ang	A-cyn	A-con	A-lse	A-las	A-sod	A-fam	A-sch	A-trt
원점수	6	3	10	6	6	1	3	7	1	6	7	7	16	5	4
T점수	44	38	49	43	53	40	36	43	32	50	49	45	62	44	40

MMPI-A 보충 척도 및 성격병리 5요인 척도 점수

척도	MAC-R	ACK	PRO	IMM	A	R	AGGR	PSYC	DISC	NEGE	INTR
원점수	21	0	24	16	8	23	3	2	2	6	14
T점수	49	32	69	54	38	73	38	42	35	39	63

4) SCT

1. (P) 친구들이 좋지만 부모님은 싫다.
2. (F) 우리 아빠는 차별이 심하고, 공부를 중요시한다.
3. (S) 내가 하고 싶은 일을 하지 못하게 되면, 나는 짜증나고, 울고 싶다.
4. (S) 내가 알고 싶어 하는 것은 친구의 비밀 (왜? 친해지는 것)

6. (S) 바보같게도 내가 무서워하는 것은 개미다.
7. (E) 우리 선생님에게 화가 날 때는 째려보시고 부르신다.
8. (P) 많은 남자아이들은 야동을 본다.
9. (P) 내가 가장 좋아하는 친구는 U, H, J, W, S 등등이다.
11. (P) 많은 여자아이들은 자기가 잘난 줄 안다.
12. (E) 학교의 가장 나쁜 점은 머리길이가 짧다.
13. (F) 엄마와 아빠가 함께 있을 때 싸우고, 절대 다정하지 않다.
14. (S) 내가 더 행복해지려면 집에 안 사는 것이다.
15. (P) 친구들이 알지 못하는 두려움은 엄마의 잔소리이다.
16. (S) 내가 가장 하고 싶은 일은 연예인이 되는 것이다.
17. (F) 우리 가족은 서로 사이가 안 좋다.
18. (F) 우리 엄마는 잘 때리신다.
19. (E) 학교에서 내가 힘들어 하는 일은 엄마가 일찍 오라는 잔소리이다.
20. (F) 내가 아빠에게 바라는 것은 일을 나가시는 거다.
22. (S) 나에게 가장 좋았던 일은 친구와 가출을 시도했던 일이다.
23. (F) 나는 아빠를 좋아하지만 아빠도, 집도 싫어한다.
24. (S) 내가 가장 걱정하는 것은 친구와 멀어지는 것이다.
25. (P) 친구들이 귀찮다고 생각할 때는 자꾸 조를 때이다.
26. (S) 내가 가장 슬펐을 때는 친구의 아픔을 들었을 때이다.
27. (P) 여러 명이 함께 하는 운동은 재밌고, 신난다.
28. (P) 많은 친구들은 날 좋아한다.
29. (S) 내가 점점 자라고 있다는 것을 생각하면 기분이 좋다.
30. (P) 나이가 어린 아이들은 유치하다.
32. (F) 가족들이 나를 대하는 태도는 싫다는 것 같다.
33. (E) 학교의 친구들은 너무 너무 좋다.
34. (F) 아빠와 내가 함께 있으면 답답하다.

35. (S) 내가 가장 잘못했던 때는 친구를 왕따시킨 것이다.
36. (E) 학교에서 재밌고, 신난다.
37. (P) 아이들이 나를 놀리는 이유는 오해와 소문 때문이다.
38. (P) 아이들과 술 마시는 것은 나쁜 것이다.
39. (F) 엄마와 내가 함께 있으면 힘들고 눈치 보인다.
40. (E) 여름에 학교에 갈 수 없게 된다면 우울하고 슬프다.
41. (E) 선생님이 나를 바라보면 좋다.
42. (F) 우리 가족은 나를 이상하게 본다.
43. (S) 나에게 가장 좋지 않았던 일은 엄마 아빠가 이혼한 것이다.
45. (P) 나와 가장 친하게 지내는 아이는 착하고 이쁘다.
46. (F) 나는 엄마를 좋아하지만 잔소리할 땐 싫다.
47. (S) 내 몸은 유연하다.
48. (E) 학교 수업이 끝나면 엄마한테 일찍 오라 전화가 온다.
49. (F) 나의 형제(자매)는 남동생 2명이다.
50. (S) 내가 화가 날 때 건드리면 짜증난다.
51. (F) 내가 엄마에게 바라는 것은 잔소리 안 하고 내 일에 상관 안 하는 것이다.
52. (E) 학교 수업은 지루하다.
53. (F) 부모가 나에게 어떤 일을 하라고 하면, 나는 듣기 싫다.
54. (E) 중학교(혹은 고등학교)에 갈 생각을 하면 짜증난다.
55. (P) 친구랑 담배 피우는 일은 나쁜 것이다.
56. (S) 내가 가장 잘 꾸는 꿈은 악몽이다.
57. (P) 내가 없을 때 친구들은 날 걱정해 준다.
58. (S) 나에게 힘든 일이 생긴다면 울고, 힘들다.
59. (E) 나는 책을 읽을 때 집중해서 읽는다. 무슨 말인지 잘 안 들어온다.
60. (F) 내가 가족에게 바라는 것은 날 상관 말고 내버려 두는 것이다.

심리검사의 결과 L, K척도가 높고 F가 낮아 자신의 문제를 방어하려는 동기가 높아 치료적 관계형성이 어려울 수 있음을 지각했다. 2상승, 9번이 낮아 긴장과 불안 등으로 신체화 호소(스트레스성 위염, 편두통, 허리가 끊어지게 아픔), 우울감과 우울을 방어하려는 과잉행동이 번갈아 나타난다. 3, 4번이 높아 만성적이고 강한 분노감으로 적대적이고 공격적인 행동이 충동적으로 일어날 가능성과 적절하게 쌓인 감정을 표현하지 못하는 행동특성이 있을 수 있다는 것을 이해할 수 있었으며 HTP검사를 통해서는 가족에 대한 긴장과 자아상의 왜곡, 도벽에 대한 죄의식이 있다 하겠다. 따라서 우선적으로 J의 충동성과 주의력 결핍을 완화시키기 위해 약물복용과 함께 긍정적 인정과 수용으로 상담자와 안정적인 상담관계를 통해 건강한 관계를 경험함으로써 다른 사람들과의 관계를 촉진할 수 있도록 해야겠다고 탐색했다.

7. 내담자 문제의 이해

내담자는 중학생이 되어 자신에 대해 잘 알지 못한다는 생각에 선생님들에게 인정받고 친구들과도 잘 지내고자 하는 욕구가 있으나, 충동성과 주의력 결핍 때문에 부주의하고 산만하여 친구들이나 반 아이들에게 불쾌감을 주고 있다. 타인과 건강한 관계를 맺는 것에 대한 미숙함과 자신의 방식에 대한 고집과 타인과의 경계에 대한 자각이 적고 욕구지연능력이 제한되어 규칙준수나 도덕수준이 낮아 부적응행동이나 비행(도벽, 가출)을 쉽게 초래한다. 사고와 행동이 충동적이고 정서가 불안하여 스트레스나 갈등을 적절히 다루어 나가는 데 필요한 내적 자원이 미숙하다. 특히 대인관계에서 타인과의 공감능력이 미숙하여 이기적인 단순한 행동을 보이고, 문제의 전 · 후 사태파악이 안 되어 돌발적인 행동을 한다. 오래전부터 가족의 외면과 무관심으로 인한 분노가 내재되어 반감을 갖는 사람들에게 행동화를 일으키기 쉽다. 자신의 행동이 남에게 피해를 줄 수 있다는 인지가 부족하고 환경이 좋은 친구에 대한 반감이나 자신을 무시하는 태도에 민감하며 그런 사람들에 대한 부정적 지각을 지니고 있다. 또한 스스로 자신감이 부족하고, 타인과의 관계에서 피해의식이 많다. 이로 볼 때 내담자는 가정환경의 어려움과 관계에서 채워지지 않는 인정욕구가 충동성과 함께 엉뚱한 행동과 왜곡된 생각으로 판단, 투사됨으로써 반동형성을 초래하는 것으로 보인다. 이러한 모습은 최근의 스트레스와 관련된 반응이기보다는 가족 내의 분위기, 부의 가정에 대한 무관심, 편애와 같은 부적절한 양육방식으로 인해 오래전부터 지속되어 온 문제로 보인다. 정서적으로 흥분과 우울은 주의력 결핍과 충동적 행동으로 인한 주요타자에 의한 반복된 비난에 의한 것으로 낮은 자존감, 어른에 대한 불신과 함께 인정받지 못하고 억울함, 거부당하는 부적절함이 반항으로 표현되는 것으로 보인다. 상담 시 상담자의 말에 대해 적절히 반응하지 못하고 동문서답과 엉뚱한 답변, 오버와 생략이 거짓말하는 것으로 비쳐졌으며, 가해 행동에 대해 전혀 미안하지 않고 오히려 당당한 행동을 했다는 억지주장을 위해서 귀를 막고 소리 지르고 막무가내로 고집과 떼쓰는 것 등이 중학생 행동이 아닌 퇴행으로 보였다. 이러한 면 때문에 내담자의 가족이나 주변사람들은 내담자를 '버릇없고 못된 아이'로 인지하여 더욱 비난과 거부를 하게 되고 내담자의 문제는 더욱 깊어져 문제행동에 대한 원인을 파악하는 데 어려움을 겪어 왔으며, 문제해결 역시 더욱 어려워지게 되는 것으로 보인다.

8. 상담목표

1) 내담자 목표

- 맘에 들지 않는 친구를 욕하거나 뒷담화하거나 괴롭히지 않기(10회/주

→3회/주: 다른 아이들도 그 정도는 한다.)

- 잘못한 것에 대해 인정하여(90% →50%) 진심으로 사과하기
- 사람들에게 반감을 주는 행동 줄이기(수업에 늦게 들어가기, 끼어들지 않기, 자기 요구대로 안 한다고 욕하거나 친구에게 무섭게 대하지 않기, 도벽, 가출, 선생님들께 대들지 않기), 5회/주(매일 한 번 정도로 줄이기)
- 남을 배려하고 타인의 입장을 이해, 인정하는 법 배우기(상황극을 이용, 역지사지 훈련)
- 스트레스나 갈등을 적절히 다루어 나가는 방법을 배우기(짜증 조절하는 법 찾기, 건강한 대인관계 훈련: 행동화보다는 말로 원하는 것에 대해, 잘못에 대해 표현하고, 사과하여 친구들 반응 경험해 보기)

2) 부모 목표

- 부의 자녀 편애 안 하고 공정하게 대하기(다툼이 있을 때, 내담자의 말 들어 주기, 아들과 갈등 있을 때 누나 말 인정해 주고, 동생에게 먼저 사과하게 하기)
- 병원치료 꾸준히 해 주기와 투약에 관심 가지기
- 부부 편 가르지 않고 대화하기(1회/주)

9. 상담내용 회기별 요약

1회기(2011. 4. 26)

A와 처음엔 친하게 지냈는데 잘난 척을 많이 하고 끼어들어서 짜증이 났어요. (잘난 척?) 자기네 집은 45평에 사는데 집이 두 채래요. 그런데 좁대

요. 어이없어 "짜증나" 하고 그냥 집에 왔는데 다음 날 다른 학교에 다니는 A의 친구가 우리 학교에 와서 자신에게 갑자기 "A에게 왜 그러니?" 뭐라고 해서 그냥 집에 왔어요. 저녁에 문자로 욕 문자를 보내서 다음날 싸대기를 때렸어요 …. (때리고 나서 짜증이 풀렸니?) 아니요, 지금도 앙금이 남아 있어요. (A에게 화가 많이 났구나 …. 어떻게 하면 앙금이 사라질까?) 그냥 잊으면 돼요. (화가 날 때 그냥 잊어버리려고 하는구나 …. 지금도 힘들어 보이는데 ….) 괜찮아요 …. 친구들과 욕해요. (욕?) "거짓말 잘하는 애, 더러운 애가 우리 반인데 전학도 안 가나? 짜증나." 체육시간에 돌을 던졌어요. 피해서 맞지 않았죠 …. 친구들도 돌을 주워 저에게 줘서 던졌어요 …. (잘난 척하는 게 무척 싫은가 보다. 네가 하는 행동은 학교폭력인데 ….) 알고 있어요. (알고 있어? 학교폭력은 처벌받는데 ….) 괜찮아요, 뭐 미안하다고 했어요 …. (표정은 미안해하는 것 같지 않네 …. 내가 학기 초에 각 반을 돌며 학교폭력에 대한 교육을 했는데 기억나니?) 네. A가 거짓말을 잘해서 짜증이 나잖아요 …. (?) 그 애 엄마 때문에 화가 나서요 …. 엄마들이 와서 담임과 말할 때 내가 말 못한 것이 두 개나 있어요. 내가 싸대기 때릴 때 A도 발로 내 다리를 찼구요 …. 욕 문자 보내고도 안 보냈다고 하고 …. (뭐?) 엄마들이 불려 왔을 때 우리 엄마는 '미안하다'고 계속 말하는데 A의 엄마는 도도하게 자신의 말만 계속하고 내가 말하려고 할 때 끼어들어 잘라 먹었어요. 짜증나요 …. (무시당하는 느낌이었구나 ….) 왕무시하고 내가 초등학교 때 잘못한 이야기를 하며 나를 째려봤어요 …. (초등학교 때 일을 말하면서 너를 나쁜 애로 낙인찍어 담임에게 말한 것 같아 속상했겠다 ….) 그래서 돌 던지고 애들과 함께 뒷담화하고 …. (그래 집따를 한 거야 …. 화가 나서 한 행동이지만 너를 더 나쁘게 만들고 처벌을 받게 한 행동이지 …. 나는 그것이 안타까워. 속상한 일이 있으면 나를 찾아와 말했더라면 네가 더 억울하지 않게 푸는 방법을 찾을 수 있었는데 …. A 엄마가 미운데 괜히 A한테 화풀이한 거네 …. 그러고도 미안하지 않고 ….) 안 미안하죠, 엄마가 잘못했으니 ….

(엄마가 잘못했는데 A가 왕따당한다 …. 억지 같은데 …. 네가 A라면 어떻게 하겠어?) …. 좀 미안하지만 짜증나요 …. (그래 짜증나 …. 잘난 척한 것에 자존심이 상했구 A 엄마가 너를 무시한 거 같아 짜증나지 ….) 잘해 주려고 했는데 …. A가 피하잖아요, 짜증이 나서. (A에게 잘하려구 했구나 …. 그렇지 …. 그런데 그것을 못 알아주고 잘난 척하는 것 같고, 너를 피하는 것과 A 엄마 행동이 너와 엄마를 무시하는 느낌이었구나 …. 그런 것에 화가 나서 A를 더 뒷담화하고 욕했구나.) 네. 거짓말도 하고 어쨌든 짜증나요. 욕 문자 보내구 안 보냈다고 하고 A 핸펀으로 문자 왔는데 어이없어요 …. (거짓말하는 것처럼 보였겠다 …. 뭐라고 욕했어?) 기억 안 나요. 짜증나서 지웠어요 …. (그런데 너와 상담하기 전에 A하고 상담했는데 A의 친구가 학교에 온 것은 A가 말렸는데 A 친구가 온 것이고 "A에게 왜 그러니?" 하는데 네가 그냥 집으로 갔다던데 ….) 네. (A의 친구가 A와 화해시키려고 학교로 왔는데 네가 그냥 갔다고 …. 그래서 친구가 A 핸펀으로 욕 문자를 보냈고 …. "왜 피하냐고 정말 잘못해서 피하는 거 아니냐고" 그런데 생각해 보니까 미안해서 저녁엔 A의 친구 핸펀으로 사과문자 보냈다고 …. 그런데 다음날 아침 네가 갑자기 아이들 보는 데서 A 싸대기를 때렸다고 하던데 …. 사실과 다르니?) …. 사과문자 보내고 욕문자 보냈어요. (샘이 문자 확인해 보았는데 사과문자가 밤에 왔다며 …. A 핸펀의 욕문자는 방과후 바로던데 ….) 몰라요 …. (네가 A의 친구 앞에서 무시당하는 느낌이 들었으니까 …. 착각할 수도 있을 거야 하지만 시간상으로 미안하다는 문자는 밤 늦게 왔던데 …. 친구 앞에서 자존심 상하게 해서 화가 안 풀려 때렸겠지 …. 그리고 아파트 평수도 네가 물었고 할머니 사시는 아파트와 A 가족이 사는 아파트가 같은 단지에 있다고 대답했다고 하던데 …. A 입장으로는 친구와 잘 지내고 싶어서 네가 묻는 말에 대답했다던데 …. 네가 "너네 부자구나 …." 하니 A가 아니라고 가족이 많아 좁다고 …. 자랑으로 말한 것이 아니고 식구들이 많아 평소 좁게 느꼈나 봐 …. 방도 동생과 함께 쓰고 있고 …. 그런데 네가 '짜증난다'

고 하고 욕을 하고 친구들에게 뭐라고 수군거리고 애들이 갑자기 A를 이상하게 보니까 힘들어서 초등학교 절친인 C학교 친구에게 괴로운 마음을 털어놓다 보니까 A의 친구가 화해시키려고 왔고 …. A는 자신이 잘못한 것이 있으니까 네가 그런 행동을 한다고 오히려 미안하다고 하더라 ….) 그게 거짓말이에요 …. 담임도 그 애 말을 믿고 샘도 그러잖아요 …. (그렇게 생각하니 좀 억울하다. 난 네 말하고 A말이 무엇이 다른지 혹시 오해한 것이 있는지 확인하려는 것인데 ….) 그럼 내 친구들 데리고 올게요 …. A가 거짓말을 얼마나 잘하는지 …. A를 다 못믿어요 …. (그렇구나 …. 고맙다. 다음에는 네 친구들과 집단상담을 해 볼까?) 네 데리고 올께요 …. (그래. 그럼 다음엔 네 친구들 누구를 데리고 올 거니?) U, H, J, W, S를 데리고 올게요 …. (그러자. 샘이 네 말을 안 믿어 준 것 같니? 그렇게 느끼게 했다면 미안하구나. 난 네 말과 무엇이 다른지 확인하고 싶었어 …. 징계위원회가 열릴 때 샘이 공평하게 말할 수 있어야 해서 누구 편도 아니라 공평하게 이해하고 싶었거든 …. 맘이 많이 상했어?) 아니요 …. 저도 잘못했어요 …. (응?) 욕하고 뒷담화하고 돌 던진 거요 …. (그렇게 생각하는구나. 기특하다. 아까와는 다르게 화가 좀 풀린 것 같네 …. A도 잘못한 것에 대해서 깨닫고 네게 사과를 하고 …. 너도 그러길 바라. 잘못하고 실수한 것이 있다면 서로 인정하고 사과하고 믿어 주고 용서해 주는 것 ….) 난 A랑 친하게 지내기 싫어요. (맞아, 마음에 안 맞으면 안 친해도 괜찮아. 다만 서로 험담해서 왕따하고 억울해서 상처받게는 하지 말아야지 …. 너도 그렇지?) 네 …. 초등 때 당해 봐서 힘든 거 알죠 …. 그래서 좀 미안하구요 …. (그래 바로 그거야 친구끼리 다툴 수도 있고 짜증나서 싫을 수도 있어 누구나 그런 일을 경험하거든 …. 하지만 그렇다고 모두 욕하고 왕따시키고 돌 던지지는 않지 …. A와 친하게 지내는 것은 나중 문제이고 네가 그렇게 말해 주니 고맙고 멋있다 …. 그럼 다음 시간에 만나자 ….)

2회기(2011. 5. 4)

J 상담

시험 첫날에 B와 가출하려고 고속버스를 타고 출발하려다가 친구가 담임에게 알려 주어 새엄마가 잡아 왔다. 집이 싫고 공부도 싫어 안 하고 있다가 시험을 봐야 하는 상황을 회피하려고 무작정 서울로 가출을 시도했다. 전날 저녁에 문자로 B와 계획하고 친구들에게 알린 뒤 엄마에게 만 원을 얻어 서울로 뜬 다음 알바를 하기로 계획하였다. 엄마와 함께 학교로 와서 상담을 받았다.

새엄마에게 끌려오면서 가출하면 개고생하고 몸과 마음을 망치는 길이라는 것을 듣고 왔다고 하나 전혀 걱정된 표정이나 죄송함의 표정이 없이 웃고 있었다. 엄마의 말과 시험을 안 치른 결과에 대한 담임의 말, 아빠의 반응을 경험한 것을 탐색하고 J가 어떤 생각이 들었는지에 대해 말하게 했다. 또한 J가 친구와 가출을 계획하며 실행하기 전의 예상과 결과가 어떻게 다른지 탐색하였으나 "아무 생각 없이 그냥 떠나고 싶었고 서울 가면 알바가 많다는 소리를 들어서 바로 알바 하면 될 줄 알았다. 다 듣고도 아무렇지도 않다. 아빠랑 사느니 그냥 가출하고 싶었다."고 했다. 친구를 괴롭힌 일에 대한 징계와 가출이 학교징계를 강화시키는 것을 아느냐고 하자 '상관없다'고 했다.

엄마가 우는 것이 조금 이상해요. 나를 위해 우는 건가? (너를 위해 우는 게 이상하다?) 한 번도 없어서 …. 이상하잖아요 …. [역지사지 시켜 봄.] 엄마가 우는 것 좀 미안하네요 …. 나에게 젤 잘해 줬거든요 …. [엄마가 잘해 준 것에 대해 말하게 함.] 옷 사 주고 밥 해 주고 내 이야기 들어 주고 아빠에게 혼나면 거들어 주고 …. 무슨 일 있어서 학교에 오라고 하면 오셔서 '미안하다' 하시고 용돈도 엄마가 줘요 …. 준비물이랑 뭐 그런 거 그리고 성적에 대해 스트레스 안 줘요 …. (좋은 엄마구나 …. 그럼 좋은 엄마라는 생각이 얼마나 드니 1~10 사이의 점수로 매기면 ….) 8요 …. 다른 애 엄마랑 비슷하죠 …. (그럼 너를 딸처럼 사랑하는데 네가 갑자기 없어지면 당연히 울지 …. 아빠에게 힘들어도 너를 의지하며 살았을 텐데 …. 얼마나 가슴이 아프겠니 …. 그런 것 생각 안 하고 갑자기 없어지면 어떨 거 같아? 네가 엄마 입장이라면 ….) …. 좀 슬프겠죠 …. (그래 너도 엄마가 좋으니까 슬픈 거야 …. 도망가지 말고 엄마랑 너가 힘을 합해서 아빠가 변하도록 해 볼 수 있지 않을까?) 싫어요 …. 보기도 싫어요 …. (만약 아빠가 바뀌었다면 넌 뭘 보고 알 수 있을까?) 변하지 않을걸요? (그래도 기적이 일어났다면 아빠의 무슨 행동을 보면 알 수 있을까?) 동생과 싸울 때 무조건 나만 혼내지 않고 동생도 혼내고 욕하거나 짜증내지 않는 것이죠 …. (지금까지는 일주일에 몇 번 정도 그랬어?) 10번 이상이요 …. (그럼 몇 번으로 적어지면 변했다고 할 수 있을까?) 다요 …. 아니 3~4번, 뭐 내가 누나니까 …. (그렇구나 …. 아빠가 변하도록 샘이 한번 만나 볼게 ….) 안 될걸요 …. 아빠는 안 오세요 …. (안 오시면 집에 계시니? 집으로 가서 만날 거야 …. 네가 이렇게 힘이 드는데 …. 그리고 초등학교 때 너 가만히 있지 못하고 산만하다고 샘들에게 많이 혼나지 않았니?) 많이 혼났죠 …. 애들하고 많이 싸우고 샘들이 내 말을 안 들어주고 애들도 싸가지 없어서 …. (많이 힘들었겠다. 모두하고 잘 지내고 싶었을 텐데 …. 네 마음은 몰라주고 오히려 혼내고 따했으니까 ….) 어떻게 아세여? (상담 샘이니까 ….) 맞아요 …. (그리고 엄마랑 상의해서 병원에 진찰을 받도록 할 거야 ….) 전에 학교에서 담임 샘이 병원에 가라고 해서 약을 좀 먹다가 엄마 아빠가 병원 가지 말라고 해서 끊었어요 …. (약 먹었어? 그럼 그땐 좀 행동이 달라진다고 담임이 말하디?) 네, 친구들도 담임도 엄마도 …. 난 잘 모르겠어요 …. 근데 책을 이해할 수 있었어요. (너도 좋았겠다 …. 욕 안 먹고 사람들과 잘 지내게 되니까 …. 너도 사람들한테 혼 안 나고 인정받고 잘 지내고 싶지? 네. 그럼 다시 약을 먹어야 한다면 잘 먹을 수 있어?) 네. 근데 왜 그래요? (자세한 것은 병원을 다녀온 후 진단받으면 자세하게 말해 줄게.) 네 …. (그리고 다시는 나에게 말 안 하고 친구들과 가출이나 애들과 싸우지 않기 …. 싸울 만큼 짜증나면 나에게 와서 이야기하기 …. 어때 약속할래?) 네 …. 그럼 담에 만나자 ….

母 상담

엄마가 우는 것에 대해 J가 보는 앞에서 이유를 탐색했다.

J가 불쌍해요 …. 나도 아이 둘을 두고 재혼했지만 규칙적으로 아이들을 만나는데 J는 친아빠도 관심 없고 화만 내고 동생과 차별이나 하고 …. J학교에서 부모를 불러도 안 가서 내가 가고 친엄마도 아예 소식도 없고 집엔들 있고 싶겠냐고 …. 나도 집이 싫어 직장에서 야근할망정 집에 들어가고 싶지 않는데 …. 우리 집은 남자와 여자 두 편으로 나누어 있어요. 남편과 남동생, 나와 J가 편을 갈라 사는 것 같아요. 요즘 내가 늦게 들어가고 아빠가 발을 다쳐 집에 있으니 J가 많이 힘들었을 거예요. J와 나는 그래도 잘 지내요. 불쌍하기도 하고 초등학교 5학년 때까지는 학교에서 많이 불러 댔으나 6학년 때는 좋은 담임을 만나 J가 많이 좋아져서 중학교에서도 잘 지내는 줄 알았어요. 우리 부부는 말이 안 통해요. 남편이 시간만 있으면 아들을 데리고 운동 다니고 둘이 싸우면 아들만 표나게 편애해서 옆에서 보기에도 화가 나서 난 J편을 들다 보니 편이 갈라진 것 같아요. 나도 조실부모해서 일찍 결혼했다가 실패하고 지금의 남편을 만났는데 너무 가정에 소홀하고 여자들 마음을 몰라요. (부부가 함께 학교에 오시면 어떨지요? 먼저 부부관계가 회복되어야 자녀들의 관계가 풀어지지 않겠어요? 어머니도 남편에 대한 불만이 많아서 풀어야 하지 않겠어요?) 오지 않을 거예요. 학교에서 그렇게 불러도 한 번도 오지 않았어요. (제가 전화할게요 …. 담임과 상의한 후 전화하시면 함께 오실 수 있죠?) 그럼 좋지요 …. 달라지지 않을 거지만 애를 위해서 해 봐야죠 …. (그리고 J가 초등학교 때 병원에서 약물 복용한 것이 있나요? 예를 들면 주의

력 결핍이나 과잉행동으로요 …) 네, 6학년 때 ADHD진단 받았어요. 담임이 병원에 가서 진찰받아 보라고 해서 C대학병원에 갔는데 ADHD라고 하여 약을 2개월 먹다가 제가 다른 일로 바빠서 신경을 못 쓰다 보니 …. 남편도 다리를 다쳐 직장을 안 다니는 상태이고 …. (경제적으로 어려워서 그렇다면 당분간은 Wee클래스 지원으로 H병원에 다닐 수 있어요. 처음만 엄마랑 갔다가 다음부터는 J가 혼자 가도 되니까 C병원 의무기록을 떼어 와 주세요 …) 네, J편으로 보내 드릴게요. (그럼 어머니는 J가 약을 먹는지 체크해 주시고 확인부탁드려요 …) 그럴게요 …. 감사합니다.

3회기(2011. 5. 11)

J의 친구들 집단상담

A가 거짓말을 잘한다는 것을 친구들이 안다기에 J와 반의 다른 친구들을 불러 상담했다. [먼저 담임에게 반 학생들에게 A에 대한 소문을 누가 자주 퍼트리는지, 그리고 A에 대한 생각이나 감정을 조사해 달라고 부탁함.] 집단상담을 하면서 A에 대한 소문을 새롭게 알게 되고 소문이 퍼지게 된 경위를 파악하게 되었다. J와 사이가 안 좋아지면서 J가 친구들에게 A의 자랑질과 A 엄마 행동의 싸가지 없음에 대해 소문을 내자 U가 A의 짝이었는데 '이상한 짓'을 한다고 '더러운 애'라고 가세하고 그것을 들은 H가 'A가 수업시간에 …. 치마 속에 손을 넣어 분비물을 꺼내어 손으로 만지작거린다.' 하고 W가 'A가 수업시간에 팬티에 손을 넣고 이상한 소리를 내는 변태'라고 가세하여 반 전체에 '더럽고 추한 변태'라는 소문이 돌아 A를 전따하기 시작했다. 하지만 A는 모르는 상태였으며 나중에 물어본 결과 허벅지에 아토피가 있어 참을 수 없어 긁었다고 한다. 처음에 J가 시도는 했으나 다른 아이들이 끼어드는 바람에 더 심한 가십거리(머리를 안 감는다, 누구누구와 sex했다는 등)로 확대된 내용을 J가 다른 애들한테 'A는 더러운 애니까 놀지 말라'고 하여 J에게 소문

주동으로 뒤집어씌워졌다. 담임의 조사 내용도 비슷한 내용이 떠돌고 있어 A를 꺼리는 아이로 알고 있으며 소문을 낸 아이들은 U, H, J, W, S였다. 거기에 누구누구와 sex를 했다는 소문이 추가되었는데 주동자는 S라고 했다.

J에게 무기명으로 쓴 아이들의 조서내용을 알려 주고 어떤 생각이 드는지 말하게 하자 '억울하다'고 했고 다른 아이들은 자신들의 잘못을 바로 시인하기보다는 A의 행동에 대해 비난하고 J의 탓으로 돌리려 하였다. 상담자는 A와 상담하면서 A는 이러한 소문이 나 있는지도 모르고 오히려 '자신이 뭔가 잘못해서 이런 일이 벌어진 것 같은데 자신도 잘못했으니 용서해 달라'고 했다는 말을 하고 J에게 소문의 주동을 덮어씌우는 것에 대해 언급하면서 J가 너희를 절친으로 생각하는데 일부러 그러지는 않았지만 J의 억울함에 대해 역지사지를 하여 인정하고 미안하다고 사과하게 했다. 또한, 일이 자세히 들어나게 되면 모두 책임을 져야 하며 학교폭력에 대한 교육과 처벌에 대한 것을 말하자 진심으로 사과하겠다고 하여 다음에 A와 함께 부르겠다고 하고 보냈다

4회기(2011. 5. 13)

J 상담

["친구들과 흥분된 태도로 떼를 지어 다니는 모습을 보았다. 징계위원회가 벌어지려고 준비하는 시간인데 네가 다른 샘들에게 나쁘게 보여 억울한 처벌을 받을까 걱정이다."라고 하자 흥분하며] A의 엄마가 싸가지가 없어서 미안하다고 하지 않을 거예요 …. 혼내면 혼나죠 …. 어제 체육대회 때 애들과 돌 던졌어요. 애들이 돌멩이를 주워 주어 난 던지고 …. (뭐? 또 그랬다고?) 계속 화가 나잖아요. 그리고 애들도 우리 편이예요. (응?) 우리 반 애들에게 내가 A 엄마 행동을 말하니까 다 싫어하고 재수 없대요 …. 돌도 주워졌어요 … ㅎㅎ. (샘은 너를 보호하고 네가 실수한 것을 인정하고 A와 사과하여 학교생활을 잘

하기를 바랐는데 …. 네 행동을 보니 어이없고 황당하다. 너희 엄마가 바보라서 A 엄마에게 미안하다고 계속 말하니? 잘못을 A가 했다면 엄마가 왜 잘못했다고 계속 빌까? A 엄마 행동에 대해 J 엄마도 화가 나고 싫을 거야 …. 그런데 왜 그런 행동을 할까? 누굴 위해서?) …. 엄마도 그렇게 말했어요 …. 난 싫어요. (엄마도 싫은 걸 너를 위해서 …. 학교에서 한 번 더 용서해 주고 학교 잘 다니게 해달라고 …. 학교에서 좋은 친구들과 재미있게 지내라고 …. 집에서 아빠가 너를 잘 대해 주지 않으니까 학교에서라도 친구들과 사이좋게 지내라고 …. 엄마도 싫지만 비는 거야. 그리고 너의 행동이 A한테 잘못한 행동이니까 …. 전에 너도 미안한 행동이라고 한 것 같은데 …. 그런데 넌 너만 생각하고 싫다고 하니 나도 어이가 없다. 네 엄마한테 A 엄마가 막대한 것에 너도 화가 나면서, 네가 A한테 한 행동을 알고 난 그 애 엄마는 화가 안 날까? 나 같으면 더한 화도 낼 텐데 …. 그리고 아이들이 다 알면 널 좋아할까?) …. (상황극으로 역지사지를 하고 애들이 부추기는데 너만 가해학생으로 몰리는 것과 처벌도 무겁게 받아야 할 것에 대해 걱정이 되어 집단상담 때 친구들에게 너의 억울함도 풀게 한 것 같은데 ….) 제가 잘못했어요 …. 어떻게 하죠? 근데 애들이 저에게 돌을 던지라고 돌을 집어 줬는데 …. (넌 A에게 왜 돌을 던졌어?) A는 힘든 건 안 하고 있다가 쉬운 것만 골라서 한다고 하잖아요 …. 내가 체육부장인데 계주나 오래달리기는 안 하고 피구나 뭐 2인 1조 달리기 같은 것만 한다고 …. 다른 애들도 그런 것은 다 하려구 하는데 그래서 짜증났어요 …. (A에게 그런 말을 해 보았어? 다른 이유가 있을지도 모르잖아 요즘 A가 힘들어 결석도 하잖아 ….) … 내가 그냥 "A가 짜증난다 패 줄까?" 하니 애들이 "돌던져 …." 해서 그냥 던졌어요 …. [J에게 자신이 무엇을 잘못했는지 A4용지에 적어 오게 함.]

집단상담을 한 후 상담 샘이 A를 편애하고 자신들에게 잘못을 했다고 소문이 퍼지면서 반 아이들이 A를 더 싫어하게 되었다고 담임이 말해 주었다. 담임에게 아무래도 반에 들어가 반 전체를 대상으로 상담과 교육이 필요함을 말하면서 계획을 세웠다.

父 상담

일이 커져서 담임에 의해 호출당한 아버지를 상담실에서 만났다. 아버지는 인사를 끝내고 난 후 침착하게 자신의 방임과 무관심과 가족불화로 J가 지금의 상태에 있음을 말하면서 안면근육이 떨리고 긴장한 태도를 보였다. 자신은 여자들에 대해서 어떻게 해야 할지 잘 모른다며 '이제부터는 잘하겠다'고 묻지도 않았는데 자백하듯 먼저 이야기했다. 자신은 시간이 있으면 아들과 함께 운동으로 시간을 많이 보내는데 얘기도 잘 통하고 이해도 되나, 딸과 아내와는 말이 안 통하여 무관심하게 되고 직장일로 늦게 들어오는데 J가 자주 학교에서 아이들과 다투어 짜증이 난다고 했다. 아내가 해결을 잘하지 못하고 끼고 돌아 더 엉망으로 만드는 것 같아 화를 내다 보니 가족이 분리됐다고 하였다. 자녀의 다툼에 있어서도 편파적인 판단과 딸의 행동에 대한 몰이해와 직접적인 거부로 딸과 사이가 좋지 않다.

첫 부인과는 J가 세 살, 아들이 돌 지난 후 성격차이로 헤어졌고 합의하에 자녀를 자신이 데리고 왔으며 이혼 이후 자녀에게 연락하지 못하게 했으며, 한 번도 찾아오지 않았다고 했다.

5회기(2011. 5. 16)

축어록(2011. 5. 16)

상1: 반 아이들이 상담 샘이 'A를 편애한다'고 …. 너희에게 잘못을 뒤집어씌운다고 하던데 ….

내1: 아이들이 그렇게 말해요 …. (그것을 누가 …. ?) 전 잘 몰라요 U, H, W, S가 한 거 맞아요 …. (너도 그렇게 생각하니?) 네. A의 엄마가 한 어이없는 행동 때문에 A를 괴롭히는 건데 샘은 우리가 잘못한 것에 대해 말하잖아요 ….

상2: 내가 너희의 행동만 나쁘다고 한 것 같아 억울했구나 …. 지난번에 상황극 한 거 생각 안 나?

내2: 아니요, 아직 앙금이 안 없어졌는데 A를 보니까 쟤 때문에 학생부 가게 되고 담임한테 혼나고 …. 짜증이 나서 …. 친구들이 '무슨 상담했냐'고 해서 말했어요 ….

상3: 나는 너희들을 함께 집단상담한 것은 '너희가 무엇이 잘못됐는지 알고 학교 폭력에 대한 징계를 덜 받게 하기 위해서'라고 말했는데 너희가 귀담아듣지 못해서 안타깝다. A부모가 너희를 걸고 넘어지면 너희들에게 더 무거운 징계가 있을 수 있다고 말했는데 …. "너희들 부모님도 함께 봉사를 해야 하거나 반을 바꾸거나 대안학교에서 교육을 받거나 출석정지를 시킬 수 있다고 …." 기억나니? (네네.) 그리고 너도 애들한테 말했으면서 U, H, W, S가 했다고만 했네 ….

내3: (ㅎㅎ) 내가 먼저 말한 것이 아니고 U, H가 애들한테 말하니까 애들이 '우~우' 하면서 우리 편이 되는 거예요. 그래서 우리도 말하게 됐어요 ….

상4: 우리 편? (네.) 그건 반 아이들이 진실을 모르잖아 …. 그런데도 너희 편 같아? 난 걱정인 걸 …. 너희 반이 계속 왕따에 대한 진실을 알지 못하면 계속 A를 괴롭힐 것이고 그럼 학교에선 학교폭력자치위원회가 열리게 되고 그러면 진실은 알게 돼 …. 그럼 넌 어떻게 되는 줄 알아? (…) 샘이 너와 처음에 상담할 때 상담이 비밀에 부쳐질 수 없는 것이 있다고 했지? (…) '모든 종류의 폭력—몸과 정신적인 상해, 언어폭력, 생명을 위협하는 것, 법을 어기는 것—은 남을 괴롭히는 행동으로 대가를 치르게 된다고 ….'

내4: 기억나요 …. 혼나면 혼나죠 …. 어차피 학교에 다니기 싫은데 ….

(응? 너희 친구들이 모두 뿔뿔이 흩어져 만날 수 없는데?) 왜요?

상5: 모두 처벌을 받게 되니까 …. 강전이나 강제로 반을 바꾸거나 …. (…. 친구들을 못 만난다구요?) 그렇게 되겠지 …. 네가 A에게 일을 만들고 네 입장에서만 말하니까 …. 친구들이 오해를 더 크게 만들고 …. 결국 A를 '성적인 변태, 더럽고 추악한 애, 우리 반을 더럽히는 애 ….'라고 부르며 친구들과 수군거리고 욕하고, 돌 던지고, 쪽지 써서 괴롭히고 …. 왕따하고 전학 가라고 왜 학교에 오냐고 돌 던지고 재수 없다고 하고 …. ~랑 sex 했다고 …. 지금 A가 가출한 상태로 학교에 결석한 상태잖아 …. (그걸 어떻게 다 알아요?) 너희가 원해서 상담받은 것이 아니라 학생부에 의해 상담받게 되었잖아 …. 그럼 다 알게 되지 …. A 엄마가 신고했잖아 …. 남을 괴롭히는 것은 비밀에 부쳐질 것이 아니거든 …. 너희반 아이들에게 반에 떠도는 소문과 누가 이야기하고 어떤 이야기였는지 담임이 써내게 하고 학생부에 신고되어 너희 불려가 진술서 썼다며 …. 아직도 너희가 한 일이 작은 일이 아니고 심각한 상황이라는 것을 모르겠어? 그리고 A는 학생부에 와서 너희들을 뭐라고 하지 말라고 …. 처벌을 받게 되면 함께 받게 해 달라고 하잖아 …. 자신도 모르게 자신이 잘못했을 수도 있고 아토피가 있어서 긁는 거라고 창피해서 말을 안 해서 그럴 수도 있다고 …. (정말요? …. 바보 아녀?) 바보처럼 보이니? 처음에 모두 함께 친구였다며 …. 그런데 오해가 생긴 것이 무엇이었지? A의 자랑질에 기분이 나빠 시작한 거잖아 ….

내5: 맞아요 …. 아파트 평수, 미국연수 … 할아버지 아버지 자랑 … 제일 짜증나 …. 재수 없어요 …. 부자면서 부자라고 하니까 아니래요 …. 집도 좁다고 하니까 짜증나요. 그래서 욕하고 화내고 친구들에게 놀지 말자고 하고 그렇잖아요 ….

상6: 자랑하는 거 같아 빈정 상했나 보구나 …. 너의 환경과 다른데 ….

네 말을 인정 안 하는 것이 너를 무시한다고 …. (맞아요 …. 무시했어요.) 그래서 화가 났구나 …. 다른 친구들도 너와 비슷하게 생각하니? (네, 내 친구들도 나보다 더 힘들게 살거든요 ….) 그래서 네가 느낀 것을 이야기하니 친구들도 화가 났겠네 …. (중학교 들어와서 아빠가 다리 다치는 바람에 집에 있거든요 …. 더 잔소리가 많고 화를 잘 내고 동생 편만 들고 집에서는 찌질하게 있거든요 …. 짜증나요 …. 엄마도 늦게 들어오고 ….) 많이 힘들겠다 …. (아빠가 없어졌으면 좋겠어요 ….) 그 정도구나 …. 너는 힘들어 죽겠는데 A는 편하게 행복하게 살면서 그런 것을 인정도 안 하니 싸가지 없고 너를 무시하는 것 같았겠네 …. 밟아 주고 싶었겠다 …. (맞아요 …. 그런 거예요) 그럼 A의 행동을 보면 일부러 너를 화나게 하려고 하는 행동 같니? (아니요 …. 뭘 모르기는 하지만 착해요 ….) 뭘 몰라? (눈치가 없는 거 …. 끼어드는 거?) 그게 뭘까? (몰라요 암튼 우린 부모 때문에 화가 나서 욕하는데 부모를 욕하면 어떡하냐고 어른이고 우리를 위해서 한다나? 짜증나는 소리만 하잖아요 ….) 그렇겠네 …. 부모행동에 화가 나서 친구들이니까 터놓고 이야기하며 속을 풀려고 하는데 알지도 못하면서 부모 편을 드니까 화가 나겠네 …. 그런 것이 끼어드는 것 맞네 …. (맞죠? 그런 말을 많이 해요 …. 그리고 학생부에서 뭐 자기도 혼내라고 하는 것 …. 이것도 짜증나요 ….) 너희와 다른 행동을 하는 것 그것이 짜증을 나게 하는구나. 알지도 못하면서 지는 잘살고 부모도 좋으면서 뭘 안다고 끼어드는지 …. 그럼 너가 A라면 그럴 때 어떻게 하면 될까? (그냥 들어 주고 위로하는 거죠.) 그렇구나 어떻게? (몰라요 …. A 잘못은 아니죠 짜증나는 거지.) 무엇 때문에? (집나가고 싶어요. 부모 집?) 너도 A네 집처럼 좋은 부모와 환경에서 사랑과 관심을 받고 자라고 싶은데 그러지 못하는 것도 억울한데 A는 그것을 인정 안 하니까 '어쩌라고' 하면서 그냥 미웠구나 …. 속상했구나 …. 샘도 중학교 때 그런 마음이 들어 괜히 나보다 잘살고 좋은 환경에서 자라는 애들이 미운 적이 있었어 …. 딱히 그 애들이 잘못한 것도 아닌데 …. 잘난척하는 것 같기도 하고 나를 무시하는 것 같아 괜히 싫었어 …. 나도 가슴이 아프다 …. 네 처지가 맘에 안 들어 힘들어하는 너를 보며 …. 그래서 샘이 네 아빠와 엄마를 만나 상담하려고 하는 것 알잖아 …. 샘이 네 마음을 아니까 이번 일을 좋게 해결하려고 친구들과 집단상담도 하고 담임과 학교에서도 한번 기회를 주도록 노력하는 거야. 그런데 너희는 상황을 잘 모르고 일을 계속 만들어 크게 확대하니까 난 당황스럽거든 …. 그리고 A 엄마 때문에 A를 괴롭힌다는 것도 샘은 이해가 안 돼 …. 너도 네 부모 때문에 다른 친구들이 너에게 욕하고 괴롭히면 어떨까? (짜증나요 ….) 그럼 이걸 어떻게 해야 하지? 너라면 이 사태를 어떻게 수습해야 할까?

내6: 몰라요 …. 애들한테 소문내지 말라고 ….

상7: 그 말은 …. 너희의 잘못은 인정 안 하고 아이들에게만 '소문내지 말라'고 책임을 떠넘기는 거 같은데 …. 그러면 소문이 잠잠해질까? (아뇨 ….) 네가 A라면 애들이 너에게 어떻게 해 주면 마음이 편할까?

내7: 미안하다고 …. 진심으로 …. 그리고 다시는 안 그러는 거죠 …. 그리고 함께 놀고 ….

상8: 그래 잘했어. 그거야 …. 그 애가 너희 맘을 모르고 짜증나게 하는 행동에 대해선 나중에 상담하면서 고칠 수도 있어 …. 그것을 위해 샘이 상담을 할 거야 …. (네 ….) 그럼 우선 벌어진 일에 대해 생각해 보자 …. 어떻게 해야 반 모든 친구들이 A를 왕따를 하지 않을까? (…) 샘이 너희 반에 들어가 상담을 하면서 소문이 커지고 전따를 시킨 과정을 말하면서 너희에게도 진실을 말하도록 하면 …. 그럼 너희가 솔직하게 말해서 잘못된 것은 바로잡고 미안한 일은 사과하면 어떨까? 그럼 난 너희가 일부러 그런 행동을 한 것이 아니라 오해가 생겨 실수를 했는데 일파만파로 퍼져 지금의 상황이 됐다고 하며 용서와 화해를 끌어낼게 …. 진실이 가장 간단히 오해를 푸는 방법이거든. 그리고 너희들만 실수를 하는 것이 아니라 너희 반 아이들도 이런 실수를 많이 경험했을 것이고 그런 것 때문에 힘들었던 일들이 많았을 거야 …. 내가 상담을 하면서 가장 많이 고민하고 힘들어하는 것이 친구들 간의 오해로 인한 왕따 괴로움이거든 …. 그리고 어른들이 돼도 실수를 많이 하면서 살지 …. 하지만 실수에 대해서 인정하고 사과를 하며 용서를 구하면 가장 빠르게 해결이 된다는 걸 나도 경험을 통해서 알게 됐거든 …. 이번 기회에 너와 친구들도 그런 경험을 하는 기회가 됐으면 좋겠어 …. 그리고 너희 마음도 미안한 마음을 용서 받고 나면 편안해질 거고 ….

내8: 네 …. 언제 오실 거예요? 우리 반에?

상9: 오늘 오전 중으로 학과 샘에게 시간을 빌려서 너희 반에 들어갈 거야 …. A는 상담실에 있게 할 거고 …. 너희들의 소문내용을 알게 되면 너무 괴로울 테니까 …. 그리고 나중에 너희가 A에게 진심으로 사과하고 싶을 때 함께 만나서 화해하는 시간을 만들어 보자 …. J야 너 진심으로 이야기할 수 있어? (네 ….) 그래 서로 노력해 보자 …. (고맙습니다.)

J 및 반 전체 상담

3~4교시에 J반에 들어가 우선 아이들에게 왕따에 대한 경험을 자극하여 얼마나 힘든 것인지와 중학생이 되면서 낯선 환경에서 1학년 때 '친구 사귀는 것'이 얼마나 긴장되는지와 관심 집중이 되는지, '왕따 당할까 봐' 두려워하는 마음에 대해 나누었다. 그런 다음 이 반에서 지금 벌어지는 '전따'에 대

한 언급을 하면서 내가 얼마나 마음이 아픈지에 대해 말하고 상담을 하면서 진실이 드러난 것에 대해 가해자 · 피해자들을 화해시키려 했으나 너무 서둘러 오해가 더 벌어지게 된 것에 대해 미안하고 책임감을 느껴 반에 들어오게 된 것임을 말하였다. 나의 경험상 '가장 빨리 오해를 푸는 것은 진실을 밝히는 것'이라고 생각되어 반에 들어오게 됐음을 말하고 처음부터 오해가 생기게 된 과정에 대해 말하였다. U, H, J, W, S의 생각들을 사이사이 말하게 하면서 그들이 반 아이들에게 실수한 것에 대해 인정하게 하고 앞에 나와 사과를 하게 했다. 사과를 다 한 후 반 아이들의 눈을 감게 한 후 우리 모두 다 같은 실수를 한 번도 안 한 사람을 거수하게 하면서 모두 그런 경험을 한 것에 대해 말하면서 '어떻게 하면 상처 난 사람의 마음의 분노나 슬픔이 사라질 것인가' 묻자 '진정한 사과와 왕따행동을 멈추는 것'이라고 대답하였다. 그럼 현재 여기서 사과한 U, H, J, W, S의 태도에서 진심이 느껴졌는지 확인하게 하자 'J의 태도는 좀 아니다'고 하여 J에게 '다시 사과하겠냐'고 묻자 '다시 하겠다'고 하여 사과를 하게 하고 반 학생들 모두 용서하고 화해하는 분위기가 되었다. 모두 끝낸 후 반 아이들에게 이 경험을 하면서 자신들이 가졌던 생각과 느낌에 대해 변화된 것이 있었는지를 말하게 하자 '반성하는 행동과 왕따의 잘못을 U, H, J, W, S에게만 돌리지 않고 자신들도 '확인하지 않고 소문내던 것'에 대한 잘못'을 시인하면서 서로 사과하는 분위기였다. A에 대한 생각, '더럽고 추해서 왕따 했다'가 10점 만점에 9→2로 내려왔다. 2는 A가 치마 속에 손을 넣고 긁어 친구들이 '그러지 말라'고 할 때 '아토피 때문이라'고 말 안 한 것에 대한 책임이라고 하고, 자신들이 미안하고 잘못했으며 우리 반에서 이런 일이 다시 일어나지 않았으면 좋겠다고 하였다. 그 후 J도 행동이 다소 진정되었다.

6회기(2011. 5. 20)

샘이 반에 들어가 전체상담 한 후 U, H, J, W, S에 대한 아이들의 태도에 대해서 물었다.

반 아이들이 A에게 미안하다고 하면서 잘 지내고 우리에게도 잘 해 줘요 …. U, H, W, S도 나와 잘 지내고 A에게도 미안하다고 했어요 …. 욕 안 하고 반 친구로 지내요 …. (샘이 반에 들어가 너희에게 말하게 하고 사과하게 한 것에 대해 어떤 생각이 들어?) 맘이 편해졌어요 …. 애들이 모두 나만 잘못한 줄 알고 있었는데 아니라고 한 것과 A한테 잘못한 것에 대해 말하고 나니 속도 편하구 …. (멋있다 ….) 애들이 뭐라고도 안 해요 …. 애들에게 잘못했을 때 어떻게 해야 하는지 잘 몰랐는데 좀 알 거 같아요. (응?) 내가 어색해서 사과를 웃으면서 대충하니까 다시 하라고 했잖아요. 아이들이 하는 거 보고 다시 했을 때 받아 준 거 …. (그래 아이들의 마음을 돌리기 위해 진심으로 미안한 마음을 표현해야 하거든 너 정말 용기 있게 잘했어 …. 나도 너를 용서하고 싶은 마음이 들던걸 …. 그걸 알아차리니 정말 내가 반갑고 고맙기도 하다 ….) ㅎㅎ 엄마가 병원갈 때 아빠랑 가라고 하고, 엄마 아빠 요즘 나에게 잘해 주고 안 싸우는데 잔소리가 지겨워요 …. 집에 있는 것이 너무 싫어요 …. (어떻게 있어?) 짜져 지내요. 이렇게 아무것도 할 게 없고 일찍 오라고 하고 준비물 사러 나와도 5분 안에 들어오래요. 어젠 준비물이 4절지인지 2절지인지 몰라 학교에 와서 애들에게 물어보니 모두 모른다고 해서 샘한테 물어보느라고 15분 걸렸는데 3달 외금이래요 …. (잉?) 이번 일도 있고 해서 …. (수업 중에 준비물이 있는 건 들었는데 무엇인지 못 들었구나 ….) 네 …. (자주 그러지?) 아뇨 …. 네 난 못 들었는데 애들은 말했다고 해요 …. (너도 황당하겠다.) 자주 그래서 뭐 근데 이런 것 약 먹으면 좋아져요? (병원에 가서 진찰 받은 후 약 먹으면 주의집중이 잘되어 좋아지는 아이들 많이 보았어. 그것으로 모든 것이 다 되는 것은 아니고 너도 행동을 고치려고 노력해야 해. 그럼 많이 좋아질 거야 …. 노력할 거지?) 네 …. 친구들과 잘 지내고 싶어요 …. (그래 잘 지내려면 사람들을 대하는 법을 배워야 하고, 남의 입장을 이해해야 하고, 잘 모르겠으면 그 애 마음이 어떤지 물어보는 것 등 방법이 많아. 상담하면서 배워 나가자 ….) 네. 그리고 친구들 모두 방과후 교내봉사 7일로 벌 청소하라고 학교폭력자치위원회에서 떨어졌대요 …. 그리고 명단이 복도에 붙었는데 좀 창피하지만 잘못한 거니까 괜찮아요. (네가 쿨하게 받아들이니까 나도 마음이 편하다 …. 청소하면서 남을 괴롭히면 대가를 받게 된다는 것을 기억하길 바라 …. 병원 잘 다녀오고 ….) 네 다음 주에 뵈어요.

상담자: 기경숙
논평자: 김춘경

논평자인 김춘경은 인간중심적 상담, 개인심리상담, 인지행동 및 해결중심 상담을 기초로 한 절충주의적 입장을 견지하고 있다. 따라서 아래의 논평은 본인의 이론적 관점에서 비추어 본 내용이기 때문에, 다른 상담 이론적 관점에서 본 사례를 논평한다면 다른 평가가 가능함을 미리 밝혀 둔다.

본 사례는 학교폭력 가해 청소년 내담자를 한 달 동안 6회기에 걸쳐 개인상담, 집단상담, 부모면담 등을 통해 변화를 이끈 사례이다. 본 사례를 논평하는 데 있어 첫째, 내담자 문제에 대한 사례개념화, 둘째, 상담진행과정에서 돋보이는 점, 셋째, 상담진행과정에서 아쉬운 점 및 대안적 개입방향을 중심으로 논평하고자 한다.

1. 사례개념화

1) 사례개념화의 타당한 측면

상담자는 내담자가 지닌 문제를 정신적, 사회적, 의학적, 학업적, 가족 문제 등 다양한 측면에서 파악하고, 내담자의 증상이 발달하는 데 영향을 미칠 수 있는 내담자의 주변 환경 요소들도 세밀하게 탐색하였다. 내담자의 문제 행동의 원인은 물론이고, 내담자가 지닌 문제를 지속시키는 요인까지 파악하였고 이는 상담의 목표와 상담전략, 상담 지원체계를 계획하는 데 유용한 자료를 제공한다.

2) 사례개념화에서 보완될 측면

사례개념화 단계에서 보완해야 할 점으로 다음과 같은 부분을 지적할 수 있다.

첫째, 내담자의 문제와 관련된 주요요인들이 많이 파악되었으나, 그 요인들을 현재 내담자가 지닌 문제 또는 증상요인, 문제를 촉진시키는 요인, 문제를 강화하는 요인들로 분류하여 내담자의 문제 진단과 상담목표 설정과 연계시킨 면이 부족해 보인다. 문제의 원인요인, 촉진요인, 강화요인을 나눠서 파악하게 되면 내담자의 개인내적 역학, 가족 역학, 대인관계적 역학적인 측면에서 내담자를 좀 더 구체적으로 이해할 수 있게 된다. 이들 요인들을 정확히 분류할 수 있는 것은 아니지만, 예를 들어 내담자의 충동성과 주의력 결핍, 장기간 가족으로부터의 외면과 무관심, 주요타자로부터의 반복적인 비난, 인정받지 못함, 거부당함, 친모의 부재와 방임 등을 내담자 문제의 주요원인으로 볼 수 있고, 부모의 이혼, 아버지의 폭력과 무관심과 편애, 부부싸움, 학교에서 인정받지 못함, 또래친구들, 내담자의 가족이나 주변사람들의 비난과 거부 등이 내담자가 보이는 증상의 촉진적 요소로, 계모의 편들기, 또래친구들의 왕따와 전따 행동 등을 강화요인으로 정리해 볼 수 있다. 실제로는 증상요인이 촉진요인이 될 수도 있고, 촉진요인이 증상요인이 될 수도 있다. 사례개념화는 상담을 계획하는 데 매우 중요한 역할을 하기에 각 사례에 대한 조직화된 개념화 작업은 전체 방향을 잡는 데 매우 중요하다.

상담초기에 완전한 사례개념화를 하는 것이 쉽지 않은 작업이기에 융통성을 가지고 있어야 하고 추후 변경은 가능하다.

둘째, 내담자의 현재 문제행동과 관련된 자료는 풍부하나 내담자의 출생사, 생육사, 유아동기 시기의 신체적, 언어적, 신변처리 및 사회적 특성 등의 발달사, 어린 시절의 양육환경, 치료 및 교육 경험 등의 정보가 부족하다. 이러한 정보들은 내담자에 대한 이해를 돕고, 보다 효과적인 상담을 계획하는 데 도움이 된다. 이와 관련하여 가족사항과 관련된 가계도를 친모는 물론이고, 친부와 계모의 원가족까지 포함하여 좀 더 확장해서 기록하고, 가족구성원 간의 관계내용까지 표기할 것을 권한다. 정확하고 구체적인 가계도가 요구된다. 구체적인 가계도는 가족에 기인한 문제의 요인과 가족을 통한 문제해결의 방안도 함께 모색해 볼 수 있게 한다.

셋째, 사례개념화과정에서 관찰이나 검사, 면담 등을 통해 알아야 할 주요 정보는 내담자의 강점과 자원 그리고 사회적, 가정적 지지체계이다. 상담과정 중에 담임교사가 중요하고 좋은 자원임이 밝혀졌으나, 사례개념화단계에서는 내담자의 문제만을 지적하였을 뿐, 내담자와 내담자 가족이 지닌 강점과 자원들에 대한 조사가 미흡하였다.

넷째, 상담목표를 설정함에 있어 현재 나타난 문제의 해결만을 내담자 목표로 정했지, 아동의 심리적, 정서적 적응을 전체적으로 강화하여 다루는 부분이 목표에서 빠져 있다. 언어, 심리사회적, 운동신경적 발달 등 내담자의 발달수준을 건강한 수준까지 진입할 수 있도록 돕는 목표는 일반적으로 내담자의 문제해결에만 중점을 둘 때 소홀히 할 수 있는 부분이나, 아동이나 청소년을 대상으로 상담을 할 때는 소홀히 하지 말아야 할 목표이다. 상담목표를 단기, 중기, 장기로 나눠 계획을 세워 볼 필요가 있다.

다섯째, 사례개념화를 함에 있어 내담자의 주 호소 문제는 제시되어 있으나, 내담자의 상담기대와 의뢰자의 주 호소 문제 및 상담기대를 밝힐 필요가 있다. 또한 심리검사를 실시하고, 검사결과만 간단히 나와 있어 검사의 검사

시기, 검사자 등의 정보와 ADHD검사와 HTP검사에 대한 정보가 풍부하면 내담자 이해에 도움이 되었을 것이다.

2. 상담진행과정

1) 상담진행과정에서 돋보이는 점

본 사례에서 상담자의 개입이 적절했다고 보이는 점들은 다음과 같다.

첫째, 상담자가 내담자와 관련된 다양한 주변 사람들 대다수를 상담에 개입시켜 문제를 해결하려는 노력을 한 것이 매우 돋보인다. 본 사례는 내담자 개인상담, 내담자의 부 상담, 모 상담, 내담자의 또래친구들과의 집단상담, 내담자 학급상담 등 내담자의 문제와 관련된 거의 모든 주변 사람들과의 통합적 상담 접근이 크게 효과를 나타낸 사례라 할 수 있다. 학교폭력의 문제는 또래학생들 간의 관계의 문제이기에 관계를 둘러싼 문제를 관계에 관련된 사람들을 함께 참여시켜 해결한 전략이 최선임을 잘 드러내 준 사례이다. 상담자는 인적 맥락만 다양하게 활용한 것이 아니고, ADHD 성향이 있는 내담자의 약물복용도 함께 제안하고, 실제 약물복용이 가능할 수 있도록 부모님의 도움을 구체화하였고, 경제적 도움이 가능한 방법들을 제안해 준 점도 내담자의 행동변화에 다각적인 도움을 준 좋은 사례이다.

둘째, 상담자가 내담자들의 반응을 주의 깊게 듣고 즉각적으로 대처한 점이 돋보인다. 이는 상담자가 내담자들의 담임선생님과의 연계가 잘 되어 있었기에 가능하였다. 4회기(5월 13일) 집단상담 후 집단상담에 대한 학생들의 반응을 듣고 즉각적으로 학급전체 상담을 계획하고 3일 후(5월 16일)에 학급집단상담을 실시하여 학생들의 오해를 풀어 주고, 학생들의 감정을 이해하고 해결의 방안을 학생들과 함께 모색한 점이 학생들의 변화를 이끌어 내는

데 크게 영향을 끼쳤을 것으로 사료된다.

2) 상담진행과정에서 보완되었으면 하는 점

본 사례에서 상담자의 개입 중 다소 아쉬웠다고 여겨지는 점들은 다음과 같다.

첫째, 학교폭력 가해학생에 대한 상담의 목표를 행동변화에 초점을 두고 있고, 실제 상담도 욕하거나 괴롭히지 않기, 진심으로 사과하기, 반감행동 줄이기, 타인입장 인정하기, 스트레스 다루기 등의 생활지도 및 교육적 측면이 강하게 진행되었다. 진행되는 상담의 과정에서도 교훈, 판단, 설교, 평가, 조사 등의 방법을 많이 사용하여 교사로서의 역할을 더 많이 수행한 것으로 보인다. 짧은 기간 안에 학교폭력을 감소시켜야 하는 상황에서 내담자의 행동의 변화는 이루어졌으나, 내담자의 행동 문제의 변화뿐 아니라, 내담자의 내적 욕구와 억압된 부정적 갈등 등 심리내면적 어려움도 해소할 수 있는 접근이 보완되었으면 하는 바람이다.

둘째, 상담자가 상담을 이끌어 가는 상담이론을 구체적으로 가지고 있었다면, 상담을 좀 더 체계적이고 효과적으로 진행시킬 수 있었을 것이고, 내담자의 변화도 정서, 인지, 행동적 측면에서 통합적으로 이끌어 갈 수 있었을 것으로 사료된다.

셋째, 부와 모 상담을 통해 내담자에 대한 이해를 돕고, 학교뿐 아니라 가정환경의 변화를 꾀한 것은 좋은 시도이다. 그러나 부모 상담을 통해 이루고자 하는 목표를 실제 부모 상담에서 충분히 다루지는 않았다. 문제만을 파악하는 수준을 넘어 구체적으로 부모체계의 문제를 해결하고, 부모체계를 적극적 지지체계로 변화시키게 되면 내담자의 변화를 촉진시키는 것은 물론이고, 내담자의 변화를 지속시키는 데도 매우 큰 도움이 된다.

3. 상담결과

1) 상담목표 달성도

상담자가 제시한 주요목표에 근거한 목표의 달성도는 다음과 같다.

첫째, 내담자의 욕설, 뒷담화, 또래 괴롭힘의 정도는 감소하였고, 잘못한 것에 대한 진심 어린 사과하기 등의 행동은 증가하였다. 내담자의 불쾌한 감정을 이해해 주고, 또래집단상담과 학급집단상담에서 역지사지 훈련이나 상황극을 해 본 것이 효과를 본 것이라 사료된다.

둘째, 스트레스와 갈등 다루기나 타인에게 반감 주는 행동 줄이기 등의 목표 달성 정도는 본 사례에서 구체적으로 제시되어 있지 않다. 앞으로 계속될 상담에서 이 부분에 대한 노력이 지속될 것으로 사료된다.

셋째, 부모 상담의 목표도 상담자가 상담에서 시도한 것은 나타나 있지만, 그들의 성공 정도는 제시되어 있지 않다. 한 번의 상담만으로 부모의 행동이 크게 변화할 것이라고 기대하기는 어려울 것이다. 지속적인 부모 상담이 필요하다.

2) 미해결 문제와 그에 대한 대처방안

미해결 문제에 대한 대처방안으로 다음과 같은 점들을 생각할 수 있다.

첫째, 상담의 주요 목표인 내담자의 가해행동의 변화는 일차적으로 이루었으나, 그 외에 내담자의 심리정서적 적응을 강화할 수 있는 노력이 필요하다. 내담자의 상실감, 좌절감, 억울함, 열등감 등의 부정적 정서를 깊이 있게 공감하고, 무조건적 수용과 인정 등의 치료적 경험을 통해 가능할 것으로 사료된다. 치료자의 보다 따뜻하고 수용과 공감적, 적극적 경청의 반응이 요구된다. 또한 내담자가 지닌 긍정적 자원과 강점을 찾아서 내면화시켜 주고 인정해 주는 노력도 내담자의 인성적 변화에 크게 기여할 것으로 사료된다.

둘째, 상담자는 내담자의 소리지름, 억지주장, 고집과 떼쓰는 행동 등을 퇴행으로 규정하였다. 내담자는 사회적 기술이 매우 부족해 보인다. 친모의 상실, 부의 무관심과 거부 등이 내담자의 친사회적 행동의 습득을 촉진시켰을 것이다. 내담자의 친사회적 기술 습득에 중점을 둔 지속적인 상담이 필요하다. 개인상담 또는 집단상담을 적절하게 함께 수행하면 좋을 것이다.

4. 총평

본 사례는 학교폭력 가해학생을 한 달이라는 짧은 기간 안에 개인, 부모, 또래집단, 학급 등의 다양한 상담대상을 적극적으로 활용하여 가해학생의 과격한 가해행동을 감소시킨 사례이다. 내담자의 행동적 변화뿐 아니라, 전반적 발달적 향상과 내면의 정서적 감정적 변화를 이끌 수 있는 지속적인 상담이 필요하고, 변화가 지속될 수 있도록 내담자뿐 아니라, 내담자 또래들, 내담자 부모체계의 상담도 간헐적으로 추후에 시도해 볼 것을 제안한다.

상담자: 기경숙
논평자: 조현주

본 사례는 따돌림 가해학생이 징계위원회의 회부와 결정과 관련해서 이루어진 5회기 상담으로 진행된 사례이다. 가해학생의 개인상담뿐만 아니라 부모 상담과 심리 교육, 집단상담이 포함되어 있으며, 학교에서 전형적으로 이루어지는 상담사례라고 할 수 있다. 다만 사례개념화, 상담의 진행 과정과 상담결과를 중심으로 논평을 하는 데 있어서 6회기 진행사례라는 한계가 있음을 밝혀 두고 싶다.

1. 사례개념화

상담자가 내담자 문제 이해를 어떻게 하고 있으며, 그 문제 이해를 바탕으로 목표 설정을 어떻게 합의하고 있는지와 관련해서 타당한 측면과 보완될 측면으로 나누어 살펴보고자 한다.

1) 사례개념화의 타당한 측면

첫째, 상담자가 내담자 문제 이해를 어떻게 하고 있는지에 대해서이다. 상담자는 내담자의 문제를 다양한 측면으로 이해하고 있다. 각 영역별로 정리해 보면 다음과 같다. 행동 측면에서는 충동적인 가출 행동, 지각과 같은 지연 행동, 이기적이거나 단순한 행동 등을, 정서 측면에서는 가족으로부터 거부당함으로 인한 분노와 억울함, 우울, 불안 등을, 지각 측면에서는 일상생활을 하면서 자신을 무시하는 태도에 민감하고, 상황을 과도하거나 공격적 또는 부정적으로 해석하는 것으로 파악하고 있다. 심상 측면에서는 낮은 자아개념을 가지고 있으며, 공감 능력도 미숙하며, 인지 측면에서는 남에게 피해를 줄 수 있다는 생각이 부족하며, 적절치 못한 문제해결력과 특히 대인관계 측면에서는 가족(특히 아버지) 갈등 해결 능력과 타인의 공감능력이 떨어지므로 자신이 행한 가해행동에 대해서 억지 주장이나 당당한 행동으로 일관하고 있다고 이해하고 있다. 사례 전반을 고려할 때 상담자는 내담자 문제를 청소년기 발달상의 특징과 ADHD 문제를 연결해서 이해함으로써 문제 이해를 좀 더 명료화하고 있으며, 내담자 문제를 영역별로 다양하게 이해함으로써 적극적인 상담 접근을 가능하게 하고 있다.

둘째, 내담자의 상담목표와 관련해서이다. 내담자 문제 이해를 바탕으로 상담목표를 내담자 목표와 부모 목표로 나누어 세웠다. 내담자 목표를 고려하고 그것도 구체적으로 제시함으로써(예를 들면 10회/주 → 3회/주, 90% → 50% 등), 내담자 스스로 목표치에 대한 구체적인 지각을 유도하고, 비자발적으로 보이는 내담자로 하여금 상담 동기를 높일 수 있는 계기를 제공하고 있다고 사료된다. 부모 상담을 통해서 부모 목표를 구체화하고 부모의 자녀 상담개입 정도를 높이는 시도 역시 청소년 상담을 할 때, 반드시 필요하고 요구되는 부분인데, 이 부분에 대한 현실적인 개입 역시 유효했다는 생각이 든다.

셋째, 심리검사와 관련해서이다. 본 사례에서는 ADHD 검사, HTP 검사, MMPI-A, SCT, MBTI 성격유형 검사 등 다양한 심리검사를 실시하였던 것으로 보이며, 검사를 통한 내담자 문제 이해의 타당성을 높이는 상담자의 노력이 엿보인다. 내담자의 초등학생 시절 진단 받았던 ADHD 여부를 확인하기 위해서 ADHD 검사를 실시하였으며, SCT 검사와 MBTI 성격 유형의 하위유형을 연결함으로써 내담자 문제 이해를 좀 더 쉽게 할 수 있도록 하였다.

2) 사례개념화에서 보완될 측면

첫째, 상담자가 내담자의 문제 이해와 관련해서 보완될 점으로 상담자가 다양한 영역으로 내담자 문제 파악을 한 것은 한계가 있을 수 있다. 즉 너무 많은 문제를 가진 내담자로 비춰질 수도 있으며, 문제가 연결되지 않은 채 나열되어 펼쳐져 있는 느낌이 든다. 문제에 대한 원인의 탐색이 아니더라도 내담자가 현재 보이는 문제들을 좀 더 통합적이고 유기적으로 연결시켰을 필요가 있지 않았을까 하는 아쉬움이 있다. 예를 들어 내담자는 3세 때 부모가 이혼하여, 7세 때 아버지가 재혼할 때까지 회피적인 아버지와 생활이 어떻게 이루어졌는지, 현재 지지기반으로 작용하고 있는 어머니와의 초기(7세 이후) 생활은 어떠했는지 등 가족 문제와 성인과의 갈등이 내담자의 현재 문제와 어떤 관련성이 있는지에 초점을 맞추는 것이 내담자를 좀 더 이해하기 쉽지 않았을까 하는 생각이 든다.

둘째, 상담목표와 관련해서 보완될 것은 상담의 목표를 세우고 그 목표 달성에 필요한 상담회기 계획과 관련된 부분이다. 다양한 심리검사를 하였고, 내담자의 문제 이해를 바탕으로 내담자 목표와 부모 목표가 세워졌다. 상담목표를 세울 때, 상담자가 어떤 역할을 하였으며, 몇 회기의 상담계획을 하였는지 구체적으로 드러나 있지 않다. 예를 들어 상담목표는 여러 개이며,

상담목표를 적절히 달성하기 위해서는 중 · 장기 상담이 목표였을 것 같은데, 그것에 대한 명료한 설명이 없다.

셋째, 심리검사와 관련해서 보완될 점은 다음과 같다. 심리검사의 실시 시기와 결과(특히 ADHD 검사, HTP 검사)가 제대로 나타나 있지 않으며, 검사결과가 상담과정 중에서 어떻게 활용되었는지를 잘 알 수 없어서 검사와 상담과정이 따로 진행된다는 느낌이 든다. 단지 상담과정 중에 내담자가 초등학교 다닐 때, ADHD 진단을 받은 적이 있고, 그로 인해서 상담과정 중에 병원을 권유하는 것으로 예측할 수 있는 부분이 제시되고 있을 뿐이다. 또한 SCT의 반응과 MBTI 성격유형검사의 결과를 연결시킨 부분이 나오는데, 이해를 하기는 좀 편할 수는 있으나 한편으로는 이것이 어떤 것을 근거로 하였는지에 대한 설명이 빠져 있다. 결론적으로 심리검사결과가 상담과정 속에 적절히 통합되고 활용되었는지가 드러나지 않아서 약간 답답하였다. 따라서 상담 초기에 구조화를 통해 심리검사의 실시, 해석 및 활용에 대한 계획이 수립되고 진행되었다면 보다 효과적이었을 것이라 생각한다.

2. 상담진행과정

상담과정을 회기별로 정리해 보고 진행과정에서 돋보이는 점과 보완되었으면 하는 점을 나누어 논평하고자 한다. 상담과정을 회기별로 요약해 보면 다음과 같다.

- 1회기: 내담자만 상담. 피해학생과 피해학생 어머니에 대한 내담자의 지각과 가해 행동의 확인, 상담자의 적절한 공감을 통해서 가해학생이 잘못된 지각과 행동에 대해서 현실적이고 적응적인 생각을 할 수 있도록 도와줌.

- 2회기: 내담자와 내담자 모 상담. 시험 보는 것이 싫어서 충동적 가출 행동을 하였고, 가출 행동을 하게 된 원인 탐색, 상황극을 통해서 피해 학생 입장이 되어 보는 연습을 시킴. 모와의 상담에서는 가족 속에서 내담자의 위치와 상황의 확인이 이루어짐. ADHD 진단(초등 5학년 때 진단 받은 적이 있음)과 관련해서 병원에 가도록 권유함.
- 3회기: 내담자의 친구들(가해학생을 거들어 가해를 한 학생)의 집단상담. 따돌림 가해 행동이 어떤 연유로 시작되었는지와 친구들이 어떻게 개입되어 있는지에 대한 확인 및 가해 행동에 대한 책임 언급과 상황극을 통한 피해학생의 입장이 되어 보도록 함.
- 4회기: 내담자와 내담자 부의 상담. 징계위원회의 처벌과 관련해서 부적절하고 부적응적인 반응에 대해서 현실적으로 그것이 무엇을 의미하는지에 대해서 지각할 수 있도록 도와줌. 아버지와의 상담을 통해서 자신이 내담자에 대해 편파적인 판단, 몰이해와 거부를 하였다고 인정하고, 차후 딸아이와의 관계를 개선해 보겠다는 확인을 받음.
- 5회기: 내담자와의 상담과 내담자 반의 전체 교육. 징계위원회가 열리며, 처벌을 받을 수 있다는 것을 안다고는 하지만 자신이 한 가해 행동을 인정하고 그것에 대한 적절한 문제해결을 할 수 있도록 도와줌. 상담자가 계속 상담을 할 수 있다는 말을 함. 학급 전체를 대상으로 친구 사귀는 것이 얼마나 힘들며, 왕따의 경험이 얼마나 아픈지에 대해서 교육시킴.
- 6회기: 내담자와 상담. 가해 행동에 대한 처벌에 대한 느낌과 진심의 사과에 대해서 다룸.

1) 상담진행과정에서 돋보이는 점

첫째, 상담자의 적극적이고 현실적인 개입과 관련해서이다. 상담자는 내담자에게 1회기 때부터 내담자에게 어떤 것이 적응적인 행동이며, 어떤 것이 부적응적인 행동인지와 책임과 마음가짐에 대해서 정확하게 짚어 주며, 그것도 야단이나 핀잔의 태도가 아닌 공감적인 태도로 제시함으로써 내담자 입장에서는 자신의 행동을 뒤돌아보는 계기가 되었으리라는 생각이 든다. 상담자는 내담자의 현안 문제를 적응적으로 해결하기 위한 모든 방법을 동원했다는 느낌이 든다. 예를 들어 징계위원회를 통한 처벌이 어떤 것이며 어떤 의미인지 생각할 수 있는 기회를 준다든지 부모 상담이나 내담자 주변 친구들에 대한 집단상담과 전체 학급을 대상으로 한 심리교육 등을 실시하는 등의 적극적인 개입이 돋보였다.

둘째, 내담자의 구체적인 지각을 유도하고 상담 동기를 높일 수 있는 방향으로 상담을 진행했다는 점이다. 상담목표를 세울 때 합의하에 구체적이었으므로 내담자가 자신의 행동 방향을 정하고 어떻게 변화하고 있는지를 자각하기 쉬었으리라고 생각된다. 특히 품행의 어려움이 있는 내담자의 통찰이나 자각이 어렵다는 점을 고려할 때, 자각이 일어날 수 있도록 하며, 상담의 동기를 높여 주었다는 점은 높이 살 만하다.

셋째, 역할극, 자기주장 훈련이나 심리 교육 지도 등의 상담자의 리더십을 발휘하고 있는 방식들이 효과적이었으리라고 사료된다. 따돌림의 가해학생이면서 동시에 이전에 피해자였던 내담자에게 역할극을 통해서 상대방의 입장에서 생각해 볼 수 있는 기회를 제공하고, 또한 자신의 욕구를 적절하게 표현하고 대응할 수 있는 방식에 대한 연습도 할 수 있도록 하였다는 점은 이 상담의 효과성을 높이는 부분임에는 틀림이 없다.

2) 상담개입에서 아쉬운 점

상담개입에서 아쉬운 부분은 구체적인 상담계획과 구조화가 명료하지 않다는 점이다. 본 사례는 피해학생의 어머니가 자녀의 따돌림 문제를 해결해 달라고 요청함으로써 시작되었다. 가해학생의 상담이 이루어지는 부분에서 상담에 대한 구조화가 명료하게 되어 있지 않다. 가해학생이 과연 상담에 대해서 어떻게 생각하고 있는지, 비자발적이었던 내담자의 자발성이 어떻게 증가하게 되었는지를 상담과정 속에서 발견하기 어려워 보인다. 예를 들어 5회기에 뜬금없이 상담자가 상담을 하면 고칠 수 있고, 내담자가 진심으로 사과할 수 있도록 상담이 이루어질 것이라는 설명이 있어서, 구조화가 어떻게 이루어졌는지가 드러나 있지 않다. 또한 구체적인 목표를 중심으로 상담이 이루어졌다고 가정한다면, 상담계획에 대한 내용이 상담과정 속에 좀 더 선명하게 드러나야 했을 것이다. 전반적으로 사례를 보면, 내담자 문제 이해와 그것을 근거로 한 구체적인 상담목표가 세워져 있는데, 실제 과정에는 내담자 문제 이해와 상담목표는 중 · 장기적인 상담일 것이라는 예측을 할 수 있다. 하지만 상담과정에서 보면 그런 것들이 잘 드러나 있지 않고(물론 6회기이고 진행사례라는 점을 고려한다 해도 …) 있으므로 사례개념화 부분과 상담과정이 무언가 분리된 느낌을 받아서 아쉬웠다.

3. 상담결과

본 사례는 따돌림 가해학생을 대상으로 6회기 동안 진행된 개인상담이며, 이 상담이 앞으로 몇 회기가 더 지속될지 드러나 있지 않는 상황에서 상담결과의 달성도와 미해결 문제를 상담목표의 기준으로 다루고자 한다.

1) 상담목표 달성도

첫째, 내담자의 목표는 5가지였는데, 잘못한 것에 대해 인정하고 진심으로 사과하는 것이나 남을 배려하고 타인의 입장을 이해하는 법을 배우는 2가지

목표는 달성되었음을 알 수 있다. 상담과정 중에 내담자의 변화 부분이 급격하며 구체적이지 않아서 한계가 있기는 하지만 상담목표의 달성 정도는 높아서 상담의 효과는 6회기 진행사례를 고려할 때 높다고 할 수 있다.

둘째, 부모의 목표가 3가지였는데, 부모의 상담이 1회기씩 이루어진 상태이며, 목표를 세우는 정도까지만 상담이 진행되었으므로, 부모 목표의 달성도를 가늠하기는 어렵다. 단지 내담자와의 상담과정 중에 어머니를 지지자원으로 생각하는 모습이나 아버지에 대한 약간의 이해 반응을 하는 것으로 보아 부모가 가정에서 노력을 하고 있는 듯하다.

2) 미해결 문제

상담진행과정의 아쉬운 점에서 밝혔듯이 내담자가 본 상담에 대해서 어떤 생각을 가지고 있으며, 자발성이 증가한 이유가 어떤 것이었는지에 대해서 명료화하고 구체화하는 것이 필요하다고 생각된다.

4. 총평

본 사례는 진행사례로 피해학생 어머니가 피해 사실을 학교에 알림으로써 상담이 진행된 경우이다. 징계 위원회가 열렸고, 징계위원회가 열리고 처리 되는 동안에 상담자는 적극적으로 상담개입을 하였다. 내담자가 피해학생에게 진심으로 미안하게 생각하는 점과 징계를 덤덤히 수용하는 부분에서 내담자의 변화를 느낄 수 있는 것만으로도 성공적인 사례라고 평할 수 있다. 내담자는 짧다면 짧은 상담과정 속에서 많은 변화를 경험한 것으로 보이며, 특히 부모와 자신을 뒤돌아볼 수 있는 계기가 되었다는 점은 이 상담의 효과를 증명하고 있는 듯하다. 하지만 명시적인 상담계획이 있지 않고, 심리검사결과 및 사례개념화와 구조화가 유기적으로 어떻게 상담과정 중에 연결되어 있는지, 내담자의 변화 과정이 구체적이거나 명료화되어 있지 않는 점이 아쉬움으로 남는다.

사례 4

내 마음을 둘 곳을 잃어(중1, 남)

상담자: 유윤자

1. 내담자에 대한 기본정보

중학교 1학년, 남학생, 15세.

2. 가족관계

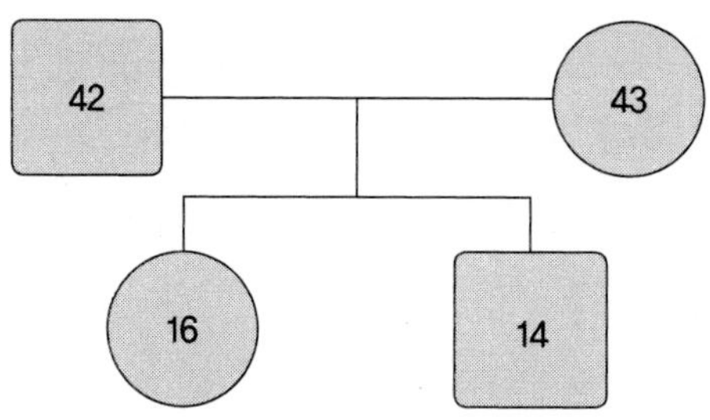

• 어머니(43): 고졸. 현재 남편과 함께 중국음식집을 운영하고 있는데, 종업원을 두지 않고 있기 때문에 매우 바쁘다. 활기가 없어 보이고 무표정하며 방어적인 경향을 보인다. 상담 초기에 자녀의 문제에 대해 인정

하기를 거부했으며, 자녀들에게 집안의 불편함이나 어려움에 대해 말하지 않도록 시켰다. 자녀의 문제를 알고 있으나 어떻게 해야 할지 모른다. 남편의 충동적인 행동과 폭력사용이 자녀가 겪는 어려움의 원인이라는 것을 시인하면서 최근에 상담자에게 도움을 요청한 바 있다. 말투가 다소 분명하지 않으며 말을 반복하는 경향이 있고 주로 자신의 시각(담임이나 교과선생님의 조언에 대해 오해를 자주 함)에서 말을 한다. 남편이 자녀에 대해 잘 모르며 무조건 자녀 편을 드는 것에 대해 안타까워하지만 남편을 이해시키는 방법에 대해서 잘 모르고 설득하지 못한다. 현재 남편과의 관계가 다소 회복되었지만 가게를 시작하면서 엄청난 노동에 이혼까지 하겠다는 생각을 하기도 했다.

- 아버지(42): 고졸. 중국음식집 운영 중이다. 기분 변동이 상당히 심한 편이고, 가게 일이 끝난 후 12시 넘어서도 술을 자주 마시는 편이다. 외도를 한 적이 있고, 부인에게 폭력을 쓰기도 했으며 자녀들의 잘못에 대해 매로 해결하는 경우가 많다. 자녀들의 학업이나 생활에 문제가 있지만 별로 걱정을 하지는 않는 편이다. 자녀들에 대한 기대가 비현실적이고 학교에 대한 기대 역시 지나치다. 내담자가 집에서는 전혀 문제가 없으며 말을 잘하고 잘 지낸다고 말한다. 내담자를 때린 적도 없으며 아버지로서 열심히 살고 있는 면을 강조한다. 담임이 제대로 역할을 못한다고 학교에 와서 거칠게 말을 한 적이 있다.
- 누나: 중학교 3학년. 친구들로부터 소외되어 있으며 ADHD의 증상이 의심된다. 제대로 소통을 하지 못하지만 그래도 누나를 통해 내담자의 학교생활을 알게 되었다.

3. 상담의뢰 경위와 과정

여자 급우들에게 성과 관련된 얘기들을 하거나 행동을 하여 곤란한 상황을 만들고 어울리지 못하여 담임이 의뢰하였다.

4. 첫인상 및 행동관찰

체격이 크고 살이 쪘으며 무표정하며 불만스러운 표정이었다. 처음 면접 시 배가 아프다며 말하기 싫어하고 아빠와 관련한 이야기를 물어보자 왜 그런 걸 말해야 되냐며 기분 나빠 했다. 더듬는 말씨이고 빨리 말을 하며 우물거리는 발음이 정확하지 않고 혼잣말 하듯이 한다. 잠을 자거나 책상에 엎드려 있을 때 일어나라는 말을 해도 듣기만 하고 일어나지 않는다. 기분이 좋을 때와 아닐 때 행동이 많이 다르다(기분이 좋을 때는 친근하게 말을 하기도 하지만 좋지 않을 때는 입을 닫아 버리거나 욕을 함). 친구관계에 대해서 물어보거나 이야기가 나오면 뜸을 들이거나 대답하기를 달가워하지 않는다. 잠을 자느라고 이동 수업에는 자주 빠진다.

5. 내담자 호소 문제

애들이 놀리고 무시한다.

6. 성장사

말을 배우거나 걷기는 정상적이었다. 누나가 글자를 배울 때, 제대로 가르쳐 주지도 않았지만 글을 배우게 되었다고 한다. 내담자가 어릴 때, 아버지는 상당히 기분 변화가 심하고, 욱하는 성질 때문에 자주 소리를 치고, 엄마를 때리는 일이 있었다. 초등학교 1학년에 들어가면서부터 배우는 것에 대해 싫어하고, 학습을 하지 않기 시작하였다고 한다. 3학년 때부터 엄마가 직장을 가졌고, 아버지의 외도가 있었다. 6학년 이후에는 현재의 가게를 운영하였기 때문에, 엄마의 보살핌이 더 부족해지게 되었다. 6학년 때, 부모가 심하게 싸우고 이혼의 상황에 직면하였다. 방학 때나 일이 있을 때는 외가(서울 다른 구)에 가서 할머니와 지내기도 했다. 초등학교 때 친구가 없어 혼자 지냈고, 살이 찐 바람에 돼지라는 놀림을 받았다. 현재도 준비물이나 기타 수업 준비물을 잘 챙겨 오지 못하고 심한 학습부진의 상태에 있으며 소외되어 있다. 부모는 내담자가 살을 뺄 수 있도록 올 4월부터 합기도장에 보내고 있으나 합기도장에서도 거의 움직이지 않는다고 한다. 학습 관련 학원도 계속 보내고 있지만 거의 잠을 자는 등 학교에서와 같은 모습을 보인다고 한다.

7. 상담자가 본 문제

부가 기분변동이 심하고 욱하는 성격으로 부모의 관계가 불안정하였고, 모 역시 내담자를 제대로 돌보지 못하였다. 강압적이고 폭력적인 부모 슬하에서, 내담자는 두려움 속에서 아동기를 보냈을 것이다. 부모 간의 극단적인 상호작용(큰소리나 싸움으로 소통하고 기분대로 자녀들을 알아줌)으로 인해 내담자 역시 자신의 의사를 제대로 표현하지 못하고 화내는 것으로 소통을 하고 있다. 자신의 기분대로 자녀를 대하는 부모의 양식으로 인해 내담자에게 대상에 대한 통합이 제대로 이루어지지 못하고 주로 나쁜 대상이 자리 잡았을 것이다. 초등학교에 입학하면서 만난 선생님이나 친구들 역시 좋은 대상이기보다는 두렵고 자기를 힘들게 하는 대상으로 지각함으로써 더 예민하게 반응하게 되고 부적응 상태가 시작되었을 것이다. 특히 아버지는 두려움과 혼란스러움의 대상으로 지각되어 있으며, 남학생들과의 관계가 더 어려운 것 같다. 장난을 치는 것을 놀리는 것으로 지각하고 화내는 행동으로 인하여 점점 소외되는 상황이 더 많아졌다. 상대적으로 좋은 대상인 여학생들에게 접근을 시도해 보지만 역시 부적절하여 이상하게 취급받고 있다.

또한 아버지의 불일치한 언행(자녀와 부인을 폭행하고도 전혀 그런 일이 없다는 인식)과 문제부정, 어머니의 요구('가족의 이야기를 하면 안 된다.')는 내담자에게 대인관계를 피하는 하나의 요인이 되었을 것이고 자신의 어려움을 부정하는 결과를 초래했을 것이다.

어머니에게 제대로 보살핌을 받지 못했던 내담자는 건강한 자기가 형성되지 못했고 이러한 상태에서 초등학교에서 친구 사귀기에 실패하였고 학습부진을 겪게 되었다. 결과적으로 형편없고 아무것도 못하는 자기상을 더 심화시켰을 것이다. 따라서 자신을 둘러싼 주변에 대해서 끊임없이 눈치를 살피며 부정적 단서(담임의 조언이나 지시를 오해하고, 잠자는 자신을 깨워 주는 친구들이 자신을 무시한다고 생각함)에만 더 많이 반응하고 있다. 그래도 좋은 대상이었던 모가 지금은 부와 같은 대상(모가 자신의 잘못된 행동을 부에게 말함으로써 내담자가 부에게 혼나는 일이 많아짐)으로 지각되어 분노하기도 한다.

학습에 대한 습관과 태도를 배워야 했을 시기에 불안하고 강압적이었던 부모는 내담자를 제대로 잡아 주지 못했고, 학습부진이 점점 더 심해졌고, 공부하는 것은 내담자에게 엄청나게 힘든 일이 되었다. 또한 사춘기에 들어선 내담자는 친구들을 사귀고 싶으나 전혀 기술이 없고, 또한 무시한다는 느낌 때문에 어떻게 해야 할지 모르고 화를 내고 있다. 자기와 주변에 대한 분노와 좌절감은 내담자로 하여금 아무것도 하지 않게 만든다. 움직이지 않고 행동하지 않는 내담자의 몸은 점점 비대해져 가고, 놀림감이 되고 있다. 수업시간이나 쉬는 시간에 내내 잠을 자며 이동수업에 많이 빠지고 있다.

8. 심리검사

1) 다중지능검사(2010. 3. 6. 집단검사)

영역	어휘 적용력	이해력	도형지각력	수리력	공간 지각력	공간 추리력	규준별 지능지수
T점수	43	40	34	39	36	46	77

2) 그림검사(2010. 9. 1)

(1) 태도

"잘 못 그리는데."라는 말을 하면서도 편안하게 그린다. 사람을 그릴 때 특히 얼굴에 정성을 들인다.

(2) 선의 질, 크기

선을 덧칠하고, 크기는 보통이다.

(3) 위치

나무 그림만 위쪽에 치우쳐 있으며, 다른 그림들은 중앙에 위치한다.

(4) 그림들의 특징

- 집: 제대로 완성되지 않았고(집 이외에 주변의 집들을 붙여 그림), 대충 스케치하듯 그렸다
- 나무: 나뭇가지가 두 개 있다. 옹이가 있고 나뭇잎 하나가 바닥에 떨어져 있다.
- 사람: 남녀 모두 이빨이 드러나 있다(특히 남자는 이빨 옆에 반짝이는 표시를 함). 어깨가 거의 없는 것처럼(목에서 팔이 나온 듯함) 생겼으나 손가락은 다섯 개 모두 그렸다. 남자는 술병을 들고 있으며 위아래 구분 없이 옷을 대충 입은 모습이다.

(5) 내용

- 집: 7년이 되었고, 기와와 콘크리트로 지어져 있다. 주변은 콘크리트 바닥이고 옆집과 아랫집이 있다. 도시에 있다. 살고 있는 사람들은 표정이 보통인데 좋다가 안 좋다가 표정이 뒤죽박죽이다. 나중에 이사 갈 것 같다. 우리 집 같은 느낌이 든다.
- 나무: 6년이 되었고, 다른 나무와 떨어져 있고 나뭇잎이 떨어진 것을 보니 죽을 거 같은데 안되었다. 소나무 종류인데 딱따구리 때문에 옹이가 생겼다. 주변에는 벌레들, 곤충들이 있는데 공생관계이다. 시골집에 있는 나무 같고 거기 있으면 편해 보일 듯하다.
- 사람
  - 남자: 50살. 술 마시고 취한 상태이다(월급을 받아 기분이 좋아서). 착한 성격이고. 가족으로는 딸, 부인을 포함하여 셋이다. 장래의 꿈은 잘사는 것(돈 잘 벌어서 애들한테 부자 되기), 나쁜 점은 너무 술을 마신다는 것이다. 주정뱅이다. 친구관계는 좋다. 친구가 많이 있다. 좋은 점은 화를 잘 안 낸다. 분위기는 뒤죽박죽, 알 수 없다. 이 사람이 제일 좋아하는 것은 술과 애들이다(아빠와 비슷).

3) 심리검사결과

학습에 어려움이 있을 것 같다. 심리적으로 미성숙한 상태이고 타인과의 교류에 예민하고, 상호작용에서 좌절된 경험이 있을 수 있고 위축되고 회피 가능성이 있다. 가족간의 불안과 분노 및 갈등(혼란스러움)이 내재해 있을 수 있다.

9. 상담목표 및 전략

1) 내담자와 신뢰관계를 맺는다

- 내담자의 고통과 입장을 충분히 알아준다.
- 내담자의 자원(그림에 관심)을 찾아 적극적으로 지지한다.
- 내담자의 학교생활에서 어려운 점을 해결하도록 도와준다.
- 내담자가 원하면 언제든 상담실을 개방한다.
- 내담자에게 필요한 요구들을 가급적 수용한다.

2) 수업참여를 높일 수 있는 방법을 찾아본다

- 부모에게 내담자의 상태를 알리고 양육태도에 대한 정보를 제공한다.
- 부모와 협력적인 관계를 맺는다.
- 부모의 자원을 찾아 적극 지지하여 부모로 하여금 내담자를 돕게 한다.
- 교사(담임 및 교과교사)에게 내담자의 상태를 알리고 담임으로 하여금 내담자를 이해할 수 있도록 돕는다.

3) 관계 경험을 할 수 있도록 도와준다

- 또래 도우미들을 통해 내담자를 도울 수 있도록 지도한다.
- 구체적인 상황에서 예를 들어 대안을 찾아본다.
- 관계체험과 관련된 동화나 소설 등을 읽어 보고 역할극을 해 본다.

4) 학습부진과 관련하여 현실적인 도움을 줄 수 있는 방법들을 찾아본다

- 부모에게 학습 관련 정보를 제공한다.
- 또래 도우미들을 활용하여 학습에 도움을 줄 수 있도록 한다.

접수면접(2101. 5. 6) - 5분

(담임의 의뢰가 어떤 이유인지 아니?) 말을 안 들어서 …. (어떤 말?) 지금 배가 아파서요.

(상담하는 거 어떻게 생각하니?) 모르겠는데요. (담임이 해 봤으면 하니까 니가 맘에 안 들면 1~2회기 한 다음 안 해도 돼.) [고개 끄덕임.] (수업 빠지면 안 되는 시간은?) 모르겠는데요.

[무표정함, 다소 불만스러운 표정]

[엄마, 아빠 뵌 적이 있고 엄마, 아빠가 상담에 대해 잘 아실 거라고 말해 줌.]

1회기(2010. 5. 11)

(먹는 거 중에 좋아하는 거?) 빵. (어떤 종류?) 어. 팥빵 같은 거. (어? 나도 좋아하는데. 애들은 안 좋아하던데. 너는 다르구나.) 예. (또 다른 것들은?) …. (피자 같은 것은?) 예. 좋아해요. (치킨?) 예. 햄버거 같은 것도. 육류 좋아해

요. (어. 고기 같은 거. 그럼 탕수육 같은 것도 ….) 예.

[초콜릿과 물을 줌.] (중학교에 오니까 뭐가 달라?) 힘들어요. (어떤 것이?) 적응하기가 힘들어요. (어. 좋은 면은?) 없는 거 같아요. (어. 적응하기 힘들다는 것은?) …. (공부량도 많고 일찍 와야 돼서 가끔 지각할 수도 있고 ….) 지각은 안 해요 …. (어~. 그래. 몇 시에 일어나는데?) 7시 59분 …. (어. 그럼 되게 빨리 준비하는 거구나.) 네. (어떻게 30분 안에 다 해?) 밥을 빨리 먹는가 보죠. (밥도 먹어? 그 시간에. 되게 빠르다.) 어제는 그러다 배가 아파서 …. (응? 어떻게?) 학교에 와서 토하고. 집에서도 토하고 …. (어떻게 했어?) 약을 먹었어요. 지금 집에 약이 있는데 …. (지금은 괜찮아?) 예 …. (그럼 체한 건가?) 예 …. (그럼 예전에도 배가 아픈 적 있냐?) 초등학교 때 아프기도 했어요 …. (학교에 가지 않았어?) 아니고 …. (아. 그럼 너를 처음 봤을 때 배가 아프다고 했는데 어떻게 됐어?) 그냥 나았어요 …. (다행이다.)

(좋아하는 운동 있어?) 없는데. 지금 합기도 해요 …. (아. 그래. 언제부터?) 4월부터 …. (그럼 한 달 정도 되었네. 어떻게 해서 갔어?) 엄마가 가라고 해서 …. (아. 언제?) 9시 30분부터 10시 30분까지 …. (왜 그렇게 늦게 가?) 방과후 하느라고 …. (음. 그렇지. 8시 몇 분?) 8시 15분에 끝나요 …. (그렇지.) 방과후를 매일 가야 하니까 …. (방과후를 다 해?) 예 …. (힘들겠다. 합기도는?) 그것도 매일 …. (어. 아는 애는 있냐?) 있어요. 조aa …. (아. 알아.) 어떻게 알아요? (음. 저번에 인터넷 과다사용에서 상담하기로 했거든.) 아 …. (친해?) 잘 알지는 못해요 …. (어.) 걔는 2단 품띠예요 …. (아. 합기도는 어떻게 되냐?) 흰띠, 노란띠, 갈색띠, 파란띠 그다음에 빨간띠인가 잘 모르겠어요. aa한테 물어보세요. (태권도하고 비슷하네. 너 검도를 아니?) 합쳐 놓은 것인데. 합기도가 태권도하고 검도를 합쳐 놓은 건데 …. (아. 그래. 너는 어디까지 하려고?) 엄마가 하라고 할 때까지 …. (어. 엄마 말을 잘 듣네. 너 착하다. 어떤 애들은 아니던데) aa는 6월까지 하고 안 다닌다고 하더라고요. (음. 그래.) [상담 중에 가요 플레이 되고 있었음.] 저 2PM 좋아했는데.

재범이 나가서 지금은 그래요. 저는 쿨한 노래 좋아해요. (아 빠르구나.) 예, 그래서 좋아요.

[좋아하는 노래 듣기: 아웃사이더 – 주변인, 씨엔블루 – '외톨이야' 노래를 10분 정도 흥얼거림.]

(오늘 이렇게 와서 있어 보니 어떠냐. 다음에도 이렇게 상담할 텐데 올래?) 예 …. (대개 일주일에 한 번 해. 우선 니가 여기 와서 나하고 친해지다 보면 니가 하고 싶은 애기도 있을 거고. 힘들면 미리 와서 상담을 신청해.) 예.

2회기(2010. 5. 20) - 2교시에 상담이었으나 자느라고 못 옴. 6교시에 다시 상담함.

[상담 신청 카드 작성을 거부함.]

간이 모래놀이상자를 활용하여 내담자가 좋아하는 캐릭터 고르고 진열하기—쥐, 전사놀이, 해변가, 심슨가족, 혼자 축구.

3회기(2010. 5. 28)

상담실 벽에 있는 캐릭터(개구리가 새에 잡혀 먹히고 있지만 개구리가 오히려 새의 목을 조이는 그림으로 아무리 위기에 있어도 극복할 수 있는 방법이 있다는 의미의 만화 한 컷)에 관심을 보여 제목을 붙이게 했다. 제목은 미친 거위, 광우병거위, 오리, 바보개구리, 먹는 것도 모르는 개구리, 발버둥 못치고 잡혀먹는 개구리 등이었다.

간이 모래놀이 상자 진열하기—일본식 주거용품에 관심을 보였다. 집을 꾸미고 '뒤죽박죽 여름집'이라는 이름을 붙였다.

클럽활동—경제반. 어쩌다 보니 경제반에 가게 되었다고 했다.

4회기(2010. 6. 4)

감정카드를 활용하여 감정을 설명하고 맞추기를 했다. 감정단어를 설명할 때 말을 더듬고 설명이 단답형이었다.

미안함－누나에게 12시까지 기다리게 함.
질투하는－여자가 남자를 좋아할 때.
부러운 것－없음.
(일주일 동안 주로 느꼈던 것은?) 없음.
(엄마에게 상담한다는 말을 했는가?) 바빠서 못함.
(상담하는 것을 처음에는 힘들어했는데 오늘은?) 보통임.

5회기(2010. 6. 16)

상1: 니가 불편한 거 같아서 지금까지 너하고 친해 보려고 게임도 하고 그랬단 말이야. (예.) 어느 정도 오는 게 이상하지 않으면 지금부터는 니가 불편했던 거나 해결하고 싶었던 것들을 나하고 얘기해서 어떻게 했으면 좋겠는지. 궁금증을 찾는 거야.

내1: [뭐라 하는지 잘 안 들림. 한숨 쉼.] 게임기 ….

상2: 뭐라고? 아 한 달이 너무 심하다고. 어떤 상황에서 뺏긴 거야?

내2: 밤에. 잘 때.

상3: 잘 때 왜 뺏겨?

내3: 몰라요.

상4: 끼고 자다가?

내4: 충전하다가 아빠한테 뺏겼어요.

상5: 아. 충전하다가 뺏겼다. 안 잔다고?

내5: 아니요. 자는데. 한 달 동안 뺏긴대요.

상6: 음. 무슨 일인지 모르겠지만 한 달은. 그전에도 이런 일이 있었어?

내6: 아니요. 그래도 일주일이었는데 왜 한 달인지 모르겠어요.

상7: 전에 뺏겼을 때는 일주일이었는데. 그때는 왜?

내7: 그때는 있었어요. 일이.

상8: 음. 어떤 일이? 보통 엄마, 아빠들이 그거를 뺏는 것은 공부 안 한다고 뺏는데 너는?

내8: 모르겠어요.

상9: 왜 뺏겼는지 몰라?

내9: 잠을 안 자서 뺏긴 건가?

상10: 아. 니가 자야 되는 시간이 몇 신데?

내10: 10신가 12신가?

상11: 10시와 12시는 차이가 많이 나는데. 아빠와 약속이 몇 신데?

내11: 10시.

상12: 10시? 10시 넘으면 뺏기는 거야?

내12: 그게 아니라 저가 늦게 오거든요. 10신가, 아니 11시까지.

상13: 그럼 늦게 와서 뺏긴 거야?

내13: 어떻게 해서 뺏긴지 모르겠어요. 갑자기 내놓으라고 해서. 아무 일 없었는데 갑자기 내놓으라고 해서. 오늘. 아 어제. 아무 일 없이 뺏은 거 같아서.

상14: 야단맞은 것은?

내14: 있어요. (뭘로?) 학교에서 있었던 일로 맞았는데. 갑자기 닌텐도를 빼앗은 거예요. 그런 걸로.

상15: 그래 상관있지. 그러니까 담임선생님하고 아까 잠깐 얘기했거든.

(예.) 니가 상담 안 받는다고 해서 뭔 일인가 얘기했는데. 어제 담임 선생님이 전화했다며. 맨날 잤다며 학교에서. 그러니까 담임선생님이 답답해서 전화를 했던 모양이야. 그것 때문에 삐긴 거 아니야?

내15: 그런 거 같애요. 왜 한 달인지 모르겠어요. 시험을 어떻게 그렇게 하는 게 쉬워요? 50점 맞는 게.

상16: 30점 맞는 게.

내16: 아니요. 50점 맞는 거. 어떻게 시험을 그렇게 …. (응.) 어떻게 시험을 잘 봐요?

상17: 아는 게 있어야지.

내17: 예. 아는 게 없잖아요.

상18: 큰일났네.

내18: 누가 말해 줄 사람 없나? 엄마한테.

상19: 내가 말해 줄 수 있지.

내19: 너무해요. 엄마가 나한테 말해요. 큰소리 내고.

상20: 응. 뭐라고?

내20: 짜증내요.

상21: 어떤 짜증?

내21: 막 큰소리 내요. 큰소리를.

상22: 큰소리로 막 뭐라 하셔?

내22: 전화로.

상23: 언제?

내23: 매일 그래요.

상24: 집으로 전화해 가지고?

내24: 아빠한테 전화할 때는 큰소리로 전화를 해 가지고 막 화내요. 조그만 소리를 내면 안 될까 봐 큰소리 내요.

상25: 막 뭐라고 하는 게 많다는 거지. 어떤 내용인데.

내25: 막 뭐라 하고. 뭐해라 뭐해라 막 큰소리 내며 …. 말 안 들을 때 큰 소리 내고 쪼끔만 쪼끔만 해도. 아빠도 그래요.

상26: 아빠도 그렇고. 엄청 스트레스 받겠네.

내26: 예. 엄마한테 젤요.

상27: 엄마한테? 아빠가 사실 더 무섭지 않냐?

내27: 엄마는 큰소리 내서 무서워요. 아빠는 별로 화를 안내요.

상28: 아빠는 별로 상관 안 해?

내28: 상관을 안 해요. 화를 안내요. 아빠는 가게 일 때문에 바빠서 …. (어.) 사장님이에요.

상29: 나, 니네 집에 가 봤어.

내29: 아. 진짜 닌텐도 게임기는 안 돼.

상30: 게임기 때문에?

내30: [한숨 쉼.] 시험 어떻게 잘 보냐고요?

상31: 참 답답하겠네.

내31: [한숨 쉼.] *준이한테 준대. *준이가 좋아할 거 같애?

상32: 누구한테 줘?

내32: *준이한테 준대요. 사촌동생 있어요.

상33: *준이 거를 준다고?

내33: 걔가 무슨 닌텐도 게임을 한다고. 막 준대요.

상33: 니 걸 준다고?

내33: 걔가 한 여섯 살밖에 안 되었는데. 그리고 어떻게 시험을 잘 보냐고요. (음.) 그것도 기말고산데 …. (음.) 중간고사는 별로 많지도 않고, 기말고사는 많은데 어떻게 하냐고요. *준이한테 준다는 게 황당했어요.

상34: 그렇지는 않을 거야. 엄마가 겁주려고 그러는 게 아니냐?

내34: 아빠도 그랬어요. 게임기 부져뜨린다고 …. (응?) 부져뜨린다고.

상35: 부져뜨린다니?

내36: 부러뜨린다고. 부신다고. 더 심한 말 했어요. 부신다고.

상37: 음. 너한테 게임기는 굉장히 소중한 건데 그걸 뺏기니까 …. (어.) 어떻게 해야 될지 모르는구나. (어 ….) 그래서 상담오는 것도 싫었니? 짜증나서? (예.) 방법은 있어.

내37: 시험 어떻게 해요. 어떻게. 어떻게 잘 봐요?

상38: 잘 못 보지.

내38: 기말 고산데. 높은데. 체육까지 있는데 …. 어떻게 해요. 그걸 갑자기 올릴 수도 없고.

상39: 응. 게임기는 받고 싶고.

내39: 갑자기 올릴 수 없고 시험을.

상40: 내가 생각할 때는 갑자기 안 올려도 엄마한테 게임기 받을 수 있는 방법이 있을 거 같은데.

내40: 어떻게요?

상41: 일단은 그 뭐라 할까. 너도 학교에서 달라지는 모습을 보이면 엄마가 주지 않을까. 성적은 둘째 치고?

내41: …. 그래도 안 줄 거 같애요. 시험 잘 봐야 된대요. 시험 잘 봐야 된대요. 그 말밖에 안 했어요. 다른 건 없어요.

상42: 아니야. 그거는 다 포함된 얘기 같애. 닌텐도를 주로 어디서 해? 학교에서는 안 하잖아.

내42: 안 해요. 학교에서는. 집에서만 해요.

상43: 집에서 얼마나 하는데.

내46: 몰라요. 별로, 방과후 방과후 하니까. 방과후 가서 별로 안 해요. 방과후를 마치고 하는 건데. 밤에 주로 해요. 밤에. 밤에 씻고 나왔을 때.

상47: 음. 방과후 끝나고 합기도 끝나고 …. (쪼끔.) 쪼끔 하다가 잔다는 거지. 밤늦게까지는 아니고.

내47: 예. 밤늦게까지 할 때도 있어요. 1시까지. 그래서 화가 났나?

상48: 그럼 일단 밤늦게까지 안 하는 걸로.

내48: 안 해요. 근데 시험을 잘 봐야 된다고. 시험을 어떻게 잘 봐요. 갑자기 어려울 텐데 …. [한숨 쉼.] 말해 봤자 어려울 텐데. 어떡하지 ….

상49: 엄마하고 통화해서 그런 얘기 할 수 있을 거 같거든. 사실 니가 뭘 알아야지. 아무것도 모르는 상태잖아. (예.) 어떻게 그렇게 맞냐? 방과후 다녀도 아는 게 되냐?

내49: 안 돼요. 사람들이 많아서. 맞춤식은 사람이 별로 없어서 괜찮아요.

상50: 응?

내50: 맞춤식은 사람이 별로 없어서. 방과후는 사람이 너무 많아요.

상51: 맞춤식 어디에서?

내51: 학교에서.

상52: 학교에서 맞춤식이 있냐?

내52: 있었는데.

상53: 언제? 초등학교 때?

내53: 아니요. 지금.

상54: 끝나고 난 다음에 가는 거 …. (예.) 도움이 됐어?

내54: 맞춤식은. 뭐지? 방과후는 사람이 너무 많잖아요. 그래 가지고.

상55: 도움이 안 되는구나.

내55: 7월까지 다니래요. 도움이 안 돼도. 돈이 그때까지니까. 방학할 때까지만 다니래요.

상56: 그러고 난 다음에는?

내56: 맞춤식으로 하래요. 맞춤식도 끝나는데.

상57: 끝나지. 지금 몇 명 하는 걸 말하는 거지. 그런 방법을 찾아야겠네. 너한테 하나하나 배워질 수 있는 것을 …. (예.) 기말고사 끝나고 너한테 맞는 것을 찾아봐야겠고. 지금은 니가 당장 짜증이 나는 거.

내57: 닌텐도.

상58: 엄마한테 나 안 하겠다고 말해. 확실하게.

내58: 그런 말해도 큰소리 날 텐데. 아빠도 반대할 것이고. 그게 제일 짜증이 나요. 아빠까지 반대하고.

상59: 어쩌냐. 아빠한테 매 맞거나 그런 적 없었어?

내59: 있어요. 제일 싫어요. 때리는 것 제일 싫어요.

상59: 최근에는?

내59: 없어요. 오늘 밤에. 아니 어제 밤에 아빠한테 잔소리 들었죠 …. 엄마는 뭐 안 될 때, 매일 아빠 불러서 집에 오게 만들고, 집에 와서 큰소리로. 와서 때리고 … 문에 막 치고 막 때리고 …. (응?) 아빠가 때려서 문이 뜯겨졌어요. 망가진 것도 좀 있고.

상60: 아빠가 발로 차서?

내60: 아빠가 물건 던지고 그래서. 죽도로. 죽도 있어요.

상61: 죽도로 문짝을 때렸다고?

내61: 죽도로 때리다가 문으로 던지고. 나뭇가지로 그러고. 퉁겨서 나가고.

상62: 나뭇가지로. 엄마는 뭣 때문에 아빠한테 일러? (휴.) 그럴 때 어떤 느낌이 들어?

내62: 몰라요. 어이없는 이유로. 이유 될 만한 이유가 없어요.

상63: 예를 들어 안 씻었다, 물건 어질러 놨다 이런 거?

내63: 누나하고 싸웠다.

상64: 누나하고 싸웠다?

내64: 엄마 말 안 들었다 하면 불러요. 자주 그래요. [한숨 쉼.] 아. (힘들겠다. 누나하고 무슨 일로?)

상65: 어제 확실히 뺏긴 것은 니가 학교에서 움직이지 않으니까, 잠만 잔다고 하는 걸 얘기했기 때문에 엄마가 열받아서 그런 게 아닌가 싶어.

내65: 예.

상66: 그러면 니가 일차적으로 잠을 안 자고 있는 게 필요하잖아. (예.) ○○아. 왜 학교에서 자게 되냐? 몸이 지치냐?

내66: …. 지금부터 안 하면 되죠.

상67: 그렇지. 그래서 일주일만 시간을 갖고 엄마랑 통화를 할 테니까, 니가 학교에서 달라져 봐. 그럼 담임한테 전화를 해서 이렇게 달라지고 노력한다, 엄마가 풀어 주면 어떻겠냐? 이렇게 하면 풀어 줄 거 같은데.

내67: 예. [작은 소리]

상68: 일단 니가 달라지면 담임선생님한테 그 얘기 할게. 내가 하든지. 담임이 하든지 할게. (예.) 어쨌든 니가 받을 수 있도록. 제일 현실적인 방법 아니냐? 지금 성적은 너무 부담스러우니까.

내68: 갑자기 올리는 거 믿기지가 않아요.

상69: 힘들지. 그게. 그런데 너 안 잘 수 있겠냐?

내69: 예. 그럴 수 있어요.

상70: 음. 잠 오면 어떻게 하면 좋겠어? 엎드리고 싶으면.

내70: 쉬는 시간에 자면 되죠, 좀.

상71: 그래. 쉬는 시간에. 근데 쉬는 시간에 못 깨면?

내71: 씻으면 되죠. 물로.

상72: 그래. 혹시 그래도 너 깨워 줄 수 있는 친구 없어?

내73: 안 깨워 줘요.

상74: 안 깨워 줘? 한 명을 붙여 주면 되겠네.

내74: 있어요.

상75: 누구? 친구 중에 누가 맘에 들어?

내75: 없어요, 별로.

상76: 그래도 마음에 든다면. 완벽하게 들지는 않지만. 그래도 재가 좀 깨워 줬으면 좋겠다, 그런 애는?

내76: …. 글쎄요?

상77: 니네 반에 마음이 깊은 애.

내77: 송씨라는 애?

상78: 송 누구? 송씨? 이름이?

내78: 있어요. bb.

상79: 송bb? 제일 괜찮은 거 같애?

내79: 예.

상80: 너도 노력하고 bb도 너 깨워 주는 거 도와주면 니가 잠을 안 자고 할 수 있을 거 같은데.

내80: ….

상81: 할 수 있을 거 같애?

내81: 예. 좀.

상82: 그래 일주일만 해 봐. 담임한테 말하면 담임이 엄마한테 재깍 전화를 한단 말이야. 달라진 모습을 보여 주면 될 거 아냐? 그리고 잠을 좀 일찍 자고. 근데 일찍 자게 되냐?

내82: 늦게 끝나서. 합기도. 늦게 자요.

상83: 몇 시에?

내83: 열두 신가 한 시 쯤.

상84: 합기도 매일 간다고 했던가?

내84: 매일 가요. 월화수목금.

상85: 그럼 매일 몇 시 타임이야?

내85: 아홉 시 반.

상86: 아홉 시 반 타임이면 집에 열한 시에 오겠네. 걸어서 집에 오면 그 다음에?

내86: 씻고.

상87: 씻고 그다음? 닌텐도 해?

내87: 아니요. 예. 해요. 조금 하다 자요.

상88: 그러다가 그때 혼나는구나?

내88: 그때 엄마가.

상89: 그럼 앞으로는 바로 자도록 하고 닌텐도는 그 시간에 안 하고 일찍 자야겠다. 그렇게 하면.

내89: 엄마가 닌텐도 주겠죠? 시험은 못 봐도.

상90: 그렇지. 시험은 차츰 올리고.

내90: 그렇게 올리는 거는 어렵잖아요.

상91: 그렇지. 니가 할 수 있는 거부터 해야지. 엄마도 너한테 무리하게 하는 건 아니잖아 …. 그리고 한 시쯤 자게 될 때는 아침에 일어나도 잠이 부족해서 학교에서 잘 수밖에 없겠다. 합기도 끝나고, 제시간에 열두 시 전에 자야겠네.

내91: 약속 지키고. 엄마한테 말하면. 엄마가 줄지도 모르겠네요.

상92: 그렇지 …. 제일 큰 문제는 니가 학교에서 자는 거.

내92: 선생님이 말해 줄래요? 엄마한테.

상93: 응. 담임선생님이 ○○이가 달라졌어요 하면 안 주겠냐?

내93: 주겠죠.

상94: 그래. 성적이 직접 안 올라도 받을 수 있어.

내94: …. [한숨 쉼.]

상95: 마음이 어때? 좀 시원해? 음?

내95: [뭐라 웅얼거림.]

상96: 음?

내96: 시원하게 됐어요. 마음이.

상97: 아. 그래. 그래 니가 와야지.

내97: 닌텐도를 받으면 기분이 나아질 거 같아요.

상98: 그래. 일주일 정도 기다려야 돼. 담임이 니가 정신차리고 있는 것을 봐야 얘기를 해 줄 거 아냐? (예.) 일주일 정도 더 참아야 된다는 거지. (예.) 한 달은 아니니까.

내98: 일단 말하고. 좀.

상99: 일단 집에 가서 엄마한테 엄마 열두 시까지 안 하고 끝나고 나서 바로 잘게. 먼저 얘기해 봐. 그리고 학교에서도 열심히 할게. 이렇게 얘기해 봐. 딴 얘기하지 말고. 일주일 후에 닌텐도 줘. 이렇게 해 봐.

내99: 엄마한테. 어떻게 말해야 할지 모르겠는데.

상99: 어떻게 말해야 될지 모르겠지. 겁이 나지?

내99: 누가 말해 줬으면 좋겠는데 겁이 많아서. 누나한테 말할까?

상100: 담임선생님이나 내가 오늘이 수요일이니까 다음 주 수요일까지는 엄마하고 통화를 할 테니까 너도 노력을 해 줘. 엄마 아빠한테 직접 말 못하면. 일주일 참아 봐. 분명히 그거는 약속할 수 있어.

내100: …. [한숨 쉼.]

상101: 그리고 짜증이 나고 화가 나면 음 …. ○○ 얘기를 하면 조금 시원해지고 풀어지거든. 완벽하게 안 풀어져도.

내101: ….

상102: 그럴 때는 여기 와서 얘기하면 돼. (예.). 지금 어떠어떠한 일들이 있었다, 어떻게 해야 될지 모르겠다 ….

내102: 예 …. [10초 침묵]

상103: 혹시 또 다른 말 하고 싶은 게 없어?

내103: 별로 없어요.

상104: 별로 없어? 니 친구 한 명만 얘기해 줘 봐.

내104: 없어요.

상105: 지금까지 한 명도 없었어? 초등학교 때는?

내105: 없어요.

상106: 그럼 계속 혼자였네. (예.) 재미도 없었겠네.

내106: 예 ….

상107: 음. 그래. 니네 반 송누구 하고 또 누가 맘에 들어?

내107: 없어요.

상108: 다음에 올 때 니가 말한 송 아무개하고 또 괜찮은 애가 누군지 잘 살펴봐.

내108: ….

상109: 니네 반에서 너한테 말 걸어 주는 애가 누구냐?

내109: 글쎄요. 별로 기억이 안 나요.

상110: 분명히 있긴 있었을 거야.

내110: 박dd, 박dd, 아닐 거 같은데. 근데 dd가 생각이 나요.

상111: 어떤 애 같애. 송bb처럼 괜찮은 거 같애?

내111: 아니요. 걔가 좀 나은 거 같기도 하고.

상112: 아닌 거 같애?

내112: 낫다고요.

상113: 괜찮은 애야?

내113: 예.

상114: 아. 그럼 송bb, 박dd, 또 생각나는 애는?

내114: 없어요.

상115: 걔네들이 말을 붙여 주면 니가 대꾸하거나 말할 수 있다는 거지?

내115: 예.

상116: 그 애 말고 또 어떤 애가 있는지 유심히 보고 와. 너한테 말을 걸어 주거나 관심을 혹시 보이는 애가 있는지.

내117: 하나 있긴 있는 거 같애요.

상118: 누구.

내118: 뭐더라. 걔 이름이?

상119: 이름이?

내119: 모르겠는데요. 뭐더라.

상120: 우리 친구 사귀는 거 연습한 번 해 보자. 너 한 번도 그런 연습 안 했잖아. 우리 그거 한번 연습해 보자. 박dd, 송bb 하고 누구라고.

내120: 김ee. 쪼그만한 애.

상121: 벌써 3명 얘기했네. 친구가 있어야 잠도 안 자고.

내121: 별로 없어요.

상122: 그러면 니가 쉬는 시간에 걔네들이 뭐하는가 유심히 한 번 보고. 걔네들이 그럴 때 걔네들한테 가 볼 수 있냐?

내122: 아니, 별로.

상123: 한 번도 안 해 봐서 어색하지?

내123: ….

상124: 너 학급에서 말 많이 하냐?

내124: 별로.

상125: 음, 근데 일단 니가 3명이 맘에 드는 애가 있으니까 괜찮다. 우선 유심히 어떻게 하는지 봐. 그리고 걔네들하고 친해지는 연습을 했으면 좋겠어. (예.) 남자애들은 친하기 쉽거든. 운동만 같이 해도 친해져. 많이 같이 움직이기만 해도 친해져. 여자애들하고 달라서. ○○아. 할 수 있을 거 같아?

내125: ….

상126: 잘 모르겠어? 할 수 있어. 연습하면. 한 번 해 보자. 근데 ○○아. 너 운동을 하잖아. 근데 몸이 무거워 보이지? 먹는 걸 너무 먹는 거 아냐?

내126: 아니요.

상127: 그럼 병인가?

내127: 속이 안 편해서. 기분이 별로 안 좋아서.

상128: 아. 기분이 안 좋아서 먹어?

내128: 기분이 몸이 무거운 거 같아요.

상129: 아.

내129: 마음이 그래서.

상130: 아. 친구들하고 사귀고 그러면 몸이 좀 가벼워지겠네?

내130: 예.

상131: ○○이 말이 좀 이해가 가네. 마음이 좀 무겁고 하니까. 근데 매일 운동하는 건 좋아. 운동한 거 얼마나 돼?

내131: 노란띠 되었으니까, 한 5월 달.

상132: 그래 방학 때도 쉬지 말고 다녀보고. 상담은 짜증나도 오면 좋겠다.

[6. 18. 또래 도우미 친구 3명에게 부탁함. 깨워 주고 놀리는 아이 말리는 일 도와주도록 함.]

6회기(2010. 6. 22)

[사과 주스 마심.]

나는 사과와 포도 주스를 좋아하는데 …. (어. 나는 배.) 많이 먹죠. (사과 많이 먹으면 미인이라는데 ….) 여자한테는 그래도 …. (아니. 남자도 요새 피부관리 받는데 ….) 얘기 들었어요. (어. 너 그림 잘 그린다며. 야~. 미술선생님도 감각 있다고 인정하시던데 ….) 그림 그리는 거 싫어해서. 저거는 잘 그렸는데 …. (그렇지. 너도 잘 그린대, 오늘 한 번 해 볼래?) 예. 아빠가 핸드폰을 부셔 버렸어요. 학교에서 잔다고. 이상해요. 옛날에는 안 그랬는데. 술먹고 부시고. 돈만 들이고. 누나 것도 말 듣지 않으면 부신다고 해서

…. (지난 번 닌텐도도 부셨는데 ….) 핸드폰도 부시고. 이상해졌어요 …. (엄마는?) 말리지만 안 되고. 핸드폰은 안 사 줄 것이다. 언제 사 줄려나 …. (사 줄 거야. 니가 이렇게 달라지고 있는데 ….) 그럴까요. 필요 없긴 해도 …. 그래도 있는 것이 편한데 …. (내가 볼 때는 사 줄 거 같은데. 닌텐도는 ….) 찾았어요 …. (어떻게? 받은 것은 아니고?) 숨긴 것을 찾아서 감췄어요. 안 보이게 잘 감췄어요 …. (어. 그럼 담임이 그 일 말고 좋아진 거만 말하면 되겠네.) 예. (오늘은 아주 눈이 말똥말똥거리는데 잠을 안 잔 거지?) 예. (잘했어. ff나 gg 아냐?) 별로 …. (걔네들이 너 깨워 준다고 했는데 ….) 예 …. (걔네들이 깨우면 일어나려고 노력하면 좋을 거 같아. 숙제도 물어보고. hh는 알아?) 예. 반장 …. (아무래도 니가 남자니까 여자애들하고 놀면 애들이 이상하게 생각해. 예전에 담임한테 여자애들한테 이상한 말을 해서 오해받은 적 있지?) 예. (니가 여자애들한테 말하면 애들이 소리를 지르고 도망가니까. 너는 의도하지 않았지만 오해를 받을 수가 있어.) 예. (ff나 gg가 깨우면 부지런히 일어나려고 노력하고 ….) 예. (담임이 부르면 왜 안 나가냐? 애들이 이상하게 생각하더만 ….) 대답 안 할래요. (그래. 나는 화가 나기도 날 거 같아. 담임이. 그래도 니가 안 나가면 애들이 이상하게 생각해. 그게 좀 안 좋은 거 같애. 담임이 부르면 화가 나도 나가는 것이 친구들이 너를 끼워주는 데 좋아 ….) 예 …. [내담자의 표정이 굳어짐. 빵을 같이 먹음.] (운동을 요새도 하지?) 예. (엄마가 가라고 해서 가지만 이유가 뭐라 했지?) 살 빼려고 …. (아, 현재 몇?) 80kg. 키는 164 정도 …. (어. 합기도가 태권도보다 더 좋냐?) 예. 정이 들어서 …. (아 ….) aa가 이번에 2단 땄어요. (어 ….) 그래도 걔는 계속 나와요. (그래. 끝나면 10시 반. 그때 안 먹어야지.) 씻고 자려고 …. (어. 저녁에 안 먹는 것이 좋대. 니가 방학 때 얼마나?) 2kg 빼고 …. (그래. 욕심 같아서는 10kg 빼면 최고인데 ….) 어려울 거 같아서 …. (엄마 아빠는 살이 별로 안 쪘는데 ….) 엄마는 요새 많이 쪘어요. 운동을 안 해서, 바빠서 …. (어 ….) 누나는 아빠를 잘 알아요. 아빠가 눈에 쇳가루가 들어가

고. 뭔 일인가 들어갔다고 병원에 가라고. 아빠는 좀 이상해요. 맨날 화내고. 나중에 크면 아무것도 안 해 줄 거예요. (그래. 해 주지 마. 화나니까.) 정말 안 해 줄 거예요. [웃음.] (그렇지만 나중에 해 줄 걸. 다 그러더라.) 그럴 거 같애요.

[상담 마무리—친구 사귀는 방법으로 선생님 지시 따르기, 여학생들과 장난치지 말기, 잠이 오면 상담실에 들러 사탕 하나 받아가기]

○○○6월 28일 상담이 예정되었으나 아버지가 담임에게 화를 내면서 학교에 왔기 때문에, 담임 대신 아버지와 상담하고 내담자와도 만나지 못했다. 친구들과 관계가 거의 없는 어려움과 잠자는 상황을 알리고 아버지의 양육 태도와 관련된 조언을 드렸다(내담자에게 절대 매를 대서는 안 되고, 작은 것이라도 칭찬하고 대화하려는 노력이 내담자를 살리는 길이라고 함).

[기말고사 기간으로 인해 상담이 이루어지지 못함.]

7회기(2010. 7. 5)

[쉬는 시간에 상담자가 늦을 것 같고 내담자 교실로 지나갈 일이 있어서 교실을 들여다보았는데 자고 있었음. 깨워서 상담실에 가 있으라 함. 상담자가 오는 길에 다시 교실을 보니 그대로 있어서 같이 옴.]

오늘은 말하기 싫다고 하여 4가지 대안을 제시(게임하기, 책보기, 교실가기, 그림그리기)하였고, 교실가기를 택하였다.

〈2010. 7. 6〉

같은 반 친구들이 깨워도 되지 않아서 3학년 형들이 깨우도록 했다(어제 하루). 아침 등굣길에 내담자를 만났는데 형들이 오는 것에 대해 물어보았는데 안 왔으면 좋겠다고 했다. 3교시에 내담자반의 예방교육 때문에 들어가서 깨웠다. 화장실에 간다고 하고 상담실에 와서 만화책을 보다 갔다. 담임이 내담자가 상담실에 말없이 갔기 때문에 혹시 일이 생긴 것이 아닌가 해서 걱정하고 화가 났다.

[여름방학]

8회기(2010. 9. 8)

- 5교시에 상담을 오지 않아 6교시에 다시 오게 함.
- 방학 중 생활 탐색: 외가와 친가에 다녀옴. 합기도 계속 함. 친구와 사귈 수 있는 방법으로 농구를 소개했으나 못하니까 안 하겠다고 함. 못하는 것이 보이기 싫어 안 하냐고 물어보니 그것을 어떻게 알았냐고 웃으며 놀란듯이 반응함.
- 중요인물과 관계 확인: 담임선생님은 여전히 싫음. 엄마, 아빠는 보통임.
- 상담구조화 다시 함.
- 정기적 상담은 일주일에 한 번이지만 잠이 오거나 수업 힘들면 상담실에 언제든지 올 수 있음. 상담하는 것 괜찮다고 함.

9회기(2010. 9. 14)

- 체육관에서 농구공 빌려와서 농구공 만져 보고 튀겨 봄.

(농구 안 하는 이유?) 못하니까요. 천재가 아니라서.

- 점심시간에 와서 농구공 빌려 감.

10회기(2010. 9. 16)

- 그림 그리는 것 칭찬해 주고 상담실에 있는 그림을 그려오기—점심 먹고 바로 그려 옴.

(농구공 가져다줄 수 있냐?) 못해요. (할 수 있을 거 같은데 ….) 떨려서 못해요. 혼자 가면 …. (다른 거는?) 사람들이 못한다고 할까 봐 …. (다른 애들은 너를 쳐다보지 않는데 ….) 힘들어요.

- 상담실 칠판에 있는 글('습관은 운명을 좌우한다.')을 보고 나서 자신의 습관에 대해 말해 봄—못한다고 하는 습관, 자는 습관.
- 상담실 칠판에 '아무리 두려워도 기죽지 말자.'라고 기록함.

[추석 연휴]

11회기(2010. 9. 27)

(○○이구나.) 일본을 이겨 버렸어요. 원래 승부차기로 …. (그래.) 원래 3: 3이었잖아요. 승부차기로. 운이 좋은 거죠. (어떻디?) 5: 4로 이겼네. 승부차기로. 일본이 개인기가 좀 있잖아요. (응.) 일본이 이길 뻔했어요. (응.) 근데 갑자기 승부차기로 넘어갔어요. 5: 4로 원래 일본이 앞서 있었어요. 뭐지? 한 점을 땄어요. 갑자기 한 골을 넣고 우리나라가 [상담자 웃음.] 한 골을 넣고. 그렇게 끝난 거예요. 이긴 거예요. (그렇지.) 점유율이 별로 없었는데 46퍼센트 볼 점유율이. 슛하는 율이 40%밖에 안 되었는데 …. (응, 응.) 이겼잖아요.

(응. 다 봤냐?) 재방송으로 …. (나는 다 안 봤다.) 어디 …. (뉴스에 승부차기만 ….) 아. 승부차기 좋아요. 진짜 기뻐했는데 …. (너도 막 박수쳤어?) 아니요. 어차피 재방송인데 …. (아. 그렇구나.) 원래 어제 아침인데 …. (어. 그렇지.) 진짜. (재방송은 언제 봤어?) 9시 …. (아 ….) 진짜 일본을 이긴 것은 감격이죠. (감격?) 그 나쁜 일본을 …. (너도 일본이 나쁘냐?) 그렇게 생각해요. 일본이 만화를 잘 그려서 그렇기는 하지만 …. (괜찮아?) 근데 부러울까 …. (만화 잘 그리니까 부럽다며?)

(일본은 왜? 응?) 아니에요 …. (나한테 뭐 숨기는 말 있냐?) 아니요. 그냥 일본은 싫다고요. (나도 싫어.) 왜요? (우리나라 사람 죽이고 지배하고 그랬잖아.) 우리나라 사람을 싫어했고. 왜 근데 여기 쓰는 사람은 없어요? (다른 애들은 내가 다 지웠거든.) 헐. 근데 저것은 왜 안 지워요? (응?) 제 것은 왜 안 지워요? (니 것은 필요한 것 같아서 안 지워.) [내담자 웃음.] 큰 것은 지우죠. (이거. 김연아 이거 ….) 예 …. (이것도 좋은 얘기 아냐?) 하긴 …. (니 이름만 빼면. 근데 저 얘기는 좋아.) 아. 이름만 뺄까요? (응 …. 아무리 두려워도 기죽지 말자 그거 니 이름만 뺄려면 빼. 저것도 너무 좋은 얘기야.) 아뇨. 그냥. 인생은 행운이다 왜 생각이 났을까요. (왜 생각이 났을까요?) 갑자기 아이디어가 떠올랐어요. 머리에서 …. (너는 진짜 인생이란 행운이라고 생각하냐?) 아직 그렇게는 …. (아직 그렇게는. 그럼 너는 인생은 뭐라고 생각하냐?) 불행. (왜?) 글쎄요. 인생은 보통이죠. (근데 어느 때 불행하다고 생각해?) 몰라요. (몰라.) 아직 천하태평이어서. (허? 천하태평이야?) 예? (너 많이 나아졌다.) 예? (옛날에는 막 성질내고 그랬잖아. 너 학교에서도 ….) 예. (학교 처음에 왔을 때도 ….) 아. (처음 여기 왔을 때도 ….) 예. (기억나냐?) 배 아프고 그랬죠. (지금은?) 별로. (없어?) 예. 습관은 운명을 좌우한다가 더 나을 것 같아요. (그것도 괜찮고 니가 쓴 말도 괜찮고 다 괜찮은데.) 다 지워요. 선생님이. (음. 필요 없는 말은 막 나를 사랑한다고 써 놓고 하면 ….) 아. 그런가요? 다른 거 기억나는 거 하나 없어요? (있어. 내 애인은 누구. 선생님

사랑해요. 누가 어쩐대요.) 아. 여기 써 있는데 다 지웠잖아요. (그래. 내가 다 지웠지. 요새는 합기도 다니는 것 괜찮아?) 예. 아. (어떤 점에서 괜찮아. 옛날에는 싫다고 했는데 ….) 어떨 때는 싫고. 지금은 좀 좋고. (싫기도 하고 좋기도 하고 ….) 요즘은 많이 좋아요. (어째서?) 노는 게 쫌 …. (많이 놀아? 뭐하고 놀아?) 운동하고. 놀이죠. (응?) 다 놀이라는 거죠. (막 움직이고 하는 거. 소리도 하고, 야~야~ 하고 ….) 근데 합기도는 달라요. (어떻게?) 무술도 가르쳐 줘요. 태권도보다 어려운 거 같아요. (계속 다닐 거야?) 예. (싫은데도?) 검은띠 딸 때까지 …. (매일 가야 하는데도?) 휴~. (너한테 재미있는 거 없을까?) 글쎄요. 아이들에게 재미있는 게 있겠어요? (뭐?) 있겠어요. 재미있는 게 …. (아이들에게 재미있는 게 없다고 생각할까?) 컴퓨터밖에 없으니까 …. (컴퓨터?) 예. (너 컴퓨터 많이 못하지?) 할 수 있어요. 근데 이게 녹음기예요? (음. 애들이 컴퓨터밖에 없고 노는 시간이 없다는 얘기야?) 예. 요즘에 …. (그래도 학교에 와서 놀면 되잖아.) 어허. 그런데 저가 게임에서 길드란 게 있어요. (응.) 길드가 뭐더라? (길드가 조합이잖아. 몇 명씩 ….) 예. 조합 하는데 인삿말 저걸 적었어요. (어.) 인생이란 행운을. 갑자기 제가 지우고 갑자기 거추장스러워 "꺼져"라고 했어요. 거추장스러워. 조금 한 다음에 "꺼져"라고 했는데 길드원들이 아무 말도 안 해서. 어차피 인사니까요. (니가 "꺼져"라고 했어?) 아니요. 길드원 인삿말. 인삿말 …. (니가 그렇게 말을 했더니?) 아무 말도 안 해서 …. (음.) 그래서 인삿말로 그냥 놔뒀어요. 들어올 때 막 인삿말이 떠요. (그렇지.) 인생이란 행운이라는 말 대신에 갑자기 생각나서 거추장스러워 "꺼져"라고 …. (어. 다른 애들은 뭐라고 하고 들어오는데?) 안녕하세요? (어. 니가 좀 인삿말이 좀 쎄다.) 욕은 아니니까. 얘들이 거추장스러워. (그냥?) 인사말을 하고 싶지 않아서 그냥. 거추장스러워라는 뜻은 알죠? (응.) 말하기 싫다고. 떨어뜨리고 싶다고. 그냥 그래서 …. (음. 그럼 다른 상대방들은 뭐래?) 안녕하세요. (음.) 그다음에 뭐였더라. 모르겠어요. (음. 야 그래도 너 그런 거친 말도 쓰고. 너 욕도 하냐?) 게임에서 좀

…. (실제로는?) 별로 못해요. (못해?) 게임에서도 별로 안 해요. (음 ….) 할 때도 있고. 화날 때, 욕할 때. (그렇지.) 심장이 떨리는 이유가 뭘까요. (심장이 떨리는 이유는 뭘까? 뭔데?) 글쎄요. 욕할 때 심장이 떨리는 이유는 게임에서. 왜 그럴까요? (아. 니가 욕해 놓고 심장이 떨려?) 예. (아. 또 그렇게 마음이 여리구나. 힘은 쎈데. 상담자 손바닥을 치면서 ….) 보복이 두려운 거죠. (보복이 두려워서?) 상대방이 …. (뭐가?) 무서운 거. 애들 데리고 와서 욕하는 거 …. (같이 합세해서 욕하는 거?) 어. 합세해서 …. (들어 봤어?) 아니요. (근데 다른 애들 당하는 거 봤어?) 예. (그게 무섭냐?) 예. 태클 걸까 봐. 저는 지켜보기만 하죠. (아 ….) 말리기도 하는데 너무 심한 싸움은 안 말려요. 근데 저는 게임에서 여캐예요. (음. 여캐라니?) 여자 캐릭터. (여캐들하고 잘 놀아?) 예. (음. 여캐는 남캐들하고 어떻게 다른데?) [상담자 웃음.] 글쎄요. 남캐나 여캐나 똑같죠. (뭔 말이야?) 몰라요. (똑같이 욕하고 거칠다는 거야?) 거칠다는 거죠. 근데 요즘은 거친 거 별로 없어요. 매너 때문에 …. (매너 때문에 없어? 응. 또 무슨 게임 하냐?) 엘쏘드. (무슨 게임이냐?) 인터넷에 다 나와 있어요? (나는 잘 모르겠던데 ….) 캐쥬얼 게임 (캐쥬얼 게임?) 예. 알피지 같은 거 …. (전략 게임이야?) 예. 전략 게임 …. (여러 명이 같이 모여 싸우는 거?) 모이는 것은 아니고 …. (던전앤파이터 같은 거?) 그런 거 아니죠 …. (그럼?) 던전앤파이터는 안 해요. (피가 낭자하고 그러는데 ….) 그건 아니죠. 전체인데 …. (전체 게임이냐?) 그래서 피가 안 나죠. (어. 너 피 나오는 거 좋아해?) 제가 심장 떨리는데 그거 좋아하겠어요? (아.) 한 번 해 봤더니 피만 나오고 …. (야.) 끊었어요. 바로 끊었어요. (야. 우리 ○○이는 부드러운 애야.) 예? (말을 안 해서 그렇지. 속에 부드러운 게 많아.) [내담자 피식 웃음.] 별로 없는 거 같은데 …. (야. 여자애들은 부드러운 마음 가진 사람 좋아해. 너 지금 살도 좀 빠지고 날씬해지면, 크면 씩씩해지고 날씬해지면 되게 멋있을 거 같애. 너 멋있다는 생각 해 봤니?) 좀 …. (언제?) 한 어젠가 …. (어제 어떻게?) 거울 보다가 …. (아. 나름 잘생긴 거 같애?) 예. (니네 아

빠 잘생겼잖아?) 뭐가 그래요. 억 …. (기절할 일이야?) 못생겼는데 …. (아빠가?) 아닌데요. (진짜야.) 왜 그렇게 생각하십니까? (진짜니까. 두상이 길쭉하고. 너도 그런 형태잖아.) 어어. 요새 애들이 명언을 왜 안 써요? (안 쓰네.) 왜요? (요새는 상담을 많이 안 해. 시험기간이라 공부를 좀 하나 봐.) 엊그제는 왜 안 썼을까. 시간이 많은데. 왜 안 썼을까? (내가 문을 잠가 놓았거든.) 그랬더니 안 쓰고. 저거는? (예전에 썼지. 이게 생긴 게 얼마 안 되어서 ….) 아. 일 년이 다 되겠네. (아. 그렇구나.) 예전에는 저 말 말고 왜 안 썼을까? (저 말이 좋잖아.) 왜 검은색만 있어요? 파란색은 없어요? (그래 파란색은 있는데 학교에서 안 사놓는대. 파란색이 좋냐?) 예. (○○이를 위해 파란색 보드마카를 사 놓을까?) 블루스카이 …. (파란색은 맑고 깨끗하고 희망을 상징하는데 ….) 아무것도 필요 없고 …. (뭐가 필요 없어?) 아무것도 필요 없는 거 같애요. 그냥. 원하는 것도 좀 있고 …. (원하는 게 뭐냐?) 사람 마음은 다 틀린 거죠. 아무것 …. (그렇지.) 빨간색도 있고 파란색도 있고 그래서 틀린 거죠. (음.) 언제부터 내 마음속에 빨간색이 있는 거 몰랐어요. (음 ….) 뭐지. (마음속에 빨간색도 있고 파란색도 있어.) 내 마음속에 있다는 거 지금 알았어요. (어?) 지금 알았어요. (빨간색은 어떤 마음인데?) 정열적인 마음이나 …. (아. 파란색은 ….) 희망이나 상대방을 이해하는 마음 …. (그렇지. 정열적인 마음이 있어. 잘해 보고자 하는 거 ….) 빨간색을 지금 알았으니까 …. (음. 상담하니까 여러 가지 안다. 요새 담임선생님은 어떠냐?) 글쎄요. 보통이에요. (보통. 야단 안 맞어? 예전에는 들은 척 안 해가지고 그랬는데 ….) 없었죠. 요즘 …. (수업시간에 엎드려 있는 것은 ….) 노, 노 …. (노, 노.) 아직요. (아직도 잠자?) 예. (근데 이렇게 온 거 하며 상담실에 공 가지고 가는 거 하며 많이 줄었잖아.) 예. (주로 어떤 시간에 자게 돼?) 1교시 때 …. (1교시 때 힘들어?) 예. (아침 일찍 일어나서 그런가?) 그런가 봐요. (너 학교 일찍 오잖아.) 8시쯤. 지각을 한 번 했었나. 아니다. 아이고. 누나는 어디 갈까? (인문계 가겠지 ….) 전문계는 뭐예요? [벽에 붙어 있는 고등학교 보고 물어봄,

중략]

(너는 어디 갈래?) 몰라요. (아직 너는 모르지. 대학은 갈 거지?) 안 갈건데 …. (그럼 너는 뭐하고 싶어?) 대학은 좀. 대학을 좀 가고 싶은 마음도 있어요. 해외에 나가기도 하고. 뭐 쉬기도 하고. 공부하는 날도 별로 없고 …. (대학, 우리나라?) 예. 밤을 꼴딱 새야 되고. 해외 가기도 하고 …. (그런 말은 어디서 들었어?) 삼촌. 아빠 친구 …. (아빠 친구 삼촌?) 아빠 친구 …. (이상하긴 하지만 누군가에게 들었구나.) 대학 좋대요. 대학 다니고 싶은 마음도 있네요. 대학이 좋아요. (대학을 다니면?) 놀러 다닐 수 있겠죠. 공부도 해야 하고 …. (대학교는 자유가 좀 있지.) 맞죠. 해외여행 가기도 하고 친구들이랑. 나는 친구가 없을 텐데 …. (왜 없어?) 없어요. (너한테 잘해 주는 애는 ….) 없어요. (니가 잘해 주고 싶은 친구는 ….) 없어요 …. (요번 학년에는 없을지 모르지만 2학년에 가서는 만들어야지.) 중학생 때 만들어야 해요. (음.) 만들기 싫은데 …. (너 겁나서 그렇지. 니 생각 때문에 ….) 어떻게 알았어요? (애들이 나를 싫어할까 봐. 속으로 만들고 싶지만 ….) 만들지만 바로 헤어지는데 …. (왜?) 나 때문에 …. (왜 너 때문에?) 못할까 봐 …. (애들하고 못 놀까 봐?) 예. 선생님이 말한 이유와 같아요. 선생님은 친구를 잘 사귀었어요? (나? 친구 사귀는 방법은 ….) 예. (그냥 같이 놀고. 장난도 치고 같이 지내고. 근데 너는 먼저 쟤가 나를 무시할까 봐 니가 먼저 피하잖아. 나를 혹시 약올리나 하고.) 놀리나. 좀 피해요. (그런 거. 먼저 안 피하는 거. 너는 애들이 먼저 말 걸 때 한번 생각하잖아.) [한숨 쉼.] (너를 비웃는다고 생각하잖아.) 예. (그런 나쁜 애도 있지만 아닌 애도 있잖아.) 마음속에서 거부해요. 친구 사귀는 거. 바로 헤어질 건데 …. (바로 안 헤어져.) 막 그렇게 생각돼요. (왜 그래? 그런 일 생각나는 거 있어?) 몰라요. (야. 근데 사람이 만나면 헤어지는데 뭐 ….) 졸업할 때 헤어지는데 …. (당연하지. 그러니까 주변에서 말 걸면 저자식이 날 약올리려고 그러는가 이렇게 생각하지 말고 친절하게 대답을 해. 성질내지 말고 ….) 예. (예를 들면 누가 널 깨워 주면. 음 그냥 ….) 지

우개를 던지고 그러면. 던지는 거 진짜 싫은데 …. (누가?) 깨우려고 던지고 그런 애가 있어요. 그게 무슨 깨우는 방법이야 씨. 야구부. 야구부. 뒤에 있는 …. (깨운다고 그렇게 해?) 지우개 딱딱 던지고 …. (기분 나쁘지?) 예. 지우개 던지고 책상에 지우개가루 날리고 …. (기분 나쁘면 어떻게 해?) 깨어나지요. (깨어나냐?) 깨어날 때도 있어요. (옛날에는 안 그랬잖아. 더 그러고 있었잖아.) 예. (지금은 기분 나쁘다는 것을 알고 깨?) 깰 수도 있어요. (그래 가급적이면 어쩔 수 없이 잠이 올 때도 있지만. 계속 자면 얘들이 바보 취급해. 그러니까 차라리 여기 왔다 가. 왔다 갔다 해. 일단 자는 모습을 얘들한테 안 보이려고 해야, 그래야 너를 다르게 생각하지. 기분 나쁘게 애들이 자꾸 건들잖아.) 예. (너를 누군가 깨우면 기분 나쁘게 하는 얘도 있지만 그냥 일어나.) 예. (애들이 자기들 말을 들어준다고 생각하고 너를 다르게 생각할 거야.) 예. (옛날에는 기분 나쁘다고 안 했잖아.) 예. (자다가도 좀 뽈딱 일어나?) 예. 저거 석면이죠? [중략] (근데 왜 사회시간에 왔냐? 선생님은?) 까먹었어요. 할머니 선생님 …. (혼내?) 키는 작고 …. (들어가기 싫어서?) 사회가 싫어서. 외우기 싫고. 지적도 하고 …. (그럼 무슨 시간이 제일 나아?) 몰라요. 고민도 안 해 봤어요. 영어도 제일 싫어요. 외우기 싫어서. 매일 하니까. 그래도 해야 하는데. 미국이 중요하니까 …. (그래서 하기 싫어도 해야 돼?) [상담자 웃음.] 예. [중략] (야 근데 오늘 점심시간에 뭐 했냐?) 그냥 …. (뭐하고 있었냐?) 그냥~, 물 먹고 밥 먹고, 돌아다녔죠. (어. 오늘 농구공 가지러 오지 않아서. 휴일 때 연습을 안 했구나.) 귀찮아 귀찮아 귀찮아, 귀찮아요. (니 공이 있으면 좀 했을 텐데. 너 오늘 합기도 가서 뭐 하고 놀래?) 농구도 하고 …. (그래 농구 열심히 해. 너 조a규 아냐?) 싫어요 싫어요. (왜?) 자꾸 시켜서. 준 사범. 사범이 없으면 대신 하라고 하니까. 싫어 싫어. (요새 나오냐?) 안 나와요. 공부한다고. 공부도 안 하면서 …. (어 ….) 관장님도 알고 있어요. 중간고사 되면 사라지고. 공부도 안 하면서. 여름방학 때도 사라지고. 왜 사라지는 걸까? (시골에도 간대.) 헐. (다음에는 미리 상담을 하겠다고 오면 미리 쪽지 줄 테니까 미리 와라.)

12회기(2010. 10. 1)

- 모에게서 전화 옴—담임에게 욕을 하였고 혼자 교실에 있을 것 같다고 하여 교실에 가 봄. 교무실 담임선생님 옆에 앉아 있었음.
  [혼잣말로 씨발이라고 욕한 것이 담임에게 들림.]
- 가급적 이동수업에 빠지지 않고 가 보기로 함. 친구들이 깨워 줄 때 화 내지 않기.
- 개별학습반에 대해 물어봄(내담자에게 맞지 않고, 부모님들도 허락하시지 않을 거라고 말해 줌).
- 모에게 학교 상황 알려 줌.

13회기(2010. 10. 7)

2학년 학생에게 상담자를 데려오게 했다. 올 때 친구들이 먹고 자고 먹고 자고 하면서 놀려서 화가 난 상태로 왔다. 친구들이 필통 숨겨서 담임에게 말하였고 담임에게 아이들이 혼났다고 했다. 합기도 다니기 싫다고 했다. 애들 성격이 달라지면 좋겠다고 했다.

14회기(2010. 10. 14)

- 깨워서 상담실로 데려옴.

[화가 잔뜩 나 있음.] (화가 무지 나 있네.) [아무 말 안 함.] (내가 억지로 깨워서 오라고 해서?) 상담실에 안 와요. (말하기 싫다고?) [침묵] (니가 약속

을 안 지켰잖아. 잠이 오면 차라리 상담실로 오라고 했는데. 깨워서 상담실에 오게 한 것이 자존심이 상한다는 거 알아. 너도 알지? 자는 것이 더 자존심 상하는 것이라는 거. 나는 니가 좋거든. 그래서 가끔은 이렇게 해. 니가 싫어해도 …) [침묵] (움직이지 않으려고 하니까 자꾸 이렇게 몸만 커지고. 하기 싫어지고 …) [내담자 풀림.] (너 봉사활동 했냐?) 아니요. (왜?) 귀찮아서 …. (해야 돼.) 안 하면 어떻게 되는데요? (고등학교 가는 데 지장 있어. 너 안 갈래?) 갈 마음이 없어요. 가야겠지요. (그렇지. 몇 시간 해야 되냐, 8시간?) 몰라요. (개인적으로 해야 하는 활동시간인데 …) 안 해도 되는 건가? (아니야. 꼭 해야 돼. 청소할 수 있어?) 못해요. 안 해 봐서 …. (뭘, 어렵지 않아. 애들 다 하는데. 교실 해 봤지?) 못해요. (그럼 반찬배달 같은 것은 할 수 있냐?) 어떤 건데요? (복지관 알지? 삼거리에 있는 거 …) 알아요. (거기서 할 수 있어. 작년에도 어떤 누나 소개시켜 줬어. 지금도 할 거야?) 어떻게 해야 되는데요. (학교 끝나고 복지관에 가면 준비되어 있어.) 많이 가야 돼요? (먼 곳도 있고.) 나는 많이 못 걷는데 …. (할 수 있어.) 길치인데 …. (처음에는 엄마랑 같이 가.) 엄마 일하는데 …. (그래도 엄마가 가 주실걸?) 힘드는데…. (그러면 어떻게 할 건데. 청소도 못하고. 배달도 어렵고. 책 읽어 주는 것은?) 어떻게요? (학교 앞에 어떤 기관이 있는데 거기서 어린이들에게 책을 읽어 주면 봉사시간을 주는 데가 있던데…) 어려운데요. (왜?) 책 읽어 주는 것이 좀 …. (뭘?) 막 물어보면 으으 …. (대답하지 못할까 봐?) 예.

• 모에게 전화함—봉사활동 안내하고 할 수 있는 것을 찾아서 해 오도록 함(모가 내담자와 함께 우체국에 가서 하기로 함.)

논평 1

상담자: 유윤자
논평자: 조봉환

인간중심적 상담과 인지행동 상담을 기초로 한 통합적 입장에서 본 사례를 살펴보고 의견을 제시하고자 한다. 관심영역과 이론적 관점에 따라 논평이 다를 수 있으며 논평의 초점과 내용은 개인적 관점이 반영되어 있음을 밝힌다.

본 사례의 내담자는 가정과 학교에서 고립된 채 화와 짜증, 무기력, 적응문제를 경험하고 있는 중학교 1학년 남학생으로 학교상담장면에서 빈번히 만나게 되는 대표적인 문제유형에 해당된다. 따라서 상담자의 세심한 관심과 처치가 돋보이는 본 사례는 학교상담현장에서 가능한 상담접근이 무엇이고 상담자의 역할은 무엇인지 등에 대한 논의와 배움의 기회를 제공한다. 사례에 대해서는 내담자 문제에 대한 사례개념화, 상담진행과정에서 나타나는 상담기법 및 과정, 상담성과와 대안적 접근의 제안을 주 내용으로 이야기하고자 한다.

1. 사례개념화

상담자는 내담자의 문제 이해 면에서 부모, 또래관계, 학업 문제를 핵심적인 문제로 보았다. 특히 부모의 양육태도와 상호작용을 주된 문제로 보고 상담을 진행한 것으로 보인다. 전반적으로 보면, 부모와의 관계에서 파생된 대인관계의 미숙함이 또래관계로 확장되고 여기에 학습 문제까지 심각해지는 상황이다. 이러한 측면에서 상담자는 부모는 물론 교사와 친구, 선배 등의 내담자의 주변 인물을 개입시킴으로써 내담자의 문제를 다루고자 하였고 이러한 상담자의 노력은 상당히 돋보였다.

내담자는 부모의 불화 속에서 감정적이며 위협적인 양육을 받으면서 자란 것으로 보인다. 내담자의 부모는 내담자의 상태에 대한 이해가 부족하며 일관되지 못하고 강압적인 태도로 내담자를 다루고 있다. 내담자와 내담자의 부모는 서로 의사소통이 되지 못하고 분화되지 못한 관계 속에서 악순환을 하는 것으로 보인다. 이에 상담자는 부모와 내담자의 관계를 대상관계론적으로 이해하여 부모와 내담자 사이에서 연결 역할을 하고 양육에 관한 조언을 하며 적극적인 중재를 하였다. 부모의 양육에 대한 교육과 조언을 한 점은 이러한 이해에 적절한 것으로 보인다. 부모뿐 아니라 친구, 교사와의 관계와 의사소통의 미숙함은 부모와 연관되기 때문에 상담에 있어서 기본적으로 부모와의 관계 파악과 변화에 초점을 둘 필요가 있다. 따라서 부모와는 좀 더 교육적인 접근과 접촉기회가 있었으면 더 좋을 것으로 보인다. 또한 내담자가 지각하는 부모와의 의사소통 등에 대한 논의도 내담자로 하여금 부모와 적절히 분리하여 분화하도록 도울 수 있을 것이다.

관계 맥락에서 현재 내담자는 학교에서 거의 친구관계를 맺지 못하고 있다. 내담자가 중학교에 입학하면서 학교생활에 전혀 적응하지 못하는 것으로 볼 수 있는데, 상담자는 사회적 기술이 부족하고 주변의 자극을 부정적으로 해석하는 것이 문제라고 보았다. 내담자는 관계에서 철수된 채 잠을 잠으로써 회피하는 부적응을 보이고 있다. 이러한 문제는 중학교에 입학하여 초기적응에 실패한 것으로 볼 수 있으나 이러한 양상이 과거에도 있었을 가능성이 있으므로 초등학교 시절의 학교적응과 친구관계를 탐색할 필요가 있을 것으로 보인다.

내담자의 학업 문제는 상당히 심각하다. 심각한 학습부진으로 보이며 학습에 대한 동기가 매우 빈약해 보인다. 다중지능검사에서도 전반적으로 낮은 점수를 보였고 특히 지각, 추리, 수리 등의 영역 점수는 정신처리속도와 연관되어 동기 부족을 보여 주는 것으로 분석된다. 내담자에게는 이미 이전부터 적절한 학습 환경이나 기회가 부족했을 가능성이 있고 누적된 학습부진은 중학교 진학 초기부터 학습을 포기하는 모습으로 나타난 것으로 보인다. 학습에 대한 동기부족은 결국 삶에 대한 무기력과 자포자기 형태로 나타나며 기초적이며 구체적인 학습 지도 없이는 내담자 스스로 노력하거나 혹은 단순히 옆에서 잠을 깨우는 식으로는 해결하기 어려운 상황으로 평가된다.

내담자는 부모, 교사, 친구 등과 의사소통이 거의 이루어지지 않아 부정확한 부정적 짐작으로 화가 나 있으며 자신감 또한 낮아 지속적으로 자신에 대한 불신과 좌절감을 경험하고 있는 것으로 보인다. 자신의 상황에 대한 현실적 판단과 문제해결 방법을 찾는 데 있어서 미숙하며 부정적 인지가 존재하는 것으로 보인다.

부모로부터 주어지는 위협과 억압, 계속되는 좌절경험과 실패는 내담자에게 짜증과 화난 감정에 휩싸이게 하며 이러한 감정은 계속적으로 쌓이고 억압되어 무기력감으로 표출되기도 한다. 내담자의 그림검사에서 나타나는 선의 덧칠이나 이빨은 이러한 내담자의 불안감과 공격성향을 보여 주는 것으로 평가될 수 있다. 따라서 내담자가 학교에서 수업에 참여하지 않고 잠을 자는 행위는 다소 소극적인 반항행위로 보이며 과다한 음식섭취나 게임몰두는 자신의 부정적인 감정에 부적절한 대처일 가능성도 있을 것이다. 또한 소화불량과 같은 신체적 증후도 이러한 점과 연관이 있을 것으로 보인다.

2. 상담진행과정

1) 상담진행과정에서 돋보이는 점

본 사례에서 상담자는 매우 현실적이고 교육적인 개입을 한 것으로 보이며 이러한 면에서 학교상담의 특수성이 잘 반영된 것으로 보인다.

상담자는 무엇보다 상담자 스스로 혹은 주변의 또래를 배치함으로써 내담자가 학교에서 잠을 자지 않고 수업에 참여하며 상담을 할 수 있도록 상담시간 외에도 개입을 하였다. 내담자의 주변 상황에 관심을 가지고 교실을 지날 때 살펴보거나 상담에 오지 않을 때 즉시 연락을 하는 등 상담자의 노력, 그리고 상담자가 내담자와 가깝게 있으면서 사건발생 시 즉각적인 개입을 할 수 있었던 점이 이 사례에서 돋보였다.

상담 초기에 내담자와의 관계형성을 위해 무리하게 상담을 진행하지 않고 게임, 음악 등과 같은 내담자의 소소한 관심사부터 함께 이야기한 점도 좋았다. 가급적 내담자에게 대안을 제시하고 선택의 기회를 준 것도 내담자의 저항을 줄이는 데 효과적이었을 것으로 생각된다. 놀이나 감정카드, 그림 등의 접근도 자기표현에 저항하고 동기가 부족한 내담자에게는 유용했던 것으로 보인다.

또한 상담자는 일관되게 내담자에 대한 관심과 애정을 표현하고 있다. 내담자가 칠판에 쓴 글을 지우지 않거나 상담실로 내담자를 데려와 걱정 어린 애정을 표현하는 등의 행동은 내담자의 부모와 비교될 수 있는 태도로 인간적으로 내담자와 관계하는 데 도움이 될 것으로 생각된다.

2) 상담진행과정에서 보완되었으면 하는 점

가정적인 배경이나 성격적인 특징 면에서 쉽지 않은 본 사례에서 상담자가 상당히 적극적인 노력을 해 온 점은 좋은 평가를 받을 수 있을 것으로 보이나 다소 아쉬운 점과 보완점도 함께 이야기할 수 있겠다.

먼저 상담의 구조화 측면과 목표설정에서 아쉬운 점이다. 상담의 동기가 부족한 비자발적인 내담자이므로 상담의 구조화와 목표설정은 상담의 진행에서 매우 중요한 역할을 하게 된다. 내담자와 친밀한 관계를 형성하는 과정은 전문적인 상담으로 보이기에는 다소 미비한 면이 있었고 명확한 상담의 구조화가 부족하다 보니 내담자가 상담에 집중하기 어려운 부분이 있었을 것으로 보인다. 안타깝게도 8회에서는 다시 상담구조화를 했음에도 14회에 이르기까지 상담작업의 구조와 방향에서 다소 혼란스러운 면이 보인다. 또한 목표설정에 있어서 내담자와 합의과정이 세세하게 이루어졌다면 내담자가 좀 더 상담에 적극적으로 참여할 수 있었을 것으로 보이는 점이 아쉽다.

내담자가 학교생활을 제대로 수행하지 못하고 학업 문제를 당면하다 보니 상담자가 다소 교육적이고 주도적인 역할을 한 점도 아쉬운 점이다. 내담자의 학업 문제는 그동안 누적된 문제로 내담자가 공부를 하지 않는 측면도 있지만 하지 못하는 측면도 있고 그런 자신의 모습에 상당히 자포자기한 모습을 보이고 있다. 이러한 점을 상담자가 좀 더 공감적인 태도로 내담자의 어렵고 답답한 상황, 실망스러운 자기 모습에 대한 감정에 함께 머무르는 시도가 좀 더 이루어질 필요가 있었다.

내담자의 학업 문제는 당면 문제이자 현실적으로는 가장 큰 문제로 볼 수 있다. 따라서 상담자는 단순히 내담자가 수업시간에 잠을 자지 않도록 보살피는 것 이상의 전략적인 접근이 필요한 것으로 보인다. 심각한 학습부진 혹은 학습장애에 대한 좀 더 정확한 진단이 필요하며 그 결과에 따라 적절한 교육적 처치가 병행되어야 할 것이다. 내담자는 시험에 대해 걱정하고, 운동을 못하는 모습을 보이고 싶어 하지 않는 등의 약하지만 잘해 보고자 하는 의욕을 보이고 있다. 따라서 상담자는 어떻게 이러한 욕구와 바람을 내담자의 능력수준에 맞게 어떻게 실천할 수 있을지에 대해 내담자와 함께 평가하고 좀 더 세심하게 계획하는 시간을 갖도록 하면 좋을 것 같다.

3. 상담결과

1) 상담목표 달성도

내담자와의 관계를 형성하고 상담의 주제를 잡아 가는 과정으로 보인다. 내담자와의 관계는 상담자의 일관되며 세심한 관심으로 어느 정도 형성되고 있는 듯하나 상담목표를 위한 전략 적용은 아직 시도되는 과정으로 보인다. 탄탄한 상담관계가 형성된 후 상담목표를 위해서는 좀 더 현실적인 접근이 요구된다고 볼 수 있다.

2) 미해결 문제와 그에 대한 대처방안

내담자는 아직 상담동기가 부족한 것으로 보인다. 따라서 상담자는 내담자에게 자신의 문제에 대한 인식과 상담의 필요성을 좀 더 명확하게 할 필요가 있다. 또한 이러한 상황에 직면한 내담자의 감정을 다루어 주며 객관적인 지각과 현실적인 판단을 고민할 수 있는 기회를 제공해야 한다. 또한 무엇보다 당면 문제인 친구관계와 학업 문제를 시급하게 다룰 필요가 있으며 이를 위해 부모와 교사의 지원 또한 필요할 것으로 보인다.

4. 총평

본 사례는 학교상담에서 빈번히 만나게 되는 비자발적이며 문제의식이 부족한 내담자를 대상으로 하였다. 본 사례는 상담과정 면에서 문제설정 과정인 초기단계로 보이나 상담자가 일관되고 세심한 관심과 태도로 내담자에게 지속적인 도움을 주고자 하였고 내담자가 자신의 이야기를 할 수 있는 기회가 되었다는 점에서 의미 있는 사례로 보인다. 이 사례는 상담자들에게 가족과 또래 문제, 학업 문제를 가지고 있으며 통찰력이 부족하고 미성숙한 관계패턴과 빈약한 자기표현능력 등 다양한 문제를 동시에 가지고 있는 내담자를 어떻게 상담할 것인가에 대해 좀 더 치열한 고민과 과제를 주는 사례라고 생각한다.

상담자: 유윤자
논평자: 김희수

본 사례는 학교생활에서 학습, 생활 습관, 교우관계, 선생님과의 관계 등 다양한 문제가 있는 내담자를 애정과 인내심으로 상담한 학교상담의 소중한 자료이다. 먼저 사례를 책으로 엮는 데 동의하신 내담자와 내담자 부모님, 상담하고 사례를 정리하느라 수고와 용기를 낸 상담자에게 고마움을 표한다. 우리 학교 상담 관련 종사자들이나 전공 학생들에게 소중한 토론의 기회를 제공하여 준 것에 대해 깊이 감사하며, 학교 상담의 발전을 위해 몇 부분에 대해 논의하고 대안을 모색하고자 한다. 다른 관점에서의 사례 분석도 가능함을 미리 밝혀 두며, 상담자나 이 사례집으로 학습을 하시는 분들에게 도움이 되었으면 하는 바람이다.

1. 사례개념화

1) 사례개념화의 타당한 측면

상담자는 내담자가 부모와의 대상관계를 건강하게 형성하지 못하였고, 초등학교 시절에도 교사나 친구와의 대상관계가 불건강하여, 이후 대인관계를 피하게 되었다는 가설을 세우고 있다. 이러한 자기상은 학교생활의 적응을 막고 그 결과 학습부진과 친구 사귀기 실패로 연결되었고, 위축되어 움직이지 않고 자리를 지키는 내담자는 비만으로 더욱 친구들의 놀림감이 되고, 수업시간에도 잠에 빠져 있는 악순환의 문제를 보이고 있다는 분석이다.

이러한 분석은 내담자의 문제의 원인과 문제를 적절히 파악하고 있다고 보인다. 부모의 강압적이고 폭력적인 양육행동과 부모의 불화로 인한 내담자의 불안정한 성격 형성과정에 대해 이해하고 있는 것은 상담목표를 설정하는 데 정확한 지침이 되었을 것이라고 본다.

2) 사례개념화에서 보완될 측면

그림검사에서 드러나는 트라우마와 공격성, 긴장감, 불안정성의 지표들을 확인하면서 부모님의 양육 태도와 부모님의 정서적 건강성을 정확히 파악할 필요가 있다. 부모님에게 성격 유형 검사와 부모 양육 유형에 대한 탐색을 시도하고 해석해 주는 과정이 있었다면 부모가 내담자에게 미친 영향을 보다 명확히 이해할 수 있을 것이라고 여겨진다.

누나가 한글을 배우는 과정에서 자연스럽게 한글을 깨칠 만큼 인지능력이 우수하였던 내담자가 자신감을 상실하고 아이들 앞에서 농구도 할 수 없게 된 시점과 구체적 사건들을 파악하는 것이 내담자 이해에 더 필요한 부분이라고 여겨진다.

인지 능력과 별개로 부모의 기대에 못 미친 부분이 있었는지, 이를테면 운동 능력, 외모, 의사소통 능력 등. 그리고 이러한 기대의 현실성 여부, 객관성 여부를 상담자가 파악한다면 이 사례개념화가 보다 명확해질 것으로 보인다.

2. 상담진행과정

1) 상담진행과정에서 돋보이는 점

상담자는 우선 일관성과 결단력이 장점으로 여겨진다. 상담자는 교사로서 지시적인 문제해결 방법을 제공하고 있지만, 상담자가 생활지도와 적극적인 중재 역할을 일관되게 수행하고 있기 때문에 내담자가 의지하기에 안전한 대상이 되고 있다. 예를 들어 5회기에 내담자가 게임기를 부모에게 압수당한 건으로 힘들어할 때 내담자의 행동 교정을 통해 게임기를 돌려받는 데에 중재 역할을 할 수 있음을 자신 있게 보여 주고 있다. 중 1 남자아이의 발달 특성상 보호자 역할을 단호하게 해 주며 학교생활의 적응을 도모하시는 전략은 적절하게 보인다.

둘째, 친밀성을 통해 라포를 안정되게 형성하시는 점이 돋보인다. 일관성과 더불어 내담자의 언어에 귀를 기울이고 소통을 유도하는 면은 장점이라고 여겨진다.

셋째, 섬세한 생활지도로 상담목표 달성에 심혈을 기울이셨다. 학습 습관 교정을 위한 적극적인 내담자 관리(교실로 직접 찾아가서 자는 내담자를 상담으로 유도하는 면 등), 친구 관리를 위한 적극적 개입, 비만 관리를 위한 적절한 칭찬과 관리 등 내담자의 문제를 잊지 않고 도와주려는 점이 상담자의 장점이라고 보인다.

넷째, 내담자가 긍정적인 self-talk를 하도록 신념을 정하고 게시판에 적고 보관하는 모습은 인지행동치료적으로 매우 효과적인 방법일 것이라고 생각한다.

2) 상담진행과정에서 보완되었으면 하는 점

먼저 상담의 체계적 정리가 보완되어야 한다. 회기의 간격, 상담의 주요 내용을 표로 작성하여 본다면, 상담자의 상담 흐름을 파악하는 큰 도움이 된다. 상담자가 초기에 작업을 통한 내담자 파악과 라포 형성의 과정은 효과적이지만, 5회기 면접 상담으로 진행되면서 내담자가 상담을 지속적으로 받지 않은 시기의 내담자의 심리 상태와 상담과정과의 연관성에 대해 검토하기 바란다.

둘째, 방학 중 내담자 관리 문제 등의 상담의 흐름을 방해하는 문제에 대하여 보다 세심한 관리를 하는 것이 필요하다. 물론 개학 후 적극적인 조치를 통해 상담을 이어갔지만, 방학을 어떻게 지낼지 내담자와 의논하고, 온라인을 통한 내담자 상담이나 관리 부분도 제안을 하고 싶다.

셋째, 부모 상담은 내담자 상담과 별개 회기로 구성하고 집중적인 부모 상담 및 교육의 내용을 구성하고 실시하는 것이 필요하다. 부모님을 주기성을 가지고 상담에 유도하고 내담자 관리에 있어서 상담 동맹 관계를 형성한다면, 내담자의 자아개념이 더 빠르게 회복될 것으로 보인다. 특히 상담자가 내담자를 파악할 때 부모와의 대상성을 염두에 두었다면, 부모와의 상담의 중요성과 목표의식이 분명해질 것으로 보인다.

넷째, 상담 회기 내에서 주제를 분산시키는 상담자의 방법에 대해 적절한 것인지 의문을 가져 본다. 한 회기에 다양한 내담자의 문제를 확인하고 숙제를 내주는 것이 다양한 문제행동의 관리 측면에서는 장점이 되겠지만, 내담자가 자기 이해와 자존감 회복을 하는 데는 단점이 될 수 있다. 한 주제에 대해 깊이 다루는 것을 시도해 보았으면 한다. 예를 들어 인생은 행운이라는 내담자의 생각이 축구경기 시청에서 비롯되었지만, 본인의 인생을 성찰하는 도구로 상담자가 사용할 수 있다는 데에 동의한다. 그러나 내담자가 탐색에 소극적이자 상담자가 주제를 바꾸는 모습에 대해 아쉬움이 남는다.

3. 상담결과

1) 상담목표 달성도

상담목표 중 내담자와 신뢰관계를 맺기, 관계 경험을 할 수 있도록 도와주기 등은 상담자와의 관계를 통해서 일단 상당 부분 달성 되었다고 보인다. 그리고 친구 관계에 대해서도 어느 정도는 향상되고 있다고 보인다.

2) 미해결 문제

그러나 수업참여 증진과 학습부진 극복에 대해서는 보다 대안 모색이 필요하다고 보인다. 선생님에 대한 감정, 부모님에 대한 높은 수준의 공감을 통해 분노와 위축 문제를 직면하고 새로운 대인관계를 경험하도록 상담을 진행해 보았으면 한다.

학습부진을 빨리 극복할 수 있는 새로운 학습적 대안을 내담자와 적극적으로 모색하고 매주 적극적으로 점검하는 방법도 제안한다.

여학생을 놀리는 행동에 대한 내담자 본인의 탐색과 새로운 관계 맺기 경험을 시도하도록 진행하는 것도 필요하다고 생각한다.

4. 총평

본 사례는 부부 불화, 자녀에 대한 일방적 강요와 폭력의 패턴을 보이는 부모와 대상관계를 건강하게 형성하지 못하고, 초등학교 시절에도 교사나 친구와의 대상관계가 불건강하여 이후 대인관계를 피하고 있으며, 학습부진과 의욕상실의 학습태도를 보이는 중학교 남학생 사례이다.

상담자는 친밀성을 통해 라포를 안정되게 형성하였고, 섬세한 생활지도로 상담목표 달성에 심혈을 기울였다. 또한 내담자의 긍정적인 self-talk 설정을 통해 인지행동치료적으로 효과적인 상담을 진행하고 있다.

그러나 상담 종결 상황이나 상담자의 자기평가가 빠져 있어, 그 이후 상담과정이 궁금하며, 앞서 기술했듯이 수업참여 증진과 학습부진 극복에 대해서는 보다 세심한 대안 모색이 필요하다고 보인다. 선생님에 대한 감정, 부모님에 대한 높은 수준의 공감을 통해 분노와 위축 문제를 직면하고 새로운 대인관계를 경험할 수 있도록 돕는 한편, 학습부진 극복을 위한 새로운 학습적 대안 모색, 남학생이나 여학생 각각과 새로운 관계 맺기 경험 시도 등을 통해 미해결 상담 과제를 해결하기를 바란다.

사례 5

청소년기 우울증(중2, 여)

상담자: 김도연

1. 내담자에 대한 기본정보

만 14세 여학생, 경기도 거주, 중학교 2학년이며 여름방학 끝난 이후로 등교 거부 중.

2. 가족관계

성명	나이	학력	직업	종교	성격	관계
부	42	고졸	자영업	여호와의 증인	외향적	부
모	44	고졸	주부	〃	내성적	모
형제	11	초등 4학년	학생	〃	온유, 내성적	동생

- 부: 자영업. 화를 잘 내며 욱 하는 급한 성격이다. 초등학교 시절 가정 형편이 어려워 큰아버지 댁에 맡겨졌으나 큰아버지는 자신을 예뻐하지 않았다고 한다. 엄격한 큰아버지의 눈치를 보며 자랐다. 내담자가 초

등학교 시절에 화가 나면 내담자를 폭행하였다. 그때는 “여자애 다루는 방법을 잘 몰라서 실수한 것, 부드럽고 자상하고 다정하게 키웠어야 하는데 ○○에게 엄했어요. 작은애보다 큰애가 고집이 세서 저에게 많이 맞았어요.”라고 한다. 아동기의 내담자에게 엄격하고 강박적인 아버지로 행동했다. 학교와 사회생활은 종교와는 별개로 생각하며 자녀가 자신의 앞날에 대해 스스로 선택과 결정을 하는 목표가 있는 사람이 되기를 희망한다. 자신은 내담자와 잘 지낸다고 한다. 그러나 등교를 거부하는 원인을 이야기하지 않는 내담자를 답답하게 생각하고 화를 낸다. 학교에 가지 않고도 자신의 길을 소신껏 간다면 지지해 줄 의향이 있으나 가능하면 일반적인 사람들처럼 학교를 졸업하고 대학을 가는 과정을 밟길 바란다. “특이하게 살지 않았으면 좋겠다.”고 말한다.

- 모: 가정주부. 조용하고 차분하며 사려 있는 성격이나 우울한 기질이 있다. 딸과 이야기가 잘 통하며 딸의 말을 잘 들어 준다. 내담자가 4살 때 남동생이 태어났다. 남동생 출산 후 몸이 많이 아팠고 남편과의 관계가 극도로 좋지 않아 부부싸움을 하는 일이 잦았다. 그 시기에 딸을 잘 돌봐 주지 못한 것 때문에 딸에게 이런 문제가 생긴 것으로 인식하며 자신의 탓이 많다는 죄의식을 갖고 있다. 원가족과의 관계에서는 부모의 사랑이 부족함을 느꼈으며 장녀로서 많은 형제들을 보살펴야 했다. 편애하는 아버지에 대한 원망을 갖고 있다. 아버지에게 사랑을 받은 형제들은 그 때문에 성격이 밝고 신체도 건강하지만 그렇지 못한 형제들은 마르고 모두 우울한 성격을 지니고 있다고 한다. 자신의 우울한 기질도 그 때문에 생긴 것이라고 말한다. 따라서 내담자가 우울증을 보이는 것에 대해 민감하다.
- 동생: 내성적이고 온유한 성격에 친구관계가 좋다. 부모에게 따뜻한 성품을 지닌 아이로 인식되고 있다. 누나와 자주 싸우지만 누나의 일방적인 욕이나 폭행으로 인해 피해자로 인식되고 가끔 “나는 쓸모없는 사

람이야. 죽어 버렸음 좋겠어." "죽을래." "살아서 뭐해? 죽을 거야."라는 말을 하기도 한다. 우울한 성향이 있다.

- 내담자: 싫어하는 과목은 아예 공부를 하지 않았다. 우울성향으로 감정의 기복이 심한 편이다. 가족 중 엄마와 대화를 많이 하는 편이다. 그러나 일관성 없는 양육에 대해 불편함을 토로하기도 하고 공격하기도 한다. 아빠가 자신에게 장난을 잘 치며 자신도 이에 맞장구를 치기도 하고, 자신은 아빠와 성격이 비슷하다고 말한다. 동생과는 잘 싸운다. 때리기도 하고 욕도 하여 동생을 잘 울린다. 자신의 이익을 위해서는 동생에게 양보하지 않는다. 그러나 동생의 소심함과 우울감에 대해서는 걱정을 한다.

3. 주 호소 문제

- 학교에 가기 싫다.
- 하루에 서너 번씩 갑자기 눈물이 난다
- 몸이 이유 없이 아프다.
- 하고 싶은 일이 없다.

4. 상담 경위 및 이전 상담경험

- ○○상담센터(미술치료 3회)
- ○○청소년 상담센터(5회)
- 사설 상담소(4회)

* 내담자의 거부로 도중에 중단되었고 우울증으로 정신과 치료를 받던 중 심리치료를 권유받아 내방하였다.

5. 인상 및 행동관찰

내담자는 긴 단발머리에 파마를 하고 얼굴에는 옅은 화장을 했다. 정장풍의 단정한 옷을 입고 있었다. 통통한 편으로 키가 크고 건강한 체형이다. 상담실에 들어올 때는 조심스럽게 행동하였으며 의자에 착석할 때도 얌전하게 앉았다. 목소리는 작고 힘이 없으나 더듬거나 우물거리지는 않는다. 주변을 둘러보지 않고 침착하게 행동하였다. 첫 회기에서는 눈맞춤을 부담스러워하였으나 2회기부터는 눈맞춤을 자연스럽게 할 수 있었다.

6. 심리검사

1) MMPI

MMPI에서는 정신과 진료 시 검사받은 것을 해석하였다.

L	F	K	Hs	D	Hy	Pd	Mf	Pa	Pt	Sc	Ma	Si
51	43	54	52	64	46	44	58	44	54	40	33	60

내담자는 현실을 회피하고 죄의식이 많으며 자신감이 부족하다. 경조증(Ma-33)은 다른 척도의 우울증(D-64)과 만나 우울증을 확장하는데, 자벌적(self-punitive)이다.

사회적 상황에서 회피한다. 자기를 억제하고 있으며 감정 표현에 미숙하여 관계형성에 냉담하며 혼자 지내는 것을 편하게 생각한다. 관심과 흥미의 범위를 축소시킨다. 걱정, 과민, 활력이 부족하다. 말의 속도가 느리고, 머뭇거리고 주저하는 경향이 있다. 심리적, 주관적 고통에 있다. 주관적 우울을 호소하고 있다.

2) SCT

내담자가 지각하는 자신의 장점은 언어능력이다. 미래에 대해서는 희망적이지도 않고 절망적이지도 않다. 내담자를 가장 두렵게 하는 것은 자신으로 인해 부부싸움이 일어나고 가정을 잃게 되는 상실에 관한 것이다. 아버지와의 관계는 자신과 똑같이 닮은 친구 같으나 윽박지르기를 잘하고 기분 따라 행동한다고 생각한다. 부가 가끔 자상한 면을 보일 때는 어쩐지 어색하다. 자신의 약점은 학교를 가지 않는 것, 의지력이 없는 것, 자신감이 부족한 것으로 생각한다. 모는 자신을 지지해 주는 가장 좋은 친구이다. 어렸을 때의 기억은 '부부싸움이 잦았다' '결혼은 하는 게 아니다' 등이다.

7. 상담자가 보는 내담자 문제

내담자의 주요 문제는 우울증이며 증상은 등교 거부로 나타났다. 내담자는 중학교 2학년 1학기 여름방학을 마치고 등교를 거부한 지 2주일이 되었을 때 상담을 시작하였다. 아버지의 강압적이고 비판적인 양육과 어머니의 일관성 없는 양육 그리고 가족 내의 기질적인 우울 요인 등이 복합적으로 내담자의 우울과 관련되어 치료 중이다. 내담자의 등교 거부는 친구와 사귀기 힘든 스트레스 상황을 회피하는 방식이다. 남의 시선을 의식하지 않고 자신의 의견을 발표하는 데 어려움이 있는 내담자는 부정적 평가에 대해 두려움이 있으며 자기비하적이고 소극적인 성격으로 감정 표현에 어려움을 겪고 있다.

이 같은 어려움은 중학교 2학년이 되면서 새로운 친구들을 만났으나 사귀기 어려운 상황이 되었다. 이는 내담자가 등교를 거부하게 된 촉발요인이 되었다. 내담자는 새 친구들과의 관계 맺기보다는 친하게 지냈던 1학년 때 친구 1~2명과 쉬는 시간이나 방과후에 만났다. 좋아하는 외국어 영역의 과목(영어, 일어)은 스스로 하고 그 외의 과목은 전혀 공부를 하지 않아 학업 성적은 중하위권이다. 특히 수학과 과학은 죽을 만큼 싫다고 하였다. 긍정적 학교 경험의 결핍은 내담자를 취약하게 하는 요인으로 작용하였다. 가족의 울타리 밖으로 나가는 일을 두려워한다. 운동이나 모임 등 신체활동은 하지 않으며 사람들이 많은 곳에 가기 싫어하고 자신이 해결하기 싫은 문제들에 대해 회피하는 것으로 대응하는 경향이 있었다. 내담자가 4살 때 남동생의 출생이 있었고 당시 부모의 심각한 불화로 애정적 양육의 결핍을 경험하였으며 내성적인 성격 특성이 나타났다. 소극적이고 내성적인 성격으로 학교에서 또래 관계에 어려움을 경험하였으며 낮은 성적으로 인해 더욱 무력감을 보였다.

내담자의 문제와 관련해서 낮은 자기효능감, 안정되지 못한 부모와의 애착관계, 부부불화, 정서적인 교류가 없는 가족관계, 나쁜 또래관계 등은 우울증을 상승시키는 위험요인으로 작용하였다. 내담자는 자신의 장래를 위해 어떤 노력이 필요한지 구체적으로 알고 싶어 하며 자신감을 갖고 새로운 친구들과 사귀고 싶어 한다. 이러한 내담자의 의지를 상담에서 좀 더 구체적인 강점으로 활용할 수 있을 것으로 보인다.

8. 상담목표와 전략

1) 상담목표

- 공부를 지속할 수 있는 방법 선택
- 규칙적인 생활하기
- 자신감을 키워 대인관계에 도움을 받기(친구, 회관 모임 참여)
- 실천적 의지를 강화하기, 성장 욕구 활성화시키기(해 보고 싶은 일 갖기)

2) 상담전략

- 우울 증상들의 수용과 이해
  - 심리적 문제에 인지적 요인이 관련되어 있다는 것을 내담자에게 납득, 설명한다.
  - 우울과 관련된 심리적 요인을 알아보고 공감을 통해 안정감을 준다. 이를 통해 타인과 정서표현을 나눌 수 있고 의사소통 능력을 연습할 수 있게 된다.
- 등교와 다른 대안을 선택해 본다.
  - 구체적인 비교를 통해 나에게 어떠한 이득과 손실을 줄 것인지 인식해 본다.
  - 자신이 선택한 것은 무엇을 지향하고 있는지, 어떤 가치가 있는지 인지하기
- 친구 사귀기의 방법 찾아보기
  - 친구 사귀기를 위한 덕목을 찾고, 시도와 좌절의 경험 탐색
  - 친한 친구와 사귈 수 있었던 자신의 장점 찾기를 통해 자신감 갖기

- 친구 사귀기에서 할 수 있는 일과 할 수 없는 일을 선택, 의사결정을 주도하여 회피의 방식 줄여 가기
- 할 수 없는 일이 내게 준 부정적 영향을 알아보고 도전했을 때 성공 경험을 상상해 보고 간접 경험 해 보기

• 새로운 사고하기
  - 내담자의 인지적 도식을 재구성하여 새로운 사고를 하도록 변화시킨다.

• 숙제를 활용하기
  - 내담자가 비능률적 습관을 버리도록 하고 스스로에게 질문을 던져 자신의 생활 방식이나 감정 등을 살펴보는 연습 기회로 삼는다.

• 부모 상담 활용하기
  - 가족의 분위기가 내담자의 정서적 안정에 미치는 영향을 인식시킨다.

내담자와 치료목표에 필요하다고 생각하는 구체적인 사항들에 대해 점검할 수 있도록 적극적으로 주도하여 내담자의 인지적 도식을 재구성하는 데 주력할 것이다. 그러나 매 회기의 상담에서는 내담자에게 가장 중요한 현재의 사건을 우선 처리하여 내담자의 안내자 및 교육자로 조력하고자 한다.

부모 상담에서 부모가 성급하게 내담자의 등교를 기대하지 않고 기다려 줄 것과 부모의 지지가 내담자에게 미치는 영향을 인식시켜 정서적 자원으로 활용한다.

9. 내담자의 강점과 자원

• 강점: 내담자는 일어를 좋아해 독학하고 있으며 일본어능력시험(JLPT 2급)을 준비하고 있다. 독서를 좋아한다. 계획세우기를 잘한다. 자신의

미래를 부정적으로 생각하지 않는다.

- 자원: 자신이 마음을 터놓고 지내는 친구가 1~2명이라고 했으며 이들과 만날 때는 우울한 기분이 없다고 한다. 엄마는 좋은 지지 세력이며 가족들은 내담자를 잘 챙겨 준다. 경제력 있는 아빠가 있다.

10. 상담과정

- 1회기(2011. 8. 30. 화요일 17~18시) – 상담목표, 상담 구조화
- 2회기(2011. 9. 6. 화요일 17~18시) – SCT
- 3회기(2011. 9. 20. 화요일 17~18시) – 등교와 검정고시
- 4회기(2011. 9. 27. 화요일 17~18시) – 친구만나기, 자유화
- 5회기(2011. 10. 4. 화요일 17~18시) – 결석
- 6회기(2011. 10. 11. 화요일 17~18시) – 등교 노력
- 7회기(2011. 10. 18. 화요일 17~18시) – 자퇴 결정, 난화
- 8회기(2011. 10. 25. 화요일 17~18시) – KFD. 상담 중간 점검, 가족상담 제의
- 9회기(2011. 11. 1. 화요일 17~18시) – 공부 시작, 마음의 준비
- 10회기(2011. 11. 8. 화요일 17~18시) – 결석
- 11회기(2011. 11. 15. 화요일 17~18시) – 자신감, 초3 때 일
- 12회기(2011. 11. 22. 화요일 17~18시) – 만다라, 크리스마스, 생일
- 13회기(2011. 11. 29. 화요일 17~18시) – 종결 전 회기

11. 상담내용

1회기(2011. 8. 30)

내담자 주변의 주요인물 중 가족, 친구 등과의 관계와 현재 관심사, 학교 상황에 대해 들어 보고 내담자를 이해하기 위해 준비했다. 내담자는 해결해 보고 싶은 문제는 없고 "아버지가 성격이 좀 그런데 학교 안 갈 거면 상담실에라도 가. 안 그러면 …."이라고 하셔서 할 수 없이 왔다고 하였다. 상담자가 "부모님이 원해서 억지로 왔기 때문에 참 오기가 싫었겠구나. 그런데도 여기까지 온 마음이 어떤 것이든 칭찬하고 싶네."라고 격려해 주고 "오늘은 해가 쨍쨍 찌니 너무 덥지?" 그러자 바로 작은 목소리로 "비가 왔어요."라고 한다. "아 그렇구나? 안에 있어 비가 오는 줄 몰랐는데 ○○이가 말해 주니까 덥다고만 생각했는데 신기하네 …. 훨씬 덜 더운 느낌이다." "나는 ○○이 마음의 날씨가 궁금한데 다음 시간에 만날 때 일주일 동안 마음의 날씨를 적어서 가져올 수 있느냐?"고 하자 그러겠다고 한다. 부모님이 원해서 왔기에 오늘 ○○이는 선택의 시간이 없었지만 다음 이 시간부터는 ○○이가 선택할 수 있는 시간들이 되므로 시간을 잘 만들어 볼 것을 권했다. 고개는 크게 끄덕이고 목소리는 작게 "네."라고 한다. 상담을 끝내고 밖에 나갔는데 아빠가 엄마와 함께 내담자를 기다리고 있었다. ○○은 예상 밖의 아빠의 출현에 다소 놀란 표정이었다. 아빠는 상담실에서 나오는 딸과 눈맞춤이 없이 상담자를 먼저 살펴보았다. 상담을 위한 내담자의 정보 수집과 상담목표를 정하였다.

2회기(2011. 9. 6)

마음의 날씨를 통해 한 주간에 일어난, 내담자의 우울에 관계되는 주변 자극을 파악해 보았다. 자신의 감정을 살펴보는 것이 '귀찮고, 어렵다'고 한다. 가족이 모두 자신의 눈치를 보고 있음을 알고 동생과의 관계에서도 미숙한 부분이 있다.

상담에서 원하는 내담자의 두 가지 목표가 이루어지면 어떤 최종적인 모습이 나타날지를 상상해 보았다. '친구들도 많이 사귀고 발표도 잘하는 모습'이라고 했다. 상담에 임하는 상담자의 마음을 전하고 조력하기로 약속하며 내담자 또한 상담시간에 성실한 마음으로 준비할 것을 약속했다. 하루에 한 시간 단위로 한 일을 작성, 일주일분의 일과표를 과제로 내주었다. 내담자는 '하루 종일 아무것도 하고 싶지 않고 하지 않아도 되었는데 과제라는 것이 생겨 귀찮기도 하지만 새롭다는 기분'이 든다고 상담을 마치며 말하며 동생에 대해 걱정을 했다.

부모 상담시간에 내담자 동생에 관한 이야기를 하였다. 모는 그렇지 않아도 내담자의 정신과 진료 시에 내담자와 동생이 동시에 진료를 받았으나 아무 이상이 없다는 결과를 듣고 모 스스로가 너무 민감하게 생각했던 것으로 판단했다. 부와의 상담에서는 상담의 과정에서 필요하다면 가족상담을 제의할 수 있음을 밝히고 참여하겠다는 동의를 얻었다.

3회기(2011. 9. 20)

하루를 한 시간 단위로 작성해 본 일과표를 보며 상담을 시작했다. 그중에 중요하다고 생각되는 일을 골라 보았고 어떤 의미가 있는지 관찰했다. 하루에 한 시간씩 공부했던 것과 엄마를 도와 설거지를 한 것 이렇게 두 가지를 찾았다. 하루 종일 아무것도 하는 것이 없다고 생각했었는데 그렇지 않은 것을 발견했다. 이것의 의미를 묻자 '행동으로 실천한 것'이라고 말하였다. '엄마에게 받은 칭찬은 뿌듯함'을 주었고 자신감의 씨앗이 될 수 있다는 사고를 발전시켰다. 이 씨앗을 잘 발아시켜 보기로 상담자와 함께 약속하는 회기였다. 과제는 하루 중 중요하다고 생각한 일을 쓰고 그 일을 할 때 일어난 생각, 느낌, 의미를 관찰하여 작성해 오기로 하고 이름은 '감정노트'라고 붙이기로 정했다. '등교를 하고 싶은 생각이 조금이라도 있는지, 공부는 하고 싶은지' 물었다. 내담자는 "지금은 전혀 가고 싶은 생각이 없지만 공부는 해야겠죠."라고 하였다. 학교에 가지 않고 공부하는 방법은 무엇인지 묻자 "검정고시를 치면 돼요."라고 하였다. 공부를 할 수 있는 두 가지 방법을 놓고 상담을 했다. 평소 고민하고 있던 것으로 보인다. 내담자가 검정고시를 택하려는 이유는 학교에서 친구관계가 불편하고, 시간을 줄일 수 있어서, 검정고시를 택해도 자신의 인생에 아무런 지장이 없다는 것이었다. 내담자는 비교적 학교와 검정고시를 놓고 상당한 시간을 고민해 본 아이였다. 뚜렷한 주장이 있었고 득과 실의 관계에서 사회적 공론에 영향을 받지 않고 있었다.

4회기(2011. 9. 27)

지난주 회기를 정리해 보고 과제를 점검하였다. 주변 친구관계에 관해 이야기를 나눈 후 새로운 계획을 세웠다. 친한 친구 3명은 서로 모르는 사이이므로 이번 주에 두 명의 친구와 동시에 만나 서로를 소개해 주고 셋이서 시간을 보내는 것을 계획했다. "아하~ 진짜 웃기겠어요. 걔들은 서로 성격이 반대라 힘들어할 텐데 …. 전에도 우연히 셋이 잠깐 만난 적이 있는데 바로 헤어졌거든요. 그치만 한번 해 볼게요."라고 말했다. 두 친구와 만났을 때 일어날 수 있는 상황에 대해 살펴보고 내담자의 생각을 잘 전달할 수 있는 연습과 역할 등에 대해 찾아보았다. 잡지콜라주, 수채화물감, 전지, 8절도화지, 파스텔, 색연필, 크레파스, 유성매직을 놓고 자유로이 도구를 선택하기로 하였다. 내담자는 8절 도화지와 수채화물감을 선택했다. 주제는 도화지의 가운데는 내가 생각하는 나를 그리고 밖에는 남이 생각하는 나를 그리기로 하였다. 완성 후 설명에서 "남들은 내가 평범하고 하나도 아프지 않은 아이라고 생각해요 …. 근데 … 난 … 심장에 피가 흐르는 애예요."라고 하였다. "다른 사람이 보기에 ○○는 겉으로 보기에 멀쩡하니 아프지 않은 아이로 보이겠구나. 그래서 ○○가 겪는 우울증을 대수롭지 않게 생각하지만 정작 너는 심장이 까맣게 탈 정도로 마음이 아프고 모자라 피를 흘릴 정도로 괴로우니 그것을 견디느라 얼마나 외롭고 억울하고 힘이 들었을까 …. 그 말을 듣는 샘도 이렇게 마음이 아픈데 …."라고 하였다. 내담자는 눈물을 흘렸다.

또래와의 관계 맺기는 내담자가 지지받을 수 있는 가장 큰 자원이므로 현재 생활에서 가장 활성화시킬 필요가 있다. 또한 내담자의 내적 상태를 자신과 같은 수준으로 공감해 주고 정서적으로 지지해 주는 시간이었다.

5회기(2011. 10. 4)

감기로 인해 결석.

6회기(2011. 10. 11)

4회기에서 하루 수면시간 12시간을 1시간 줄이기로 한 것은 지켜지지 않았다. "약속을 지키기 위해 어떠한 행동을 할 수 있을까?" 하고 물으니 "자명종을 틀면 될 것 같아요."라고 하였다. 일정한 시간을 정해 놓고 공부, 식사, 잠자기 등을 할 것을 약속했으나 공부하는 시간만 지켜졌다. 혼자 집에서 지내는 시간이 많아 식사와 잠자기 등은 제시간을 지키기 힘들었다고 한다.

지난 상담 후 "월요일에 학교에 가기로 생각하고 난 이후부터 일요일까지 5일 동안 결심이 왔다 갔다 하고 마음이 편했다가 불안했다 걱정도 많이 되었다."고 말했다. 친구가 "학교에 나왔다가 정 안 되면 그때 그만두면 되지 않냐?"는 말에 다시 결심하고 월요일 아침 일어났는데 용기가 나지 않아 학교에 안 갔다고 한다. "그런 결심이 지난주에 계속됐을 거고 하루에도 몇 번씩 마음이 바뀌었을 텐데 …. 마음이 안정되지 않아 얼마나 불안했겠니?"라고 공감해 주자 "아, 진짜진짜 힘들었어요 …. TV를 봐도 재미가 없고, 몇 번씩 이럴까 저럴까 망설여지고 …. 답을 못 찾겠고."라고 대답했다. "그렇지만 그런 생각을 해 봤다는 것은 충분히 훌륭하다." "또 등교는 못했지만 아침에 등교시간 맞춰 일어나는 행동을 실행했으니 너의 노력은 값지다."라고 지지해 주고 과정의 중요함을 나누었다. 내담자의 행동결과에 대한 판단보다 노력할 때 가졌던 마음을 반영하고 공감해 주며 의지를 보인 것에 초점을 맞추어 주었다.

7회기(2011. 10. 18)

자퇴를 결정하였다. 이후의 계획은 검정고시 준비와 일어공부, 한 가지 더 있다면 기타를 배우고 싶다고 말한다. 친구들이 중학교를 졸업할 때까지 내담자는 중학교와 고등학교 검정고시를 마칠 생각이라고 하였다. 검정고시는 사이버 인강을 듣고 일어는 스스로 공부하기로 하였다. 기타학원은 희망하지만 아직 구체적인 계획에는 넣지 않았다. 부모님께 상의 드렸고 동의를 받았다. 자신의 미래를 위해 구체적인 계획을 세운 것을 칭찬하고 그동안 마음이 불편했을 텐데 어떤 느낌인지 물어보니 "시원해요."라고 한다.

그동안 연습한 대로 정해 놓은 시간에 공부하기로 하였다 …. '학교라면 공부시간이나 쉬는 시간을 친구들과 같이 하니까 쉽겠지만 '○○는 시간 관리를 스스로 하고 점검해야 하는데 어떻게 할 것인지' 물어보았다. "의지를 가지고 해야겠죠."라고 대답하였다. "의지대로 되지 않을 경우에는 어떤 방법을 써 볼래?" 하고 물었더니 "책상 위에 감정노트를 펴놓고 볼 거예요 …. 그럼 …. 좀 …."라고 한다. "선생님하고 했던 약속이랑 그때 마음을 떠올려 보면 도움이 될 것 같다는 건가?"라고 하자 그렇다고 한다. 내담자가 방법을 생각해 낸 것에 대해 칭찬해 주고 격려해 주었다. 난화를 그렸다.

찾은 것: 별, 공, 종, 꽃, 바나나

내용: "바나나를 먹다가 하늘을 올려다보니 거기엔 별이 있었다. 보지 못한 풍경을 천천히 돌아보니 내 주위에는 아이들이 가지고 놀던 공과, 엄마가 아끼는 꽃이 있었다. 문득 그것을 깨닫자 머릿속에서 종소리가 울려 퍼졌다."

"보지 못한 풍경을 천천히 돌아보면 어떤 생각이 들까?" 하고 물었다. "왜 여태 못 봤지?"라고 했다 …. "너에게 어떤 일이 일어났을 때 그런 생각이 들까?" 하고 물었다. '공부를 새로 시작한 일 ….' '종소리가 울려 퍼졌다.'는 것은 어떠한 상태를 말하는가 묻자 "새롭게 가슴을 울리는 …. 아 그러니까 …. 깨닫지 못했던 것을 알게 됐을 때 느끼는 그런 거?"라고 말하였다. "아이들에게는 가지고 놀던 공, 엄마에게는 아끼는 꽃이라고 했는데 너에게는 무엇이 있니?"라고 묻자 '가족'이라고 한다.

내담자가 인생의 판이 바뀌는 결정을 스스로 내렸고 구체적인 계획을 세운 것은 자신의 삶의 주체로서 내면의 힘을 보이는 일이다. 그러한 결정이 자신을 새롭고 신선하게 인식하게 했으나 '바나나를 먹다가 하늘을 올려다보는'으로 표현한 부분은 현재의 상황을 떠나 사고는 다른 곳, 즉 미래에 대한 설렘과 불안을 동시에 갖고 있다고 보인다. 애정욕구와 가족과 소통하고 싶어 하는 마음을 볼 수 있다.

8회기(2011. 10. 25)

요즘은 부모님이 부부싸움을 자주해서 기분이 좋지 않았다고 한다. 감정노트에 매일 구름을 그렸다. KFD를 마치고 느낌에 대해 묻자 "외로워 보여요."라고 했다. 가족을 바라보는 자신의 생각은 다음과 같다. 첫째, 엄마가 불쌍하다. 아빠의 원인 모를 짜증과 화를 다 받아 주고 있다. 둘째, 아빠가 불쌍하다. 사회생활에서 스트레스가 많은가 보다. 셋째, 아빠에게 화가 난다. 남자가 스트레스 받는다고 집에서 짜증을 부리고 엄마에게 툭하면 소리 지르는 것이 화난다. 넷째, 엄마에게 화가 난다. 아빠 성격을 잘 알면서 참아 주지 않고 화를 돋우는 말을 해서 분위기를 험하게 만드는 경우가 있다.

내담자는 자신의 문제보다 부모의 싸움으로 인한 집안분위기가 더욱 우울하다고 했다.

인강 사이트를 정하면 월요일부터 시작하기로 하였다. 신체활동을 일과 중에 추가하는 것을 권해 보았으나 반응이 없었다.

상담목표인 등교는 검정고시를 준비하는 것으로 대체, 목표가 달성된 것으로 볼 수 있으므로 상담 중간 점검하는 시간을 가졌다.

내담자는 상담목표인 자신감 갖기, 의지력 기르기를 10점 척도로, 상담 전 4와 3에서 5와 5로 달라졌다. 그러나 이보다 더 좋아지고 싶다고 했다. 부모상담에서 부부의 문제가 내담자에게 미치는 영향에 대해 설명하고 가족상담을 제의하였다. 참여의사가 있을 경우는 한 달 뒤에 시작할 것을 권하였다. 모는 긍정적으로 생각한다고 하였고 부와 상의해서 답을 주겠다고 하였다.

내담자는 가족과 상호작용이 없이 단절감을 느끼고 정서적 친밀감 또한 낮아 보인다. 가족의 중심인물로 아버지를 그리고 엄마를 외향적이고 활동적인 인물로, 동생을 내향적이고 침체되어 있는 인물로 그렸다. 자신은 우울하거나 활력이 부족한 인물로 나타내었다. 가족구성원과 자신의 정서적 회피와 거리감이 나타나 보인다.

9회기(2011. 11. 1)

감정노트가 지난주에는 일상적인 사건을 기록하는 일기로 변했다. 이에 대해 환기시켜 주고 감정노트를 기쁨노트로 바꿔 작성하기로 했다.

오늘 책(검정고시용)이 오는 날이라며 기대된다고 말한다. 기대는 준비한 사람만이 가질 수 있는 마음인데 검정고시를 준비하는 동안 어떤 생각을 했는지 물어보았다. "책 내용도 궁금하고 '내가 잘 따라갈 수 있을까?' '혼자 하는 공부라서 혹시 잘 안 되면 어떻게 하지?' 하는 걱정도 들어요. 그렇지만 가기 싫은 학교에서 공부하는 것보다 어쩌면 더 잘할 수도 있을 것 같아요."라며 기대 반 걱정 반이라고 한다. 상담자가 같은 경험을 하고 있는 친구들에 대해 이야기해 주어 내담자의 불안을 줄여 주었다. 그리고 '잘 해내고 싶은 마음'을 읽어 주며 지지해 주었다.

특별한 일이 없었는데도 내담자가 "일주일이 바쁘게 지나갔어요."라고 한 것에 대해 살펴보았다. 집에만 있는 시간이 줄었고 회관에 가거나 친구를 만나거나 인강으로 검정고시를 준비하기 위해 움직였던 시간이 많았다. 이러한 일들이 빠르게 일어났으므로 육체적으로 피곤을 느꼈다고 한다. "한 가지 빼놓을 수 없는 일은 집안이 좀 조용해졌어요. 엄마, 아빠가 이번 주에는 한 번도 안 싸웠거든요 …."

부부싸움이 없어 내담자가 정서적 안정 상태를 보이며 자신의 일에 에너지를 쏟을 수 있던 것으로 보인다.

10회기(2011. 11. 8)

몸살로 상담에 결석함.

11회기(2011. 11. 15)

공부가 어렵다고 하여 학습상담을 하였다. 과목별 공부 방법을 알려 주고 주변 환경의 문제를 살펴보았다.

자신감을 갖게 되었던 최초의 기억으로 초등학교 2학년 때 일등을 했던 일과 그때의 사고와 정서를 다시 느껴 보기로 했다. 그때 '공부를 열심히 해야겠다.'는 생각과 '뿌듯함'으로 인해 즉시 '행동에 옮겨 실천'했던 기억을 말했다. 성적이 좋아 느꼈던 감정은 '성취감'이라고 한다. '부모님과 선생님, 친구들에게 칭찬을 하니까 자신감이 생겼었다'고 했다. "근데 …. 그때 좀 …. 그러다 말았어요." 해서 물으니 "잠깐 그러고 계속하지 않았던 것 같아요."라고 했다. "왜 지속할 수 없었는지 기억나니?"라고 하자 "모르겠어요."라고 한다. 그때와 같은 기분을 느껴 본 최근의 경험을 이야기해 줄 것을 권하자 밤잠 안 자고 새벽까지 총 7시간에 걸쳐 완성한 게임에 관한 것이었다. 그 일은 '성취감'을 주었다고 한다. 자신감도 생겼냐는 질문에 "자신감은 … 글쎄요 …. 그건 … 잘 …."이라고 말했다. "왜 그렇지?" 하자 "칭찬받을 만한 일은 아닌 것 같아요."라고 한다. "누군가에게 칭찬을 받았을 때 자신감이 더 생겼구나?"라고 하자 "엄마가 절 칭찬해 주면 사랑해 주는 느낌도 들고 …. 자신감이 생기는 것 같아요."라고 대답했다.

내담자는 엄마나 아빠의 칭찬과 지지를 통해 자신이 사랑받고 있다고 생각하고 있었다. 아빠보다는 엄마가 자신을 더 많이 사랑한다고 생각하는 것은 늘 엄마가 곁에서 자신의 이야기를 들어 주고 칭찬하고 지지하기 때문이다. 정신과 진료는 격주 단위로 받기로 했다.

12회기(2011. 11. 22)

"어서 와. 잘 지냈니?"라고 하자 "선생님 지난주에요 …."라고 하며 지난주에 있었던 가족 이야기를 했다. 아빠가 잘못해서 엄마에게 엄청난 잔소리를 들은 일, 별것 아닌 일로 동생과 엄마가 싸우는데 그 모습이 웃겨 큰 소리로 웃었다가 엄마한테 욕을 먹은 일 등. 내담자는 가족 안에서 일어나는 일을 애정과 여유를 갖고 보고 있었다. "토닥토닥 싸우는데 …. 하하 …. 저는 진짜 귀여웠거든요 …. 근데 … 엄마가 저보고 웃는다고 욕하고 … 소리 질러서 … 웃음이 나오는데 … 꾹 참았어요. [웃음.] 진짜 별거 아닌 일로 그러는 거 웃겼는데 …."라고 했다. 내담자는 변화된 정서로 가족을 보고 있었다.

아무것도 아닌 일에도 웃음보를 터트리는 15세 청소년이 되었는데 모가 예민하게 알아차렸더라면 하는 아쉬움이 있었다. 인강은 처음보다 쉬워졌고 과목별로 별 무리 없이 진행되고 있다고 한다. "한 번이라도 다른 날로 미루면 힘들 것 같아요. 꾸준하게 하는 게 진짜 어려운 일일 것 같아요."라고 했다. "왜 어려운 일인지 벌써 눈치챘구나. 대단한데? ○○가 정말 열심히 하려고 마음을 단단히 먹고 있네."라고 하자 "잘해야죠."라고 했다 …. "프로란 지겨운 반복을 끊임없이 해내는 사람"이라고 하며 한 가지 사례를 이야기해 주었다. 잠시 명상으로 고요체험한 후 만다라를 색칠하였다.

제목: 12월 크리스마스
느낌: 겨울하면 떠오르는 색깔 ….
알 수 있었던 것:

색칠하기는 가장자리에서부터 시작하여 중심부로 진행하였다. 내담자의 현재 상태를 참고로, 현재 내담자의 생활에서 이뤄지고 있는 실천들로 보아 외부와의 관계를 시도하는 에너지를 나타내는 것으로 보인다. 마음속에 열정과 욕구가 자리 잡고 있다고 보이며 아빠에 대한 관심이 극도의 애정욕구로 자리 잡고 그것이 어떠한 절제감이나 불안정감으로 나타나고 있다. 전체적으로 밝은 색감을 사용한 것은 희망과 밝음을 나타내는 긍정성으로 보인다.

- 느낌에 대한 내담자 설명: 제목에 대한 연상 단어는 크리스마스트리라고 했다. 내담자가 다니는 왕국회관은 크리스마스를 지내지 않아 지금껏 한 번도 크리스마스트리를 만들어 본 적이 없지만 내담자는 트리가

너무 예뻐서 만들고 싶었다고 한다. 크리스마스 때 친구들과 거리도 나가 보고 선물도 하고 싶었다고 한다. 그러나 엄마는 종교의 이유를 들어 안 된다고 하시니 할 수 없이 말씀을 따랐지만 마음에 들지 않는다고 한다.

15세 소녀의 즐거운 놀이 한 가지가 사라진 것이다. "크리스마스를 안 지내는 것은 그렇다고 해도 생일도 안 지내요. 글쎄 … 좀 심한 … 거 … 아니에요? ….."라며 말끝을 흐렸고 표정이 어두워졌다. "생일 선물은 받아 봤니?"라고 하자 "아니요 …."라고 했다. "친구들한테는?"라고 하자 "말 … 안 했어요."라고 한다. 성인은 자유와 책임, 그리고 자기확신에 의한 결정들을 할 수 있는데, 청소년기에 경험하는 삶의 방식 속에서 연습과 통찰이 필요하며 그 과정은 나만의 색깔로 나타나게 될 것이라고 말했다. 종교에 관한 문제는 상담시간에는 이야기하지 않을 것이나 본인이 꼭 이야기하고 싶은 주제라면 괜찮다고 말했다. 만다라를 통해 현재의 심리상태와 욕구를 볼 수 있었다.

13. 축어록 2회기분

상1: 안녕. 어서 와. ○○.

내1: 안녕하세요.

상2: 파마를 한 것 같네? 곱슬머리인가?

내2: 아니요. 파마 한 거예요. [웃음.]

상3: 파마 이름이 모야?

내3: 막 파마요. [웃음.]

상4: 많이 풀렸네. 생애 최초의 파마였나?

내4: 아니요. 한 달쯤 됐어요.

상5: 그렇구나. 생애 최초의 파마는 일주일만 되면 후루룩 풀린다. 머리카락이 처음 자극을 견딜 수 없어해. 그렇지만 두 번째부터는 원하는 컬 정도에 반응해 주지. 뭐든지 처음은 적응하기 힘든 걸까? 지난 한 주는 어떻게 지냈니.

내5: 집에서 놀고먹고 ….

상6: 그렇게 말하니까 아무 일도 없던 것 같네. 오늘은 어떤 이야기를 할까?

내6: 지난주 수요일 날 엄마랑 아빠 결혼기념일이라 가족들이랑 회 먹으러 갔었어요.

상7: 좋은 시간을 보냈었네. 자주 그런 시간을 보내니?

내7: 그냥 …. 네 …. 차타고 한 20분쯤 되는데 농어로 회를 떠 주는 데가 있어요. 거기 가서 먹었어요.

상8: 즐거웠겠네. 집안에만 있다 밖에 나가니 상쾌했을 거야. 요즘은 날씨도 얼마나 좋은지 공기가 여름과 완전히 달라져 있어.

내8: 진짜 시원하고 …. 좋았어요. 가을이에요.

상9: 아~ 그래! 지난주에 아빠가 밖에 계셨잖니. 난 저분이 누구신가 했다.

내9: 응 …. 데리러 오기로 하셨어요.

상10: 그랬구나. 선생님이 보기에는 아빠가 네게 관심을 많이 쏟으시는 것 같다. 두 부모님 모두 상담실 밖에서 기다리고 계시기가 쉽지 않지.

내10: 네. 잘해 주려고 하세요. [웃음.]

상11: 그렇게 느끼고 있구나. 지난 시간에 마음의 날씨를 매일 적어 보라고 했는데 기억나니?

내11: 네. 매일 마음의 날씨 …. 기억해요 …. 알아요.

상12: 그래. 기억하고 있구나.

내12: 수, 목, 금, 토, 일까지는 해구요. 월, 화 오늘 …. 이틀은 구름이에요.

상13: 잘했다. 해와 구름 …. 해는 뭐라고 표현해 볼래?

내13: 음 …. 기분이 좋았다 ….

상14: 기분이 어떻게 좋았다고 말해 볼 수 있니?

내14: 그냥.

상15: 이때 친구를 만난 날이 있었니?

내15: 네. 이틀 정도.

상16: 구름은 뭐라고 표현해 볼까?

내16: 음 …. 기분이 …. 우울하다.

상17: 그렇구나. 기분이 좋았을 때와 기분이 우울했을 때 어떤 차이나 변화가 있었니?

내17: 그냥 이유도 없이 어지럽고 우울했어요.

상18: 아 이유는 없었구나? 주변 환경은 어땠니?

내18: 별로 변화 없었어요.

상19: 그럼 좋았을 때와 우울했을 때 생긴 일은?

내19: 없어요.

상20: 좋아. 천천히 생각해 보기로 하자.

내20: 잘 모르겠어요 …. 집에만 있다 보니 나가고 싶기도 하고 …. 그래서 이번 주에는 약속을 좀 잡아 놓고 ….

상21: 어떤 약속인데?

내21: 내일부터 학교가 쉰대요. 추석 연휴라고 그래서 친구랑 영화 보러 가기로 했구 …. 목요일에 한 명하고 금요일에 한 명하고 그렇게요. 영화 보러 두 번 가요. 또 친구네 부모님이 할머니네 가는데 친구는 안 간다구 …. 그래서 친구네 집에 가기로 하고 … 잠도 자고 ….

상22: 아, 스케줄이 많네요. 부모님이 친구 집에서 자는 걸 허락해 주셨네?

내22: 네. [웃음.]

상23: 부모님이 ○○이를 신뢰하시나 보다. 친구 집에서 자는 것도 허락하시고 …. ○○이가 기분을 바꾸기 위해 계획을 세워 보았고, 친구와 약속하며 실행을 시작했네. 이런 일을 계획하는 동안 ○○이 기분이 상당히 좋아 보이네.

내23: [웃음.] 우울한 기분을 떨쳐 버리려면 활동이 필요할 거 같아 이번 주에는 활동을 좀 많이 하기로 했어요.

상24: 응. ○○이는 자신을 위해 구체적인 노력을 많이 하고 있다는 생각이 들어 기쁘다.

[상담자는 노트에 다음과 같은 5점 척도를 그려 놓았다. '많이 원한다' '조금 원한다' '보통이다' '조금 원하지 않는다' '많이 원하지 않는다']

상25: 선생님은 ○○이를 만나는 이 시간을 위해 최선의 노력을 하고 있어. 어떻게 하면 ○○이의 말을 잘 들어 주고 ○○이가 자신을 위해 노력하는 시간들을 지켜보며 지지해 줄 수 있을까? 이건 선생님이 네게 관심을 갖고 있다는 증거인데 ○○이는 상담시간에 얼마만큼 관심을 갖고 있는지, 너의 변화나 성장을 원하는지 궁금하다. 이 중에 한 곳에 체크해 볼래?

내25: ….

상26: '조금 원한다'이구나, 우선 보통을 넘어서 원한다는 것을 알게 돼서 반갑고 지난주에 말했던 것처럼 이 시간은 ○○이의 선택으로 이루어진 만큼 좋은 시간으로 만들어 나갈 수 있겠다는 희망도 보인다. 잘해 나가자. 선생님이 ○○이를 조금 더 잘 알고, 이해하는 데, 그리고 네가 시간을 잘 사용하는 데 보탬이 될 수 있을 것 같은데 여기 문장완성검사(SCT)를 작성해 볼까?

내26: ….

[검사 종료 후]

상27: 학교는 언제부터 가기 싫었어?

내27: 중학교 1학년 때부터요.

상28: 초등학교 때는 괜찮았어?

내28: 그때도 …. 많이 싫었어요. [웃음.]

상29: 몇 학년 때?

내29: 3학년 때부터

상30: 그때 학원도 다녔니?

내30: 학원 다녔는데 미술학원만 …. 학원에 다니다가 학습지 하다가 왔다 갔다 했어요. 중학교 때부터는 아예 아무것도 안 다녔어요 …. 학교만.

상31: 학원 가기 싫은 게 아니었나 보구나. 그럼 학교는 왜 가기가 싫었지?

내31: 움츠러든다고 하나 …. 친구들 하고 관계가 어려웠어요. 학교친구들과 …. 자신감 없어서 무슨 일 할 때도 난감하고 심장이 두근대고 진짜 …. 진짜. 국어 수업 때는 거의 2주 간격으로 발표수업 하는데 심장이 막 뛰고 힘들었어요. 그리고 친구들 아니, 친한 애들 반이 2학년 때부터 떨어졌어요. 근데 그냥 반에서는 그럭저럭 지내는 애들도 맘에 안 들고 적응도 못하겠고 소외된 느낌 …. 스트레스 받았어요. 반에는 1학년 때부터 친한 애들끼리 노는데 2학년 때 다른 애들 사이에 끼려면 힘들잖아요. 1학년 때 저랑 친한 친구도 다른 반에 갔는데 엄청 힘들어해요. 서로 쉬는 시간에 만나고 했는데 …. 언제까지 그럴 수도 없고 …. 짜증나요.

상32: 그렇구나. 초등학교 때부터도 많이 힘들었구나. 죽을 만큼 힘들었을 텐데. 살기 위해 등교하지 않는 방법을 선택했나 보구나? ○○이 친구도 같은 어려움이 있다고 했는데 이런 친구들에게 우리 상담이 도움이 된다면 ○○이는 허락해 줄 수 있나?

내32: …. 무슨 뜻이에요?

상33: ○○이의 상담내용을 아주 훌륭하신 선생님과 연구해서 같은 고민에 빠진 친구들에게 도움이 되고 ○○이에게도 도움이 된다면, ○○이의 이름이나 학교 주소처럼 ○○이를 나타내는 모든 것을 빼고 공개해도 되냐는 거지?

내33: 제가 누군지 알면요?

상34: 그것은 비밀에 둘 거야.

내34: 그럼 …. 뭐 …. 괜찮아요. 다른 사람들은 전줄 모르는 거죠?

상35: 물론 그렇지. 고맙다. 아빠와 ○○이 사이는 어떠니?

내35: 아빠요? [웃음.] 아빠하고 저는 똑같이 생겼잖아요. 서로 보면 …. 막 웃겨요. 아빠랑도 친해요. 집에서 티격태격하고 막 째려보고 아빠가 내 배 찌르고 …. 뱃살 좀 빼라 그러고 잘 지내요.

상36: 친구 같은 아빠네?

내36: 네. 친구 같아요. 재미있어요.

상37: 동생이 있잖니. 동생과는 어떻게 지내는지 말해 줄래?

내37: 크~ 걘 철딱서니가 없어 가지구. 걘 쫌 문제가 있어요. 상담을 받아 봐야 할 거 같아요. 성격은 진짜 좋아요. 친구들도 엄청 많구. 저랑 완전 달라요. 아무나 처음 보는 사람하고도 말도 잘 붙이고 …. 근데 저랑은 30분에 한 번씩 싸워요. [웃음.] 엄마가 화 잘 안 내시거든요. 근데 엄마가 화낼 정도로 …. 제가 집에 붙어 있으니까 …. 엄청 싸워요 아무것도 아닌 일 가지고도 싸워요.

상38: 그런데 왜 상담을 받아 봐야 한다고 생각했니?

내38: 어제 …. 동생이 친구들을 데리고 집에 와서 놀겠다고 했는데 제가 시끄럽다고 …. 너무 싫은 거예요. 절대 안 된다고 한참 실랑이 하다가 막 우는 거예요. 그러더니 막 욕하는 거예요. 저한테 C8 막 그러는 거예요. 엄청 우는데 저러다 말겠지 했어요. 안방에 들어가선 …. 저런 걸 가지고 30분씩이나 우냐? 하는 생각이 들어서 안방에 들어가 봤어요. 그런데 저희 집이 8층이거든요. 안방 베란다 문을 활짝 열고 있는 거예요. 뛰어내리려고 하는 거예요. 너 왜 그래? 너 뭐해? 그러니까 동생이 "난 쓸모없는 사람이야. 죽어 버리고 싶어.” 그러는 거예요 …. 그래서 왜 그래? 하고 막 끌어 내렸는데 …. 30분을 우는 거예요. 그런데 어느 순간 울음이 멈추는 거예요. 그래서 ‘아. 재는 뭐 저러냐?’ 그랬죠. 놀랐어요 …. 어린애가 벌써 그런 말을 하는데 …. 그런데 … 내 동생도 상담 좀 받아 봐야 할 거 같아요. 걘 쫌 이상해요. 툭하면 그런 말을 잘해요. 쓸모없다. 죽어 버리겠다.

상39: 지금은 웃으면서 말하고 있지만 그때는 굉장히 놀랬겠다. 게다가 ○○이가 미안한 마음도 들고 걱정도 돼서 안방으로 간 것 같은데 동생이 그러고 있었으니 ….

내39: 걘요 그러다 달래 주면 괜찮아져요. 금방 괜찮아져요. 그다음부터 또 활발하게 놀아요. 애가 지나칠 정도로 음 …. 충동적인 것 같아요. 무슨 일 생기면 아무렇지 않게 죽는다는 말을 하거든요.

상40: 동생이 많이 걱정되겠다.

내40: 얘가 왜 죽는다는 생각을 했지? 별것도 아니잖아요. 그런 거는 …. 근데 왜 자꾸 죽는다는 소리를 하지. 아무 일도 없는데도 죽고 싶다 그래요. 죽는다는 말 함부로 하는 거 아니라고 제가 막 가르쳐요.

상41: 그래. 누나로써 동생이 어리석은 생각을 한다면 말해 주고 잘못된 것에 대해서는 가르쳐 주기도 해야지.

내41: [어이없다는 듯 웃으며] …. 그때는 …. 진짜 …. 어이가 없었죠.

상42: 엄마는 알고 계신가?

내42: 네. 평상시에도 그런 말 자주 하니까 ….

상43: 그렇구나. 그 일에 대해서는 선생님이 엄마와 얘기해도 되겠니?

내43: 네. 그렇죠.

[종결회기]

상1: 안녕 어서 와 ○○아.

내1: 안녕하세요. [기쁨일기를 내려놓는다.]

상2: 음 지난번에 잊은 거 이번 주에 가져왔네.

내2: 네.

상3: [일기를 살펴보고] 빠진 날도 있네?

내3: 음 …. 그때는 쓸 게 없었어요.

상4: 아, 기쁜 일을 찾을 수 없었나 보네?

내4: 네.

상5: 기쁨일기를 쓰면서 어떤 생각이 들었어?

내5: 쓰면서 …. 그때 있었던 일을 떠올리구 ….

상6: 떠올렸다는 게 …. 미뤘다 썼다는?

내6: 하하 그게 아니 …. 할머니 집에 갔다 와서 썼어요 …. 할머니 집에서 쓸 수 없어서 ….

상7: 기쁨일기를 쓰면서 어려운 점은 없었나?

내7: 아뇨 ….

상8: 그렇구나 …. 보내 준 메일은 받았어?

내8: 네 …. [웃음.] 책상 앞에 붙여 놨어요. [웃음.]

상9: 미루려는 나에게 …. 그거?

내9: 네. 과목별 …. 그거는 말구요 ….

상10: 보니까 어땠어?

내10: 제가 생각했던 거랑 같은 거두 있구 …. 새롭게 해 볼 것도 생겼구 …. 좀 구체적이라 좋았어요.

상11: 요즘은 공부하기 어때?

내11: 살짝 귀찮아졌어요.

상12: 응, 그렇구나. 학교에서 공부하는 것은 어떤 장점과 단점이 있을까?

내12: 학교에 가는 친구들은 시간을 맞춰 공부하게 되니까 일종의 강제성이 있고, 그러니까 … 안 하면 안 되고 …. 그 시간에 해야 하고

…. 저는 누가 시키는 것도 없고 …. 혼자 해야 되니까 힘들어요.

상13: 선생님은 ○○이가 혼자 공부하다 생각지 못한 어려움들이 많이 있을 거란 생각이 드는데 혹시 그런 경험을 만난 일이 있어?

내13: 저는 그냥 … 하면 되지 … 그냥 … 쉽게 … 생각했는데 …. 진짜 쉬울 줄 알았어요. 중학교 검정고시는 쉽다고 해 가지구 …. 근데 공부해 보니까 귀찮고, 하기 싫고 이래 가지고 …. 큰일 났어요 지금.

상14: 큰일 났다고? …. 공부를 시작했더니 생각지 못한 어려움이 있어서 마음이 불안했나 보구나 …. 그런데 마음이 불안하다고 큰일이 생기진 않아. 해결할 수 없는 일이 생겼다고 생각해도 방법을 찾기 전에 절대 해결할 수 없다고 생각하면 방법이 생각나지 않을 수도 있고, 해결을 가로막고 있을 수도 있는데 …. 혼자 공부하다 이런 어려움을 만났는데 … 공부를 계속할 수 있는 다른 방법은 뭐가 있을까?

내14: …. 학원 가는 거.

상15: 그렇구나, 학원에 가서 공부할 수 있겠네. 그럼 학원 가서 공부하면 어떨까?

내15: 저, 학교 다닐 때 학교 되게 많이 빼먹었거든요. 그렇게 될 거 같아 가지구 …. 못하겠어요 …. 그냥 집에서 하는 게 나을 것 같아요.

상16: 학교를 자주 빼먹었으니 학원에 가서 공부한다고 해도 역시 빼먹게 될 것 같다. 그래서 집에서 공부하는 것이 낫겠다고 생각하는 거니?

내16: 네.

상17: 학교와 학원은 어떻게 같을까? 다른 것은 뭐가 있을까?

내17: ….

상18: 차이가 있을 것 같은데 생각해 봤니?

내18: ….

상19: 우선 하루 공부하는 시간에 양이 다를 것 같고, 공부하는 사람들도 연령차가 많은 사람들이 모일 것 같고, 학교보다는 자율성이 많겠고 ….

내19: 어른들도?

상20: 그렇지, 어른들도 계신 걸로 알고 있어. 우선 그곳에 가 보지 않았으니 분위기도 우리는 잘 모를 수 있겠다. 집에서 혼자 공부하는 것 말고도 다른 방법 하나가 생겼으니까 그 방법을 사용하기 전에 현재 ○○이가 어떻게 할 수 있을까 생각해 보자. 우리가 잠을 줄이고, 일정한 시간에 공부하는 연습을 쭉 해 왔는데 얼마나 달라졌는지 한번 얘기해 줄래?

내20: 네 …. 잠은 두 시간 줄였구요. 공부도 하루에 3시간씩 … 쉬었다 하고 쉬었다 하고 …. 정해 놓은 시간에는 했어요. 한 70% 정도 지킨 거 같아요.

상21: 잠을 두 시간이나 줄였어? 와~ 대단한데. 그게 상당히 어려운 일인데 어떻게 그럴 수 있었어? 점심 때쯤 일어나서 하루를 시작했었잖아.

내21: 하하, 요즘엔 되게 일찍 일어나요. 아니 …. 동생 땜에 자고 싶어도 못 자요. 아침마다 잠이 많으니까 …. 동생이 못 일어나요, 그래서 … 엄마가 깨우려고 … 한 시간 동안 수도 없이 불러요 …. 안 일어나요 …. 그래서 제가 일어나서 …. 제가 좀 …. 엄마는 좀 … 부드럽게 말해요 …. 원래 성격이 화를 안 내시거든요 …. 화를 안 내니까 걔가 엄마를 우습게 보는 거죠. 그래서 제가 가서 화를 한번 내면은 벌떡 일어나서 가서 세수하거든요. 제가 그 일을 맡은 거죠. 하하.

상22: 동생 학교 가는 시간에 맞춰 일어나는 상황이네. 엄마한테 도움이 되겠는걸. 동생 때문이라고 말하고 있지만 ○○이가 자겠다고 하면 잘 수 있는 상황인데 ○○이는 구체적인 노력들을 하고 있다고 보이고 달라졌다고 생각된다. 풍선이 커지려면 공기를 불어 넣어야 하는데 의지라는 풍선이 있다면 공기를 불어 넣는 방법과 횟수와 종류는 구체적인 노력이라고 볼 수 있겠지. 그동안 ○○이와 선생님이 함께 계획했던 것들이 모두 구체적인 노력들이라고 생각할 수 있는데 ○○이는 어떠니?

내22: 음 …. 이제 …. 깨달았어요. 하하하.

상23: 하하. 그렇군요 …. 오늘, 이야기하고 싶은 것은 뭐가 있니?

내23: 지난번 그 책 …. 선물 주신 거 …. 그거 보고 계속 눈물이 났어요.

상24: 응. 눈물이 났다 …. 눈물이 어떤 글을 보고 났는데?

내24: 그냥 감정이 막 북받치더라구요. 보는데 ….

상25: 감정이 북받친다는 건 어떤 거니?

내25: 글쎄 …. 좀 …. 그 글을 쓴 사람이 …. 글쓴이의 내용이 마음에 와 닿아 가지고 계속 울었어요.

상26: 공감이 된다. 글쓴이 마음이 느껴졌다 …. ○○이가 그렇게 느낀 구체적인 대목을 말해 줄 수 있니?

내26: 글쓴이가 …. 자기 자신을 인정해 줘야 한다는 내용이 있었어요. 자세히 생각은 안 나는데 …. 내용이 좋기도 한데 …. 포기하지 말라든가, 하고 싶은 일을 하라든가 …. 슬픈 거예요 …. 내가 살고 있는 것도 떠오르고 …. 그래서 한참 울었어요.

상27: 글쓴이는 자기 자신을 인정해 줘야 한다고 메시지를 전했고 내용은 자세히 생각나지 않지만, ○○이는 그걸 보면서 현재 ○○이의 살아가는 모습이 떠올라 슬펐다는 말인가?

내27: 네 …. 어떻게 살아왔나 …. 내 인생이 어렸을 때부터 …. 막 스쳐 지나가더라고요. 모르겠어요 …. 잘 모르겠는데 …. 슬펐어요.

상28: 그때 떠오르는 것이 있었니?

내28: …. 학교 관둔 거? …. 혼자 …. 개척해 나가야 하는 거 …. 해 나갈 일들 …. 해야 될 일들이 많아졌고, 그리구 …. 잘할 수 있을지 걱정도 되고 앞으로 뭘 해야 하는지도 모르겠고 …. 막막하니까 …. 엄청 스트레스도 많이 받고 그런 ….

상29: 새로운 세계에 발을 디디고 그것도 네가 선택한 거라 혼자 서 있는 기분이니 불안하고 무엇부터 어떻게 시작해야 할지 몰라 두렵고 불안한 것 같네. 혹시 후회하고 있니?

내29: 아뇨. 후회는 안 해요.

[중략]

상30: 지금까지 상담을 했는데 선생님은 ○○이가 상담에서 알게 된 것, 갖게 된 것을 통해서 스스로 생활해 보는 것도 좋은 때라고 생각된다. 그래서 ○○이한테 자립할 시간을 주고 싶은데 ○○이는 어떻게 생각하니?

내30: 네 …. 저도 지난번에 그런 생각해 봤어요 …. 이제 내가 상담 안 받고 할 수 있지 않을까 ….

상31: 그랬구나. 그럼 다음 한 회기를 끝으로 상담을 마무리하는 것도 괜찮을 것 같은데.

내31: 네 …. 그렇게 해 볼까 봐요.

상32: 그러자. 다음 주에는 마무리 회기로 하고 준비해 보자.

상담자: 김도연
논평자: 윤정혜

논평자인 윤정혜는 인지행동이론과 대상관계이론을 기초로 한 절충주의적 입장을 견지하고 있다. 아래의 논평은 위와 같은 이론적 관점에서 비추어 본 내용으로서 다른 상담 이론적 관점에서 본 사례를 논평한다면 다른 평가가 가능함을 미리 밝혀 둔다.

본 사례에 대해 첫째, 사례개념화(타당한 측면, 보완될 측면), 둘째, 상담진행과정(돋보이는 점, 보완되었으면 하는 점), 셋째, 상담결과(목표달성도, 미해결 문제)를 나누어 기술하고 총평을 하고자 한다.

1. 사례개념화

1) 사례개념화의 타당한 측면

귀 상담자는 내담자의 주요 문제가 우울증이며 그 증상의 하나로 등교거부가 발단이 되어 내담자의 부모가 상담실의 도움을 찾게 되었고 내담자의 문제가 부모의 양육태도, 부부관계 및 가족환경과 관련되어 있음을 잘 기술하였다. 또한 내담자가 4살 때 남동생 출생 후 어머니가 몸이 많이 아프고 부부불화가 심해지면서 내담자가 상실의 경험을 통해 어려움을 겪었다는 것을 이해하고 있으며 내담자가 가족의 울타리 밖으로 나가는 일을 두려워하고 신체활동, 많은 사람들이 있는 곳에 가는 것을 꺼려하고 자신이 해결하기 싫은 문제들에 대해서 회피하는 것으로 대응하는 경향이 있음을 기질적 요인과 함께 잘 기술해 주었다. 또한 상담자는 현 시점의 상담동기가 구체적으로는 등교 거부 때문이라고 이해하고, 이러한 등교 거부는 친구 사귀기를 힘들어하고 남의 시선을 의식하지 않고 자신의 의견을 발표하는 데에 어려움이 있는 내담자가 스트레스 상황을 회피하는 방식이라고 이해하였다는 점은 본 사례에 대해 개념화가 적절히 이루어진 것으로 생각된다. 또한 부가 상담에 적극적으로 협조하는 태도를 가족상담으로 연결시키려고 한 상담자의 반응은 상담에 긍정적인 영향을 줄 수 있는 요소로서 돋보인다.

2) 사례개념화에서 보완될 측면

본 사례를 이해하기 위해 더 탐색이 필요한 정보와 사례개념화에 대한 보완점을 나누어 언급하도록 하겠다. 첫째, 탐색이 필요한 부분이다. ① 내담자의 남동생이 태어나기 전의 어머니의 양육행동 및 관계의 질, ② 남동생의 출생 시기의 내담자의 월령(만 ○○개월), ③ 어머니가 말하는 일관성 없는 양육이 구체적으로 어떠한 것인가? ④ 3차례에 걸친 이전 상담경험의 구체적인 시기와 시작 이유, 그리고 중단(거부) 이유, ⑤ 중학교 2학년이 되어서 새로운 친구들을 만났을 때 사귀기 어려운 상황이란 구체적으로 무엇을 말하는가? ⑥ 내담자가 상담에서 이루고 싶은 '친구들도 많이 사귀고 발표도 잘하는 모습'이 학교를 안 가는 것과 구체적으로 어떠한 관련성이 있는가? ⑦ 중학교 2학년 이전의 친구관계의 질은 어떠했는가? ⑧ 주 호소 문제에서 나타나는 하루에 서너 번씩 갑자기 눈물이 난다는 것에 대해서 시작 시기와 주로 이와 관련하여 생각나는 것이 있다면 무엇인가? ⑨ 몸이 이유 없이 아프다는 것에 대해서도 시작 시기는 언제이며, 어디가 얼마나 자주, 어느 정도로 아파 왔나? ⑩ 어머니가 우울증이 있다고 하셨는데, 언제부터였는가? 결혼 전에 이미 있었는지, 내담자를 출산한 후에 혹은 남동생을 출산한 후에 처음 시작되었는가? 이러한 질문들에 대해서 구체적으로 내담자나 부모 상담을 통해 정보를 확인하는 것은 내담자에 대한 정확한 이해에 필수적이다.

둘째, 사례개념화와 관련하여 보완될 측면이다. ① 귀 상담자가 본 내담자의 우울증에 관한 부분이다. 내담자가 지닌 우울은 MMPI검사결과로 유추해 볼 때 만성적인 우울에 가까우며 부적절감, 수줍음, 사회적 상황에서 고립의 경향성을 지니고 있을 가능성이 있어 보인다. 가족의 울타리 밖으로 나가는 일을 두려워한다고 귀 상담자가 보고하는 내담자의 특성상, 가족 밖에서 수동적이고 겁이 많으며 사회적 기술이 또래에 비해 발달이 덜 되어 있을 가능성이 많다. ② SCT에서 내담자를 가장 두렵게 하는 것이 자신으로 인해 부부싸움이 일어나고 가정을 잃게 되는 상실에 관한 것을 언급하고 있는데, 내담자가 부부싸움과 어떤 관련성이 있는지에 관한 구체적인 탐색이 있어야 하며 가족의 역동과 관련하여 자세한 탐색이 필요하다. 내담자가 가정에서는 남동생과 잘 싸우며 양보하지 않고 공격적인 모습을 보이고, 아버지는 자신의 성격과 비슷하다고 한다. 가정에서 강한 아버지와 내담자가 동일시되어 있고 상대적으로 약한 어머니와 남동생이 더 동일시되어 있을 가능성이 있어 보인다. 이러한 역동이 있다면 이것이 가족의 상호작용에 어떻게 영향을 미치는지 탐색이 필요하다. ③ 어머니의 일관성 없는 양육태도가 구체적으로 어떠한 것인지를 확인하고 내담자의 성장초기와 현재에 구체적으로 어떠한 영향을 미치며 내담자가 갖는 생각이 어떠한 것인지에 관한 탐색이 필요하다. 어머니와 대화를 많이 하는 친구 같다고 하지만 발달에 적절한 돌봄과 훈육 여부에 대해서는 의문이 남는다. ④ 상담목표와 관련하여 2회기에서 내담자가 상담에서 원하는 목표는 친구들도 많이 사귀고 발표도 잘하는 모습이라고 하였다. 그러나 상담목표와 전략에는 너무 많은 내용이 열거되어 있다. 또한 전략에서 새로운 사고하기와 관련된 것은 인지적 접근을 하였다면 내담자가 가지고 있는 왜곡된 사고가 무엇인지 구체적으로 기술하고 이를 어떻게 다루었는지가 상담회기과정에서 구체적으로 기술되는 것이 필요할 것으로 생각된다.

2. 상담진행과정

1) 상담진행과정에서 돋보이는 점

아버지에 의해 상담을 오게 된 내담자를 상담에 대한 자발성을 촉진하여 초기진행을 하고 13회기를 이끌어 간 것이 귀 상담자의 능력으로 보인다. 또한 부모와 가족의 영향을 이해하여 부모 상담과 가족상담을 계획한 점과 책 읽기를 활용하여 내담자의 감정을 표현할 수 있도록 촉진한 점, 내담자의 생활패턴 중 우울 증상으로 쉽지 않았던 수면시간에 대해서 구체적으로 다루어서 긍정적 피드백을 통해 조절할 수 있도록 도운 점, 공부를 하고자 하는 의지를 가진 내담자에게 학습에 대해 가진 어려움을 구체적으로 도운 점이 상담과정에서 돋보인다.

2) 상담진행과정에서 보완되었으면 하는 점

상담진행과정에서 보완되었으면 하는 점을 몇 가지로 나누어 살펴보도록 하겠다. 첫째는 심리검사 실시 시기에 관한 것이다. SCT, KFD는 상담과정의 2회기, 8회기에 각각 실시되었는데, 초기접수면접 후 바로 필요하다고 판단된 심리검사를 모두 실시한 후 검사결과에 대한 상담을 하는 것이 바람직하다. 중간에 검사들이 실시되면 상담의 신뢰관계에도 긍정적 영향을 줄 수 없으므로 본 상담 전에 순차적으로 진행하는 것이 바람직하다. 둘째, 상담목표와 전략에 대한 것이다. 내담자는 2회기에서 내담자가 원하는 것—친구들도 많이 사귀고 발표도 잘하는 모습—을 말하고 있다. 10~20회기의 상담회기로 진행된다면 많은 목표를 나열하기보다는 내담자와 합의한 내용을 중심으로 목표를 수립하는 것이 효과적이다. 그러므로 본 사례에서는 내담자가 원하는 두 가지 목표를 더욱 구체화하는 것이 효과적일 것으로 판단된다. 셋째, 부모 상담의 활용 부분에 관한 것이다. 내담자의 아버지는 내담자의 상담에 적극적인 참여의사가 있는 것으로 보이므로 규칙적으로 2~3주에 1회의 부모 상담을 일관되고 지속적으로 병행하는 것이 바람직하다고 생각된다. 넷째, 상담회기의 과정에 대한 것이다. 2회기 축어록을 보면 학교가기가 싫었던 구체적인 내용이 나온다. 상담자가 탐색을 하게 된 것이 매우 효과적이었다고 생각된다. 아쉬운 점은 초등학교 3학년 때로 그 시작을 기억하고 있는 내담자의 이야기를 좀 더 구체적으로 경청하고 섬세한 공감이 이루어졌다면 치료적 효과가 매우 컸을 것이라고 생각된다. 4회기에서 '심장에 피가 흐르는 애'라는 표현에서 구체적인 기억과 감정에 더 접근하였다면 내담자에게 도움이 많이 되었을 것으로 보인다. 다섯째, 상담자 반응에 대한 것이다. 귀 상담자는 단정적인 반응을 자주 하고 있다. 예를 들어 상5에서 "… 견딜 수 없어해." "… 반응해 주지.", 상8에서 "… 상쾌했을 거야.", 상10에서 "… 계시기가 쉽지 않지." 등에서 나타나는 단정적인 반응들은 자신감이 없는 내담자에게 자칫 상담자의 생각을 그대로 불어넣어 줄 수 있으며, 내담자의 감정과 생각을 자유로이 탐색하는 데 방해가 된다. 내담자는 칭찬에 굶주리고 자기확신이 없는 상황이기 때문에 내담자가 표현하는 것과 느끼는 것을 따라가는 것과 수용과 반영이 매우 필요하다. 여섯째, 상담종결에 대한 것이다. 기록을 보면 내담자는 우울증으로 인해서 정신과 진료를 상담 이전부터 받아 온 것으로 보인다. 그러나 11회기에 정신과 진료를 격주로 받기로 결정한 부분이 보이고 13회기 이후에는 다음 회기에 종결을 계획하고 진행하고 있는 것으로 나타나 있다. 감정의 기복이 심하며 의지력이 약하고 자신감이 없는 내담자가 학교에 소속되어 있지도 않은 상태에서 자기 생활을 유지하고 학습을 관리해야 함을 고려할 때 정신과 진료를 격주로 결정한 부분과 상담종결의 시기는 반드시 재고되어야 할 부분이다.

3. 상담결과

1) 상담목표 달성도

귀 상담자는 개학 후 2주간의 등교 거부로 학교를 가지 않고 아버지에게 이끌려 온 내담자와 효과적인 초기면담을 통해 내담자가 자발성을 갖게 하였으며 독서를 좋아하고 계획세우기를 잘하는 내담자의 자원을 잘 활용하여 상담을 하였다. 독서를 통해 내담자의 감정을 탐색하고 표현할 수 있도록 도우며 계획을 세우고 구체적으로 실천하는 과정에서 학습의 어려움에 대한 구체적 접근을 하여 내담자가 공부에 대해서 자발성과 의욕을 갖도록 하는 데에 중점을 두어 진행되었던 것으로 보인다.

2) 미해결 문제

내담자는 상담 이전에 정신과 진료를 받을 정도로 우울과 관련된 정서가 만연되어 있으며 몸이 이유 없이 아프고 하루에도 서너 번씩 갑자기 눈물이 나며 감정기복이 심한 청소년이다. 내담자가 원하는 친구들도 많이 사귀고 발표도 잘하는 모습은 내담자가 원했던 것이 무엇이었을까를 다시 깊이 생각해 보게 한다. 귀 상담자는 등교 거부를 회피행동으로 이해하고 있고 이것은 사례에 대한 정확한 이해로 여겨진다. 이 사례를 보다 더 정확히 이해하기 위해서는 중2가 되어서 친구를 사귀기 힘들었던 것이 어떤 것을 말하는지, 친구들이 맘에 안 들었던 것이 구체적으로 확인이 되어야 하는데 사례기록을 통해서는 잘 알기 어렵다. 또한 중1 때 친구들은 어떤 친구들인지, 초3 때부터 시작되었다고 보고하는 친구관계의 어려움, 움츠러들고 자신감이 없어서 무슨 일을 할 때도 난감하고 심장이 두근대고 발표수업할 때 심장이 막 뛰고 힘들었다는 것이 어떤 생각과 관련이 되어 있는지에 대해 좀 더 자세히 확인되어야 내담자가 어려워하는 것을 구체적으로 이해하고 접근할 수 있으리라 생각된다. 그래서 무엇을 피하고 싶은 것인지 그렇게 피하고 얻는게 무엇인지를 내담자가 인식할 수 있도록 하는 과정이 있어야 될 것으로 판단된다.

4. 총평

본 사례의 내담자는 만연된 우울감이 있으며 감정의 기복이 심한 것으로 이해되며 등교 거부는 회피행동의 일환으로 판단된다. 귀 상담자가 15세의 내담자를 학업에 초점을 두고 구체적으로 다루고자 상담을 접근한 것으로 이해할 수 있었다. 내담자는 상담에서 원하는 것이 '친구들을 많이 사귀고 싶고 자신이 발표도 잘하는 모습이 되기'라고 말하였다. 이는 내담자의 자발적 상담동기로 공유되어 합의된 상담목표가 되는 것이 이 사례에서 필요하다고 판단된다. 그리하여 친한 친구들과 어떠한 질적 관계를 갖는지, 친구들을 많이 사귄다는 것이 몇 명을 말하는지, 많이 사귀면 무엇이 좋을 것 같은지, 중2 와서 같은 반이 된 친구들이 맘에 안 든 이유가 무엇인지, 학기 초에 어떤 어려움이 있었는지, 그러한 어려움에도 불구하고 1학기 학교생활을 유지하게 만든 것이 무엇인지, 발표를 잘한다는 모습이 구체적으로 어떤 것인지, 발표를 잘하는 친구 중 생각나는 친구가 있는지, 만약 발표를 잘한다면 어떻게 될 거 같은지 등을 자세하게 탐색하며 친구들을 사귀는 데 있어서 내담자가 움츠러들고 자신감이 없으며 어떻게 할지 난감해하는 상황이 어떤 것인지를 자세하게 들을 수 있고 이를 경청하고 수용하고 공감하는 것이 내담자를 이해하고 돕는 데 필수적인 내용으로 생각된다.

본 사례와 같은 경우, 상담을 이 시점에서 종결하는 것을 내담자가 먼저 이야기했다 하더라도 상담자는 내담자가 종결을 원하는 이유들을 탐색하며 상담과정과 목표를 재구조화하여 장기적으로 다루는 것이 내담자의 최소 문제를 해결하는 데에 바람직하다. 즉 종결하는 것은 시기상조인 것으로 생각되며 지속적 상담이 필요한 사례이다. 학교상담으로 인한 단기진행이 불가피하다면 내담자가 거절감을 느끼지 않도록 개방적으로 다루고 적절한 의뢰를 할 필요가 있다.

상담자: 김도연
논평자: 김인규

논평자인 김인규는 인간중심적 상담, 현실치료 상담, 대인과정접근을 기초로 한 절충주의적 입장을 견지하고 있다. 따라서 아래의 논평은 본인의 이론적 관점에서 비추어 본 논평이다. 따라서 다른 상담 이론적 관점에서 본 사례를 논평한다면 다른 평가가 가능함을 미리 밝혀 둔다.

본 사례는 등교 거부와 가족 간의 불화를 호소하는 청소년 내담자를 3개월 동안 다양한 기법을 활용하여 상담한 점이 돋보이는 사례이다. 본 사례를 논평하는 데 있어 첫째, 내담자 문제에 대한 사례개념화, 둘째, 상담진행과정에서 돋보이는 점, 셋째, 상담진행과정에서 아쉬운 점 및 대안적 개입방향을 중심으로 논평하고자 한다.

1. 사례개념화

상담자가 내담자의 특성 및 문제를 이해하고 그에 대한 원인이 무엇인지를 파악하며 상담계획을 수립하는 것과 관련해서 다음과 같이 논평한다.

첫째, 상담자가 파악하는 내담자의 특성과 문제에 대해서이다. 상담자는 내담자의 주요 문제는 우울증이며 이것이 등교 거부라는 증상으로 나타난다고 보고 있다. 내담자는 부정적 평가에 대해 두려움이 있으며 자기비하적이고 소극적인 성격으로 감정 표현에 어려움을 겪고 있으며, 내담자의 등교 거부는 친구와 사귀기 힘든 스트레스 상황을 회피하는 방식이라고 상담자는 파악하고 있다. 내담자의 강점으로 독학, 독서, 계획 수립, 긍정적 미래상을 제시하였고, 자원으로는 1~2명의 친한 친구, 지지해 주는 엄마, 경제력 있는 아빠를 제시하였다.

내담자와의 면담자료 이외에 내담자 이해를 위해 활용한 자료로는 심리검사와 행동관찰이 있다. 심리검사로는 MMPI를 활용하여 확장된 우울증, 사회적 상황 회피, 자기억제, 흥미 축소, 활력 부족 등을 파악하였고 SCT를 통해서는 가족관계에 대한 부정적 경험과 인식, 자신의 장점과 자원, 취약점을 파악하였다. 내담자의 행동에 대한 관찰 기록은 단정하고 조심스럽고 침착하며 자연스런 눈맞춤 등이 제시되어 있다.

우울 증상과 등교 거부라는 눈에 보이는 뚜렷한 현상을 문제로 파악하고 이와 관련된 타인평가에 대한 과도한 의식, 자기비하 사고, 회피적 문제해결 방식 등의 취약점과 함께 자율적 생활 의지, 긍정적 사고, 지지적 친구와 부모 등의 자원을 발견하여 제시한 것은 내담자에 대한 일차적 이해로서는 적절하다고 할 수 있다. 그러나 내담자의 문제점이 피상적으로만 파악, 제시되어 각 문제점의 구체적인 내용과 양상을 상담자가 알고 있는지 의문시된다. 우울, 자기비하, 회피 등의 용어는 각 내담자의 구체적 상황에 따라 매우 다르게 표현되며 어떤 경우에는 각 용어의 일반적 의미와는 매우 다른 실제적 의미를 지니게 되기도 한다. 그래서 각 상황이나 사건에서 구체적으로 어떤 느낌, 생각, 행동을 경험했는지를 자유스럽게 표현, 재경험하도록 하는 과정이 필요하며 이를 통해 내담자를 일반적인 내담자 이해의 틀에 끼워 맞추지 않고 있는 그대로 파악하는 노력이 필요할 것이다. 그리고 우울증이라는 진단명을 사용하는 것은 위험할 수 있으므로 '우울한 특성이 있다'든지 '우울한 행동을 하고 있다' 등의 좀 더 완화된 표현을 사용하는 것이 좋다고 생각한다.

또한 내담자에 대한 심층적 이해를 위해서는 상담자가 어떤 이론적 견해에 근거해서 상담을 진행하는지에 대한 분명한 이해가 필요하다. 정신역동적 접근, 인지적 접근, 정서적 접근, 행동적 접근 등은 인간이해와 문제해결에 있어 매우 다른 입장을 취하고 있기에 상담자가 취한 관점에 따라 매우 다른 이해와 해결방법이 나올 수 있다. 현재 상담자는 여러 관점을 조금씩 취해서 나름대로 종합적이거나 절충적 입장을 보이고 있는데 한두 가지 입장을 통해 심층적으로 내담자를 이해하는 노력을 하는 것이 더 필요하다고 본다.

둘째, 내담자의 문제의 원인과 진행과정에 대한 상담자의 파악에 대해서이다. 상담자는 내담자의 낮은 자기효능감, 안정되지 못한 부모와의 애착관계, 부부불화, 정서적인 교류가 없는 가족관계, 나쁜 또래관계 등이 우울증을 상승시키는 위험요인으로 작용하였다고 보고 있다. 이런 여러 요인들이 종합적으로 작용하였다는 것을 파악한 것은 좋은 일이지만 이것만으로는 부족한 부분이 있다. 상담자가 이 상담에서 어디에 초점을 맞출 것인가를 고려하여 내담자의 주요 역동을 파악하는 것이 필요하다. 인간중심접근에서 본다면 자아실현경향성과 불일치하는 조건적 가치화가 부모, 친구, 교사와의 관계에서 어떻게 경험되어 왔는가를 살펴보아야 할 것이고, 현실치료접근에서 본다면 내담자의 행복한 세계(quality world)가 무엇이고, 이것이 내담자의 주요 욕구(needs)와 어떻게 관계되어 있으며, 이것이 구체적으로 어떤 원함(wants)을 따라 어떻게 행동화되고 있는지를 파악해야 할 것이다. 대인과정접근에서 본다면 내담자가 자신의 경험을 주변의 인물들과 어떻게 다루어 왔는지를 파악하고 이런 패턴이 상담장면에서 어떻게 반복되는지를 포착하여 다루어야 할 것이다.

셋째, 상담목표와 전략에 대해서이다. 상담자는 상담목표로서 공부를 지속할 수 있는 방법 선택, 규칙적인 생활하기, 자신감을 키워 대인관계에 도움을 받기, 실천적 의지를 강화하기, 성장 욕구 활성화시키기 등을 설정하였고, 이를 달성하기 위한 상담전략으로 우울 증상들의 수용과 이해, 등교와 다른 대안의 선택, 친구 사귀기의 방법 찾아보기, 새로운 사고하기, 숙제를 활용하기, 부모 상담 활용하기 등을 제시하였다.

상담목표는 내담자 문제와 자원의 특성뿐만 아니라 상담자의 접근, 상담상황의 특성에 따라 달라질 수 있다. 본 사례에서는 상담자의 이론적 접근과 상담실의 특성이 드러나지 않아 적절한 목표가 무엇인지에 대해 정확히 제시하기 어렵다. 상담자의 이론적 접근에 따라 장기 또는 단기 상담으로 구분될 수 있을 뿐만 아니라 목표 자체가 달라질 수 있다. 상담실의 특성이라 함은 학교상담실, 청소년 상담실, Wee센터 상담실, 종교기관 상담실 등 상담이 이루어지는 장면의 특성과, 현실적으로 상담이 몇 회기까지 가능한지에 대한 상담자, 내담자의 상황 특성을 의미한다. 본 사례는 3개월여에 걸쳐 12회기(실제로는 10회기) 동안 상담이 진행되어 비교적 단기간에 상담이 종결되었다. 이것이 상담자의 이론적 접근이나 상담실의 특성으로 인해 미리 계획된 것이었는지 아니었는지를 논평자는 알 수 없다. 이에 일반적으로 청소년 상담실이나 Wee센터 상담실에서 한 학기를 평균 사례 진행기간으로 삼아서 상담을 진행한다는 가정하에 상담목표와 전략에 대해 논평하겠다.

우선 상담목표는 내담자의 문제로 파악한 영역에 대하여 분명한 이론적 근거를 지닌 진술로 표현될 필요가 있다. 상담자는 내담자의 주요 문제로 우울증과 등교 거부를 들었는데 이 각각의 문제에 대한 상담목표가 무엇인지 잘 제시하지 않았으며, 지금 제시된 목표들도 어떤 이론적 접근에 근거해서 수립된 것인지가 명확하지 않다. 비교적 단기간에 상담을 종료할 상담상황을 고려한다면 우울 사고와 정서의 변화나 가족역동 변화, 자존감 증진 등 심층적 변화보다는 등교 거부라는 당면 문제 대처, 인간관계 및 공부 영역에서 긍정적 성공경험하기 등을 목표로 수립할 수 있을 것이다.

본 사례에 대하여 인간중심접근에서 상담전략을 세운다면 다양한 좌절 경험을 자유스럽게 탐색하고 재경험하기, 자신의 경험이 존중 및 수용받는 경험하기, 자신이 진정 하고 싶은 것(자아실현경향성) 발견 및 추구하기 등이 될 수 있겠다. 현실치료접근에서 전략을 세운다면 내담자의 자기이해 증진(행복한 세계, 욕구, 바람, 행동, 선택능력 등), 구체적 행동 목표 설정 및 실행 등이 될 수 있겠고, 대인과정접근에서 전략을 세운다면 안전한 대인관계 환경 제공, 과정 언급(process comments) 활용, 상담 관계 활용 등이 될 수 있겠다.

2. 상담진행과정

1) 상담진행과정에서 돋보이는 점

본 사례에서 상담자의 개입이 적절했다고 보이는 점들은 다음과 같다.

우선적으로 상담자가 상담초기에 자연스러운 방법으로 내담자와 연결하려고 노력하였다. 1회기에서 비자발적 내담자에 대하여 "부모님이 원해서 억지로 왔기 때문에 참 오기가 싫었겠구나. 그런데도 여기까지 온 마음이 어떤 것이든 칭찬하고 싶네."라고 격려해 주고, 날씨 이야기를 통해 내담자에게 상담자를 덜 덥게 해 주었다는 성취감을 경험하게 해 주었고, 마음의 날씨 적어 오기를 자연스럽게 연결하였으며, 다음 시간부터는 내담자가 선택할 수 있는 시간이 되므로 시간을 잘 만들어 가자고 하여 내담자의 선택과 책임을 부각시켰다.

둘째, 2회기와 8회기에서 부모 상담을 진행한 것이 적절했다. 비자발적 청소년 내담자의 경우 이들을 상담에 의뢰한 부모나 학교의 입장을 이해하고 이들의 협조를 구하는 것이 매우 중요하다. 본 사례에서 부모 상담이나 가족상담이 계속되었는지는 알 수 없으나 일단 상담자가 부모를 만나고 그들의 입장을 듣고 협조를 약속받은 일은 매우 잘한 일이다.

셋째, 상담자는 다양한 기법을 활용해서 상담을 진행하였다. 심리검사, 감정노트, 행동계획과 관찰 과제, 자유화, 난화, 만다라, KFD 등의 기법은 내담자가 흥미를 가지고 상담에 임하며 자신을 비교적 자유스럽게 표현하고 파악하는 데 도움이 되었을 것이다. 책 선물, 이메일로 글 보내기 등은 내담자로 하여금 상담자의 개인적 관심과 지지를 경험하도록 하였을 것이고, 이는 상담관계에 대한 신뢰와 동맹형성에 도움이 되었을 것이다.

2) 상담진행과정에서 보완되었으면 하는 점

본 사례에서 상담자의 개입 중 다소 아쉬웠다고 여겨지는 점들은 다음과 같다.

첫째, 일정한 상담접근을 견지하는 상담이 필요하다. 상담자가 선호하거나 익숙한, 훈련받은 상담접근을 중심으로 사례개념화를 하고 이에 맞는 상담기법을 활용하여 상담을 진행하며 상담결과를 평가하는 훈련이 필요하다. 이론적 기반이 없이 상담을 진행하면 전문적 상담으로 진전하기 어렵다. 전문상담은 몇 가지 기법을 적당히 사용한다고 이루어지는 것이 아니라 인간 문제에 대한 명확한 이해와 분명한 목표 설정, 이를 이루는 적절한 방법의 견지 등을 통해 이루어지기 때문이다.

둘째, 과제 제시의 적절한 시점 선정과 상담기법의 충분한 활용이 필요하다. 과제 활용 기법은 상담자와 내담자간의 동맹(bond)이 충분히 형성되고 내담자가 과제를 수행할 의지(commitment)가 확인된 이후에 사용되어야 효과적이다. 본 사례에서는 첫 회기부터 마음의 날씨를 적어 오는 과제를 부여하였고, 이후에 일과표, 감정노트, 공부계획 등 다양한 과제를 부여하였다. 과제는 자기에 대한 인식 수준이 낮고 무기력한 내담자를 자극하여 생산적인 활동을 하게 할 수 있지만 과제수행에 대한 부담감 증가, 과제 미실시로 인한 패배감 반복, 상담과 상담자에 대한 부정적 느낌 부여 등 오히려 상담 진행에 방해가 될 수도 있으므로 내담자의 준비수준을 잘 고려하여 사용해야 한다.

그리고 상담자가 활용한 자유화, 난화, 만다라, KFD 등이 충분히 활용되었는지 의문스럽다. 내담자가 그림을 통해 자신을 탐색, 표현하였고 상담자는 이를 통해 내담자를 이해하게 되었는데 그 내용이 그 이후의 상담진행에 어떻게 활용되었는가 하는 것이 잘 드러나 있지 않다. 예를 들어 4회기에서 자유화를 통해 "남들은 내가 평범하고 하나도 아프지 않은 아이로 생각해요 …. 근데 …. 난 …. 심장에 피가 흐르는 애예요."라는 내담자의 핵심적인 정서와 사고를 드러내게 되었는데 상담자는 이에 대한 공감반응을 통해 내담자를 지지해 주는 데 그치고 말았다. 물론 이런 감정과 사고를 발견하고 나타낸 것도 좋은 상담의 성과이겠지만 드러내는 것만으로는 충분하지 않다는 것이다. 내담자가 말한 '심장에 피가 흐르는' 경험이 무엇인지, 이것을 주변 인물들이 알아주지 못한 경험들이 구체적으로 어떠했는지를 충분히 다루어 가며 그것이 지금 인간관계에서 반복되고 있는 양상을 점검해 가야 한다. 그리고 그것이 이 상담관계에서도 나타나고 있지 않은지를 확인하며 이 상담에서는 상담자가 내담자의 그 '심장에서 피가 흐르는' 경험을 이해하고 수용하며 존중한다는 것을 내담자가 경험하도록 하는 것이 필요하다.

셋째, 심층적, 장기적 상담으로 연결하는 것이 필요하다. 13회기 내용이 충분히 기술되어 있지 않아서 상담종결에 대한 이야기가 어떻게 나오게 되었는지 알기 어렵지만 현재의 상담진행으로 보아서는 상담종결을 다룰 시점이 아니다. 상담자는 "지금까지 상담을 했는데 선생님은 ○○이가 상담에서 알게 된 것, 갖게 된 것을 통해서 스스로 생활해 보는 것도 좋은 때라고 생각된다. 그래서 ○○이한테 자립할 시간을 주고 싶은데."라고 말했는데 이런 판단은 상담목표의 성취 여부에 비추어 보아 부적절하다고 생각된다. 아직 내담자는 검정고시 준비, 친구관계 증진, 가족관계 회복 등에서 구체적인 진전을 보이지 않고 있다. 이제 막 쌓은 상담자와의 신뢰관계를 기반으로 이런 과업을 이루어 가는 힘든 여정을 시작해야 할 시점에 상담자가 먼저 종결 이야기를 꺼낸 것은 혹시 상담자 스스로가 이런 여정을 해 나가는 것에 대한 부담 때문에 회피하는 반응을 한 것은 아닌지 점검해 보아야 할 것이다. 미숙한 상담종결은 내담자에게 또 한 번의 좌절 경험을 주게 되어 인간 및 인간관계, 자신의 회복 등에 대한 불신의 깊이를 더해 가게 할 수 있다. 그래서 종결 시에는 상담목표의 세밀한 점검과 함께 종결에 대한 내담자의 감정과 생각을 잘 살펴 주는 것이 필요하며 이를 위해서 상담종결과정을 최소한 3~4회 진행하는 것이 좋다. 이런 상담종결과정을 통해 지금까지 다루어지지 않은 내담자의 더 근본적인 문제가 나타날 수 있으며, 상담성과를 공고하게 할 수 있지만, 상담종결이 잘 되지 않으면 그동안 쌓아 온 좋은 상담성과를 오히려 훼손하는 결과를 초래할 수도 있다.

넷째, 상담자의 이해를 먼저 제시하기보다는 내담자가 자신의 경험을 먼저 이야기하도록 하는 것이 필요하다. 축어록의 몇 부분에서 상담자가 내담자의 마음을 추정하여 언급한 내용이 있다. 예를 들어 2회기의 "상7. 좋은 시간을 보냈겠네." "상8. 즐거웠겠네, …. 상쾌했을 거야." "상23. 부모님이 ○○이를 신뢰하시나 보다." 등이 있다. 상담자는 공감반응을 의도했을 수 있으나 실제적으로는 내담자가 자신의 경험을 자유스럽고 충분하게 탐색, 표현하도록 하기보다는 상담자가 일종의 정답을 제시하고 그에 대해 내담자가 동의하도록 하는 패턴을 보이고 있다. 그래서 상7, 상8에서는 "그랬구나, 그 시간이 어땠니?" 정도의 개방형 질문을 하는 것이 적절할 것이며, 상 23에서는 "부모님이 그렇게 허락해 주실 때 ○○이 기분은 어땠어?" 혹은 "그렇게 부모님이 해 주신 것에 대해 어떤 생각이 드니?" 등의 탐색 질문을 하는 것이 좋을 것이다.

다섯째, 상담진행과정을 정확하게 기술하는 것이 필요하다. '10. 상담과정'에 총 13회기로 제시하였으나 사실상 5회, 10회는 결석이므로 정식 회기에 포함시킬 수 없다. 다만 그 결석이 미리 통보된 것이었다면 어떻게 상담자에게 통보되었는지, 무단결석이라면 상담자는 그것에 대해 어떻게 대처하였는지를 기술하는 것이 필요하다. 그리고 각 회기에 대한 간략한 요약이 실제 상담진행 내용을 잘 드러내지 못하고 있다. 예를 들어 2회기를 SCT로만 표현한 것은 충분하지 않다. 요약이 조금 길어지더라도 각 회기의 핵심적인 내용을 충분히 담을 수 있도록 해야 한다. 그리고 13회기 내용 중에 상담자가 내담자에게 보낸 메일의 활용, 상담자가 내담자에게 선물한 책에 대한 반응 등이 나오는데 이렇게 상담시간 이외에 내담자와 접촉한 내용들에 대하여 상담과정 제시 부분에서 정확하게 기술하고 그 의도 및 효과를 점검할 필요가 있다. 메일, 선물 등의 상담시간 이외의 접촉은 이중관계의 문제를 야기할 소지가 있기 때문이다.

3. 상담결과

1) 상담목표 달성도

본 상담의 성과로는 등교 거부 문제를 학교퇴학과 검정고시 준비로 결정함, 검정고시 준비과정의 어려움을 경험하고 대처방안을 논의함, 생활관리 및 친구관계 증진 방안을 탐색함 등이 있다. 또한 상담자와의 신뢰할 수 있는 인간관계 경험, 내담자의 내적 경험의 탐색과 표현 등도 긍정적 성과로 볼 수 있다.

2) 미해결 문제와 그에 대한 대처방안

본 상담에서 미해결된 문제로는 퇴학에 따른 위험부담과 추후계획이 충분히 다루어지지 않음, 우울과 자존감 등의 심층심리가 다루어지지 않음, 가족관계가 다루어지지 않음, 성급하게 종결이 언급되고 이루어짐 등이다. 이에 대한 대처방안으로는 내담자와 미해결된 문제에 대한 논의를 진행하여 상담을 계속할 것을 계획하는 것이 있겠다. 그리고 어떤 과제를 우선적으로 다룰 것인지를 결정하고, 이에 대한 적절한 상담전략을 적용해 가야 한다. 만약 현 상담자가 이를 충분히 다루기에 어려움을 느낀다면 다른 상담자에게 의뢰하는 것도 고려해 볼 수 있다. 이를 위해서는 상담자가 개인 슈퍼비전을 통해 상담자 자신과 상담과정에 대해 깊이 살펴보고 대처해 나가는 것이 필요하다.

4. 총평

본 사례에서 상담자는 등교 거부와 우울 증세를 보이는 중학생 내담자를 10회기 상담을 통해 자기탐색과 자기관리를 시도해 보도록 하였다. 자연스러운 내용 연결, 내담자에게 흥미로운 상담기법 적용, 부모 상담 활용 등 상담과정에서 돋보이는 부분이 있지만, 상담자의 일정한 상담접근 부재, 상담기법 적용의 적절한 시점 선택과 충분한 활용 부족, 성급한 종결, 상담과정에 대한 불충분한 기술 등이 아쉬운 사례이다. 앞으로 더욱 명확한 사례개념화를 수립하여 심층적인 상담을 진행하는 것이 필요하다.

사례 6

사별한 어머니를 가슴에 품고 사는 나경이 (고2, 여)

상담자: 박수아(가명, 고교 교사)

1. 내담자에 대한 기본정보

- 성명(가명): 나경(여)
- 연령: 18세(고2)
- 상담교사와의 관계: 작년 담임교사와 학급 학생
- 내담자 특징: 특별한 일탈 행동은 없으나 지각이 많았었고 어머니가 사고로 사망하였다. 아버지가 새어머니와 재혼하면서 아버지와 갈등이 많고 이에 동반하여 학교부적응 행동을 많이 보였다.

2. 상담문제

1) 문제행동

- 작년 1년 내내 고질적인 지각 습관을 고치지 못하고, 부정적인 말과 태도를 보여 지적과 벌점을 자주 받았다.

- 학년 초 상담 중 집안 문제에 대해 듣게 되었고, 특별히 일탈 행동을 보이는 문제 학생은 아니었으나, 나경의 상황에 마음이 쓰여 여러 차례 상담을 하며 보다 더 주의를 기울이게 되었다.
- 상담 중 알게 된 내용: 어머니가 중 1때 동생과 함께 집에 있을 때 집안에 불이 나서 동생을 살리시고 돌아가셨다. 나경은 그에 대한 충격이 아직 남아 있다. 아빠는 나경이가 중 3이 되던 해에 재혼하시고, 새어머니가 데리고 온 언니 한 명과 나경의 동생 둘과 모두 한집에서 살게 되었다. 친아빠와의 사이는 이전까지만 해도 대체로 괜찮은 편이었으나, 재혼 시점과 나경의 사춘기가 맞물리면서, 나경의 게으른 생활 태도와 분란을 일으키는 말과 행동 등을 지적하며 점점 나빠졌다. 작년에 담임을 맡으며 나경 부모님과의 전화 상담을 한 적이 있었는데 그때 느꼈던 점은, 아버지는 굉장히 책임감이 강한 보수적인 성격으로 나경의 지각 습관을 많이 부끄러워하셨고, 어머니 역시 나경에게 여러모로 신경 쓰고 있다고 말씀하셨다.

2) 상담 계기

출산휴가를 마친 후 복직을 하고 2학기가 시작될 즈음, 학생이 먼저 교무실로 찾아왔다. 작년에 부적응했던 면이 있어 내심 잘 지냈는지 궁금했던 차에 반가워하며 어떻게 지냈는지 안부를 물으니, 선생님께 할 말이 많다고, 새 학년에 올라와서 그간 많은 일들이 있었다고 웃으면서 이야기하였다.

3) 문제를 발견하게 된 경로

출산휴가를 마친 후 복직을 하고 2학기가 시작될 즈음, 학생이 먼저 교무실로 찾아왔다. 작년처럼 지각을 많이 하지는 않는다고 자랑했다(작년 등교

시간은 7시 20분 정도였고 올해 등교시간은 20분 더 늦춰짐). 잘 지내냐고 묻자 현재 할머니 집에서 학교를 다닌다고 이야기하였다.

- 상담과정 중 알게 된 추가 문제 상황: 작년 겨울 자신의 잘못으로 인해 가족 간의 불화가 심해져서, 아버지가 자신을 정신병원에 데리고 간 적이 있었다. 병원에서 상담소와 연결시켜 주어 10시간 정도의 개인상담을 받았다. 그 후 친가인 할머니 댁으로 보내지게 되었고, 집에는 일주일에 한두 번 정도만 가서 자거나, 피아노 연습을 하다 할머니 댁으로 돌아간다. 새 학년에 올라와서도 반 친구들과 친해지기까지 시간이 오래 걸려 많이 힘들어했었다. 친구들이 자기의 겉모습만 보고 가까이하려 들지 않아 외로웠고, 학교생활에 재미가 없으며 공부를 해야 하는 이유도 모르겠다고 호소하였다.

4) 추론한 행동의 목적과 그 이유

일탈 행동을 일으키는 문제 학생은 아니나, 가족 문제로 마음이 편치 않고, 학교에서도 마음 나눌 친구가 없어 쓸쓸해하였고 의지하고 마음 둘 곳이 없어 외로움을 달래기 위해서 상담자를 방문하였다고 추론하였다.

5) 추론한 행동의 원인

현재 나경은 아빠에 대한 서운함, 집으로 돌아가고 싶은 마음, 자기가 모든 문제와 갈등의 원인이라는 생각 사이에서 많이 힘들어하고 있다.

4. 상담목표와 방법

1) 설정한 상담목표

- 부모님과의 관계 개선하기
- 지각으로 인한 벌점 받지 않기
- 반 친구들과 친해지기 위해 노력하기
- 학교생활을 좀 더 적극적이고 주체적으로 하기

2) 상담목표를 달성하기 위한 방안

- 담임선생님께 나경의 상황 알리기
- 나경과 개별상담 진행하기(정기적인 상담)
- 나경이가 친하게 지내고 싶어 하는 반 친구를 따로 불러 부탁하기
- 학교생활에 흥미를 붙이기 위해 공부하는 목적 찾아보기(단기목표 세우기)

5. 상담상황

- 상담시간: 2011. 9.~10.
- 상담장소: 교내 상담실
- 소요시간: 1회당 30~50분
- 상담내용: 가정 문제 및 교우관계

6. 개입 내용

- 담임선생님께 나경의 상황 알리기: 현재는 담임도, 교과담당도 아닌 상태에서 선불리 부모와의 상담을 시도하기가 어렵기 때문에 담임선생님께 상의를 드리고 싶었다. 담임선생님은 나경의 상황을 전혀 모르시는 상태였다. 나경 역시 아버지가 집안일은 말하고 다니는 게 아니라고 했다며 담임선생님께 말씀드리는 것을 내켜하지 않았다. 가족사를 드러내는 게 아니라, 현재 상황을 말씀드려 선생님께서 너를 더 잘 이해할 수 있게 돕는 거라 설득하고, 상담시간을 통해 자연스럽게 말씀드려 보라고 이야기해 주었다. 며칠 후 성적 상담시간에 담임선생님께 대체적으로 말씀드렸고, 이전보다 자기를 더 이해해 주시는 것 같고, 자기를 지지해 주는 사람이 한 명 더 생긴 것 같다고 이야기하였다.
- 나경과 개별상담 진행하기: 나경의 마음속 얘기를 들어 주기 위해 수요일 방과후를 상담시간으로 잡고, 한 달 동안 상담을 진행하였다. 상담을 통해 가족과의 관계 개선을 위해 할 수 있는 여러 방법들을 함께 모색해 보았다(가족—엄마, 아빠, 언니, 동생들, 할머니, 할아버지—의 좋은 점 인정해 드리기, 가족들이 나에게 원하는 것 우선순위 적어 보기, 스스로 생각하는 내 행동의 고쳐야 할 점 적어 보기, 엄마 아빠께 편지 쓰기).
- 나경이 친하게 지내고 싶어 하는 반 친구를 따로 불러 부탁하기: 학교생활에 마음을 붙이기 위해 최근 친하게 지낸다는 반의 친구를 불러 나경을 좀 더 신경 써 줄 것을 부탁하였다.
- 학교생활에 흥미를 느낄 수 있도록 돕기 위해 공부하는 목적 찾아보기(단기목표 세우기): 상담 틈틈이 학교생활을 적극적이고 성실하게 해야 하는 이유와 공부를 해야 하는 목적을 함께 생각해 보았고, 단기목표를 세워 함께 실천여부를 확인하였다. 지각을 자주 하는 이유에 게으른 마

음과 더불어 학교가 재미있지 않고, 가고 싶지 않은 마음도 포함되어 있는 것 같다고 하였다.

7. 개입결과

- 한 달간 상담을 통해 나경은 마음이 많이 편안해졌다고 하였다.
- 부모님을 이해할 수 있는 부분이 생겼고, 그래서 집에 들를 때 부모님이 싫어하는 말이나 행동은 하지 않으려고 노력하자 아빠가 나에게 잘해 주시는 것을 느꼈다고 하였다.
- 가족 중 유일하게 따로 떨어져 사는 자신이 가장 큰 피해자라고 생각했는데, 상담을 통해 가족들의 입장에서 생각해 보니, 다들 힘들고 어렵게 맞춰 가고 있으며, 양보하며 희생하는 부분도 많다는 걸 깨닫게 되었다고 하였다.
- 상담을 시작할 때만 해도, 빨리 졸업을 하고 대학을 가서 독립하고 싶은 생각뿐이었지만, 상담 이후 가족은 평생 나를 따라 다니는 그림자이며, 또한 끝까지 내편이 되어 줄 수 있는 유일한 사람들이라는 것을 알게 되었다고 하였다.

8. 상담소감

처음 상담을 시작할 때는 나경의 상황의 너무 안쓰럽고 안타까워 보다 적극적으로 도와주고 싶었다. 그래서 여러 가지 방법을 생각하며, 나경과 가족 간의 갈등을 부분적으로나마 정리하고 또 문제를 개선해 나가고자 하였다. 그러나 나경은 부모님께 편지쓰기 부분에서 막혀했고, 그 이후로 상담은 더

진행되질 못했다. 이유를 물으면 까먹어서라고 했다.

따라서 계속된 상담이 어려웠고, 언제든 필요하면 찾아오라는 말을 하고 상담을 종료해야 했다. 문제 상황이 내 생각만큼 크지 않았거나, 내 마음이 너무 앞서 나가 나경이 뭔가 마음에 부담을 느꼈을 수도 있을 것 같다. 결과적으로 내가 결정적인 도움을 준 부분이 없는 것 같아 내내 미안한 마음이 든다.

상담자: 박수아
논평자: 이재규

논평자 이재규는 정신분석적 상담이론, 인간중심상담이론과 게슈탈트 상담이론, 행동주의 상담이론과 발달에 대한 생태학적 접근을 통합한 생태학적 문제해결상담에 근거하여 내담자의 문제를 개념화하고 상담을 진행시켜 나가고 있다. 논평자는 상담을 내담자의 1차 원함을 명료화하고, 내담자가 자신의 원함을 사회적으로 수용할 수 있는 방식을 통해서 달성할 수 있도록 안내하는 과정으로 개념화하고 있다. 따라서 아래의 논평은 논평자의 이런 이론적 관점에서 근거하고 있다. 다른 이론적 관점에서 본 사례를 논평한다면 다른 평가가 가능함을 미리 밝혀 둔다.

본 사례의 학생은 친모와의 사별, 아버지의 재혼 등으로 인하여 상실감과 혼란을 경험하고 있는 것으로 보인다. 이런 상실감과 혼란은 학생과 가족의 갈등, 가족에 대한 학생의 반항적인 태도, 고질적 지각 등의 문제를 야기했던 것으로 보인다. 상담자는 담임교사와 교과교사로서 학생에게 지속적인 관심을 보여 주고, 가족들을 가족의 입장에서 생각해 볼 기회를 제공하였으며, 학교생활에 전념할 수 있도록 격려하였다. 결과적으로 가족에 대한 학생의 생각이 변화하였으며, 학교에 대한 적응행동에 향상되었다. 본 사례의 개념화, 상담진행과정, 그리고 상담결과는 일반적인 수준에서 볼 때 타당하고 유효했다. 그러나 심층심리적 측면에서 볼 때는 다소 미흡한 부분이 있다. 본 사례를 사례개념화, 상담진행, 상담결과에서 유효했던 면과 보완했으면 하는 면에서 논평해 보고자 한다.

1. 사례개념화

사례개념화는 문제의 개념화, 상담목표의 개념화, 상담방법과 절차에 대한 개념화 등으로 구성되어 있다.

1) 사례개념화의 타당한 측면

상담자는 학생의 문제를 고질적인 지각, 부정적인 말과 태도, 아버지 및 계모와의 갈등, 교우관계의 결핍 등으로 개념화하였는데, 이는 학생이 보여주는 말과 행동을 잘 요약한 것이라고 판단된다.

상담자는 학생의 문제의 원인을 친모와의 사별, 아버지의 재혼으로 인한 상실감과 혼란, 그리고 이런 심리적 혼란으로 인한 현실 문제의 대처능력의 감소로 보았다. 상담자는 학생의 문제의 원인에 대한 진단에 근거하여 상담목표를 첫째, 부모와의 관계 개선, 담임선생님과 관계 개선, 그리고 친구와의 관계 개선 등 중요한 주변 사람들과의 관계 개선, 둘째, 학교생활에 흥미 붙이기, 셋째, 지각하지 않기 등으로 삼았다. 상담자는 상담목표를 달성하기 위한 방법으로 담임선생님에게 학생의 상황을 알리기, 상담자 자신이 내담자의 지지 세력 되어 주기, 친구와 관계를 중재하기, 학습목표 세우기 등의 방법을 적용하고자 하였다.

상담자의 사례개념화는 내담자가 호소하는 문제나 표출하는 문제를 적절하게 파악했다는 점에서, 그리고 현실적으로 달성할 수 있는 목표를 설정하고, 목표에 적합한 방법을 구성했다는 점에서 타당하다고 평가된다.

2) 사례개념화에서 보완될 측면

사례개념화 단계에서 상담자는 학생의 심층적인 욕구와 욕구의 역동을 놓쳤다고 생각된다. 사례의 학생은 아버지가 새어머니와 재혼하기 전에는 아버지와 그런대로 잘 지냈는데 아버지의 재혼이후로 아버지와 갈등을 겪었다고 하였다. 그리고 아버지와 갈등이 제대로 해소되지 않았고, 더 나아가서 게으른 생활태도와 분란을 일으키는 말로 인하여 아버지, 그리고 다른 가족들과의 관계가 더욱 더 어려워졌다고 했다. 학생은 무엇 때문에 아버지의 재혼 후에 아버지와의 관계에서 갈등이 경험하게 되었을까? 아마도 사별한 어머니에 대한 충성심의 감정, 사별한 어머니를 지켜야 한다는 마음 등이 작용하지 않았을까 추측된다. 이런 마음이 해소되지 않았기 때문에 아버지가 어머니를 버리고(?) 새어머니와 결혼하였을 때 아버지가 어머니를 배신하였다고 느꼈을 가능성이 높다. 이런 맥락에서 내담자의 핵심 문제는 사별한 어머니와의 관계, 그리고 아버지가 사별한 어머니를 어떻게 대해야 할지에 관한 학생의 마음, 그리고 사별한 어머니에 대한 애도 과정을 충실하게 다루는 것이 이 사례에서의 핵심 문제라고 생각되는데, 상담자는 이 문제를 간과했다고 생각된다.

2. 상담진행과정

1) 상담진행과정에서 돋보이는 점

상담자는 설정한 상담목표를 달성하기 위한 전략으로 첫째, 상담자가 내담자와 지지적 관계를 유지하였고, 둘째, 담임교사와의 관계를 위해서 사고를 전환하도록 돕고 학생이 친구관계를 확장하고 유지할 수 있도록 격려하고 지원하였으며, 셋째, 학습에 전념하도록 하기 위해서 단기목표와 장기목표를 수립하여 실천하도록 도왔으며, 넷째, 학생이 가족의 입장에서 제반사항을 다시 생각해 보도록 자극하여 가족들을 어느 정도는 객관적으로 도왔는데, 이런 조치들이 내담자가 정서적으로 안정되고 학교생활에 보다 적응하고, 가족들과의 관계에서 보다 중립적인 상호작용을 할 수 있도록 도왔다고 생각된다.

2) 상담진행과정에서 보완되었으면 하는 점

사례개념화에서 언급하였듯이, 이 내담자의 핵심 문제는 사별한 어머니에 대한 애도 작업이 불완전한 상태에서 중단된 것이다. 사별한 어머니에 대한 애도작업의 과정에서 사별한 어머니에 대해 충성심을 유지하고 싶은 마음에 대한 지지를 받음, 사별한 어머니를 배신한(?) 아버지에 대한 정서적 갈등, 사별한 어머니를 저세상으로 보내 드리는 일련의 과정을 포함한다. 이런 과정을 체계적으로 진행했다면 학생과 학생의 아버지, 그리고 새어머니 등과의 관계가 더욱 더 적응적으로 변화했을 것이라고 판단된다. 학생이 가족들에게 편지를 쓰자는 제안에 대해 일단 수긍을 하였지만 실행하지 않는 것과 같은 수동공격적으로 대응하였는데, 이는 학생이 아직은 사별한 어머니를 떠나 보낼 준비가 되어 있지 않으며, 사별한 어머니를 떠나 보내지 못한 상태에서 현 가족과 화해는 불가능하다고 느끼는 듯하다.

3. 상담결과

1) 상담목표 달성도

상담자가 설정한 상담목표는 다음과 같은 4가지였다. '① 부모님과의 관계 개선하기, ② 지각으로 인한 벌점 받지 않기, ③ 반 친구들과 친해지기 위해 노력하기, ④ 학교생활을 좀 더 적극적이고 주체적으로 하기'였다. 이중에서 '① 부모님과의 관계 개선하기'를 제외하고 다른 3가지는 어느 정도 달성되었다고 판단된다.

2) 미해결 문제와 그에 대한 대처방안

사례개념화, 상담진행과정에서 언급하였듯이, 학생의 핵심 문제는 사별한 어머니에 대해 충성심을 유지하고 싶은 마음과 관련된 갈등이다. 사별한 어머니에 대한 충성심, 그리고 아버지도 자신과 같이 어머니에게 충성심을 유지해야 한다는 신념들이 탐색되고 그것이 다루어지고, 친어머니가 돌아가셨다는 현실을 수용하고, 친어머니를 저세상으로 보내 드리는 일련의 애도작업을 체계적으로 수행할 필요가 있다.

4. 총평

학생은 아버지의 재혼으로 인하여 사별한 친모에 대한 충성심을 유지하는 것과 관련하여 심리적 위기를 경험하였다. 학생은 아버지가 자신처럼 사별한 친모에게 충성심을 유지하도록 하고 싶었으나 무엇을 어떻게 할지를 몰랐을 것이다. 그리고 그런 갈등이 아버지의 지시에 불응하고 가족과의 관계에 분란을 일으켰으며, 심리적 위기로 학교생활에 다소간 부적응하게 되었다.

상담자는 학생의 위와 같은 심리적 위기를 정확하게 파악하지 못했으나 학생이 학교생활에 부적응하는 것을 보고 무엇인가 정서적 혼란을 겪고 있으며, 학생에게 정서적 지지가 필요함을 직감했던 것 같다. 그리고 학생에게 정서적 지지 체계가 되어 주었으며, 학교생활을 보다 더 적응적으로 하도록 교우관계에서의 중재, 담임교사와의 관계 정립 등을 시도하였다. 상담자가 내담자의 핵심적인 문제를 명료하게 지각하지 못했지만 학생에게 필요한 정서적 지지를 제공함으로써 상당한 도움을 주었다고 생각한다.

학생들에게 필요한 관심을 제공하는 박수아 선생님과 같은 분들이 학교에 있는 한 우리 학교는 여전히 희망이 있다고 생각된다.

사례 7

급우를 괴롭힌 초등학생 교정 상담(초2, 남)

상담자: 안홍례(초등학교 교사)

1. 내담자에 대한 기본정보

- 성명(가명): 한정연, 이도현
- 성별: 남자
- 학년(연령): 초등학교 2학년(9세)
- 상담자와의 관계: 담임교사와 제자

2. 상담상황

- 언제: 점심시간 및 방과후
- 어디서: 교실, 피해자가정
- 상담기간: 2011. 10. 4.~2011. 10. 11.(7일간)
- 소요시간: 30분~1시간

3. 상담문제

점심시간에 밖으로 나가려는 친구를 교실 구석으로 데리고 가서 얼굴, 입, 코 등에 스카치테이프를 붙이고 놀렸다.

4. 개입의 과정과 방법

1) 문제를 발견하게 된 경로

점심을 먹고 교실에 들어오는데 교실 뒤에서 한 녀석이 소스라치게 놀라 양손을 뒤로 감추고 당황하여 가까이 가 보니 친구의 얼굴에 테이프가 붙여져 있고, 손에는 붙이려다 남은 테이프를 들고 있었다.

"○○야, 왜 얼굴에 테이프를 이렇게나 많이 붙이고 있니?" 하고 물어보니 ○○는 눈치를 보며 난처한 표정으로 "하지 말라고 했는데 정연, 도현이가 자꾸 붙이고 웃고 그래요." 하며 눈물을 흘린다.

"정연아, 도현아, 아침에 우리가 쓰는 학용품에 대해 이야기를 한 것 같은데 정연이, 도현이는 왜 친구 얼굴에 테이프를 이렇게나 많이 붙였을까? 학용품에는 우리 몸을 해롭게 하는 유해물질이 많다고 했는데 …."

"선생님, 장난으로 한 건데요."

"그래, 그럼 선생님도 정연이, 도현이 얼굴에 붙여 볼까?"

"싫어요. 도현이가 하라고 했어요."

"아니야, 정연이 네가 하자고 했잖아!"

"그래 너희한테는 하면 안 되고 친구에게는 해도 되니?"

불만이 가득한 얼굴로 고개를 숙이고 대답을 하지 않았다.

"친구가 시킨다고 그런 행동을 하면 친구의 마음은 어떨까?"

"기분 나빠요."

"그렇지?"

"네."

"잘 알면서 …. 교실에 있는 학용품은 꼭 필요할 때만 쓰기로 약속했는데 지난번에도 스카치테이프를 쓸데없이 낭비하여 수업시간에 못 쓴 같은데…."

[이하 생략]

그냥 넘길 수 없는 일 같았고, 또 제2의 문제발생을 예방하는 차원에서 상담을 하게 되었다.

2) 개입과정과 방법

(1) 추론한 행동의 목적과 이유

정연이는 늘 에너지가 넘치는 학생이다. 정연이는 친구들에게 장난을 자주 한다. 정연이가 장난으로 하는 행동이지만 상대 학생들은 싫어하고 귀찮아하는데 정연이가 이를 잘 알지 못하는 것 같았다. 한편 도현이는 무기력하고 말이 적은 편이나 힘이 약하고 약점을 보이는 친구를 소리 없이 귀찮게 한다. '아직 어린 학생들이라 모르고 그럴 수도 있겠지.' 다른 한편으로는 '피해자 부모가 알면 아무리 어린아이지만 어떤 반응을 보일까? 만약 내 아이라면….'과 같은 여러 가지 생각이 들었다. 그래서 이 일을 그냥 넘길 수 없다고 판단하였고, 또 제2의 문제발생을 예방하는 차원에서 상담을 하게 되었다.

(2) 추론한 행동의 원인

• 정연이의 경우: 결혼을 너무 일찍 하고 또 준비되지 않은 상태에서 아이를 낳아 기르다 보니 아이에게 좋은 모습은 보여 주지 못하였다고 한

다(모의 진술). 경제 문제로 남편과 잦은 다툼에서 알게 모르게 폭력적인 정연이의 행동이 학습이 된 듯하며(모의 진술) 친구들과 자주 다툼이 일어나는 것으로 보이며 정연이는 교실보다는 교실 밖으로 나가면 속이 후련하다고 한다. 현재 부는 일정한 직업 없이 밤낮으로 일을 하고, 모는 시댁 일을 거두는 가운데 고부간의 갈등으로 심한 스트레스와 허리디스크로 꾸준히 일을 할 수 없다. 하지만 자녀의 학업에 대한 욕심이 과하여 모든 일에 일일이 간섭하므로 정연이는 넘치는 에너지를 발설할 곳이 없고, 그나마 친구들에게 관심 끌기 위한 행동이 도를 넘어 문제행동으로 전이되어 가고 있는 것 같았다.

- 도현이의 경우: 부는 운수업을 하여 주말에만 오시는데 피곤하다며 누워서 TV를 보고 가족과 식사를 같이 하는 날이 별로 없으며 아이들에게 무관심하다고 한다. 모는 연년생인 세 아이들을 키우며 시부모를 모시고 살고 있으나 모든 경제권은 시어머니가 가지고 있으며, 고부간의 갈등으로 받는 스트레스와 많이 배우지 못한 자신의 한을 자식에게 물려줄 수 없다며 이루지 못한 자신의 꿈을 자식을 통해 성취하려는 욕심이 지나치다. 그래서 아이들에게 강요하고, 명령하며, 일일이 간섭하고, 약속을 지키지 않으면서 담임의 과제를 자기 마음대로 '해라, 하지 마라'는 식으로 결정함으로써 누구 말을 들어야 할지에 대해 혼란을 주는 막무가내인 어머니와 같이 사는 도현이는 부모로부터 받는 스트레스를 해소하는 방법이 교사의 눈을 피해 학교친구들에게 바르지 못한 행동으로 표출되었다. 할머니와 어머니 사이의 다툼에 불안을 느끼는 것과 어머니에 대한 불신이 문제의 중요한 원인으로 보인다.

(3) 상담의 목표

학생의 마음을 이해하고 앞으로 제2의 문제행동 발생을 예방할 수 있도록 한다.

(4) 상담의 내용

1회기(2011. 10. 4)

방과후 정연이, 도현이를 불러 ○○에게 왜 그랬냐고 물어보았더니 정연이는 도현이가 시켜서 했다고 우기고 도현이는 정연이가 하자고 해서 했다고 한다. 끝이 보이지 않아 A용지를 주면서 점심시간에 있었던 일을 하나도 빠짐없이 써오라고 했다. 정연이는 도현이가 시켜서 했다는 내용과 ○○에게 미안하다는 내용이었고, 도현이는 시키지 않았다는 내용과 ○○에게 미안하다고 하였다. 그럼 선생님이 시간을 줄 테니 집에 가서 잘 생각해 보고 내일 다시 이야기하자고 하며 집으로 돌려보냈다.

그리고 퇴근 후 ○○가 걱정되어 ○○의 부모에게 전화를 걸어 ○○의 가정생활에 대해 물어보았으나 부모가 충격을 받을까 걱정되어 오늘 학교에서 있었던 일은 말하지 못하고 학교생활에 대해 상담을 하였다.

2회기(2011. 10. 5)

아침에 도움반 교실로 두 아이를 불러 다시 물어보니 어제와 똑같은 대답을 하며 서로 우기고 있다. 둘 중 누군가 거짓말을 하고 있는데 솔직히 말하고 미안하다고 사과하고 다시는 친구를 힘들지 않게 하면 된다고 몇 번을 말을 해도 둘 다 오리발이다. 그래서 "선생님은 선생님을 속이고 친구들을 괴롭히는 사람과는 같이 공부할 수도 없고, 우리 교실에 들어오게 할 수도 없다. 솔직하게 말을 하고 같이 공부할 것인지 아니면 계속 여기서 이러고 있을 것인지 생각해 보고 마음이 결정되면 교실에 와서 이야기하고 같이 공부하도록 하자."라고 말하고 교실에 돌아와 수업을 진행했다. 3교시가 끝나도 오지 않아 아이들이 없어진 줄 알고 옆 반 선생님께 부탁하여 도움반 교실에 정연이, 도현이가 있는지를 확인해 달고 부탁을 하였고, 있음을 확인하고 계속 기다렸다. 4교시가 시작될 무렵 정연이와 도현이가 들어왔다.

정연이가 먼저 하자고 하여 같이 붙이다가 교사에게 발견된 것이었다. 그렇게 한 이유를 묻자 그냥 재미있을 것 같아서 했다는 것이었다. ○○에게 사과도 하고 오늘부터 선생님의 보디가드로 꼭 같이 다녀야 하고 청소도 같이 하고 늘 선생님과 같이 행동해야 한다는 벌칙을 정하고 집으로 돌려보냈다. 이 문제를 부모님도 알아야 할 것 같아 정연이, 도현이의 부모님과 전화로 상담하였다.

3회기(2011. 10. 6)

다시 ○○이 어머니에게 전화를 했더니, 어머니는 "알고 있었어요! 선생님 너무 걱정하지 마세요."라고 오히려 선생님인 나를 위로해 주었다. 어머니에게 "10월 4일에 있었던 일을 말씀드리려고 했는데 충격받으실까 걱정되어 아이들과 좀 더 이야기를 하고 말씀드리려고 했습니다. 늦게 말씀드려 죄송합니다."라고 사과를 했다.

가해학생들은 어제 정한 벌칙대로 늘 교사와 같이 움직이려니 무척 불편해했다. "안 하면 안 돼요?"라며 수없이 물어본다. 못 들은 척 하다가 "어떠냐? 불편하지? 선생님도 너희 둘 때문에 불편해. 하지만 참고 있는 거야. 왜냐고? 이렇게 하기로 한 벌칙을 지키기 위해서지. 그래야 또 친구들을 힘들게 하지 않을 것 아니니!"라고 응답했다. 가해학생들은 싫지만 어쩔 수 없다는 듯이 말이 없다.

4회기(2011. 10. 7)

걱정한 대로 ○○의 모가 오후에 갑자기 방문하였고, 우시면서 말씀하였다. "이 문제를 그냥 넘겨서는 안 될 것 같아요. 또 일어날 수도 있는 일이고, 아무리 어리지만 테이프로 입을 막고 더군다나 얼굴에 그렇게 했다니 …. 앞으로는 그런 일이 없도록 해 주세요!"라고 부탁을 하며 귀가하셨다. 교사는 또 다시 그런 문제가 발생하지 않도록 지도하겠다는 약속을 하였다. ○○이 어머니의 말씀을 참고하여 계속 지도하기로 하고 앞으로 또 이런 일이 벌어지지 말라는 법은 없다는 생각에 제2의 문제 예방을 위해서라도 두 아이를 가까이 하며 이것저것 물어보기로 하고 산책도 하며 아이들과 많은 이야기를 점심시간을 통해 실시하였다. 또 반성하는 의미로 청소도 같이 하고 늘 교사와 같이 하며 상담하였다.

5회기(2011. 10. 8)

두 아이는 하루 종일 교사와 같이 행동하니 무척 힘들고 괴로워했다. "잘할게요. 선생님과 같이 다니는 것 그만하면 안 돼요?"라고 하소연하였다.

"약속은 약속이니까 지켜야지 대신 오늘 집에 가면 부모님께 다 말씀드리고 ○○이네 집에 가서 무엇을 잘못했는지 말씀드리고 용서를 빌면, 그리고 ○○이 어머님께서 용서해 주면 선생님도 용서해 줄 거야."

"네, 언제까지요?"

"오늘부터 3일 안으로……."

"네, 알았어요."

교사는 아이들이 집에 도착하기 전에 두 부모에게 전화하여 아이들에게 한 이야기를 전하고 아이들이 하는 말을 들으시고 쉽게 결정하지 마시고 뜸을 들이다가 듣고 "그래 그런데 엄마는 우리 아들이 최고인 줄 알았는데 실망이네. 더구나 ○○이 엄마 잘 아는 분인데 무척 미안하고 부끄럽고 창피하다는 생각이 드네, 좀 자존심도 상하고 …. 할 수 없지 우리 아들이 잘못했으니까, 엄마도 같이 가서 용서를 받아야지. 처음으로 또 마지막으로 가는데 다음부터는 절대로 안 돼요."라는 말을 꼭 해 달라고 부탁을 드렸다.

6회기(2011. 10. 10)

"아침에 오자마자 오늘 오후에 엄마랑 ○○이네 집에 가기로 했어요."
"그래, 잘했구나! 약속 지켜 줘서 고맙고."
수업이 끝나고 부모님과 함께 ○○이네 집에 가는 것을 확인하였다.

7회기(2011. 10. 11)

두 녀석이 다가와 ○○이 엄마가 용서해 주셨다고 한다. "그래, 그럼 선생님도 약속대로 용서해 주지. 오늘부터는 벌칙 끝이다." 첫날이라 그런지 서로 도우며 잘 지내는 것 같다.

○○이의 모의 전화를 받고 마무리하였다.

개입결과

그 뒤로 정연이, 도현이, ○○이는 쉬는 시간 방과후 활동 시간에도 잘 지내고 있는 모습이다. ○○이를 귀찮게 하는 일도 없고 서로 도와주고 여러 친구들과도 무난하게 잘 지내고 있다.

5. 상담소감

아직 어리고 초등학교 2학년이다 보니 지금은 잘하고 있으나 또 언제 어떤 일이 벌어질지 모르는 메뚜기 같은 아이들이어서 늘 세심히 살피고 제2

의 문제발생 예방을 위해 교사는 생활 지도를 계속하며 항상 학생들을 주의 깊게 관찰하고 살펴야 하겠다. 특히 교사 앞에서는 잘하던 아이들도 교사에게서 멀어지거나 눈을 벗어나면 문제행동을 할 수도 있기 때문이다.

언제 어디로 뛸지 모르는 메뚜기와 같은 아이들이지만 언제나 사랑스럽고 귀엽고 고마운 아이들이기 때문에 더 애착이 간다. 이 사례를 정리하면서 학생들을 겉으로 드러난 행동만으로 결론짓기가 어렵다고 생각했다. 학교 현장 교사들이 학생에 대한 선입견(편견)을 갖지 않고 학생을 있는 그대로 보고 인내와 열정으로 칭찬과 지지를 보낸다면 바람직하지 못한 행동을 하는 학생이 줄어들게 되고 바람직한 행동을 하는 학생들은 점점 증가할 것이라 생각한다. 그리고 이번 일을 잘 마무리지을 수 있도록 따라 주시고 협조해 주신 3명의 부모님들께는 깊이 머리 숙여 감사드린다. 그분들과 같은 따뜻한 사랑과 가정교육이 있는 한 우리 아이들이 올곧게 잘 자랄 수 있다는 것을 알게 되었다.

상담자: 안홍례
논평자: 이재규

논평자 이재규는 정신분석적 상담이론, 인간중심상담이론과 게슈탈트 상담이론, 행동주의 상담이론과 발달에 대한 생태학적 접근을 통합한 생태학적 문제해결상담에 근거하여 내담자의 문제를 개념화하고 상담을 진행시켜 나가고 있다. 논평자는 상담을 내담자의 1차 원함을 명료화하고, 내담자가 자신의 원함을 사회적으로 수용할 수 있는 방식을 통해서 달성할 수 있도록 안내하는 과정으로 개념화하고 있다. 따라서 다음의 논평은 논평자의 이런 이론적 관점에서 근거하고 있다. 다른 이론적 관점에서 본 사례를 논평한다면 다른 평가가 가능함을 미리 밝혀 둔다.

본 사례는 급우를 괴롭히는 학급의 학생들을 발견하여 피해학생을 보호하고, 가해학생들에게 그들의 행위를 반성하게 하는 과정을 그리고 있다. 본 사례의 개념화, 상담진행과정, 그리고 결과는 문제행동 교정상담에 대한 전통적 관점에서 볼 때 타당하고 유효했다. 그러나 교정상담에 대해서 본질적 관점에서 볼 때는 달리 볼 수 있고, 달리 대처해야 하는 많은 측면들을 가지고 있는 사례이다.

본 사례를 사례개념화, 상담진행, 상담결과에서 유효했던 면과 보완했으면 하는 면에서 논평해 보고자 한다.

1. 사례개념화

사례개념화는 문제의 개념화, 상담목표의 개념화, 상담방법과 절차에 대한 개념화 등으로 구성되어 있다.

1) 사례개념화의 타당한 측면

상담자는 가해학생의 문제를 급우가 싫어함에도 불구하고 자신들의 만족을 위해서 친구를 괴롭히는 행동으로 보았다고 평가된다. 또한, 상담자는 상담의 목표를 가해학생이 자신들의 행동이 잘못된 행동임을 알고 그것을 하지 않겠다는 다짐을 하도록 하는 것으로 삼았다고 생각된다. 상담자는 가해학생들의 행동의 원인을 '무지'로 보았다. 상담자는 상담의 목표를 달성하기 위한 방법으로 일정기간 가해학생을 자신의 감시 안에 있게 하는 것, 부모와 함께 피해학생 및 피해학생의 부모에게 사과하게 하는 것을 선택하였다. 상담자는 상담의 결과로 가해학생들이 자신들의 행동을 뉘우쳤다고 평가하고 있는 것으로 보인다.

상담자의 사례개념화는 전통적인 교정상담의 관점을 취하고 있다고 평가된다. 전통적인 교정상담에서 문제행동은 사회적으로 바람직하지 못한 행동이며, 타인에게 해를 끼치는 행동으로 개념화되며, 상담의 목표는 문제행동의 중단에 있고, 문제행동의 중단을 위한 방법으로 처벌과 배상을 사용한다. 본 상담자의 사례개념화는 이런 전통적인 교정상담의 관점에서는 타당하다고 평가될 수 있다.

2) 사례개념화에서 보완될 측면

사례개념화 단계에서 상담자가 숙고해 보아야 할 쟁점과 그에 대한 논평자의 의견을 밝히면 다음과 같다.

첫 번째 논점은 '이 상담에서 주요 내담자를 누구를 보아야 할 것인가?'와 관련되어 있다. 이와 관련하여 상담자는 이 상담에서 주요 내담자를 가해 행위를 한 두 학생으로 보았다고 생각된다. 논평자의 관점에서 볼 때, 이 상담에서 주요 내담자는 적어도 4유형이 있다. 첫째는 피해학생이며, 둘째는 피해학생의 부모이고, 셋째는 가해학생들이며, 넷째는 가해학생의 부모이다. 이 4유형의 내담자의 문제가 무엇이며, 문제의 원인이 무엇이고, 상담목표가 무엇이어야 하며, 상담목표를 달성하기 위한 방안은 무엇이어야 할 것인가에 대해서는 다음에서 계속 말하겠다.

두 번째 논점은 4유형의 내담자의 문제를 무엇으로 보아야 할 것인가와 관련되어 있다. 먼저 가해학생들의 문제를 어떻게 개념화할 수 있는지에 대해서 이야기해 보자. 상담자는 가해학생들의 문제를 사회적으로 수용되지 않는 행동을 한 것으로 보았다. 하지만 체계적 문제해결상담에서는 인간의 모든 행동은 개인의 원함과 관련되어 있다고 보는데, 이런 관점에서 볼 때 가해학생의 문제는 다르게 파악할 수 있다. 가해학생들의 문제는 점심시간을 보다 더 의미 있고 재미있게 보내고자 하였으나 그 방법을 몰랐던 것이 문제라고 개념화할 수 있다. 가해학생들이 문제행동을 한 상황은 점심시간 중에서 점심시간을 마친 후의 휴식시간이었다. 이들은 주어진 활동이 없는 시간에 무엇인가를 하면서 보내고 싶었다. 하지만 무엇을 해야 하는지 모르는 상황에서 그들은 충동에 따라서 급우를 괴롭게 할 수 있는 행동을 했던 것이다. 가해학생의 문제를 이와 같이 개념화할 때, 상담의 목표는 가해학생들이 자유롭게 활용할 수 있는 시간 동안 보다 의미 있고 재미있는 활동을 선택하여 할 수 있도록 돕는 것이 될 수 있다. 이 문제에 대한 상담의 방법은 가해학생들의 원함을 정확하게 읽어 주고 자신의 원함을 달성하면서도 타인에게 해를 끼치지 않을 수 있는 전략에 대해서 브레인스토밍을 하고 선택할 수 있도록 안내하는 것이라고 할 수 있다.

상담자가 간과했던 피해학생도 상담의 대상이 될 수 있다. 이때 피해학생의 문제는 자신을 괴롭히는 학생을 효과적으로 대처하는 데 있어 무능감이라고 할 수 있으며, 이에 따라 상담의 목표는 피해학생이 자신을 괴롭히는 급우들을 효과적으로 대응하여 더 이상 그런 대접을 받지 않을 수 있도록 지도하는 것이라고 할 수 있다. 상담방법으로는 피해학생의 원함을 명료화하고, 원함을 달성하는 데 있어 피해학생이 가진 자원을 탐색하고 방해요인을 탐색하여 자원을 확장하고 방해요인을 극복하도록 안내하는 것이라고 할 수 있다.

상담자가 부분적으로 도와주었던 피해학생의 어머니 역시 상담의 대상이 될 수 있다. 피해학생의 어머니는 자녀가 학교생활에서 안전하기를 원했을 것이며, 자녀가 학교에서 안전의 위협을 받을 때 대처하도록 돕는 것을 원했을 것이다. 피해학생의 어머니는 자녀가 왜 급우의 괴롭힘에 대해서 자신을 보호하는 조치를 취하지 못했는지를 이해하고 싶어할 수 있으며, 앞으로 같은 상황에서 자녀가 어떤 조치를 어떻게 취할 수 있는지에 대해 교육하고 싶어 했을 수 있다. 상담자로서 교사는 피해학생의 어머니의 문제를 이런 맥락에서 정확하게 개념화하고 상담전략을 구성할 수 있어야 했다.

상담자가 간과했지만, 가해학생의 어머니 역시 상담자에게 도움을 받고 싶어 했을 가능성이 높다. 가해학생들이 왜 그와 같은 행동을 했는지를 이해하고 싶어 했을 것이며, 가해학생들이 동일한 잘못을 반복하지 않도록 하기 위해서 무엇을 어떻게 해야 하는지를 알고 싶어 했을 가능성이 높다. 상담자는 가해학생의 어머니의 이런 상담적 요구에 관심을 기울이고 그것을 개념화하고 상담전략을 구성할 수 있어야 했다.

2. 상담진행과정

1) 상담진행과정에서 돋보이는 점

상담자는 급우 사이에서 괴롭히는 사건을 발견하였을 때 즉각적으로 개입하였다. 괴롭히는 사건이 반복되지 않도록 하기 위해서 가해학생들을 일정기간 자신의 감독하에서 행동하도록 조치를 취하였고, 가해학생의 부모에게 학생들의 행동에 대해서 알렸고, 가해학생의 부모가 자녀의 문제행동을 교정하기 위해서 자녀와 함께 피해학생과 그의 부모를 찾아가서 사과할 수 있도록 도와주었다. 이런 일련의 과정을 통해서 상담자는 가해학생들이 동일한 반복을 저지르지 않도록 하였으며, 피해학생이 동일한 피해를 당하지 않도록 조치하였고, 피해학생의 부모가 자녀를 안심하고 학교에 맡길 수 있도록 하였다.

상담자의 상담진행은 전통적인 교정상담의 진행과정에 비추어 볼 때 매우 적합하였다고 평가된다.

2) 상담진행과정에서 보완되었으면 하는 점

상담자의 상담진행이 전통적인 교정상담의 진행과정에 비추어 볼 때 매우 적합하였다고 평가되지만, 체계적인 문제해결상담의 관점에서 볼 때는 개선할 점들이 대단히 많다.

첫째, 가해학생들이 친구를 괴롭히는 장면을 발견했을 때 그 장면에서 즉각적으로 어떻게 처리했어야 했는가에 대해서 논평자의 의견을 말하겠다.

논평자가 판단하건대, 이 장면에서 피해학생 보호, 가해학생 선도의 문제를 동시에 해결하고자 노력해야만 했다. 동시에 가해학생을 선도한다고 하더라도 가해학생의 인권존중(감정의 존중)이 이루어져야 한다. 이런 원칙하에 이 상황을 다룬다면, 먼저 가해학생들로 하여금 피해학생에게 일단 사과를 하도록 해야 한다. 그런 후에 즉각적으로 가해학생과 피해학생을 분리해야 한다. 또한, 가해학생의 선도는 다른 학생들이 보지 못하는 상황에서 이루어져야 한다. 따라서 가해학생을 즉각적으로 상담실이나 빈교실로 데리고 가서 선도를 해야 한다. 가해학생을 선도할 때 잘못을 다그치기보다는 일단 선도를 위한 관계를 형성해야 한다. 관계형성을 위해서는 무엇보다 원함 분석을 통한 공감을 할 수 있어야 한다. 예컨대, "너희가 한 행동은 잘못한 행동이다. 하지만 여전히 이유가 있을 것이다. 아마도 심심해서 놀이 삼아 친구를 놀렸을 것 같구나. 심심할 때 친구를 놀리는 대신에 너희들이 할 수 있는 것이 무엇인지 함께 찾아보자."라고 말할 수 있을 것이다. 만약 가해학생들에게 상담실이나 빈교실로 데리고 가서 즉각적으로 원함 분석을 통한 공감을 하고, 대안을 찾아보자고 했다면, 학생들은 거짓말을 하지 않았을 것이다.

둘째, '피해학생에게 어떤 조치를 취했는가? 그리고 피해학생에게 어떤 조치를 취해야 하는가?'와 관련하여 논평자의 의견은 다음과 같다. 사례에서는 피해학생은 가해학생들로부터 사과를 받은 것으로 나와 있다. 이것은 적절한 조치라고 생각한다. 하지만 그 밖의 조치에 대해서 언급되어 있지 않다. 피해학생에게도 적절한 교육과 상담이 이루어져야 한다고 생각된다. 즉 피해학생에게도 자신을 지키기 위해서 노력해야 한다는 점을 주지시키고, 자신을 지키기 위해서 그런 상황에서 어떤 행동을 할 수 있는지를 교육하고 연습을 시켜야 한다. 즉, 그런 상황이 되면 그런 상황을 피하기 위해서 도망치기, 소리 지르기, 다른 친구들에게 도움요청하기, 선생님에게 도움요청하기 등을 할 수 있다는 점을 설명하고 실제로 그것을 연습시키는 것이 필요하다. 특히, 가해학생들을 상담한 후에 가해학생들에게 피해학생이 그런 연습을 할 때 상대역할을 해 주도록 하는 것이 좋다.

셋째, '가해학생들의 문제행동의 목적은 무엇이며, 가해학생들에게 추가적으로 취할 조치는 무엇이 있는가?'와 관련하여 논평자의 의견은 다음과 같다. 가해학생들의 문제행동의 목적은 심심함의 해소였다고 판단된다. 따라서 가해학생들이 다른 놀이 혹은 활동에 참여하도록 돕는 것이 필요하다. 쉬는 시간에 운동장에 나가서 놀게 하기, 쉬는 시간에 교실에서 놀 수 있는 공기놀이, 조립하기, 친구들에게 서로 책을 읽어 주기, 선생님 심부름 도와주기 등을 할 수 있도록 할 필요가 있다.

넷째, '가해학생이 또 다시 동일한 문제행동을 할 수 있다는 판단은 타당한가? 이런 판단이 타당하더라도 지속적으로 그런 가능성에 대해서 염려하는 것이 어떤 다른 문제를 유발할 가능성은 없는가?'와 관련하여 논평자의 의견은 다음과 같다. 가해학생들은 동일한 문제행동을 저지를 수 있다. 단, 원함 분석에 근거하여 위에서 제시한 것들을 하지 않는 상황에만 가해학생들은 동일한 문제행동을 저지를 수 있다. 만약 상담자가 학생들의 문제행동을 근본적으로 해결할 방법을 찾아서 수행하지 못하고, 가해학생들이 동일한 문제행동을 저지를 수 있다는 점에만 신경을 쓴다면, 선생님들은 해당 학생들을 그런 맥락에서만 보게 된다. 이로 인해 선생님들은 문제행동을 한 학생들에게 더 예민해져 그들에게 화를 더 많이 내거나 짜증을 내고 의심하게 될 수 있으며, 결국에는 그러한 학생들에게 낙인을 찍게 되기도 한다. 또 낙인이 찍힌 학생들은 문제행동을 더욱더 많이 하게 될 수 있다.

다섯째, '학생의 문제행동을 교정하기 위해서 학생들에게 수업을 듣지 못하게 하는 것이 타당한가? 이런 조치가 발생할 수 있는 다른 문제는 없는가?'와 관련한 논평자의 의견은 다음과 같다. 문제행동 교정을 위해서 수업을 듣지 못하게 하는 것은 엄격하게 말하면, 학생의 학습권을 박탈하는 것이다. 학생과 학부모의 인권이 점차 증가되는 현 상황에서 만약 가해학생의 부모가 이에 대해서 문제제기를 하면 선생님의 조치는 그 정당성을 유지하기 힘들 수 있다. 현재의 교육적 분위기는 문제행동을 한 학생이라고 하더라도 그들의 인권을 존중하고, 학습권을 보호하면서 선도할 것을 요구하고 있다.

여섯째, '피해학생의 부모가 충격을 받을 것이 염려가 되어서 피해학생의 부모에게 사건에 대해서 말하지 않는 것이 타당한가? 이것이 다른 문제를 발생하게 할 여지는 없는가?'와 관련하여 논평자의 의견은 다음과 같다. 논평자는 부모에게 사건에 관해 말하지 않은 것은 타당하지 않다고 본다. 만약 피해학생의 부모에게 피해의식이 있었고 그런 피해의식이 감당할 수 없는 수준이었다면, 부모에게 알리지 않은 것에 대해서 문제제기를 할 수도 있는 상황이기 때문이다. 만약 부모가 문제제기를 했다면 상담자는 사안을 잘못 처리했다는 말을 들을 수 있다. 따라서 위와 같은 상황에서는 피해학생의 부모에게 일단 알려야 한다. 그리고 피해학생 부모의 충격을 줄이기 위해서 교사가 어떻게 조치를 취할 생각인지를 명확하게 말해 주어야 한다. 특히 피해학생이 그런 사건으로 인한 충격을 극복하고 다시 즐겁게 학교생활을 할 수 있도록 하기 위해서 어떤 조치를 취할 것인지, 가해학생들은 어떤 처벌을 받고 어떻게 상담을 받을 것인지, 그리고 동일한 문제가 다시는 발생하지 않도록 하기 위해 어떤 노력을 기울일 것인지 등을 설득력 있게 제시해야 한다.

3. 상담결과

1) 상담목표 달성도

본 상담을 전통적 교정상담의 입장에서 봤을 때, 상담목표는 충분히 달성되었다고 할 수 있다. 초등학교 2학년 학생들이 친구를 놀리고 괴롭히는 행동을 발견한 후에 그러한 행동을 한 학생들이 문제를 다시 일으키지 않도록 하기 위해 관심을 가지고 적절한 벌, 그리고 부모님의 협조를 얻어서 행동을 성공적으로 교정하였다. 무엇보다 상담자가 학생들의 생활지도에 대해서 책임감을 가지고 해결하기 위해서 노력하셨고, 그것이 성공적인 문제해결을 이끌었다고 생각된다.

2) 미해결 문제와 그에 대한 대처방안

이 사례에서 미해결 문제와 그에 대한 대처방안은 앞에서 이미 언급하였다. 하지만 주요한 점을 다시 정리해서 제시하면 다음과 같다.

첫째, 가해학생들이 문제 상황과 관련하여 자신들의 핵심 원함을 자각하고, 보다 사회적으로 수용할 만한 방법으로 달성하도록 돕는 것이 필요하다. 사람들은 깨어 있는 동안 그 무엇인가에 헌신하고 싶은 원함을 가지고 있다. 초등학교 2학년 학생들에게 점심시간에 점심을 먹은 후에 남는 10~15분 동안은 상당히 긴 시간일 수 있다. 이 시간 동안 무엇을 해야 하는지에 대해서 현재 교육과정은 적절한 대안을 제시하고 있지 않으며, 이는 가해학생들이 잘못된 행동을 저지르게 된 원인 중 하나였을 가능성이 높다. 따라서 이에 대한 조치가 필요하다.

둘째, 피해학생은 자신을 괴롭히는 급우에게 효과적으로 대처하는 방법을 배울 필요가 있다. 이를 위해서 위에서 언급하였듯이, 피해학생이 이 문제를 다루는 데 있어 가지고 있는 자원을 파악하고, 이 문제를 다루는 것을 방해하는 요소를 파악하여, 자원을 활용하고 방해요소를 극복하도록 조력할 필요가 있다.

셋째, 가해학생들의 부모는 자녀들의 행동을 보다 더 넓은 관점에서 이해하여 자녀들을 도울 수 있어야 한다. 이를 위해서는 위에서 언급하였듯이, 사람은 깨어 있는 동안 무엇인가 의미 있고 재미있는 활동에 헌신하고 싶은 원함이 있음을 이해해야 하고, 그런 원함을 사회적으로 수용할 수 있는 방식을 학습하지 못하면 잘못된 행동을 할 수 있음을 이해해야 하며, 자녀들의 원함을 달성하도록 돕는 절차를 학습할 기회를 가져야 한다.

넷째, 피해학생의 부모는 자녀가 학교생활을, 그리고 더 나아가 사회생활을 안전하게 할 수 있도록 돕고 싶은 원함이 있었다. 따라서 상담자는 피해학생의 부모의 이런 원함을 명료화하고, 부모가 자신의 원함을 달성하기 위해서 필요한 부모교육을 받을 수 있도록 지원했어야 했다. 즉 청소년 상담복지센터나 교육청의 학부모 지원 센터를 활용할 수 있도록 안내할 수 있다.

4. 총평

논평자는 이 사례가 가해학생, 피해학생, 가해학생 부모, 피해학생의 부모의 핵심 원함을 정확하게 파악하여 효과적으로 돕는 것에는 매우 미진하다고 평가하였다. 그러나 논평자는 이런 평가가 상담자에게는 부당하게 느껴질 수 있다는 것을 인식하고 있다. 상담자는 논평자가 언급한 관점에 대해서 생소하기 때문일 것이다.

이 상담사례를 전통적인 교정상담의 관점에서 살펴봤을 때, 상담자는 매우 적절한 조치를 취했다고 판단된다. 가해학생들이 자신의 행동을 잘못된 행동으로 인식하게 되었으며, 그런 행동을 하는 경우에 어떤 배상행위를 해야 하는지(일정 기간 동안 선생님의 감시 안에서 생활해야 하며, 부모와 함께 피해학생과 피해학생의 부모를 찾아가서 사과를 해야 한다.)를 정확하게 이해하게 되었으며, 이로 인하여 추후에 동일한 문제행동을 할 가능성이 줄어들었다. 또한, 피해학생은 학교를 안전한 곳으로 지각하게 되었고, 피해부모 역시 학교교육을 상당한 정도로 신뢰할 수 있게 되었다.

사례 8

동아리 내 교우관계에 관한 상담(고2, 여)

상담자: 윤기선

1. 내담자에 대한 기본정보

- 성명(가명): 정현(여)
- 연령(학년): 18세(고2)
- 상담교사와의 관계: 동아리 담당교사와 학생
- 내담자 특징: 정현이는 성적이 우수한 언니(대1), 부모님과 함께 살고 있다. 서울에서 대학교를 다니고 있는 언니를 자랑스럽게 여기는 부모님 때문에 성적이 우수한 편인데도 성적향상에 대한 압박을 느낀다. 정현이는 교사 앞에서 순종하는 태도를 보이며 선생님들에게 잘 보이고 싶은 욕구가 강하다. 웃는 얼굴보다는 늘 근심 있는 표정으로 도서실에 왔고 선·후배들과 어울리는 것에 힘들어하였다.

2. 상담상황

- 상담시간: 2011. 7. 11.~12. 점심시간, 저녁시간

- 상담장소: 도서실 내 동아리실
- 소요시간: 12:50~13:30(40분), 17:50~18:30(40분)
- 상담내용: 교우관계

3. 상담문제

1) 문제행동

'동아리 활동을 하다가 친구들 때문에 자기만 피해를 보고 있다. 늘 부당하다, 그 애들은 하나도 안 한다.' 등의 불만을 끊임없이 제기하고, 교사에게 '자기 자신은 잘못이 없는데 다른 친구들 때문에 힘들다.'며 쉬는 시간마다 와서 불평불만을 하였다.

2) 상담하게 된 계기

도서실의 크고 작은 행사들을 운영하는 중에 내담자가 친구들과 마찰을 겪고 있음을 목격하게 되었고, 함께 문제를 해결해 나가고자 동아리원들과 함께하는 상담과 개인상담을 실시하였다. 그 뒤로도 계속 동아리에서 겉돌고 혼자 와서 다른 친구들의 단점만 이야기했다. 어느 날, 동아리 회장 학생에게 정현이 어머니가 직접 전화를 하게 된 일을 계기로 좀 더 이야기를 들어 보게 되었다.

4. 개입방법과 과정

1) 문제를 발견하게 된 경로

7월 11일 아침, 동아리 회장 아이가 고민이 가득한 얼굴로 들어와 '정현이 일로 할 이야기가 있다'며 시간을 내 달라고 했다. 가뜩이나 동아리 활동으로 말이 많았던 터라 무슨 일인지 물어보니, 어제 정현이 어머니께 전화를 받아 마음이 좋지 않다고 했다. 2주 전에도 도서 대출·반납 봉사로 요일별 역할이 제대로 안 지켜져 몇몇에게 좋지 않은 소리를 했었는데 그런 일들도 원인이 되어 정현이 어머니께서 동아리 회장 학생에게 "잘하고 있는 정현이한테 몰아붙이지 말아라, 강요하지 말아라!" 등의 주의를 주셨다고 했다. 회장 아이의 말을 듣고 있는 중에 밖에서 분위기를 관찰하던 정현이가 들어왔고, 정현이는 들어오자마자 자신의 이야기를 하기 시작했다. 수업시간이 시작되어 저녁시간에 만나 이야기를 듣기로 했다.

2) 추론한 행동의 목적과 그 이유

선생님에게 잘 보이고 싶은 마음이 큰 정현이는 아무래도 내가 회장 아이의 말만 듣고 자신을 오해하게 될까 봐 그게 두려웠던 것 같다. 4월과 5월에 정현이와 이야기할 때도 정현이는 내게 "선생님은 다른 선생님과는 다른 것 같아요." "선생님은 제 맘을 알아주실 것이라 믿어요." "얘들이 이렇게 이야기하지만 그건 혼자 생각이에요. 사실은 제가 옳아요." "선생님 저 이번에 성적 몇 등이에요."라는 말을 자주 했었다.

3) 추론한 행동의 원인

정현이는 성적이 우수하여 식구들의 기대를 한 몸에 받고 자란 언니의 이야기를 했던 적이 있다. 서울에서 대학교를 다니고 있는 언니는 모든 면에서 자기와 다르게 뛰어나다며 성적에 대한 부모님의 압력을 이야기했었다. 정현이와 이야기를 나누다 보면 자신의 이야기를 들어 주기만을 바라는 것 같았고, 도움이 되는 말, 자기 생각과 다른 의견을 듣는 것을 힘들어했다. 이런 특징으로 볼 때 같은 동아리 학생들과 행사를 추진하거나 역할을 나눌 때에도 마찰이 자주 있을 것이라고 생각했는데, 그것이 사실이었다. 정현이는 자신이 갖고 있는 의견에 대해 다른 학생들이 양보하는 게 당연하다는 생각을 하고 있었다. 또한 상대적으로 성적이 좋지 않은 다른 동아리 학생들 앞에서 "너 몇 등이야? 점수 잘 나왔어?"라고 수시로 물어 다른 학생들을 곤란하게 하는 모습을 여러 번 보였다. 사업에 바쁜 아버지와 교사인 어머니 이야기를 통해 볼 때 가족 간의 대화가 별로 없고 대부분은 성적을 화제로 하여 이야기를 나누는 것 같았다. 바쁜 부모님께 성적으로 인정받으려는 정현이는 은연중에 공부만 잘하면 다 넘어갈 수 있다는 생각을 비쳤고 이는 학교에서 교사와 다른 학생들 사이의 관계에까지 영향을 미치는 것 같았다.

4) 설정한 상담목표

- 친구들의 의견 잘 들어 주기
- 친구들의 부정적인 면보다는 긍정적인 면 이야기하기

5) 상담목표를 달성하기 위한 방안

- 동아리 내에서 서로를 배려하기 위해 지켰으면 좋은 일 정하기

• 동아리 내에서 친구의 좋은 점 먼저 이야기하기(칭찬 포스트잇 담당)

6) 개입 내용

• 동아리 내에서 서로를 배려하기 위해 지켰으면 좋은 일 정하기: 저녁시간에 정현이와 개인상담을 하였다. 동아리에 대한 생각, 요즘 제일 어려운 일들에 대해 솔직하게 이야기를 하기 시작했다. '힘들기도 하고 시간을 뺏기긴 해도 입학사정관 때문에, 1학년 때부터 했던 활동이니 지금 그만두는 건 아깝고 애들이랑 있는 게 좋아서 괜찮다.'고 했다. 그 다음 날 점심시간을 이용해 정현이와 동아리 회장을 불러 함께 이야기를 하도록 했다. 전날과는 다르게 서로에게 쌓인 오해를 차분하게 내려놓는 모습을 보였다. 그 후에는 동아리 학생들과 함께 지금까지 동아리 활동을 되돌아보면서 서로에게 동아리의 의미는 무엇인지, 동아리 친구들에 대해서 서로를 어떻게 생각하고 있는지를 물었다. 전반적으로 아쉬운 점, 잘한 점들을 자유롭게 이야기해 보고 서로를 배려하기 위해 지켰으면 좋은 일들을 논의하였다. 이때 정현이는 친구들의 눈치를 살피며 말을 아끼는 모습을 보이다가도 감정이 격해지면 한 사람에게만 몰아붙이는 모습을 보였다. 여전히 자신의 말을 더 들어 주기만을 원하는 것 같았다.
• 칭찬 포스트잇 담당: 동아리 내에는 칭찬 포스트잇을 담당하는 학생이 있다. 2개월 동안 번갈아 가면서 하는 역할인데, 그 달에 생일이 있는 친구, 선·후배에게 칭찬을 릴레이로 적어 주어 작은 선물과 함께 전달하는 것이다. 좋은 의도로 만들어졌는데 제대로 운영되지 않아 동아리 학생들과 함께 논의하여 정현이에게 이 역할을 담당하도록 부탁했다. 늘 친구들, 선배들의 부정적인 면을 먼저 이야기했던 정현이가 이번 일을 계기로 자기 자신만 옳다는 시선에서 벗어나 다른 사람들의 좋은

점, 잘하는 것을 하나씩 생각해 볼 수 있었으면 하는 마음이었다. 정현이는 처음에는 머뭇거리더니 해 보겠다고 하였다.

7) 개입결과

그 뒤로 정현이는 쉬는 시간에 내게 오는 것이 아니라 친구들과 함께 웃으며 이야기를 나누고 점심시간 봉사활동을 하는 모습을 보였다. 전보다는 불평, 불만을 하는 횟수는 줄어들었고 그때 부딪쳤던 아이들과도 무난하게 잘 지내고 있다. 방학 중에 생일이 있는 선배, 친구를 위해 어울리는 선물을 생각해 보고 동아리 학생들과 함께 칭찬 포스트잇을 준비하며 이런 저런 계획을 세운다고 했다. 전보다는 조금 즐거워 보였고, 당분간은 바빠질 것 같아 점심시간에만 올 수 있을 것 같다며 아쉬워했다.

5. 상담소감

사례를 정리하다 보니 한 학기 동안 학교에 적응하느라 정신이 없었던 내 모습이 너무 부끄러웠다. 학생들이 내게 찾아와 하는 말을 많이 듣기는 했지만 항상 나는 무언가를 하고 있었다. 말을 할 때 학생들의 눈을 바라보며 들어 줄 여유가 없었던 것이다. 정현이는 분명, 4월에도 5월에도 내게 원하는 것을 말해 주었었는데 나는 정말 듣기만 하고 이해하려 하지 않았던 것 같다. 표면적인 일들만 파악하고 애꿎은 동아리 학생 전체에게 큰소리만 낸 것 같다.

도서실은 학생 모두에게 개방되어 있는 공간이고 그 공간을 찾는 학생들은 각자의 원함이 있는 것 같다. 자기 이야기를 들려주고 싶은 아이들, 친구들이 모이는 게 마냥 좋은 아이들, 그리고 동시에 친구들과 관계 맺기가 서

먹서먹한 아이들. 도서실에 오는 학생들을 찬찬히 다시 봐야겠다. 그리고 그 학생들과 제대로 소통할 수 있는 내가 되어야겠다고 생각했다.

상담자: 윤기선
논평자: 이재규

논평자 이재규는 정신분석적 상담이론, 인간중심상담이론과 게슈탈트 상담이론, 행동주의 상담이론과 발달에 대한 생태학적 접근을 통합한 생태학적 문제해결상담에 근거하여 내담자의 문제를 개념화하고 상담을 진행시켜 나가고 있다. 논평자는 상담을 내담자의 1차 원함을 명료화하고, 내담자가 자신의 원함을 사회적으로 수용할 수 있는 방식을 통해서 달성할 수 있도록 안내하는 과정으로 개념화하고 있다. 그리고 문제를 해결함에 있어서 개인의 인지적 통찰, 행동 개선뿐만 아니라 개인을 둘러싼 환경의 변화 혹은 개인과 환경의 상호작용의 변화를 도모하고 있다. 따라서 다음 논평은 논평자의 이런 이론적 관점에서 근거하고 있다. 다른 이론적 관점에서 본 사례를 논평한다면 다른 평가가 가능함을 미리 밝혀 둔다.

본 사례의 학생은 동아리 동료 및 선후배들과 사소한 갈등을 반복해서 겪는 학생으로 보인다. 상담자는 이 학생을 돕기 위해서 학생과 동아리 학생들 간의 대화를 주선하여 서로의 입장 차이를 이해하는 계기를 만들려고 노력하였고, 학생이 동아리 친구들과 긍정적 상호작용을 할 수 있는 역할을 부여하였다. 결과적으로 학생은 동아리 친구들과 긍정적인 상호작용을 하고 좋은 관계를 맺게 되었다. 본 사례의 개념화, 상담진행과정, 그리고 상담결과는 교우관계에서 학생의 부적응 행동을 해결하는 데 성공한 것으로 보인다. 하지만 심층심리적 측면에서 볼 때는 사례개념화, 상담진행, 상담결과에서 다루지 못한 영역이 있어 보인다. 사례개념화, 상담진행, 상담과정에서 유효했던 면과 보완했으면 하는 면에 대해서 논평해 보고자 한다.

1. 사례개념화

사례개념화는 문제의 개념화, 상담목표의 개념화, 상담방법과 절차에 대한 개념화 등으로 구성되어 있다.

1) 사례개념화의 타당한 측면

상담자는 학생의 문제를 동아리 친구들과의 사소하지만 반복된 갈등으로 보았는데, 이는 학생의 호소하는 어려움, 동아리 활동에서 관찰되는 행동을 잘 요약한 것이라고 판단된다.

상담자는 학생의 이런 문제행동의 원인을 다음과 같이 추론하였다. 학생은 부모에게 인정받고 싶은 욕구가 좌절되었다. 좌절된 인정욕구를 보상하기 위해서는 다른 친구들보다 잘해야 한다고 생각하여 자신이 다른 학생들보다 더 잘난 존재가 되기 위해서 다른 학생들을 깎아내리는 행동을 하였으며, 이것이 학생과 동아리 구성원 간의 갈등을 일으키는 것 같다고 진단하였다.

상담자는 상담의 목표를 '① 친구들의 의견 잘 들어 주기, ② 친구들의 부정적인 면보다는 긍정적인 면 이야기하기'로 정하였고, 상담목표를 달성하기 위한 방법으로 '① 동아리 내에서 서로를 배려하기 위해 지켰으면 좋은 일을 정하기'와 같이 상호작용의 규칙을 수립하려고 노력하였으며, '② 동아리 내에서 친구의 좋은 점 먼저 이야기하기(칭찬 포스트잇 담당)'과 같이 긍정적 상호작용을 주도할 수 있는 역할을 부여하였다.

논평자가 판단하건대, 상담자는 학생의 어려움을 정확하게 파악하였으며, 어려움을 유지하거나 발전시키는 원인을 정확하게 진단했다. 상담의 목표는 다소 피상적이기 하지만 상담목표는 분명하게 설정한 것으로 생각되며, 목표달성 전략도 피상적이지만 분명한 목표에 적합한 전략을 수립했다고 생각된다.

2) 사례개념화에서 보완될 측면

사례개념화 단계에서 상담자는 학생의 문제행동을 형성하고 유지시키는 역동을 분명하게 파악하였지만, 상담목표를 수립하는 과정에서 문제행동의 형성하고 유지시키는 역동과 연관된 목표를 수립하지는 못했던 것 같다. 학생의 문제행동의 핵심 원인은 부모에게서 받고 싶은 인정 욕구의 좌절, 좌절된 욕구에 대한 탈맥락적 보상시도였다. 따라서 상담의 1차 목표는 학생이 부모와의 관계에서 좌절된 욕구와 접촉하고, 부모와의 상호작용에서 좌절된 욕구를 충족시키는 방법을 찾는 것이라고 할 수 있다. 그러나 상담자는 상담의 목표를 학교동아리에서의 학생과 동료 및 선후배와의 상호작용의 변화에만 국한시켰다. 목표가 제한됨으로써 전략도 제한되었다.

2. 상담진행과정

1) 상담진행과정에서 돋보이는 점

상담자는 학생이 자신의 마음을 있는 그대로 표현할 수 있으며 신뢰할 수 있는 관계를 형성하고, 그 관계를 활용하여 학생과 동아리 구성원 간의 대화의 분위기를 조성하였으며, 학생과 동아리 구성원의 상호작용을 긍정적으로 만들기 위해서 학생이 동아리 구성원의 긍정적인 측면을 생각하고 긍정적인 상호작용을 주도하도록 '칭찬 포스트잇(구성원에게 생일 등 축하거리를 찾아서 제공하는 역할)'을 담당하도록 하였다. 이는 학생과 동아리 구성원의 관계를 재정립할 수 있게 하였으며, 학생이 동아리 구성원으로부터 긍정적인 피드백을 받을 수 있도록 하였다. 이런 점들은 드러난 문제를 해결하는 데 유용하였다고 판단된다.

2) 상담진행과정에서 보완되었으면 하는 점

상담진행과정에서 드러난 문제인 학생과 동아리 구성원 사이의 갈등을 조정하는 것과 문제의 핵심인 학생과 학부모 사이의 갈등을 균형 있게 다루었다면, 학생의 문제를 보다 깊은 수준에서 해결하는 데 도움이 되었을 것이라 생각된다. 학생이 동아리 구성원들과 갈등을 겪었던 것은 부모에게 인정받고 싶은 욕구가 좌절되었기 때문이라고 생각되는데, 상담과정에서 학생과 학부모의 상호작용에 대해서 탐색하고, 이 과정에서 학생이 부모와의 관계에서 좌절된 욕구를 자각하도록 돕고, 좌절된 욕구를 보상하기 위한 노력의 과정에서 학생과 동아리 구성원 간의 갈등이 형성되고 유지된다는 점을 통찰하도록 하고, 문제를 근본적으로 해결하기 위해서는 학생과 학부모 사이의 갈등이 해소되어야 함을 자각하도록 돕고, 학생이 학부모와의 관계에서 경험하는 갈등을 보다 현실적으로 해결하도록 도와야 하는 점이 간과되었다고 생각된다.

3. 상담결과

1) 상담목표 달성도

상담자는 상담의 목표를 '① 친구들의 의견 잘 들어 주기, ② 친구들의 부정적인 면보다는 긍정적인 면 이야기하기'로 정하였다. 상담자의 보고에 따르면, 학생이 칭찬 포스트잇 역할을 담당하면서 이전보다 동아리 구성원들과 지내는 시간이 많아졌으며, 봉사활동의 빈도가 늘었으며, 동아리 구성원과 보다 더 잘 지내게 되었고, 교사를 찾아오는 빈도가 줄었다고 하였다. 이런 정보들을 종합해 볼 때, 학생과 동아리 구성원 사이의 갈등이 해소되었다고 판단된다.

2) 미해결 문제와 그에 대한 대처방안

학생과 동아리 구성원 사이의 긍정적 상호작용이 증가된 것은 학생이 동아리 내에서 구성원들에게 칭찬할 거리, 축하할 거리를 찾고 그것을 주도하는 포스트잇 역할을 담당하게 되었기 때문이라고 판단된다. 만약 학생이 이 역할을 다른 학생에게 넘겨야 하는 상황이 되었을 때 학생과 동아리 구성원 사이의 긍정적 상호작용이 계속될 것인가에 대해서는 여전히 의문스럽다. 학생과 동아리 구성원 사이의 갈등은 부모로부터 인정받고 싶은 욕구가 좌절된 학생이 자신을 다른 사람보다 더 인정받아야 할 사람으로 규정하고, 그런 자신의 신념을 동아리 구성원에게 암묵적인 방식으로 강요하는 과정에서 발생하였다고 생각된다. 때문에, 학생이 학부모로부터 받고 싶은 인정 욕구의 좌절 문제를 해결하지 않았을 경우에 학생과 동아리 구성원 사이의 갈등은 다시 재현될 수 있다고 생각된다. 이런 점을 고려할 때 학생의 핵심 문제를 다루는 방안이 강구되어야 할 것이다.

4. 총평

상담자는 동아리 구성원들과 갈등을 겪고 있는 학생에게 구성원과 긍정적 상호작용을 할 수밖에 없는 역할을 맡겼으며, 결과적으로 학생의 표면적인 문제는 감소되었다. 하지만 학생의 근원적인 문제는 전혀 다루어지지 않았다고 보인다. 따라서 학생의 문제가 언제든지 반복될 수 있는 여지는 여전히 있다고 생각된다.

이 상담이 학생의 근본적인 문제를 해결하는 데는 미흡하였지만, 상담자의 도움으로 학생이 구성원들과 긍정적인 상호작용을 할 수 있게 된 것은 상담자가 학생에게 진지한 관심을 기울였으며, 학교라는 상황에서 학생과 동아리 구성원의 관계를 중재할 수 있는 '역할주기'를 했기 때문이라고 생각된다. 이런 점들을 고려할 때, 이 사례는 학교상담에서 학생들의 갈등을 조절하는 데 유용한 하나의 방법을 제안한 사례라고 생각된다.

사례 9

학교폭력 가해학생 상담(중3, 남)

상담자: 김경수

1. 내담자에 대한 기본정보

16세, 중학교 3학년 재학 중인 남학생.

2. 내방 경위

학교폭력대책자치위원회의 협의결과 Wee센터에 의뢰되어 일주일 동안의 대안교육 참여가 끝난 주말에 또 학교폭력에 개입되어 3주간 다시 의뢰되었다. 그로 인해 합의가 안 되어 법원에서 위탁상담으로 계속 상담을 진행하게 하던 중, 지난 2월의 다른 피해학생의 부모님이 8월 방학 중 학교에 찾아와 항의를 하며 가해학생에 대한 처벌을 원해 개학인 8월 29일부터 9월 23일까지 3번째 의뢰된 상태이다.

3. 주 호소 문제

부모님의 이혼으로 부와 함께 생활하고 있다. 학업에 흥미가 없으며, 활발하고 외향적인 성격으로 친구들과 어울리기를 좋아한다. 친구들과 어울리며 동급생이나 후배들이 쳐다보거나(째려봄) 거스르는 행동을 하면 때리기도 하는 충동적인 성향이 있다. 흡연 및 친구들이 돈 뺏는 행위(삥 뜯기)를 하는 것을 방관하여 사건에 연루되곤 한다.

4. 가족사항

- 아버지(41): 5남3녀의 일곱째로 여동생이 한 명 있다. 어려운 가정형편으로 전문대를 졸업한 후 직업군인이 되어 5년간 대위로 근무 중 2000년(내담자 3살)에 이혼 후 전역하였다. 부모님 댁에서 재혼 전까지 함께 생활하며 청주시내 종합병원에서 행정직원으로 근무하며 사내결혼을 하였으나, 내담자와 계모의 갈등으로 지난 2월 이혼한 후 현재 내담자와 둘이 생활하고 있다. 사내이혼으로 한 명이 퇴직을 해야 하는 상황에서 부가 퇴직 후 현재 실직자 교육으로 부동산중개사 자격준비를 하고 있다. 자격취득 후 누나의 사업을 도와주기로 하였다고 한다. 자신으로 인해 자녀가 어린 시절 힘들게 보낸 부분에 대해 미안하게 생각하며, 많이 믿어 주고 사랑을 많이 주는 모습이다. 부모 상담 요청 시 적극적으로 참여하며, 내담자 역시 부에 대한 신뢰와 믿음이 크며 자신을 위해 두 번이나 이혼을 한 아빠에 대해 고맙고 감사한 마음을 가지고 있다.
- 어머니(40): 친모는 내담자가 3살 때 이혼했다. 남편이 직업군인으로 시

골에서 생활하는 것을 매우 답답해하고 힘들어 하며 참지 못하고 내담자에게 많은 폭력을 가했다. 현재 재혼하여 두 딸을 두고 생활하고 있다. 초등학교 4학년 때 내담자와 한 번 만난 후 더 이상 연락하지 않고 있다. 부의 표현으론 '여자가 사람을 팰 수 있다는 것을 처음 알았다.'고 할 정도로 무서웠고, 아이가 너무 아파 울어도 달래 주지 않고 그냥 자기도 하고 아이에 대해 관심이 없었던 것 같다고 한다.

- 새엄마(38): 이혼 후 아들(당시 초1)과 생활하다가 병원에서 함께 근무하던 내담자의 부와 재혼(내담자 초5)했다. 내담자는 계모에 대해 이중인격자로 표현하며, 너무 싫고 믿을 수 없고 무섭다고 했다. 동생과 자신을 심하게 편애했고, 아버지가 계실 때와 안 계실 때 태도가 너무 달랐다고 했다. 이혼 후에도 부와는 친밀한 관계를 형성하고 있으며, 부친상을 당했을 때 내담자와 부가 상주역할을 하기도 하였으며, 내담자로 인해 이혼을 한 것일 뿐 부부사이는 별 문제가 없다고 한다. 내담자의 부와 함께 Wee센터도 방문하여 인사도 했다.
- 남동생(11): 새엄마의 아들로 현재 초등학교 5학년이다. 내담자의 학교와 재학 중인 학교가 옆에 있어 가끔 길에서 만나기도 한다. 내담자가 새엄마에게 화가 나면 동생을 때리곤 하였고, 이로 인해 새엄마와의 갈등이 더해진 것으로 보인다. 남동생이 주기적으로 친부를 만나며 선물을 받아 오는 모습은 내담자에게 많은 자극을 주었고, 남동생이 친부에게 받아 오는 선물을 뺏기도 했다.

5. 내담자 인상 및 태도

또래에 비해 키가 큰 편이며, 덩치도 좋다. 처음 의뢰 시 눈맞춤이 안 되었다. 머리는 약간 긴 듯 부스스한 듯하며, 피부가 약간 검은 편이며, 얼굴은 여드름 자국이 있으나, 인상이 매우 서글서글하고 잘 웃는 인상이다. 교복 상의는 단추를 모두 풀어 놓고 바지는 쫄바지로 줄여서 입었으며, 질문을 하면 단답형으로나마 자신의 의사를 잘 표현했다.

6. 검사결과

1) U&I 학습유형검사(내담자) -〈학습성격유형〉 행동 유형(2011. 3. 29)

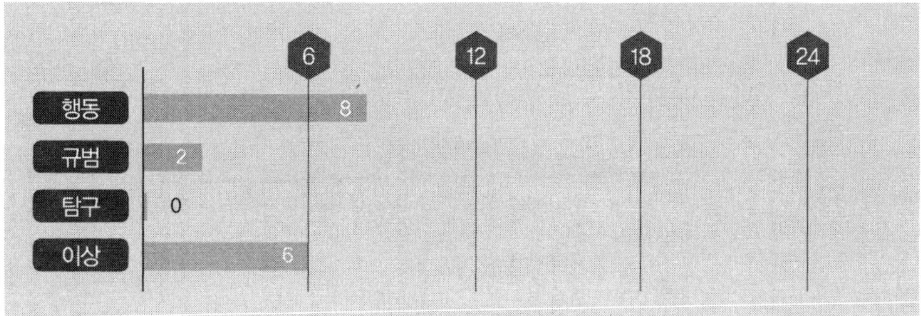

- 결과: 검사해석의 의미가 없는 상태임. 내담자의 생활모습에서는 행동 이상으로 보임.
- 학습행동과 심리상태: 반항-잡념-외곬형

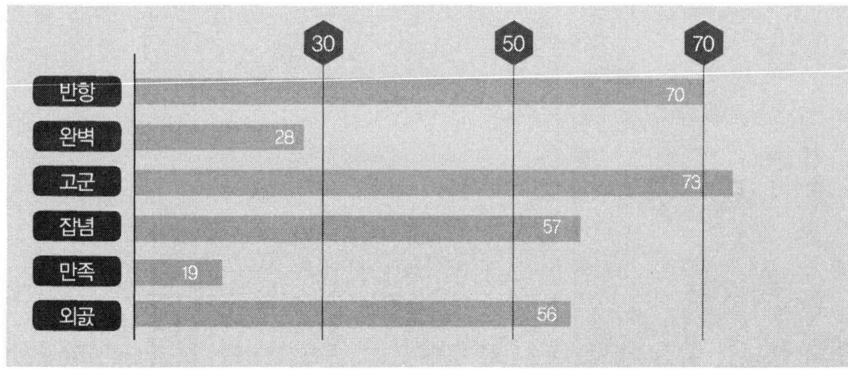

• 결과: 학습에 대한 흥미는 거의 보이지 않고 있으나, 현재의 상황에 대해 심한 분노를 느끼고 있으며, 자신의 주변여건에 대해 불만족스러워하는 것으로 보임. 공부할 수 있는 여건이 거의 안 되며 심리적으로 매우 힘들고 어려운 상황으로 보임.

2) 에니어그램 검사

장중심 9W1(2011년 3월 28일 검사)

2	3	4	5	6	7	8	9	1
16	13	13	13	10	17	13	19	14

장중심 9W1(2011년 9월 17일 검사)

2	3	4	5	6	7	8	9	1
25	29	20	18	18	28	18	23	22

3) SCT(2011년 3월 28일 검사)

1. 내가 가장 행복한 때는 실컷 잘 때.
2. 내가 좀 더 어렸다면 공부했다.
3. 나는 친구가 있다.
4. 다른 사람들은 나를 좋아한다.
5. 우리 엄마는 이중인격자다.
6. 나는 멀 하면서 놀지 공상을 잘한다.
7. 내가 가장 좋았던 일은 학교 안 갈 때이다.
8. 내가 제일 걱정하는 것은 X.
9. 대부분의 아이들은 담배를 피운다.

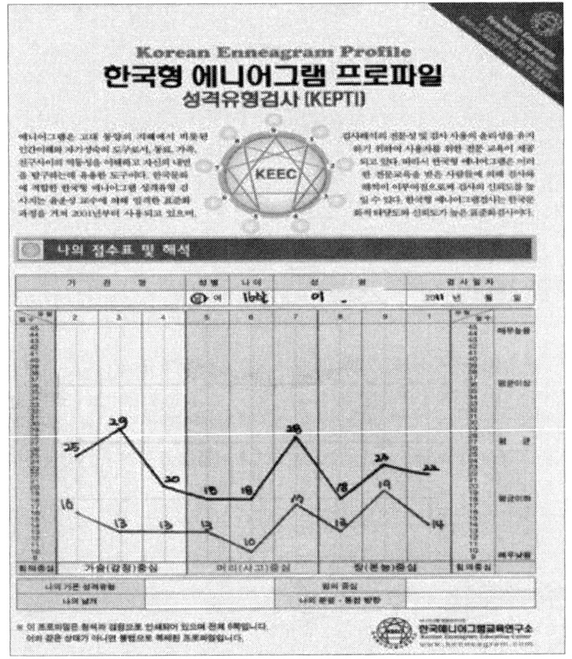

10. 내가 좀 더 나이가 많다면 혼자 살았다.
11. 내가 가장 좋아하는 사람은 아빠.
12. 내가 가장 싫어하는 사람은 엄마.
13. 우리 아빠는 착하다.
14. 내가 가장 무서워하는 것은 담임.
15. 내가 가장 좋아하는 놀이는 친구끼리 놀러 가는 거.
16. 내가 가지고 있는 것 중에서 제일 아끼는 것은 핸드폰.
25. 선생님들은 지 맘대로이다.
27. 나는 공부를 하기 싫다.
29. 우리 엄마 아빠는 착하고 나쁘다.
31. 내 소원이 마음대로 이루어진다면 첫 번째 소원은 혼자 사는 것, 두 번째는 돈, 세 번째는 ______.

32. 내가 만일 먼 외딴 곳에 혼자 살게 된다면 친구와 제일 같이 살고 싶다.
33. 내가 만일 동물로 변할 수 있다면 새가 되고 싶다. 왜냐면 날 수 있어서.

7. 내담자 문제의 이해

어린 시절 부모님의 이혼으로 조부모와 함께 생활하며 성장했다. 생모에 대한 기억은 울고 있는 자신을 버리고 가는 어머니의 모습이라고 하고, 생모에 대한 부정적인 감정을 가지고 있다. 아버지의 재혼으로 새엄마와 남동생이 함께 생활했으나 새엄마의 편애로 인한 갈등이 사춘기 시기와 겹치며 분노를 외부의 친구들과 어울려 표출하며 지내 온 것으로 보인다. 지난 2월 아버지가 결국 이혼하고 현재는 아버지와 둘이 생활하고 있다. 자신을 위해 이혼한 부에 대한 감사한 마음을 가지고 있으며, 현재 부의 지지와 공감이 큰 힘이 되어 주고 있으나, 친아들만 챙기는 새엄마에 대한 분노로 인해 학교에서 친구들과 어울리며 후배나 동급생을 괴롭히면서 문제학생으로 낙인이 찍힌 것으로 보인다.

8. 상담목표 및 전략

1) 내담자 목표

선생님들이 자신을 건들지 말았으면 좋겠다(학교규칙 잘 지키기와 친구나 후배 괴롭히지 않기).

2) 상담자 목표

자신에 대한 이해를 통해 자신의 강점을 알고 학교생활 잘하기(진로 목표 설정하기)

9. 상담내용

1회기(2011. 3. 28) – 접수면접 및 심리검사 실시

학교폭력 문제를 저지르고 학교 생활부장에 의해 1주간 대안교육이 의뢰되었다. 아버지에 대해서는 긍정적인 모습인 듯하나 어머니에 대해서는 매우 부정적인 모습을 보이기 때문에 엄마에 대해 어떻게 생각하는지 질문하였는데, '이중인격'이라고 단호하게 대답하여 모에 대한 부정적인 표현을 하였다. 엄마는 재혼가족으로 만난 계모를 의미하는 것이며, 생모에 대해 생각나는 것에 대해 물어보자, 자신이 울고 있는데 그냥 자신을 버리고 떠나는 엄마의 뒷모습이라고 표현했다. 청주에서 조부모님과 부와 함께 살며 생활하다가 초등학교 5학년 때 아버지의 재혼으로 새엄마가 초등학교 1학년 남동생과 함께 재혼가족을 이루게 되었다. "새엄마가 이중인격자라고 생각하는 이유를 설명해 줄 수 있을까?"라는 질문에, 동생에 대한 새엄마의 편애와 아버지가 집에 계실 때와 안 계실 때의 태도가 다르기 때문에 이중인격자라고 표현한 것이라 했다. 얼마 전 부모님이 이혼해서 현재 아빠와 둘이 살고 있는데, 너무 좋다고 하였다.

Wee센터에 어떻게 오게 되었냐는 질문에 자신은 때리지도 않았는데, 애들이 모두 자신이 때렸다고 해서 왔다고 했다. 정말 안 때렸냐는 질문에 웃으며 ○○와 ○○가 주로 때리고 자신은 다음부터 그러지 말라고 머리만 살짝 건드려 주는 정도로 "한두 대~"라고 대답하였다.

2회기(2011. 4. 1)

(Wee센터에서 생활한 건 어땠어?) 학교보다는 좋은데 그냥 그래요. (어떤 점이 학교보다 좋은데?) 혹 …. 수업을 안 해서 좋은 건 아니고? [같이 웃음.] 그것도 그렇고, 그런데 담배를 못 피우는 건 힘들어요. (지금은 조금 편해 보이는데?) 편하죠. 매일 학생과에서 부르는데, 여긴 잘해 주고, 좋아요. (그래 다행이다. Wee센터 오는 것이 싫은 건 아니어서 ….) 예. (선생님이 일주일에 한 번 ○○학교에 수요일마다 가는데, 그때 우리 만나면 어떨까?) 진짜 우리 학교에 와요? (응, 만나서 ○○와 상담하면서 뭔가 변하고 달라졌으면 좋겠다는 것이 있으면 우리 같이 노력해 보면 좋겠는데.) [고개를 천천히 끄덕임.] (그럼 수요일에 가서 만날 때 몇 교시가 좋아?) 아무 시간이나 다 좋아요. (○○가 주위사람들을 즐겁고 기분 좋게 해 주는 아주 좋은 장점을 가졌는데, 선생님들한테 매일 혼나니까 참 짜증날 수 있었겠다.) 그러게요. (주말을 보내고 월요일부터 학교를 가야 하는데, 학교에 가면 어떻게 생활하고 싶은데?) 몰라요. 학교는 정말 가기 싫어요. (친구들하고 만나는 건 좋잖아?) 그건 그래요. 선생님들도 만나잖아요? (그건 그러네, 그런데 ○○가 친구를 때리는 것은 어떻게 생각해?) 저도 안 때리려 하는데, 애들이 매를 맞게 해요. 그냥 가만히 있는데 와서 깐죽거리면 처음엔 그냥 둬요. 그럼 계속 까불면 그냥 확 나도 모르게 손이 나가 있어요. (손이 시키지도 않았는데 알아서 나가 주었구나.) 그런 거죠. (○○야, 그리고 나면 어떤 기분이 드는데?) 안 좋죠 …. (그래, 사람이 사람을 때리는 것은 아닌 것 같다.) 저도 안 때리고 싶다니까요. 그런데 나도 모르게 …. (그래 우리 앞으로 알아서 나가는 손한테 어떻게 해야 할지 함께 고민해 보자.) 그럴까요. (그리고 Wee센터에 일주일 있다가 갔는데, 다음 주 수요일까지, 아니 앞으로 친구 때리지 말기다.) 네.

(우리 이것을 상담하는 목표로 잡아 보자. 뭐라고 표현할까?) 친구 때리지 않기요? (그래 그것 좋다. 또 어떤 것이 있을까?) 글쎄요 …. (친구를 때리지 않으면 학교 다니는 것도 덜 힘들지 않을까? 학생과에서 부르지도 않을 테고 ….) 애들 안 때리면 …. (애들 안 때리고, 지각 안 하고, 삥 안 뜯고 ….) 저 삥은 안 뜯어요. 아빠가 삥 뜯으면 아들 아니라고 했어요. 그래서 정말 삥은 안 뜯어요. (그래, 아빠와의 약속을 잘 지켜 주고 있구나. ○○가 학교에서 애들 안 때리고 지각 안 하는 것을 뭐라고 표현하면 좋을까?) 뭐라고 해요? (학교규칙을 잘 지켜 주는 거지.) 아~ 네. (그럼 우리 친구 때리지 않기와 학교규칙을 잘 지키는 것을 목표로 이번 학기에 수요일마다 만나는 것으로 하자. 수요일에 만나자).

회기 외(2011. 4. 4) – 부와 통화

월요일 오후 4시경 ○○의 부에게 전화가 왔다. 내담자가 금요일 Wee센터를 종결하고 간 후 일요일 친구들 전화를 받고 나갔다가, 4명이 한 명을 폭행한 일로 피해자가 경찰에 고소를 하여 현재 학교에 다녀오는 길이라고 하였다. 학교에서 전학을 가라고 하는데, 지금 그럴 수도 없는 상황이며 어떻게 하면 좋을지 걱정하는 내용이었다.

3회기(2011. 4. 6)

학교에서 3교시에 만날 수 있도록 담당교사에게 협조를 부탁하였다. 내담자가 학생과에서 있어서 학생부장님께 Wee센터에서 열심히 생활했으며, 1학기 동안은 지속적으로 상담을 하기로 했음을 말씀드리고, 학생도 변화하고자 하는 욕구를 가지고 있으나, 마음과 행동이 다르게 나타나는 부분에 대해 같이 노력해 보겠다고 하였다. 학생부장님은 Wee센터에 갔다 오자마자 이런 행동을 한 학생에 대한 질책을 하신 후 ○○를 Wee클래스로 보내 줘서 남은 시간 동안 30분 정도 상담을 하였다.

(아니 어찌 Wee센터 다녀간 기념행사를 한 것도 아니고, 내가 마음이 아프다.) 그러니까 제 이야기를 들어 봐요. 제 친구가 있단 말이에요. 그런데 딴 학교 다니는데 얘랑 놀았는데, 유예해서 한 살 많은 줄 알고 형이라고는 안 해도 말을 올렸는데, 동갑이라고 하잖아요. 내 참 기가 막혀서 …. (나도 기가 막히다. 형인 줄 알았는데 동갑이라고 해서 화가 났어?) 짱 나잖아요. 그럼 갑이라고 하든지 …. (그 친구가 너희를 속인 게 아니라, 단지 말을 안 한 거네.) 말을 해야죠. (꼭?) 꼭. [단호한 어조로 따라 함.] (○○는 처음 학년이 바뀌거나 친구 만나면 "안녕 나는 몇 살 ○○야." 이렇게 인사하니?) 에이~ 그래두요. (선생님하고 친구 안 때리기 한 약속은 잊어 준 거야?) 아뇨. [단호하게] **가 전화를 해서 어디에 있다고 오라는 거예요. 그래서 ▽▽랑 가는데, 두 명이 걔랑 있는 거예요. 그래서 왜 그러냐고 하니까, 동갑이라고 하잖아요. 억울하잖아요. 그래서 4명이 같이 그러면 그거 …. 그거 뭐죠. 여럿이 …. (집단폭행?) 네, 집단폭행 되면 안 되니까 제가 방에 들어가 맞짱 뜨자고 했어요. (싸우면 안 된다는 생각에 이왕이면 큰 문제 안 만들려고 노력했네?) 제가 약속 지키려고 진짜 노력했다니까요. 엄청. (그래, 노력하고 그 와중에도 생각을 해서 집단폭행으로 안 만들려고 한 점은 인정. 그런데 이미 4명이 함께 한 아이를 겁주면 이미 집단폭행이 돼 버린 거야.) 그러게요. 몰랐죠. (이렇게 일이 커질 줄 몰랐는데 어떻게 생각해?) 그러게요. (합의는 봤니?) 아니요. 안 해 준대요. 전부 4명 다 모이라고 하는데, 한 친구가 도망가서 집 나갔어요. 걔 찾아 오라는데 안 그럼 합의 안 한대요. (그 친구는 어디 갔는데?) 몰라요. (너희끼리는 연락되는 애 없어?) 진짜 없어요. (그 친구가 와야 합의가 되면 그 친구 찾아야겠네?) 찾아야죠. [수업종료 종소리] (그래 우리 다음 주에 이야기하자.)

회기 외(2011. 4. 12)-부와 통화

학교에서 전학이나 Wee스쿨로 보내는 것 중에서 결정할 것을 통보했다고 한다.

자신이 어떻게 해야 할지 모르겠다고 전화를 통해 Wee스쿨에 대하여 문의하여 설명해 주었다. 약 한 달 전 새엄마와 힘들어하다가 헤어지고 현재 모처럼 둘이 지내면서 아이가 많이 좋아하는데 이 시점에 아이를 Wee스쿨로 보내면 아이에게 어떨지 걱정스러운 마음을 전했다. ○○에게 어떤 생각인지를 함께 상의해 보시기를 권했다. 다음날 아침 ○○가 절대 안 간다고 하며, 자신도 마음이 반반인데 아이가 가지 않겠다고 하면 보내고 싶지 않다고 했다. ○○가 Wee센터는 좋다고 하는데 또 갈 수 있는지 여부를 질문하여 Wee센터에 오는 것은 가능하며, ○○가 원하지 않고 지금 아빠와 함께 사는 것을 너무 좋아하니 Wee스쿨에는 안 가는 것도 좋을 것이라고 했다.

[학생부장과 통화]

3명에 대한 대안교육을 의뢰하였다. 3명은 일주일 의뢰하고, ○○는 지난번 Wee센터를 왔었는데, 또 교육을 의뢰하는 것이 가능한지 여부를 문의하신 후 3주간 의뢰를 하셨다.

4회기(2011. 4. 19)

다시 의뢰되어 프로그램에 참여했다. 프로그램 안에 매일 한 시간씩 공부하는 시간을 포함시켰다. 경찰서에서 아저씨들이 말을 해도 믿어 주지도 않고, 살벌하게 욕해서 기분이 안 좋았음을 토로했다.

Wee센터에 있는 것에 대해 만족스러운 모습이며, 자신이 졸업할 때까지 여기 있으면 안 되냐고 물었다. 기억나는 가장 어릴 때가 언제인지 묻는 질문에 "우는 거요."라고 단답형으로 답을 하여 재질문하였는데, 계단에 앉아서 엄마에게 가지 말라고 붙잡고 울었는데, 엄마가 뒤도 안 보고 가는 것이 기억난다고 했다. "어떻게 자식이 가지 말라고 우는데 갈 수가 있어요? 이해가 안 돼요." (○○가 많이 서운했구나.) 이젠 괜찮아요. 할머니가 엄마예요. (할머니를 많이 좋아하나 보구나.) 네. 당연하죠. 키워 주셨는데 …. (○○가 마음이 참 따듯하다. 키워 주었으니 당연히 좋아한다고 생각하면 아이들은 엄마에게 왜 그럴까?) 그러게요. (그래서 ○○가 사랑을 많이 받아서 늘 이렇게 씩씩하고 생각 표현도 잘하고, 마음이 따듯하구나.) 그렇죠. (지금 할머니는 건강하셔?) 네. 그래서 아빠 재혼할 때 저는 할머니랑 살라고 했는데, 그러면 안 된다고 해서 같이 못 살았어요. (그럼 할머니 댁에는 자주 가니?) 매주 가죠. 일요일 저녁에 전부 고모네 식당에서 모여요. (가족들이?) 네, 고모네 가게가 일요일에 사람들이 무지 많이 와서 전부 가서 도와주고, 일 끝나면 밥 먹고 가끔 노래방도 가고 …. (고모네 식당일 도와주고 함께 자연스럽게 모이네.) 네. (다음 시간에 좀 더 얘기해 주렴.)

5회기(2011. 4. 27)

(지난 시간에 할머니 이야기를 하다 말았는데, 가게와 집이 같이 있어?) 네, 고모네 가게에 가면 계세요. (고모가 무슨 식당을 하셔?) △△동에서 □□□ 하는데 고모가 애들 봐주시고, 할아버지는 삼촌이나 고모가 "뭐 사와요." 부탁하면 자전거 타고 마트 왔다 갔다 하고 그래요. (△△동 식당은 선생님도 아는데? 아주 유명한 식당 아닌가?) 네, 사람들 엄청 와요. 고모가 아빠 보고도 와서 일하라고 하는데, 아빠가 좀 있다 일한대요. (친척들이 가게에서 일을 많이 하나 보네?) 삼촌도 하고, 큰고모도 하고, 셋째 고모도 있고. (○○도 가면 일 도와드리니?) 아뇨, 고모가 그냥 할머니랑 있으래요. 그러면서 이것저것 시켜요. (그러면 잘 도와드려?) 당연하죠. 집에 돌아올 때 고모가 심부름했다고 용돈도 주는데, 그래서 좋아요. (고모가 좋아? 용돈이

좋아?) 당연히 둘 다 좋죠. [웃음.] (고모를 좋아하나 보구나?) 그럼 고몬데 당연히 좋죠. (그래, 그런데 새엄마는 왜 이렇게 싫었어?) 아~ 이중인격자예요. 맨날 나만 잘못했다고 하고, 자기 아들한테는 무조건 잘해 주고, 그러다 아빠가 오면 싹 달라져요. (그럼 어떤 생각이 들었어?) 징그러워요. 어떻게 사람이 저러나. (아빠는 알아?) 모르죠. 아빠가 오면 안 그런다니까요. (그런데 엄마가 이렇게 마음이 따스한 우리 ○○를 어찌 이리 혼냈을까?) 그러게요. 몰라요. (음 …. 동생은? 동생하고는 잘 지냈어?) 아뇨. 얄밉잖아요. (그래서 간혹 손 좀 봐줬어?) 봐 줘야죠. (어떤 때 봐 줬는데?) 엄마한테 이르고, 용돈 좀 빌려 달라고 하는데 안 빌려 주고 …. [말하다 민망한 듯 웃음.] (동생에게 삥을 뜯었고만.) [같이 웃음.] (내가 엄마였으면 ….) 죽었죠? [웃음.] 선생님이 엄마였으면 안 그랬죠. [같이 웃음.] (조금 치사한 경우다. 엄마가 안 무서웠구나?) 네. (무서운 엄마면 말 잘 듣고, 안 무서운 엄마면 말 잘 듣고 하는 건 좀 치사하다.) [웃음.] (엄마도 동생이 너한테 맞으면 서운하겠다.) 그래서 지난번 길에서 동생을 만나서 제가 용돈도 줬어요. (용돈을? 동생이 감동했겠는데, 삥 뜯던 형이 용돈을 줘서) [웃음.] 그러게요. 오랜만에 만나니 귀엽더라구요. 그래서 천 원을 줬더니, 안 받으려고 하는데 줬어요. (우리 ○○이 다 컸네. 동생이 귀여워 보이고, 이젠 손 안 봐 줘도 되겠네.) 그런데 또 같이 살면 아마도 …. [웃음.]

6회기(2011. 5. 4)

대안교육 의뢰 3주차. (학교 궁금하지 않아?) 아뇨, 전혀, 네버. (애들은 자주 만나니?) 제가 끝나고 가면 **랑 ▽▽가 기다리고 있어요. (그래서 다음 코스는?) 우리 집에 가서 라면 끓여 먹기도 하고, 피씨방 가서 게임도 하고, 그냥 돌아다녀요. (그래, 친구들이 기다리고 있으면 어떤 기분이야?) 아, 자고 싶을 때도 있고, 그냥 아무 생각 없는데요. (자고 싶을 때 자고 싶다고 말해?) 아뇨, 그냥 가요. (자고 싶은데 그럼 짜증 안 나?) 그런데 좀 지나면 괜찮아요. (애들하고 여기저기 돌아다니면 어떻게 보일 것 같아?) 뭐가요? (너희 반이나 다른 학생들이 볼 때?) 와아~ 잘생겼다. [웃음.] 좋아 보이진 않죠. (왜 안 좋아 보일 것 같아?) [잠시 침묵] (○○도 혼자 있을 때는 누구 때리고 싶다는 생각하니?) 아뇨. (여럿이 모이면 힘이 생기는 것 같잖아? 우루루 몰려다니면서 양아치 같아 보일 텐데.) 양아치는 아니죠. 노우노우. (그럼 ○○가 절대 양아치는 아니지, 단지 친구를 좋아하고 의리를 아주 중요하게 여기는 건데, 7~8명이 몰려다니면서 힘을 얻는 건 아니라고 생각한다.) 그럼 혼자 놀아요? (아니, 난 ○○가 친구를 만나지 말라는 이야기가 아니야. ○○가 친구를 좋아하고, 잘 어울리는 건 아주 좋은 장점이라고 생각해.) 그럼요. (선생님도 ○○가 아주 좋은데 ….) 저도 알아요. (뭘?) 선생님이 절 좋아하는 거요. (그랬는데, 고민 좀 해 봐야겠다. 이렇게 찌질하게 놀고, 양아치처럼 하고 다니면 별로 안 좋아질 것 같아.) [웃음.] 알았어요. 알았어요. (친구들과 함께 여럿이 길을 갈 수도 있지. 그런데 눈에 힘 빼고, 어깨에 힘 빼고.) 안 그래요. (가오 잡지 말고 ….) 네, 그런데 애들이 그럼 우습게 봐요. (어떻게?) 지나가다 어깨가 부딪치기도 하고 …. (○○야 사람이 많이 다니면 너희가 한 줄로 다니니? 여러 놈이 가는데, 지나가다 부딪칠 수 있지, 너희가 한 줄로 줄 맞춰서 안 다니잖아.) 그러네요. (너하고 ○○가 복도 지나가면 4명이어도 꽉 차, 그럼 저쪽에서 오는 애들이 어떻게 하냐?) [생각하는 듯한 모습으로 침묵] (그래서 우리가 좌측통행을, 아니 요즘은 우측통행을 하라곤 하는데, 우리 ○○와 친구들이 지켜 주고자 노력을 하는지 모르겠다.) 그게 뭐예요? (우리나라 초등학교에서부터 복도에 화분 놓고 교육을 하고 있는데 ….) 알아요. 그냥 농담으로 물어본 거예요. 선생님도 참 …. (선생님의 자그마한 소원은 우리 ○○가 사람을 좋아하고, 따뜻한 가슴을 가지고 있는데, 애들 때리는 폭력아이로 오해받지 않는 거야.) 저도 진짜 오해 안 받고 싶어요. 요샌 진짜로 애들 안 때려요. 며칠 전에 **가 어떤 애 째려본다고 때리려고 해서, 제가 말렸어요. (참 잘했어요. 우리 ○○이. 그래, 원래 우리 ○○가 가지고 있는 모습으로 조금씩 노력해 보자. 다음 주에는 학교에서 만나자.)

7회기(2011. 5. 18)

[지난 회기는 약속시간에 수행평가를 봐야 해서 부득이 상담 진행이 안 됨. 점심시간에 와서 인사하고 감.]

(요즘 어떻게 지내고 있어?) 자~알~. (학교 끝나면 뭐하고 지내는데?) 일단 집으로 가요. 그리고 자요, 일어나면 8시쯤 되면 저녁을 먹어요. 그럼 전화가 와요. 나오라고, 안 나간다고 하면 집으로 오니까. 고모네 가게라고 해요. 그리고 컴퓨터를 해요. 그리고 자요. (친구들하고는?) 학교에서 놀다가, 애들이 나오기 전에 얼렁 집에 가요. 일주일에 3~4일 안 잡히고, 한두 번은 만나서 ◇◇학원시간까지 노는데요. (애쓰고 있는데, 혼자 왕따놀이 하고 있구나.) 애들하고 다니지 말라면서요. (헐 …. 그래서 ○○가 애들을 모두 따시키고 있구나.) 그런 거죠. (그렇게 지내니까 어때?) 편해요. (그런데 몇 시간을 자는 거야?) 몰라요. 자꾸 잠이 와요. (요즘 마음은 어때? 화나거나 속상한 일 있어?) 아뇨. 너무 편한데, 담배를 못 펴요. (왜?) 아빠랑 있는데 어떻게 펴요. (아빠 담배 안 피우시니?) 네. (○○이 딱 걸렸네. 집에서 피우면 아빠한테 들키고 ….) 그래서 창문 열고 피우고, 꽁초를 아래로 버렸는데, 아빠가 창문 밑에 꽁초 보고 이제 창을 열어 보잖아요. 미치겠어요. [웃음.] (○○의 장점이 솔직함인데, 아빠한테 "아빠 저 담배가 너무 피우고 싶어요."라고 해 보지?) 아~ 어떻게 그래요. 그랬다가 맞아 죽어요. 아빠 저한테 삐친단 말예요. (아빠가 삐칠까 봐 걱정되나 보네.) 네. 오래간단 말예요. 그리고 아빠한테는 잘해야 되요. (어떻게 그렇게 생각하게 됐어?) 아빠가 저 땜에 이혼한 거예요. 두 번 다. (그렇게 생각해?) 그렇잖아요. 첫 번째 엄마가 저

자꾸 때려서 이혼하고, 새엄마는 제가 싫다고 해서 이혼하고, 그리고 회사도 그만두고. (회사는 왜 그만두신 건데?) 같은 병원에서 일하는데, 이혼하면 한 명이 그만둬야 한대요. 그래서 아빠가 그만뒀대요. 왜 아빠가 그만둬요. 그 여자가 그만둬야지. (그랬구나. 새엄마하고 아빠는 사이가 어땠는데?) 좋아요. 새엄마는 출퇴근해야 하니까 차도 주고, 아빠는 차를 주말에만 타요. (그렇구나. ○○는 아빠가 그렇게 차도 주고, 그만둔 것이 마음에 안 들어?) 그럼요. (○○가 아빠에게 잘해야겠네.) 네. 진짜. 아빠랑 지금 둘이 있는 게 너무 좋아요. (우리 ○○이가 아빠한테 사랑을 정말 듬뿍 받았구나.)

회기 외(2011. 5. 24) – 부와 통화

지난번 사건으로 부모들이 모두 만나 합의를 봤는데, 법원에서 연락이 와서 다시 조사를 받으라고 한 것에 대해 이야기했다. 이미 합의 보고 경찰에서도 이제 끝났다고 했었고, 끝난 지 벌써 두어 달이 지났는데, 이해를 할 수 없다고 하였다.

일단 법원에 가서 조사를 받고, 법원에 온 학생들 중 매월 8명을 Wee센터로 상담의뢰를 하는데, 내담자가 Wee센터에서 상담을 받을 수 있으면 좋겠다고 했다.

8회기(2011. 5. 27)

2교시 상담 약속에 오지 않고, 3교시 **와 상담시간에 같이 찾아왔다. 약속시간에 오지 않음에 대해 지난번에 다 혼났는데, 법원에서 연락이 왔다고 또 학생과에서 오라고 했다고 한다. 그래서 3교시 과목 선생님께 상담한다고 말하고 왔다고 했다. 3교시 선생님께 확인서 받아 오게 한 후 **와 함께 보드게임을 하면서 함께 상담을 진행하게 되었다.

요즘 제일 재밌던 일이 뭐가 있었느냐는 질문에 노래방 가서 놀았던 일을 이야기하고, 요즘 아빠하고 안 좋아서 가출하고 싶다고 했다. 가출해도 학교는 꼭 나올 거라고 하며, 누나가 학교는 꼭 다녀야 한다는 말을 했다고 했다. **는 가출을 왜 하느냐며 서로 이야기를 나누었다.

**는 비교적 성적은 좋으며, 학원을 잘 다니는데, 요즘 가기 싫어 안 가고 있다가 학원에서 부모님께 연락이 되어 혼났다고 한다. ○○와 **에게 서로 생각을 이야기해 보게 하며 의견을 나누며 이야기했다. 다음 주 출장으로 두 주 후에 만나기로 했다.

9회기(2011. 6. 8)

두 주간 어떻게 지냈는지에 대한 질문에 그냥 잘 지내고 있으며, 요즘 학생과에 한 번도 안 갔다고 하여 칭찬해 주었다. 과외는 시작했는지에 대해 아직 안 하고 있다고 대답했고 공부는 정말 재미없다고 했다. 장래희망이 군인이 되는 것이라 하여 ROTC를 하려면 일단은 대학에 가야 함을 설명하고 학습에 대한 접근을 했다. SCT 검사 시 "내가 좀 더 어렸다면 공부를 했다."고 작성한 마음에 대해 이야기를 했다. 지난 2차 의뢰 시 수학을 5학년 것부터 하였으나 너무 기초가 부족한 상태였다. 적성검사의 결과로 나온 ○○의 성격은 활동적이고 사람 만나는 것을 좋아하므로 행정경영 쪽으로 고모의 사업체를 국내에서만이 아닌 외국으로도 확장해 나갈 수 있고 그냥 체인식당 사장이 아닌 회장님이 되면 좋겠다는 목표를 크게 제시했다. 또한 친구들이 나중에 모두 고객이 될 사람들이므로 지금 때리면 안 될 것 같다고 이야기했다. 현재의 성적상 전문계를 가야 하므로 상업계열 학교로 진학하여 내신을 관리하고 동일계 전형인 경영 쪽으로 목표설정을 하였다. 책을 읽거나 공부를 하기 위해 의자에 앉아 있는 연습이 필요하다고 생각되어 학교 Wee 클래스에 있는 10권짜리 만화를 보기로 했다. 다음 주까지 만화를 다 보면 점심시간에 자장면을 사주기로 했다.

회기 외(2011. 6. 14) – Wee센터로 찾아옴

법원에서 1차 조사를 받고, 8월 28일 재판을 받기로 했으며, Wee센터에서 상담을 받게 되었다며 3명의 학생과 Wee센터에서 상담받게 된 ○○ 아빠와 ▽▽ 어머니가 함께 찾아왔다.

상담내용이 많이 반영된다고 하더라며 잘 부탁한다고 얘기하고 갔다.

10회기(2011. 6. 15)

어제 법원에 갔던 일에 대해 이야기했다. 정말 다시는 가고 싶지 않다고 이야기하며, 이젠 정말 누구 때리는 짓은 안 할 것이라고 했다. 지난주 약속한 만화는 8권까지 읽었다고 하였고 법원 다녀오고 많이 놀라고 힘든데 노력한 점을 칭찬하며 자장면 먹으러 가자고 하니, 2권 다 읽고 나서 다음 주에 사달라고 했다. 법원에서, 아빠가 아저씨들하고 이야기하는데, 미안한 마음이 많이 들었고, 아빠가 한 번만 더 법원이나 경찰서에 가면 Wee스쿨에 가라고 했다고 한다. Wee스쿨은 절대 안 가고 싶고 아빠와 꼭 같이 살 거라고 했다. 아빠는 자신이 뭐 해 달라고 하면, 처음엔 안 된다고 하고 나중엔 다 해 준다고 했다. 그런 아빠에게 어떤 마음이 들었는지에 대해 "미안하고, 잘하고 싶은데, 누가 건들면 그땐 그 생각이 안 나고 하고 나면 아차차 싶으니 어떻게 해요. 이젠 정말 안 할 거예요."라고 거듭 이야기했다.

법원 경험이 무척 부정적이었던 것으로 보이며, 행동변화를 위한 자극이 된 것으로 보인다.

회기 외(2011. 6. 23) - 부와의 면담

법원의 상담의견서 작성을 위해 자세한 인적사항이 요구됨에 따라 부와의 상담을 진행하였다.

재혼시기가 ○○의 사춘기와 겹치면서 정기적으로 친부와 만나는 동생이 부러웠던지 생모이야기를 하여 초등학교 4학년 때 한 번 만나게 해 주었다고 한다. 이혼한 이듬해 재혼으로 두 딸을 두고 있는 상황이었다. 생모와 처음 만나는 날 핸드폰을 선물로 받아 왔는데, 생모가 문자를 하거나 전화를 하면 아이가 별말을 안 하고, 문자에 대해 자주 답을 안 하니, 며칠 후 핸드폰을 연락도 없이 해약해 버린 후 현재까지 연락을 안 하고 있다. 아이도 그 후론 친모에 대한 이야기를 전혀 하지 않고 있다. 재혼생활에는 문제가 없으나, 동생이 친부를 만나고 선물이나 용돈을 받아 오면 ○○가 뺏거나 괴롭히고, 이를 본 새엄마가 속상해하고 혼내면 대들고 또 동생을 때리곤 하는 악순환으로 인해 합의하에 살던 아파트를 전세 주고 아이들 학교 문제로 전학이 어려워 근처에 작은 평수의 집을 두 개를 얻어 따로 살고 있다. 주말엔 함께 외식도 하고, 어른들은 왕래를 하고 있다. 직장에 대해서는 그래도 여자를 그만두게 하면 아이와 살아야 하는데 직장구하기도 힘들 것 같아 자신이 그만두었다고 한다. 8남매의 일곱째인 부는 누나가 식당을 운영하다 잘되어 현재 체인점을 여러 도시에 운영하고 있어 지금 준비하는 자격증을 딴 후, 함께 일을 하기로 했으며, 형제 중에 한 명이 잘되니 여럿이 함께 살게 되어 다행이더라고 했다. 자신으로 인해 ○○가 너무 어린 시절부터 힘들게 산 것 같아 많이 미안한 마음이며, 공부는 포기했으나 사람들에게 피해를 주면서 살지 않았으면 좋겠다고 하였다. 학교에서 전학을 가거나 Wee스쿨 보내라고 하는데, 처음엔 보내려고 했는데, 둘이 사니까 저렇게 좋아하는데 또 떨어져 살면 친해질 기회가 없을 것 같고 상담자도 권해서 함께 사는데 ○○를 좀 더 이해할 수 있어 잘한 것 같다고 했다.

11회기(2011. 7. 8)

지난주에 체력검사와 시험으로 만나지 못해 기말고사 끝나고 상담하러 Wee센터에 왔다.

기말고사에 대한 이야기를 했다. 시험 때 그냥 쭈욱 답 쓰고 자곤 했는데, 이번 수학시간에는 한 문제는 진짜로 풀었으며, 지난번 Wee센터 선생님이 수학 답은 1이나 0이나 -1이 많다고 해서 다 그것으로만 찍고 왔다고 했다. 그나마 생각하며 시험을 본 점을 칭찬하고 방학 동안의 계획에 대한 이야기를 했다. 앞으로 방학 동안 한 주에 한 번 Wee센터에 와서 상담을 해야 법원에 소견서를 낼 수 있다고 하여 상담약속을 정했다. 아빠가 영어학원 다니라고 해서 월요일부터 다니기로 했는데, 공부하기 싫은데도 다니는 것이라고 했다. 나중에 큰 사업을 할 목표가 있으니 영어공부는 좀 해 놓자고 했다. 방학 계획은 다음 주에 세우기로 했다.

12회기(2011. 7. 15)

여름방학 종업식 날. 지난주 방학계획을 세우기로 한 부분에 대해 이야기했다. 영어학원을 다니고 있는데, 정말 재미없는데 아빠가 다니라고 해서 다니고 있느라 미칠 지경이라고 한다. 월수금 세 번을 가는데, 3학년은 ○○ 혼자여서 선생님과 둘이서 공부하는데 무슨 말인지 모르겠고, 말도 엄청 빨리 해서 짜증난다고 했다. 하지만 안 다닐 수도 없고 노력하고 있다고 했다. 방학 동안 법원에서 낸 숙제를 해야 하는데 책 한 권을 어떻게 다 적어 넣을지 걱정이라고 하여, 방학 동안 영어 학원 빠지지 않고 다니기를 목표로 정하기를 권유했다. 내담자는 생각해 보기로 했다.

요즘 친구들과 어떻게 지내고 있는지에 대해서는 여전히 만나서 함께 놀지만 애들도 다 법원 때문에 조심하려고 하는데, ▽▽가 아직 어린 것 같다고 말했다.

13회기(2011. 7. 21) - 축어록

상1: 어떻게 잘 지냈어?

내1: 저 정말 억울해요. 어후~ 저 진짜 억울한 일 있었어요.

상2: 어찌 …. 무슨 일 있었나 보네.

내2: 그러니까요. 정말 제가 애들 안 때렸는데, 제가 때렸다고 하잖아요. 내가 진짜 …. 황당해서 …. 아버지 걸고, 선생님 걸고 진짜 안 때렸어요.

상3: 그래 선생님은 ○○이 믿어, 천천히 이야기를 해 주라. 무슨 말인지 선생님이 지금 상황을 모르니까 이해가 안 가거든.

내3: 내가 일어나서 밥 먹으려고 하는데, 담팅이 전화해서는 엄마들이 학교에 왔다고 나오라는 거예요. 내가 애들을 때렸다고 하면서 …. 진짜 억울해요.

상4: ○○가 지금 많이 억울한가 보다. 선생님 전화가 언제 왔는데?

내4: 아까요. 밥먹을려다 진짜 ….

상5: 그래서 학교에는 갔다 왔어?

내5: 아뇨, 뭐하러 가요. 내가 안 때렸는데 ….

상6: 무슨 상황인지 알아야 하지 않을까 싶은데 ….

내6: 예전 일 계속, 반복해서. 예전 일 계속 다 쓰고. 그니까 제가 여기까지 온 거죠.

상7: 음, 그럼 너는 지금 이 억울한 마음 많잖아. 근데 만약에 담임선생님이 학교로 와라. 그런데 네가 지금 싫다고 안 가면, 오히려 담임선생님이 널 더 의심하지 않을까?

내7: 아, 그때도요. 제가 학생들한테 돈을 안 뜯고 **가 뜯었는데요. 다

저래요. 그래서 제가 뜯었다 했어요.

상8: 선생님들이 네가 뜯었을 거라고 그렇게 얘기했어?

내8: 다 내가 뜯었대요. **가 뜯었는데.

상9: 애들이?

내9: 확실한데. 내가 뜯었대요. 나 엿 먹이려고. 그래서 제가 다 뜯었다고 했어요, 그냥. 이번에는 제가 때렸다. 저 안 믿잖아요. 믿어 주는 사람이 없는데 어떡해요.

상10: 왜 믿어 주는 사람이 없어?

내10: 진짜 없어요.

상11: 제일 중요한 아빠가 너를 믿고 있고 ….

내11: 아, 학교에서, 아빠 말고.

상12: 응. 선생님도 믿는데, ○○아. 선생님이 지금 안타까운 건, 난 네가 지금 너무 억울해질까 봐 그렇거든. 그렇잖아. 네가 때렸는데 때렸다고 하면 당연히 혼나야지. 그치? 근데 선생님 생각에는 네가 저번에 Wee센터 오고 그 일 때문에 이번 일도 이렇게 있고, 너도 잘하려고 노력하고.

내12: 솔직히 여기 갔다 와서 학생과 한 번도 안 갔어요.

상13: 그래서 ○○이가 얼마나 노력하는지 선생님이 알아. 그런데 문제는. 만약에 요새 때린 일은 아니야. 그런데 예전 일로 그런다고 했을 때 이미 처벌받고 혼났었다면 정말 억울한 일이지만 오래전에 때렸더라도 처벌 없이 그냥 넘어간 일이었으면 지금 혼날 수도 있는 거야. 아무리 예전 일이지만 잘못한 것은 잘못한 거니까. 가장 중요한 건 지금 ○○가 변하려고 노력하고 있고, 변하려고 노력하는 건 담임선생님도 알잖아.

내13: 알죠.

상14: 근데, 담임선생님도 그 엄마들한테는 물어봤을 거 아냐. 언제 그런 일이 있었나.

내14: 다 들었대요. 학부모한테 다 들었대요. 그니까 솔직히 말하래요. 뭘 어떻게 솔직히 말해요. 제가 때린 게 없고 때리지도 않았는데, 저 진짜 아니에요. 선생님이 절 의심하는 거예요. 그래서 마지막에 "선생님 죄송해요. 다시는 이런 일 없게 만들게요." 하니까 "그래. 이제부터 하지 말아라." 하더라구요. 그래서 참.

상15: 그렇게 문자로 서로 마무리한 거야? 그랬으면 ….

내15: 학교가 거지 같아요. 못 다니겠어요.

상16: 그래. 네가 많이 서운하겠는데. 그것 때문에 못 다니면 안 되는데.

내16: 다니기 싫어요.

상17: 그래 조금은 속상하고 황당한 마음이겠다.

내17: 조금이 아니에요. 진짜. 저 기분 좋게 밥 먹으려고 하는데. 전화 오는 거예요. 기분 확 깼어요.

상18: 그 전화로? 음. 그렇겠다. 그래도 ○○이가 억울한 얘기 해 주니까. 그런데 ○○이가 어떻게 보면 아빠가 ○○이 믿어 주는 거는 확실히 알았겠다. 아빠도 그런 전화 받고 무조건 네가 했다고 안 하시잖아. 든든한 아버지가 지켜 주시는 것 같다.

내18: 네, 밥 먹는 내내 욕하면서 먹었어요. 왜 이것 때문에 가중처벌 당할 수도 있잖아요. 그 걱정도 있고. 참 ….

상19: 그래서 아빤 뭐라셔?

내19: 아빤 그냥 학교 욕 ….

상20: 아빠랑 같이 밥 먹고 있는데 전화 온 거야?

내20: 아뇨, 나 혼자 밥 먹고 있는데, 아빠는 학원 가 있는 상태에서, 아빠한테 전화했죠.

상21: 응. 밥 먹다가 기분 나빴겠네.

내21: 기분 나빴어요. 진짜 나빴어요. 찌개 들고 가서 얼굴에 엎고 싶었어요. 진짜. 학교 그거, 뜨거운 거 들고 가서 대가리에 그냥 엎고 싶었어요.

상22: 선생님 머리에다가?

내22: 아니, 학부모.

상23: 아 그 학부모? 근데 그 학부모들은 왜 그랬을까?

내23: 몰라요.

상24: 응. 근데 제일 중요한 건 ○○이 너야. 그치? 네가 네 자신한테 떳떳하면 되는 거고.

내24: 전 안 했으니까. 저는 진짜 안 했어요.

상25: 응. 애쓰고 있는데 그치? 그래 많이 억울했겠다. 그래도 잘 참아줘서 좋네. 그치?

내25: 더 이상 법원 같은 데 가기 싫어서요.

상26: 그래. 법원 같은 데 가지 말자. 이번에 재판 받고서 다시는 가는 일 안 만들면 되지. 재판은 받고. 이미 벌어진 거니까. 본인이 잘못한 것에 대해서는 우리가 인정하고 그다음에 안 그러면 되지 뭐. 근데 걔네들이 누군지는 모르는 거잖아.

내26: 네, 몰라요.

상27: 그래 알려고도 할 거 없겠다. 그치? 알아봤자. 그렇다. 요새는 그래 뭐하고 지냈을까? 방학하고 일주일도 안 됐네.

내27: 그냥 하루 종일 잔 다음에요, 오후에 **이를 처음에 만나요. 그리고 다른 친구들 만나서 다른 친구들 만나고 같이 피씨방 가고. 피씨방 한 시간, 두 시간 한 다음에는 바로 학원에 가야 해요. 시간이 없어서. 학원 가고, 집으로 바로 가고.

상28: 학원은 그럼 거기 영어학원만 다니고 있어 지금?

내28: 영어만 다니는데요. 아빠가 국어랑 수학을 또 알아냈대요. 근데 제가 진짜 아빠 때문에 영어를 다녀요. 모든 인내를 끌어내 가지고.

미칠 것 같아요. 한 시간 반도 돌아 버릴 것 같은데 또 다니래요. 더 이상, 일단 제가 살아야겠어요. 학원 많이 다니면 죽을 것 같아요. 진짜. 그래서 딱 가서 안 한다고 딱 잘랐어요.

상29: 학원에 가서? 아빠한테?

내29: 학원 선생님 앞에서.

상30: 그랬더니 뭐라셔?

내30: 잠깐 나가 있으래요.

상31: 와아, ○○이 세게 나갔네. 아빤 뭐라셔?

내31: 아빠가 문자로 감동 먹이는 거예요. 아빠가 아들 공부하고 싶어서 미치게 되면 말하래요. 학원 얼마든지 보내 준다고. 재밌게 놀다 오라고.

상32: 학원에서? 아니면 밖에서?

내32: 밖에서.

상33: 그 문자 받고 기분이 어땠어?

내33: 좀 학원을 다시 갈까 흔들렸지만. 바로 잊었죠. 아빠의 내용은 생생하게 기억하고.

상34: 아빠의 내용은 생생하게 기억은 나는데, 잠시 흔들렸구나. 학원을 다시 가 줘야 되나. 근데 아빠가 참 감동적이다. 다른 아빠들 같으면 너 어쩌구저쩌구 하면서 혼내켰을 텐데. 생생히 기억난다. 음. 아빠가 ○○이를 충분히 이해해 주려고, 많이 이해하고 계시네. ○○이도 조금 아빠가 왜 학원을 보내는지 이해하고 조금은 생각해 봤으면 좋겠다. 왜 하라고 하시는지는 잘 알지? 그럼. 영어학원만? 일주일에 두 번?

내34: 세 번?

상35: 여전히 혼자?

내35: 여전히 혼자. 방학 때도 혼자. 끝나고도 혼자.

상36: 근데 그 학원 괜찮니?

내36: 아뇨.

상37: 아니. 그렇게 학생이 없으면 ….

내37: 아니, 3학년만 없어요.

상38: 다른 학년은 많고?

내38: 근데요, 맘에 안 드는 게 두 개, 세 가지가 있어요. 첫째는 게이같이 생겼어요. 제가 생각하기에는.

상39: 그 영어선생님이?

내39: 네, 그리고 말하는 게 느끼해요. 그리고 여성스러워요. 재수 없어요.

상40: 그래서 싫어?

내40: 그리고 진도 너무 빨리 나가요. 안 그래도 몰라서 미칠 정도인데, 지 혼자 지껄여요. 지껄이다가 모르는 걸 적으래요. 적고 있으면 여기 보래요. 어떻게 뭘 해야 하는지.

상41: 선생님께 천천히 해 달라고 해도?

내41: 하면 5분. 5분간만. 바로 까먹고 다시 지 혼자.

상42: ○○이는 남자답고 막 이런 사람이 좋은가 보다.

내42: 네, 할 거면 제대로.

상43: 응. 그렇지. ○○이가 재밌네. 다시 방학 동안 학원 다니고, **이는 집에 들어갔어?

내43: 네.

상44: **이랑 만나서 뭐해?

내44: 피씨방이나 가고, 가끔 돈 없을 땐 피씨방. 돈 있을 땐 노래방.

상45: 노래방 가면 노래도 잘 하고?

내45: 없거나 있을 땐 일단. 그게 없으면 자러 가고.

상46: 지금 ▽▽도 그렇고 ○○이도 그렇고 애쓰고 있네, 그지? ▽▽도 이제 애들 안 건드리는 것 같고 ○○이도 …. 그런데 ○○이에 대해서는 선생님이 약간 염려하는 건 욱하는 거. ○○아.

내46: 네.

상47: 우리 ○○이가 욱하는 거. 그것만. 화나거나 그럴 때 욱하고 나올 때 ○○이가 어떻게 넘겨야 하나.

내47: 저는 잘 넘겨요. 근데 지금도 속에 많이 쌓였어요. 그게. 더 쌓이면, 더, 말도 안 되는 걸로 트집 잡고 또 그거 가지고 지랄하고, 쌓여버리면 쫓아가서 팰 것 같아요.

상48: 그니까 쌓여 있는 게 뭐야. 그 억울하게 나한테 때렸다고 한 거?

내48: 그것도 있고. 애들이 내가 안 때리니까 내 말도 안 듣고. 기어오르고.

상49: 까부는 것들이 생기고. [서로 웃음.]

내49: 네, 까부는 것들도 생기고 별의별 잡종 같은 새끼들도 생기고 미칠 것 같아요.

상50: 응. 그니까 네가 지금 참고 노력하고 있는 거네. 애들이 모르고. 지금 많이 쌓여 있잖아. 근데 그걸 선생님하고 얘기해서 풀고 애들은 그냥 두자.

내50: 절대 그렇게는 못 풀어요.

상51: 근데 그게 쌓여서 그게 만약에 그렇게 때려서 풀면 여태 참아 온 게 의미가 없잖아.

내51: 근데 그 오해만 풀렸으면 좋을 것 같아요.

상52: 선생님 생각에는 네 말대로 네가 안 때리니까 애들이 기어오르는 거에 대해서 어떻게 보면 너를 건드려 보는지 모르지. 너네들도 선생님들 간보잖아. '재가 어떻게 하나 두고 보자.' 누군가가 너를 간볼 수도 있는 거지.

내52: 저는 그런 게 싫어요. 저는. 누가 저를 간보거나 그런 거 절대 없었어요. 근데 3학년 여기 오기 전까지 그딴 거 없이 바로 그 자리에서 팼어요. 그 자리에서. 근데 여기 Wee센터 와서 좀 덜해진 것뿐이지.

상53: 그건 선생님도 정말 고마운데. ○○가 지금 애들을 안 때리려 노력하는 것 인정하는데, 화가 나면 바로 화를 내는 것을 우리 프로그램시간에 배운 '잠하둘셋'을 잘 이용해서 화나면 스스로 조절하는 연습도 필요해. 그래서 선생님하고 화나는 마음을 쌓아 놓지 말고 상담을 통해서 조금씩 변화하도록 노력해 보자. ○○가 싸움을 못하는 게 아니라 참고 있는 거잖아.

내53: 참는지 애들이 어떻게 알아요. 찌질한 것들이 ….

상54: 그러니까 ○○, 내가 보기엔 걔네들이 생각이 있는 애들이라면 네가 왜 그러는지 알 텐데, 애들이 그거는 모르는 거니까 아직 어린 거지. 그런 애들에 대해서는 ○○가 그냥 넘겼으면 좋겠어. 대범하게. 게임거리도 아니잖아. 게임거리도 아닌 애들이 그러니까 더 화가 나지만 그렇다고 네가 상대해 주면 이미 네가 걔들 수준밖에 안 되는 거지. 그렇지 않을까?

내54: 피씨방에 있으면 담배를 피는데, 걔네랑 같이 **이랑 짜르르 자리가 이렇게 되어 있어요. 앉았는데, 아 담배 피면서 움직이는 거예요. 가면서 제 옆에서 이렇게 담뱃재를 탁 이렇게 하는 거예요. [담배 터는 손동작을 함.] 저 진짜 죽여 버리고 싶었어요. 미안하다고도 안 했어요.

상55: 너네 학교 애들?

내55: 네.

상56: 걔가 겁을 상실했구나.

내57: 진짜 그때 막 걔 마빡 뚫을라고 담배 쇠빵이 하나 들고 불 붙여 가지고 마빡에 꽂으려고 했는데, 법원 땜에.

상57: 참았어?

내58: 가중처벌 땜에.

상59: 가중처벌 땜에? 잘했어. 아. 근데 걔가 부딪쳐서 흘린 거 모른 게 아닐까?

내59: 아니에요. 보고 갔어요. 딱 떨어져 있는 거. 그냥 갔어요. 어깨빵 있잖아요. 이런 거 …. [어깨를 부딪치는 흉내를 냄.] 별거 다 당해요.

상60: 이제?

내60: 네.

상61: 그럴 때마다, 한번씩 치고 싶은 거구나.

내61: 멱살까지 잡았어요. 못 참아 가지고. 그냥 거기서 때려죽이려고 피씨방에서 멱살 잡고 때리려고 했는데 별 생각이 다 쑤시는 거예요. 그래서 딱 내려놓고, "꺼져 그냥." 이러고.

상62: 우리 ○○이 잘했네. 그지? ○○이가 생각할 때 어때? 스스로도.

내62: 놀랍죠.

상63: 놀랍다. 그지? 선생님도 ○○이가 잘 참아 줘서 반갑다. ○○이가 그렇게 참아 내는 것처럼 계속 잘 참아 냈으면 좋겠다. 여기 쌓인 건 이렇게 일주일마다 한 번씩 오면서 선생님하고 얘기도 좀 하고 아빠나 선생님하고 얘기하면 좋잖아. 그치? 선생님이 ○○이한테 자장면 빚진 것도 있는데, 다음 주에 오면 선생님이, 점심에 올래? 좀 일찍?

내63: 네.

상64: 그럼 내려가서 맛있는 거 사줄게.

내64: 아빠랑 말하면 좀 불편한 게 있어요.

상65: 어떤 것이.

내65: 왠지 아빠가 좋은데 내가 안 때렸는데 아빠 귀에 그렇게 들어가니까 그게 미안하고, 그게 불편해요.

상66: 아빠가 나를 믿어 주는데 그런 소리 듣게 하는 게 미안한 거구나.

내66: 네, 엄청 좋아하는데요. 그렇게 안 만들어 줘요, 학교에서.

상67: 글쎄, 학교에서 그렇게 안 만들어 주네. 내가 보기에 오해가 있었던 것 같고, 그게 이제 건드려 보는 거일 수도 있고, 근데 거기에 넘어가면 안 되지 ○○이가. 그래서 주먹을 쥐었다가 그냥 가라고 한 ○○이가 얼마나 노력하는 거야. 거기에 휩쓸리면, 진짜 걔들이 너를 간보는 것에 휩쓸리면 ○○이가 노력한 것도 허당이고, 그리고 걔들이 그런다고 네가 같이 그러면 똑같은 애들밖에 안 되는 거지. 선생님 생각은 그런데. ○○이가 너무 잘 참아 줘서 멋있다. 한다고 하면 하네 우리 ○○이가.

내67: 하면 하죠.

상68: 응. 한다고 하면 맘먹고 하는 것이 참 반갑다. 장하다 우리 ○○이. 응. 다음 주에는 점심시간에 와서 선생님하고 맛있는 것 먹자. 다음엔 무슨 마음을 먹고 노력할까 고민해 보자. 뭐 먹을까?

내68: 아무거나 다 좋아요. [이하 생략]

회기 외(2011. 7. 29)

상담 약속한 날 4시 약속인데, 9시경 아빠와 함께 Wee센터로 왔다. ○○이 외조부가 돌아가셨다고 연락이 와서 지금 병원으로 가는 길인데, 상담하는 날이라 지나는 길에 인사도 드리고, 상담 못하는 것도 알리려 오셨다고 한다.

14회기(2011. 8. 5)

팔과 다리를 다쳐서 왔다. 어제 죽었다 살아났다고 표현하며, **랑 오토바이를 타고 □□ 저수지 부근을 내려오는데 앞에서 차가 와서 피하다가 오토바이가 넘어지면서 뒷좌석에 있던 ○○가 많이 다쳤다고 한다. 아버지에게 친구 집에서 자고 온다고 했다가 사고가 난 것이라 아직 아버지는 안 본 상태로 엄마하고 병원에 다녀왔다고 한다. 아빠가 전화통화가 안 되어 엄마에게 연락을 했다. 그런데 사고가 나니까 경찰차가 와서 도망을 쳤는데, 자신도 어떻게 도망을 쳤는지 정신이 없었다. 저수지 근처 풀숲에 숨어 있다가 졸았는데, 외할아버지가 보여서 놀라서 일어났는데 너무 신기하고 기분이 이상했다고 말했다. "○○가 나중에 사람들에게 좋은 일 많이 하라고 외할아버지가 ○○이를 살려 주셨나 보다."라는 말에 자신도 그렇게 생각한다고 대답했다. 곧 재판이 다가오는데, 법원과제에 대해 어느 정도 했는지 묻는 질문에 하나도 안 했다고 하여 다음 주에 제출할 것을 체크하고 작성해서 재판 시 앞으로 잘하려고 노력하겠다는 의지를 보여 주라고 이야기했다.

회기 외(2011. 8. 8)

약속한 날이 아닌데 큰소리로 샘~을 부르며 찾아왔다. 법원 책자를 가지고 어떻게 해야 할지 모르겠다고 하며 알려 달라고 함. 다른 친구들은 다 작성했는지 여부를 물으니 한 명은 다했고, 한 명은 내일 상담할 때 가지고 올 거라고 했다. 손을 다쳐 글 쓰는 것이 다소 불편하지만 다른 선생님과 법원의 프로그램 책자를 함께 작성하는 데 시간이 많이 소요되고, 다양한 활동들이 있어 내일도 만나기로 약속하고 돌아갔다. 3일간 매일 와서 선생님과 함께 프로그램 책자를 함께 작성하면서 끈기 있게 하는 모습을 보여 줘 선생님들이 칭찬했음을 알려 주고, 마음먹으면 잘하는 부분에 대해 칭찬하였다. 재판 날 머리염색 검게 하고, 교복착용하고 갈 수 있도록 하고 친구들에게도 알려 주라고 권했다. 방학 동안에 한다면 하는 ○○가 영어공부를 지속적으로 하도록 격려했다.

회기 외(2011. 8. 17)

재판을 받은 후 아빠와 함께 Wee센터를 방문했다. 교복차림으로 가장 가

벼운 처벌을 받게 되었으며, 사회봉사활동을 지정해 준 곳에서 15시간을 해야 한다고 했다. 감사인사를 전하러 온 것이었다. 다른 친구들은 교복을 입지 않고 머리도 노랗게 하고 와서 판사님이 아직 더 반성해야겠다고 했으나, ○○에게는 열심히 노력하고 있다고 들었으며 계속 상담을 받으라 했다고 한다.

15회기(2011. 8. 29)

지난 방학에 피해학생의 부모의 요구에 의해 ○○를 학교에서 처벌을 하도록 해야 한다고 하여 교감선생님이 전화로 ○○가 학교에 오면 아이들이 무서워해서 부모가 학교를 못 보내겠다고 하니 어떻게 하면 좋겠느냐는 연락 이 왔다. 전학도 안 가고, Wee스쿨도 아버지가 안 보낸다고 해서 어려움이 많다고 한다. 개학날부터 3주간 또 의뢰되었다.

오토바이로 다친 상처는 거의 아물고 있으나 아직도 딱쟁이가 있는 상태로, 담배를 피려는 아이가 있으면 오히려 참으라고 해 주고 있다. ○○가 가지고 있는 장점에 대해 이야기를 하며, 그간 학습만화를 조금씩 보고 있으나, 이번 의뢰기간에는 10권으로 된 명탐점 홈즈 책을 도전해 보기로 했다. 공부를 못하는 것이 아니라 안 한 것임을 깨닫고 책을 본 후 조금 질려하는 모습을 보여 만화로 된 그리스로마신화에 먼저 도전하기로 했다.

16회기(2011. 9. 5)

어제 아빠가 고모님 사업일로 함께 인천에 가서 안 오신다고 했는데, **가 집에 안 들어간다고 내담자 집으로 찾아왔다. 자신은 정말 **가 잠들면 **가 여기에 있다고 전화를 해 주려고 했는데, 갑자기 아빠가 오셨다. 거짓말하고 집 나온 친구 집에서 부모님들이 걱정하는데 전화도 없이 재워 주었다고 혼나고, 아빠가 삐쳤다고 표현했다. 정말 잠들면 연락하려고 했는데, 아빠에게 혼나는 사이에 **가 그냥 가 버려서 ** 집에 전화해 주었다고 한다. 아빠가 화나서 속상하고 삐치면 오래가는데, 어떻게 화를 풀어 줘야 할지 고민을 했다. 아빠의 삐침이 속상함의 표현방법이 아닐까에 대한 상담자 의견에 혼냈으면 되는 것 아니냐고 내담자가 대답하여 생각이나 말의 표현방법의 다양함에 대한 이야기를 하였다.

17회기(2011. 9. 17)

○○와 상담을 하면서 상담자가 잘하고 있는지 여부를 교수님께 말씀드리고 배워 오고 싶은데 괜찮겠는지 여부를 물었더니 잘하고 있다고 스스로 평가했다. 처음 올 때와 비교해서 ○○가 변화가 있는지에 대해 에니어그램 검사를 한 번 더 해 보자고 했는데 동의하여 다시 검사했다.

아빠에겐 비밀인데, 오늘 토요일이라 12시에 Wee센터 마치면 아빠 선물을 사러 갈 예정이며, 생일선물을 사 드리려 2일간 공사장 야간 밤샘작업 아르바이트를 일당 7만 원 받고 했다고 한다. 아빠를 위하는 마음은 칭찬해 주고, 위험한 아르바이트는 아빠도 원하지 않을 것이라고 말해 주었다. 더구나 오토바이 사고로 다친 지 얼마 되지 않은 상태임을 상기시켰다.

10. 슈퍼비전 받고 싶은 내용

- Wee센터 대안교육 프로그램들과 병행되는 상담 시 어느 정도 분리가 되어야 하는지 궁금하다.
- 위의 내담자의 경우 1학기 동안 상담 진행을 하려고 구조화했다가, 다시 반복 의뢰되어 진행되는 경우 다시 구조화를 해야 하는지, 어떻게 대처해야 하는지 궁금한다.

상담자: 김경수
논평자: 조정연

1. 사례개념화

사례개념화(case conceptualization)는 내담자의 심리적, 대인관계적, 행동적 문제, 그리고 이러한 문제와 관련된 원인 및 촉발, 유지 요인들, 내담자가 가진 강점을 파악하고, 이에 대한 종합적 이해에 근거하여 문제해결의 방향과 전략, 기법을 계획하는 것으로, 내담자가 겪고 있는 어려움이나 문제들을 살펴보고 그 원인을 파악하며, 어떤 지원을 해 줄 것인지에 대해 논평을 할 수 있겠다. 첫째, 의뢰된 사례에서 내담자는 주 양육자였던 어머니로부터 부적절하게 양육되었고, 새엄마와의 관계에서도 부정적인 경험이 많았다. 그렇기 때문에 상담자는 내담자가 타인을 공격하는 것은 과거 새엄마의 이중적인 양육방식에서 오는 분노를 이복동생이나 또래에게 표출하는 데 원인이 있다고 판단하고 있다. 하지만 계모와의 이혼으로 현재는 아버지하고만 같이 살고 있으며, 아버지를 비롯한 다른 가족들(고모, 조부모 등)과의 관계가 지지적임에도 불구하고 문제가 계속 지속되며, 쳇바퀴 돌 듯 반복되고 있다는 것은 비단 어머니에 대한 분노로 인해 공격행동을 보이는 것이라고 단정 짓기는 어렵다.

상담자 목표에서 '자신에 대한 이해를 통해 자신의 강점을 알고 학교생활을 잘하기' '진로 목표 설정하기'로 둔 것은, 내담자가 자존감이 낮기 때문에 그것을 끌어올리는 것을 목표로 설정했다고 생각한다. 그렇다면 낮은 자존감도 문제에 대한 원인이 될 수 있는데 그런 부분이 '내담자의 문제 이해' 부분에는 생략되었다는 점이 아쉽다. 둘째, 상담자는 내담자의 현재 수준을 알아보기 위해 U&I 학습성격유형검사, 학습행동과 심리상태, 애니어그램 검사, SCT를 실시하였는데 내담자가 가진 문제의 원인을 다양하게 파악하기 위해서는 자존감검사나 K-CBCL, 사회성 검사를 실시하여 내담자가 공격적이고 충동적인 행동 패턴을 보이는 것에 대한 다양한 접근을 했으면 좋았을 것이라는 아쉬움이 든다.

그리고 각 검사에 대해서 전문적인 제언이 들어가 있지 않다. 검사를 하는 것이 중요한 것이 아니라 검사를 통해 무엇을 볼 수 있고, 그것을 상담에 어떻게 활용할 것인가를 판단하는 객관적인 자료가 될 수 있기 때문에 전문가나 검사결과에 따른 상담사의 견해를 자세하게 작성했으면 하는 생각이 든다. 셋째, 내담자의 주 호소 문제를 파악하는 과정에서 상담자는 부모님의 이혼으로 부와 함께 생활하고 있고, 학업에 흥미가 없으며 활발하고 외향적인 성격으로 친구들과 어울리기 좋아한다고 제시되어 있다. 그러나 이 부분은 주 호소 문제가 될 수 없다. 특히 친구들과 어울리기 좋아하는 것은 문제가 되는 부분이 아니며 이는 활발한 성격과 같은 맥락으로 살펴볼 수 있다. 다만, 상담자가 생각할 때 문제를 자주 일으키는 친구들과 어울리는 것이 부적절하다고 생각할 수 있다. 하지만 내담자에게는 자주 어울리는 친구일 뿐인데 상담자는 그것이 문제라는 선입견을 가지고 있다. 이것은 상담과정에서도 드러나고 있기(상담과정에 대한 평가에서 다룰 예정) 때문에 상담에 들어가기에 앞서, 객관적으로 내담자의 상황이나 문제를 평가하는 것이 필요할 것이다.

2. 상담진행과정

1) 상담진행과정에서 돋보이는 점

첫째, 총 16회기를 진행하면서 상담자는 내담자의 눈높이에서 이야기를 하려는 모습이 관찰된다. 또한 내담자가 가진 긍정적인 요소들(아버지와의 신뢰관계, 가족들의 지지체계, 밝고 활발한 성격)을 잘 파악하여 그것을 적절하게 내담자에게 전달하는 점("그래서 ○○이가 사랑을 많이 받아서 늘 이렇게 씩씩하고 생각 표현도 잘하고, 마음이 따뜻하구나.")이 돋보인다.

내담자는 기질적으로 공격적이고 충동적이라기보다, 분노를 조절하는 것에 대한 지도를 받지 못하고 자존감도 낮은 상태라고 볼 수 있다. 때문에 진로 상담을 통해 내담자가 잘할 수 있는 것을 알려 주고 그것을 발전시켜 나갈 수 있도록 실질적이며 구체적인 방법을 제시(행정경영 쪽으로 지원하고, 나중에 고모의 사업체를 물려받아서 국내외로 발전시키려고 함)하고자 했다.

둘째, 상담과정에 있어서 내담자와의 상담에만 집중하는 것이 아니라 어린 아들을 경찰서나 법원에 데려가야 하는 아버지의 마음을 살펴 주고, 재판을 받기 전에 내담자에게 머리를 검게 염색하고 교복을 입고 가라는 실질적인 조언을 해 줌으로써 좋은 결과(사회봉사활동 15시간)를 얻을 수 있도록 지원한 점이 돋보인다.

2) 상담진행과정에서 보완되었으면 하는 점

본 사례에서 상담자의 개입 중 다소 아쉬웠다고 여겨지는 점들은 다음과 같다.

첫째, 상담자는 자신의 생각을 내담자에게 강요한다는 인상을 받았다. 앞서 사례개념화에서도 언급했다시피, 상담자는 대안의뢰교육 3주차에 "여럿이 모이면 힘이 생기는 것 같잖아? 우루루 몰려다니면서 양아치 같아 보일 텐데 …." 와 같은 말을 하고 있다. 이는 여럿이 모여서 우루루 몰려다는 것은 양아치 같아 보인다는 상담자의 주관적인 선입견을 내담자에게 전달하고 있고, 이에 대해 내담자는 "양아치는 아니죠. 노우노우"라고 답하고 있다. 즉, 내담자에게 친구들은 양아치의 개념으로 어울리는 것이 아니라 단지 마음이 통하고 맞는 친구들끼리 어울려 노는 것인데, 상담자는 그것을 이미 부적절하다고 판단한 후에 내담자와의 상담을 진행하고 있다는 점이 아쉽다.

둘째, 상담자의 생각을 강요하는 것 외에도 내담자의 평소 학교에서의 부적절한 행동이 잘못되었음을 언급하거나("사람이 많이 다니면 너희가 한 줄로 다니니? 여러 놈이 가는데, 지나가다 부딪칠 수 있지, 너희가 한 줄로 줄맞춰서 안 다니잖아."), 훈육하는 태도("그래서 우리가 좌측통행을 아니 요즘은 우측통행을 하라곤 하는데, 우리 ○○와 친구들이 지켜 주고자 노력을 하는지 모르겠네.")로 진행하려는 경향이 있다는 것이다.

위와 같은 상담자의 이야기에 내담자가 "그게 뭐예요?(우측통행)"라고 한 후 "알아요, 그냥 농담으로 해 본 거예요."라고 이야기하는 것으로 보아 내담자는 충분히 학교의 규칙을 알고 있고, 지켜야 한다는 것도 잘 알고 있다. 문제는 그것을 알고 있음에도 불구하고 지키는 것이 어렵다는 것인데 상담자는 마치 내담자가 규칙에 대해서 전혀 개념이 없는 것처럼 일일이 설명하려고 하고 있기 때문에 내담자의 입장에서는 학교에서 선생님들이 이야기하는 것과 마찬가지라고 생각할 수도 있다.

다행히 내담자는 상담자와 라포가 잘 형성되어 있어서 그것에 대해 크게 반응을 보이지 않고 오히려 "네. 그냥 농담으로 물어본 거였어요. 선생님도 참."이라고만 대답하고 있다. 좀 더 예민하고 감정 조절에 어려움을 겪는 내담자였다면 자신이 수용받고 있지 못하다고 생각하여 이후 상담진행에 문제가 생길 수도 있다.

셋째, 내담자와의 눈높이에서 대화를 하고자 하는 것은 인정하나, "양아치" 혹은 "헐~" "따시킨다."라고 표현한 것은 내담자에게도 기분 나쁠 수 있고, 전문적인 면이 보이지 않기 때문에 지양하는 것이 좋겠다.

3. 상담결과

1) 상담목표 달성도

10회기부터는 내담자가 영어학원에 다니기 시작하는데 이것은 내담자가 앞으로 직업(행정경영 분야)을 결정하는 데 있어서 영어가 도움이 될 것이라고 생각했기 때문이다. 진로를 탐색하고 그 목표를 이루기 위해 어떤 부분에서 노력해야 하는지에 관한 탐색을 이끌어 낸 것은 잘 되었다고 판단되지만, 학습력이 뒤처지는 상태(초등학교 5학년 수준도 어려워함)에서 영어학원에 다니는 것은 오히려 스트레스를 더 가중시킬 수 있을 것이라고 생각한다.

내담자는 아버지가 힘들어하는 모습, 재판을 받으면서 느꼈던 부적절한 감정들 때문에 스스로 달라져야겠다고 생각하고 있다. 이럴 때 내담자에게 더 적절한 지원을 해 줄 수 있어야 한다고 생각한다.

상담자가 세운 목표에서는 진로 탐색하기와 자신의 강점 알기는 어느 정도 달성되었을 수도 있는데, 여러 가지 활동들을 통해서 좀 더 자신의 모습을 바라볼 수 있도록 하는 수업이 진행되었으면 하는 아쉬움이 있다.

반면에 학교생활 잘하기라는 목표는 어느 정도 달성되었는지 확인하기 어려운데 목표가 불분명한 면도 있다. 단순히 "잘한다."라고 모호하게 목표를 작성하는 것보다 학교에서 지켜야 하는 규칙을 얼마나 어떻게 지킬 것인가에 대해 혹은 '벌점을 몇 점 이하로 받는다.' 등으로 구체적으로 제시해야 할 것이다.

내담자는 그동안 여러 사건에 휘말리면서 본인이 직접 잘못을 하지 않았음에도 불구하고 어른들(학부모, 선생님)에게서 부정적인 이미지로 비쳐지고 있다. 그러므로 규칙을 지키면서 긍정적인 이미지를 전달해 줄 수 있도록 노력하는 것이 좋은데 그 부분은 좀 더 지원을 해야 할 것이라고 생각한다.

2) 미해결 문제와 그에 대한 대처방안

감정 조절, 규칙 지키기 등 사회성에 대한 문제가 아직 해결되지 않고 있다. 내담자가 학교에서 긍정적인 피드백을 받게 하기 위해서는 내담자 자신을 먼저 변화시키고 그 후에 학교 등 여러 환경적인 부분에서 지원받도록 할 필요가 있다. 스트레스 상황에서 자신의 감정을 조절하고, 문제를 해결하도록 하는 방법을 지원할 수 있어야 할 것이다.

4. 총평

내담자는 또래 친구들에게 폭력을 가하기도 하고, 반사회적인 사건에 개입됨으로써 학교에서 부정적인 이미지가 덧씌워져 어려움을 겪고 있다. 하지만 내담자는 아버지와의 관계에서 고마움을 느끼고 있고, 아버지가 하는 말은 잘 들으려고 노력하는 등 아버지의 지지체계가 견고함을 알 수 있다.

비록 어릴 적 어머니와의 신뢰관계가 형성되지 않았지만 아버지를 비롯한 다른 가족들에게는 인정받고 수용받고 있기 때문에 추수 상담에서 이런 지지체계를 적극적으로 활용할 수 있기를 기대한다. 또한 내담자의 성격이 외향적이고 활발하며, 자신의 의견을 적극적으로 표현할 수 있는 긍정적인 면이 있는데 상담자가 이런 부분을 잘 이끌어 주었다고 생각된다.

다만, 내담자가 어른들이나 사회에 대해 부정적으로 생각하고 있으므로 수용적이고 지지하는 태도가 유지되어야 한다는 점에서는 아쉬움이 남는다. 목표를 좀 더 구체적으로 설정하고 어떤 프로그램을 통해 변화를 이끌어 내었는지를 자세하게 언급했으면 더 좋았을 것이라는 생각이 든다.

상담자: 김경수
논평자: 홍종관

본 상담사례논평은 김경수 상담자가 학업에 흥미가 없고 충동적이며 다른 학생을 때리는 중학교 3학년 남학생을 4개월간 12회기 상담한 사례에 대해 논평한 것이다.

1. 상담의 개념화 부문에 대한 논평

이 개념화 부분에서 본 상담이 잘된 점은 다음과 같다.

1) 내담자의 이해 부분

상담자가 내담자를 잘 이해하기 위해 U&I 학습유형검사와 에니어그램 검사 그리고 SCT검사를 실시하였다는 것은 상담자가 내담자를 심도 있게 구체적으로 이해하고자 한 측면에서 잘한 점이라고 생각된다. 또한 내담자를 개인 발달심리적 차원과 가정, 학교 등 환경적 차원에서 종합적으로 이해한 점이 좋았다. 특히 내담자의 문제가 사춘기라는 발달적 특성과 이 예민한 시기에 가정의 위기가 맞물려 발생된 것으로 본 점은 잘한 것이다.

2) 상담목표 설정 부분

상담의 목표설정에 있어서 내담자의 강점을 알도록 하여 학교생활에 잘 적응하기로 한 점은 다음과 같은 점에서 잘된 것이다. 긍정심리학이나 인간중심상담에서는 내담자의 문제는 자아실현의 좌절에서 비롯된다고 본다. 즉 내담자가 자신의 강점을 발견하여 이를 발휘할 수 있도록 돕는다면 문제는 해결된다고 본다. 이런 점에서 본 상담자가 상담목표설정이 잘된 것이다.

이러한 점에도 불구하고 상담자가 이 상담의 개념화 부분에서 보완했으면 하는 점은 다음과 같다.

첫째, 심리검사 결과 및 해석 그리고 활용 문제

심리검사를 하였으면 그 결과를 해석하고 이를 내담자 이해와 상담목표를 정할 때에 고려해야 한다. 그런데 에니어그램 검사와 SCT는 결과만을 제시하였다.

둘째, 상담목표 설정 문제

상담목표를 내담자와 상담자 각자의 편에서 정하였는데 이렇게 하기보다는 상담자는 내담자와 합의하여 함께 공동으로 상담목표를 정해야 한다.

2. 상담진행과정에 관한 논평

상담과정부분에서 상담자가 잘한 부분은 다음과 같다.

적절한 공감과 깊이 있는 대화

상담자는 상담과정에서 내담자의 말을 깊이 경청하고 그 언어적 이면의 내담자의 심리를 읽고 이에 초점을 두고 대화를 하고 있다. 또한 내담자의 말에 적절하게 공감하면서 '어떤 점이?' '무엇이?' '왜 그렇게 생각하는가? 등 문제해결을 위해 깊이 있고 구체적인 대화를 나누었다. 이러한 점 때문에 내담자는 상담자에게 공감받고 신뢰받는다는 확신이 드는 동시에 상담자의 질문에 진실하고 성의 있게 답변하였으며 그 대화의 결과도 좋았다.

각 회기가 잘 연결되는 상담

각 회기 초기에 지난번에 이야기한 것을 언급하거나 지난번 상담 중에 이야기된 것들의 진행 여부를 질문하여 상담과정이 전체적으로 잘 연결이 되고 있다. 이러한 점 때문에 회기가 거듭될수록 대화가 더욱 깊어지고 더욱 생산적이 되었다.

회기 외의 상담이나 통화를 통화하여 필요한 문제해결

상담자가 회기 외에도 내담자 아버지나 내담자와 통화하고 대화를 하여 필요할 때에 항상 내담자와 아버지를 도운 점은 잘한 것이다. 그럼에도 불구하고 상담의 진행과정에서 보완되었으면 하는 점은 다음과 같다.

상담과정에서 심리검사의 활용 문제

검사결과를 해석한 것에 그치고, 실제 상담과정에서 그 검사결과의 활용이 미흡하다. 8회기에서 SCT검사 시 작성했던 것을 조금 다루는데, 이러한 시도는 심리검사를 한 다음 회기나 상담초기에 내담자를 더 깊이 이해하고자 이루어져야 한다. 그리고 예를 들어, 학습유형검사의 결과를 근거로 내담자의 학습 문제를 해결하는 데 활용했어야 한다.

학습 문제를 다루었어야 함

본 사례의 내담자가 자꾸 폭력을 행사하는 친구들과 어울리게 되는 것은 바로 학습에 문제가 있고 공부를 하지 않으니 그렇게 어울릴 시간이 나는 것이다. 그러므로 상담자는 기본적으로 내담자가 공부를 할 수 있도록 도왔어야 한다. 물론 내담자가 오랜 시간 동안 방황하였기에 현재 공부에 대해 흥미를 잃었고 또 기초학력이 부족할 것이다. 그러나 학생에게 있어 학습 문제는 가장 중요한 문제이므로 상담자는 이에 대해 도움을 주고자 노력했어야 한다.

상담목표에 따른 전략의 부재

상담목표를 진로 목표 정하기로 하였는데 진로에 대해서 상담자는 어떤 전략도 없다. 중학교 3학년이면 이제 고등학교를 인문계로 진학을 할 것인지 아니면 실업계로 진학할 것인지, 인문계로 진학한다면 이과인지 문과인지를 정해야 한다. 그런데 상담자는 이에 대해 언급하지 않았다.

3. 상담결과에 대한 논평

학습 문제, 진로 문제가 해결되지 않았지만, 내담자는 상담을 통하여 자신의 문제들을 해결하고자 하는 의지가 더 강해졌다. 이러한 좋은 결과는 상담자의 공감과 신뢰 그리고 구체적이고 생산적인 상담 덕분이다. 특히 상담자가 내담자를 긍정적으로 수용하고 신뢰한 점이 이러한 좋은 결과를 가져왔다고 본다.

4. 총평

전체적으로 상담사례를 내담자, 상담자의 입장에서 오고 가며 정리하였는데 내담자가 한 말을 단순히 나열하는 데 그치지 않고 그에 대한 상담자의 생각과 해석과 평가를 체계적으로 잘 정리하였다.

사례 10

제3문화 대학생에 대한 상담사례(대1, 여)

상담자: 최경미(오하이오 영스타운 주립 대학교)

제3문화 또는 다문화 대학생들은 한국에서 아직 많이 알려지지 않은 소수의 집단이다. 이들은 보통 'Third Culture Kids' 또는 'Global Nomads' 라는 이름으로 영어권 문화에서 더 많이 알려져 있다. 대부분 이들은 어린 시절 부모님의 직업으로 인하여 한 나라 또는 문화에 정착하지 않고, 여러 나라를 거쳐 다양한 문화와 언어, 그리고 사회에 대한 직접적 경험을 하며 성장했으며(Pollock & Van Reken, 2001; Schaetti, 2000; Schaetti & Ramsey, 1999; Useem, 1993; Useem, Donoghue, & Useem, 1963), 외교관이나 해외 주재원, 선교사, 국제단체나 기관에서 근무하는 자들의 자녀들이 대부분이다. 이들 부모님들 직업의 공통적인 특성을 보면 유동성이 크며 주기적으로 이동하고, 또한 이동 범위가 세계적으로 광범위하다는 특성을 가지고 있다. 이러한 부모님들의 근무지 이동은 자녀들에게 선택의 여지가 없이 변화를 받아들여야 하는 상황을 만들고 여러 가지 다문화적인 요소들이 이들의 성장 발달에 큰 영향을 미치는 결과를 초래한다.

이러한 다문화적의 성장배경으로 인하여 제3문화 대학생들은 다문화에 대한 탁월한 이해와 감각, 의사소통 방법, 다중 언어능력, 새로운 문화에 대한 적응력과 열린 세계관을 발달시켜 왔고 소유하고 있음이 이 학생들에 대한 연구와 관찰을 통해 이미 알려져 왔다(Fail, Thompson, & Walker, 2004; McCaig, 1992; Navara & James, 2002; Nette & Hayden, 2007; Pollock & Van Reken, 2001; Schaetti, 2000; Schaetti & Ramsey, 1999; Useem, 1993; Useem, Donoghue, & Useem, 1963). 반대로 이러한 탁월한 장점에도 불구하고 대부분의 다문화 대학생들은 혼란한 자아 정체성과 낮은 자존감을 갖고 있으며, 의미 있는 인간관계를 형성하고 유지하는 데 많은 어려움을 겪고 있는 것이 현실이다.

아래의 상담사례는 미국의 한 사립대학에서 2년(2007~2008년) 동안 일주일에 한 번씩 있었던 Global Nomads라는 모임을 통해 만나게 된 수지(Soojee, 가명)라는 다문화 학생과의 대화를 바탕으로 한 것이다. Global Nomads 집단상담은 대학 내 인터내셔널 센터에서 상담학 박사과정의 상담자에 의해 전체적인 모임이 계획되고 이끌어졌다. 보통 5~8명의 다양한 문화적 배경의 학생들로 구성되었고 그 주의 구성원들이 원하는 주제를 가지고 집단상담의 대화가 주도되었다. 대학교 신입생이었던 수지는 한국에서 태어나서 초등학교 때에 미국으로 부모님을 따라 이주하였다. 그 뒤로 아버지의 직업(해외 주재원)으로 인하여 인도, 한국, 미국, 그리고 우크라이나를 주기적으로 이동하며 성장하였다. 집단상담이 이루어진 때는 수지가 막 고등학교를 인도에서 졸업한 뒤에 미국의 사립대학교에 입학하였을 때이다. 다음의 상담내용은 집단상담 추후에 상담자가 수지와의 개인상담을 통해서 수지가 미국의 대학교에서 겪는 어려움을 더 깊이 이해하고 다문화에서 성장한 과정이 어떻게 수지의 친구관계에 영향을 미쳤는지에 대하여 생각할 수 있도록 도와주는 과정을 담고 있다.

Counselor: Is it difficult for you to find friends here?

Student: Yes, it is difficult. We have different classes every semester. So we do not see each other. I take an economic class right now but I would not see my friends in that class again in our next class, like next semester class. Because I would not take an economic class next semester or they would not take it, you know? But like a high school, you take the same course again and again like math course in 9th grade, 10th grade, and 11grade like that. It was a small community in my high school. So, we know everyone in the school including teachers, because teachers lived with us. We know the teachers, that was like 40 people in my class and it was also divided into two, so it is easier to socialize with each other. But here, it is more than ten thousand people. It is hard to socialize, and sometimes I feel that they are really cold. That's how I feel sometimes. But I am getting used to it. And I hope that I find friends like in my high school.

Counselor: When you describe your high school friends, they seem very diverse.

Student: Yes, some of them were from England, Australia, New Zealand, India, South Korea, China, all over the places. Even though we were all from different backgrounds, in boarding school we have to depend on each other with everything. Because we did not have our parents nearby, we shared rooms, like going camping, doing a project together, we had to stick together and if there was one little fight, it was really bad, because (how do you say it), if I fought with one of my other friends in the same class, that would've affected others in my other classes. Because all of them were like our friends know. So, yes … Whenever there is a small little fight, we shake hands and say, "I am sorry" like really quick, and that's it. It would not go for too long.

Counselor: I see.

Student: But here, if you have a fight, I don't think that you have a chance to go and say "I am sorry," because it is a huge community, you know, this person can go anywhere else, and I will never see him or her again … I don't know. University is a quite different.

Counselor: University is different. So, you keep comparing your international boarding school to university here.

Student: Yes, because university is also a boarding school. The difference is that it is a huge boarding school.

Counselor: Um … That's how you view the university.

Student: That's what I think. The boarding school system is what I am very used to it. Also, H school was also very protected from other stuff, like drugs and alcohol, smoking, everything. It was really protected so I lived in a protected environment. When I first came here, it was really shocking for me, everything was very shocking in America. Like, people drinking, people smoking, I saw lots of people were drunk, I have only seen that kinda of stuff only in news or newspaper or magazines in India. So, it was really difficult for me to get adjusted with it. I do not know what to do if someone gets drunk near me, I don't know how to help and like, also the dormitory, boys and girls live together, you know, like the next room, this guys living there. So, I'm not really used to that. My girl dormitory is was far away from boys' dormitory. And if boys somehow invade girls' dormitory, you can get expelled. But here, you just live together in the same floor, that was really shocking. If guys come into my room, that was even more shocking. You can get expelled in my high school, but here it's just free. No one is going to say anything. I am still not used to that. So, I told my roommate.

Counselor: So, you talked to your roommate about it.

Student: Yes, I told my roommate, she understands my background. That is a good thing. She does not know a lot, but she does respect it so. I was lucky to have her.

Counselor: So, it sounds like you tried to make friends in this new environment? Particularly, around in your physical place … with your roommate and people in your dormitory ….

Student: I think that's natural because you see them often and you meet them often. So, when you see them everyday, you start to say hi and you smile and you start talking later. That's how friends go, I think.

Counselor: Do you feel particularly close to certain groups or certain people when you meet people?

Student: I think I am close to my friends in church. Because although we see only each other in church, I think it is really comfortable. I like talking with them, I think church is really comfortable.

Counselor: Is that church 'environment'? Or because you share 'the same ethnicity'?

Student: With the same ethnicity, I become more easy-going … This is also part of religion, like stuff. But I feel easier to talk with Christians. During our moments of hardships, anything could happen. Christians really help me a lot, like they do understand me, they do not criticize me. I think because I grew up in that kind of environment, that's why. But that does not mean like, you know … I do have lots of friends from Muslim backgrounds, Hindu backgrounds, and Buddhism. I was also really comfortable with that. One of my best friends was from Hindu background.

[중략]

Counselor: You lived in India for a long time. What do you think when you see Indians on campus?

Student: Yes [laughs] I heard that … if there are a hundred international students here, seventy of them are Indians and I see lots of Indians here. When I see them wearing their own traditional clothes, such as a Sari, I really feel something stirring inside of my heart, meaning I feel more close to Indians than Koreans sometimes. Because I spent my teen-age years, you know, in India, and I think I know India more than Korea actually. Sometimes I really want to run to them and talk to them that I am from India too. We can find something in common. There is one India girl who lives two doors away from me. She is also from India, she lived in Delhi, capital, and her roommate is from Pakistan. Whenever I go into their room, they have all these food stuff, that's from India, directly from India, because their parents live in India. So I see the food that I thought I would never see again. I feel really attached, I feel really attached to these two girls.

Counselor: It is interesting when you compare Indians to Koreans, you feel like you feel close to Indians than Koreans sometimes?

Student: Yes, India is like my second home country. I lived in India longer than I lived in Korea. And I only went to Korea during my summer break or my winter break. That is not enough, you know. That's like you go there one month out of all 12 months. And, although I see a lot of Koreans here, it is quite different. Like, when I go to Korea, I do not have any friends there, and I feel really lonely when I go to Korea actually. I do not have to see anyone except my relatives. So, like my birthday, it is in January, which is like before our school opens. I am always in Korea and there is no one to celebrate except my family there. Although my friends like send me an e-mail and say 'happy birthday,' but it's different, you know, like … them physically being here with me to celebrate and go out and have fun. And only get saying 'happy birthday' through the Internet.

[중략]

Counselor: Have you tried to make connections with people?

Student: I think, I am the one who goes first and talk to them.

Counselor: Yeah?

Student: Like, "Oh, hi, how are you? where are you from?, what's your major?, and where do you live in Syracuse?" and that's how conversation starts, and it goes on, you share your phone numbers, and you call them later, "let's meet up, let's have dinner together", that's how friendships build up.

Counselor: So, do you usually initiate the conversation?

Student: Yes.

Counselor: Any places?

Student: Not like any places, if you are in a small group or in a class. It's like a small group class, you would talk to each other. Like for example, in my German class, there are only seven people including me, so you talk with them.

Counselor: How were the reactions from them?

Student: They actually like it when I go and start talking. People are shy. Even though I am also shy ….

Counselor: Are you?

Student: Yes, I am shy, just I need lots of courage to stand up for myself and go up to them and talk.

Counselor: So, it is not like your natural character.

Student: I think it is just um … something I do just, I can go sometimes, but I need lots of courage to do that. I just close my eyes and just go up to them and say, you know. I am quite comfortable right now. University is also a really hard place, you have to study a lot, you need to find some time for yourself to do that.

Counselor: Did you find any cultural differences in terms of making friends?

Student: Yes, if I say to my friends, two Koreans friends, "I am from India," many Koreans friends identify me not as Soojee, that's my name, but as "Indian Girl." Even in Church they say "oh, India girl, Indian girl, yes." And India is Soojee and Soojee is India. So, if I said I lived in the house made of marble and had maids and drivers which I said before. They do not understand that. They like, "oh you are so rich!" But they do not understand all of them have maids and even Indians have maids there. And the labor is cheap, the human labor is cheap and you can't really survive without them really. Because the road is really dangerous, there are cows and pigs and all animals walking around. And the traffic system is just really bad. So, I think it's only Indians can drive the Indian road. Also, the car, its British system, so the car you need to drive on the right side, not the left side.

Counselor: How do you feel when people say something like that "Wow, Soojee, she is an Indian girl, oh! Soojee, she had a maid?" When you hear that kind comment, how does it make you feel?

Student: I am really used to it right now. When they say, "you have a maid." I am just sick and tired of saying "No, it is not like …" I just ignore them. I know they just saying it, you know, in a sarcastic way or joking way. So I just close my mouth, and 'yes okay sure, why not,' because I did have maid and that's true so.

[중략]

Counselor: You talked about being a global nomad, talked about good things and benefits as being a global nomad, as well a struggles because you are global nomad. Can you tell me more about that? Advantages and disadvantages?

Student: Advantages that you are different from others. You lived in lots of different countries, and it is hard to live in other countries for 10 years, you know? Most of the people here live in America. I lived in a different place, India. Who's going to live in India for 10 years without any visa? So, I have, I went through lots of stuff which people here would not understand. I went through lots of hardships and that shaped me to build my personality, my characteristics, like me, you know? I had stuff that they would never, ever dream of, like maids and drivers. And … I met lots of international friends and my dream is becoming an ambassador in India, like working in India, represent my country, South Korea, but working India. Because India is a growing country economically, and I do know India … I want to work in India someday, and then as an ambassador you can travel to lots of countries. So I have people whom I know live in lots of countries. If I go to Dubai, I have friends there so I can stay in their house, if I go to India, I have friends there, I can go to their houses. If I go to Bangladesh, I have friends there, so I stay in their houses. So globally I have house everywhere you know. That is good. (However) the disadvantage is there is a possibility that you never see your friends again. You always have to live at the certain time because you know they are not going to live here in India for their rest of life. Because you know that you are going to leave. You cannot settle down. I don't know where, even though I call India is my home, I do not have permanent settlement, permanent house, you know? I've lived in Korea, I've lived in India, and I've lived in America. It is temporary everywhere. My dad can transfer anytime and anywhere. So you never know when dad can go to other countries in two years, and that would be my home again.

[중략]

Counselor: The feeling of unsettling, how does that affect you when you make or develop friendships?

Student: You know that when you see a person and make a friend, you know that it is not going to last forever. Because ….

Counselor: Do you have that mindset?

Student: I think it is natural to me now. I got really used to it. Because you are not going to see them again, so make best out of it, you know. Enjoy and stuff, make lots of memories but you are not going to see them again. I don't know if I will see you again you know. If you leave before I leave, we are not going to see each other later. Because I did not live anywhere for a long time, because in India, I changed schools like how many times 4 or 5 times … before I became really close to my friends, I leave. That is sad. My high school in India that was the only time that I actually settled one place for 5 years in my boarding school, and actually made my good friends because I lived with them, you know? Like living half of the 10 or 9 months in a year with them together, they were like my brothers and sisters.

Counselor: Do you feel like if you did not go to the boarding school, you would not have that strong relationships with your friends?

Student: I think so, yes, that school taught me a lot of lessons, emotionally, physically, academically. Actually that school was like my lucky charm, kinda stuff.

Counselor: I have a question about the meanings of friendships to you? What does that mean to you?

Student: Friendship is, in my opinion, like you understand each other, even though you joke, you accept that, even though you hurt each other, you go and say "sorry" first, um if someone is in trouble, one of us is in trouble, you go in and help them first, you pray for each other, you never leave them, anytime ….

Counselor: Leave them? Physically?

Student: Emotionally.

Counselor: Do you feel like you are emotionally connected to your friends?

Student: Well, if I make a friend, I really go deeply, like, I really go deeply with my friend, so. It is really hard to say "good–bye." But I am getting used to it. I would say that … I am getting used to it.

Counselor: Can you describe what kind friend you are?

Student: What kind friend I am?

Counselor: To your friends?

Student: Let me see, when I have a friend, I depend on them a lot, emotionally, and I want to become their best friends, you know. I want them too. I want to become a best friend, and I want them to be my best friend. I really go, really deeply. I get hurt easily. This happens often.

Counselor: How did you deal with that, when you left India, or graduated from that school?

Student: Actually, I was happy to leave because I was excited to go to a new world and experience new things. Because 10 years in India, I wanted to do something else. So, I was quite happy to leave but when the time came to leave physically. Also, it was very emotional time, you know like when I went through places where I lived before, to the supermarket that I usually went to, and to my old schools to say goodbye.

Counselor: How about your friends?

Student: Oh, they cried, they cried a lot. Actually, I did not cry, I don't know why I didn't cry. There was no tear on my eyes but other friends, they all cried. They asked me "why don' t you cry?" You know? But I don't know why I didn't cry. I think because I got used to it? But there was no tear in my eye, because everyone leaves.

Counselor: Is it difficulty to talk about it? What do you think?

Student: No, that is not that difficult to talk about it. Again, I am getting used to it. I think because 19 years of my life, I have lived like this. (However) it does not mean like people would pity me on stuff. I did not go through any bad things, you know. I am still in contact with my friends, my home is everywhere, in many countries. You never know how that could help. Because globalization, the world is becoming smaller. I will see them again.

Counselor: So you see being a global nomad is beneficial.

Student: Beneficial, yeah, and I also study in International Relations. So, I want to go out, go to UN and stuff. I want to travel a lot in the future. My house is everywhere, all other countries … so whenever you go and wherever you go, you know that there is someone who is waiting for you in that country."

Counselor: You said, you even want to go back to India to work.

Student: Yes, because it is really easy to talk to Indians, start conversations. I feel like I am used to dealing with Indians.

[중략]

Counselor: If someone, or if you want to write a book about yourself.

Student: Oh, writing a book about myself? I always thought about that. If I write my autobiography, how would that be? I think it is very interesting. Yes.

Counselor: What would be the title of the book?

Student: The title? [laughs] …. 'India and Me' [laughs]

Counselor: Everything somehow connects to India. So … like 'India and Me,' India and my life in India shaped my personality, there are lots of things to write about because lots of things happened, and India taught me lots of things, really taught me lots of things which I would never have identified, if I did not go to India and lived in Korea. Counselor: If the book has a specific part about friendships, what would you like to make a subtitle for that chapter?

Student: Um … 'Long distance friendship,' you know you are going to leave them, so you still continue your friendships through e-mails, Facebook, Cyworld, Internet, computer, if there is no internet or computer there is only telephone, like letter like mail, that takes a long time.

Counselor: So, 'long distance friendship?'

Student: Yes, long distance friendship. It is not a negative thing to have a problem in friendships or having a long distance friendship. Then, people pity … sometimes, my friends … I don't see my friends often and I don't have friends in Korea. So it is lonely, so people end up pitying me. I don't like that. I think we have more advantages about having global friends than disadvantages. And I think if we use that advantage with our great care, then it will help you in the future because the world is getting smaller, and having international friends will help you a lot.

대부분의 제3문화 대학생들은 처음 보는 사람들과의 자기소개 과정에서 어느 정도의 내용을 공유할지를 많이 고민한다. "고향이 어디니?" 혹은 "어디에서 왔니?(Where are you from?)"라는 간단한 질문에 대해서도 이들은 복잡하고 긴 자신의 성장배경을 이야기해야 하는 부담을 느끼고 또한 한 장소의 지명이나 경험을 선택해서 자신을 설명해야 하는 어려움을 경험한다. 이럴 때에 그들은 상대방의 진실성과 관계의 발전 가능성, 대화 분위기와 상황 등 여러 가지 상황을 고려하여 자기소개를 하는데, 이러한 생각의 과정들이 복잡하고 혼란스럽다고 이야기한다. 수지는 자신의 이러한 자신의 성장배경과 생활 패턴을 "I do not have permanent settlement. It is temporary everywhere"라고 표현하였다. 수지의 경우에는 한국 사람의 얼굴 모양과 신체적인 특성을 가지고 있음에도 불구하고 인도에서 보낸 시간들이 한국에서의 시간보다 더 많기 때문에 종종 자신을 소개할 때 인도를 자신의 고향으로 느끼고 있다고 말한다.

이러한 잦은 문화 이동과 생활환경의 변화는 제3문화 대학생들의 사회성 발달에 큰 영향을 준다. 특별히 이러한 성장 배경은 어린 시절에 이들에게 심리적인 분리, 이질감, 소외감을 경험하게 하고 인간에 대한 애착이나 관계성을 깊이 경험하기보다는 타 문화와 환경에서 살아남는 여러 가지 적응 기술들과 방법을 습득하고 발달하게 만들었다. 이들의 적응 방법을 살펴보면, 사물에 대한 애착(사진, 우편엽서, 작은 수집품 등)으로 심리적인 공허감과 상실감을 메꾸려는 성향들이 나타난다. 또는 종교적인 활동과 믿음이 예측하기 어려운 문화와 나라 간의 이동 시에 심리적인 뿌리와 같은 마음의 안정감을 제공하는 역할을 하기도 한다. 수지의 경우에도 같은 종교를 가지고 있는 친구들을 만날 때 문화와 언어를 뛰어넘어 가장 편안하고 이해받는 느낌을 가진다고 한다.

제3문화 대학생들이 새로운 환경과 문화에서 새로운 사람들을 만나고 관계를 맺는 데 있어 이들의 태도와 관계 기술은 다문화에서 성장해 오지 않은 학생들과 차이가 있다. 잦고 갑작스러운 친구관계의 단절과 분리를 경험하던 제3문화 대학생들은 이별로 인한 마음의 상처에 대비하듯이 새로운 관계에서 어느 정도의 거리를 항상 유지한다. 선택적인 자기표현(selective disclosure)과 장기적인 서약과 헌신을 요구하는 관계(commitment, 예를 들어 결혼이나 고정적인 직장의 선택)에 대한 두려움이 대표적인 예이다. 다문화 대학생들은 다른 여느 대학생들과 같이 친구관계, 연인관계, 결혼관계를 생각하고 기대하지만 자신의 잦은 이동과 새로운 곳을 경험하고 싶은 욕구 등을 고려할 때 정착 또는 헌신이 필요한 깊은 인간관계에 대하여 자신감이 낮고 두려움이 높다. 또한 상대방에게 자신의 평범하지 않은 성장배경의 어려움과 특수성을 이해받지 못할 것이라는 낮은 기대감도 가지고 있다.

반대로, 새로운 환경에서 적응하고 필요한 정보들을 얻기 위해서는 먼저 다가가는 적극성이 발달되기도 한다. 이러한 심리적인 상태를 강제적인 외향성(forced extroversion; McCaig, 1992)이라고 부르고, 다문화 학생들에게서 흔히 볼 수 있다. 다문화 학생들의 경우, 맨 처음 만나는 상황에서 매우 적극적으로 상대방에 대한 관심을 표현하고 자연스럽게 대화를 시작한다. 수지의 경우에도 다양한 문화에 대한 이해와 열린 자세, 그리고 여러 번의 새로운 환경에 대한 적응을 경험하였기에 미국 대학의 기숙사에서 만나는 다양한 인종과 언어에 대한 두려움이 적고 자신이 먼저 새로운 기숙사 친구들에게 다가가 말을 건네는 것에 매우 능숙하다. 그럼에도 불구하고 수지에게 가장 힘든 점은 깊이 마음을 나누는 친구들을 만나고 사귀는 과정이라고 한다. 초등학생 때 여러 번 반복된 이동은 마음 맞는 친구를 만난다고 해도 언젠가는 헤어지는 것을 항상 생각하게 만들었다. 따라서 수지는 친구관계에 있어서 일정한 거리를 유지하기 위해 노력했었고, 이젠 의식적인 노력에 의해서가 아니라 습관적으로 인간관계에 있어 감정 표현을 매우 절제하게 되었다. 무엇보다 친구들과의 이별 시에 슬픔, 아쉬움, 또는 그리움 등의 다양한 감정을 담담하게 받아들이게 되었다.

이러한 심리적, 사회적으로 겪는 어려움에도 불구하고 제3문화 대학생들이 가지고 있는, 이 시대에 공헌하고 기여할 수 있는 다문화적인 특성은 무한하다. 어린 나이에서부터 자연스럽게 습득한 다문화에 대한 적응력, 인식력, 그리고 축적된 지식과 감각은 어른이 되어서 습득할 수 있는 문화 적응력 또는 지식과는 비교할 수 없다. 또한, 실생활을 통해 습득된 여러 언어능력과 감각은 실제로 비즈니스나 다문화 의사소통에 바로 적용할 수 있는 살아 있는 기술이다. 무엇보다 놀라운 점은, 어느 한 곳을 자신의 고향 또는 고국이라 부를 수는 없지만 이들에게 세계는 자신의 삶의 터이고 활동영역으로 인식되어 있다는 점이다. 제3문화 대학생은 대부분 여러 인터내셔널 초, 중, 고등학교를 거친 터라 이들이 성장해 오면서 구축해 온 사회적인 네트워크는 이미 세계화되어 있다. 수지의 말을 빌리자면, "내 집은 온 나라에 다 퍼져 있다. 언제든지, 어느 곳에 가든지 그곳의 누군가는 항상 나를 맞이할 준비를 하고 있다(My house is everywhere, all other countries … so whenever you go and wherever you go, you know that there is someone who is waiting for you in that country)."

이러한 제3문화 대학생들의 심리적인 특성과 사회성 발달을 고찰함으로써 이들에게 필요한 상담적 접근 방법들을 제시하고자 한다. 서포트 그룹을 통해서 알게 된 것 중 하나는 대부분의 제3문화 대학생들이 자신들의 이러한 성장 배경과 환경들에 대해서 잘 이해하지 못하고 있다는 현실이다. 다문화 환경으로 인한 심리적인 특성들에 대해 한 문화에서만 정착해서 성장한 또래 친구들과 '다르다'고 보기보다는 '나는 이상하다' 또는 '나는 문제가 많다'고 보는 경향이 많았다. 이상하거나 문제가 있다고 생각하기에 다른 친구들과 자신의 어려움을 나누고 이해받는 것을 기대하기보다는 속으로 숨기고 표현하지 않고 지내는 경우가 많았다. 이러한 학생들에게 다문화를 알리고 다문화로 인한 여러 가지 심리적인 특성과 사회성 발달에 대한 축적된 지식과 경험을 나누는 것이 이들에게는 자신을 새롭게 발견하게 되는 큰 성장의 계기가 된다. 또한, 정기적인 집단상담을 통해서 다문화의 학생들에게 가장 큰 도움이 되었던 것은 자신이 혼자가 아니라는 것이었다. 수많은 지리적,

문화적 이동을 통해서 경험한 심리적인 그리고 사회적 아픔과 어려움이 자신 혼자만의 아픔과 어려움이 아니었다는 사실을 비슷한 경험을 한 다른 친구들의 입을 통해 들었을 때 이들은 비로소 자신들이 이해받고 있다는 카타르시스적인 경험(Seaman, 1996)을 가진다.

사회가 더욱더 다문화화되어 가고 있는 지금, 무엇보다 다문화의 환경에서 자라 온 아이들의 연구와 이해가 시급하다. 이들이 가지는 특별한 심리적이고 사회적인 필요가 무엇인지, 또한 이들만이 체득하고 발달시켜 온 사회에 공헌할 수 있는 특성들과 장점들은 무엇인지에 대한 연구가 더 활발히 이루어져야 하겠다. 먼저 학교 관계자들과 상담자들의 다문화에 대한 이해와 인식은 다문화 학생들을 만났을 경우에 적절한 개인 또는 집단상담 활동을 통해 이들의 성장이 최대화될 수 있도록 도와주는 필수조건이라 하겠다.

참고문헌

Fail, H., Thompson, J., & Walker, G. (2004). Belonging, identity and Third Culture Kids; Life histories of former international. *Journal of Research in International Education, 3,* 319–338.

Nette, J., & Hayden, M. (2007). Globally-mobile children: The sense of belonging. *Educational Studies, 33*(4), 435–444.

Navara, G., & James, S. (2002). An investigation of missionary adjustment in Nepal. *International Journal of Intercultural Relations, 26*(6), 694–708.

McCaig, N. M. (1992). Birth of a Notion. *The Global Nomad Quarterly,* 1(1), 1.

Pollock, D. C., & Van Reken, R. E. (2001). *Third Culture Kids: The Experience of Growing Up Among Worlds.* Yarmouth, ME: Intercultural Press.

Seaman, P. A. (1996). Rediscovering a sense of place. In C. Smith (Ed.), *Strangers at home: Essays on the effects of living overseas and coming "home" to a strange land* (pp. 36–56). Bayside, NY: Aletheia Publications.

Schaetti, B. F. (2000). Global nomad identity: Hypothesizing a developmental model. *Dissertation Abstracts International: A, 61*(10). (UMI No.9992721).

Schaetti, B. F., & Ramsey, S. J. (1999). The global nomad experience: Living in liminality. In *Transition Dynamics.* Retrieved from http://www.transition-dynamics.com/

Useem, R. H. (1993). Third Culture Kids: Focus of Major Study. *International Schools Services.* Retrieved from http://www.tckworld.com/useem/art1.html

Useem, J., Donoghue, J. D., & Useem, R. H. (1963). Men in the middle of the third culture. *Human Organization, 22*(3), 169–179.

상담자: 최경미
논평자: 이한종

논평자는 내담자의 감정, 사고, 행동에 변화를 일으켜 내담자가 행복한 삶을 살아갈 수 있게 하는 것이 상담의 목표라는 견해를 가지고 있다. 감정, 사고, 행동 중에서무엇을 집중적으로 변화시키는 것이 중요한지에 대한 견해는 상담이론들마다 차이를 보인다. 논평자는 특정한 이론적 접근법을 고수하기보다는 감정, 사고, 행동의 변화에 도움이 되는 여러 접근법들을 복합적으로 사용하는 통합적 접근법을 사용하고 있다.

1. 사례개념화

1) 사례개념화의 타당한 측면

제3문화 대학생으로서 내담자가 나타내는 인지, 정서, 행동, 대인관계의 특성을 정확하게 포착하고 있다고 여겨진다. 인지적인 측면에서는 자신이 어떤 집단에 소속되어 있는지에 대한 혼란, 정서적인 측면에서는 두려움, 상실감, 고독감, 행동적인 측면에서는 강제적인 외향성, 대인관계의 측면에서는 타인과의 거리를 유지하며 장기적인 헌신을 요구하는 관계를 회피하는 모습이 명료하게 기술되어 있다.

2) 사례개념화에서 보완될 측면

본 원고가 상담사례보고서로서 성립하기 위해서는 우선 내담자가 현재 고통을 호소하고 있는 문제가 무엇인지에 대해 명확히 규정해야 하며 이를 바탕으로 상담의 목표를 어떻게 설정했는지에 대한 기술이 제시되어야 한다. 아울러 상담자가 시도한 개입방법이 상담목표를 달성하는 데에 어떻게 기여하는지에 대해 상담이론에 근거하여 논리적으로 설명할 수 있어야 한다.

2. 상담진행과정

1) 상담진행과정에서 돋보이는 점

편안한 분위기 속에서 자연스러운 대화를 통해 내담자의 자기개방을 유도한 점은 투고자가 상담자이기 이전에 한 인간으로서 가지고 있는 훌륭한 대인관계능력을 보여 주는 것이라고 여겨진다.

2) 상담진행과정에서 보완되었으면 하는 점

상담회기 중에 일어나는 상담자와 내담자의 상호작용은 일상생활의 대화와 다르다. 상담자의 발언은 내담자의 행복을 증진시키기 위해 내담자의 감정, 사고, 행동을 변화시킨다는 명확한 목표를 가지고 있어야 한다.

내담자의 감정을 변화시킨다는 것은 내담자가 경험하고 있는 부정적인 감정을 감소시키고 긍정적인 정서를 증가시키는 것을 의미한다. 이를 위해 인간중심상담과 게슈탈트상담에서는 상담회기 중에 내담자가 자신의 감정과 욕구를 체험하고 표현하도록 유도한다. 아울러 감정반영과 재진술을 통해 내담자가 회기 중에 체험한 것을 요약하여 제시하는 것이 상담자의 주된 작업이다.

내담자의 사고를 변화시키고자 할 때에, 변화의 대상이 되는 것은 내담자에게 부정적인 감정, 즉 정서적 고통을 초래하고 있는 사고이다. 변화의 대상이 되는 사고는, 자신 또는 타인에 대해 가지고 있는 '~해야 한다'라는 형식의 당위적 사고일 수도 있으며, 자신에게 일어나는 사건들에 대해 내담자가 취하고 있는 부정적인 해석일 수도 있다. 사고의 변화를 유도하기 위해 REBT상담에서는 내담자의 사고를 현실성, 논리성, 유용성의 측면에서 논박하는 방식을 취하는 경우가 많으며, 해결중심상담에서는 일상생활 속에서 일어나는 긍정적인 사건들에 내담자가 주목하도록 돕는 작업이 주로 이루어진다. 이러한 작업을 통해 긍정적 정서를 촉진하는 새로운 생각을 획득하는 것이 사고의 측면에서 상담자가 일으키고자 하는 변화이다.

상담에서 변화의 대상이 되는 내담자의 행동은 부정적인 정서를 유발하는 데에 기여하는 행동이다. 이러한 행동은 다음과 같은 세 가지로 정리될 수 있다. 첫째, 내담자의 욕구충족을 방해하는 행동이다. 예를 들면, 사람들과 친해지고 싶은 욕구를 가지고 있으면서도 거친 언행을 하는 내담자는 욕구의 좌절을 경험하는 일이 많으며 이로 인해 부정적인 정서를 경험하게 된다. 둘째, 내담자의 욕구충족에 어느 정도 도움이 되기는 하지만 효율성이 떨어지는 행동이다. 예를 들면, 이성의 마음을 얻고 싶은 남성이 수시로 전화를 하고 데이트를 신청하지만 뜻대로 되지 않을 때에 이 남성은 애가 타는 경험을 하게 될 것이다. 이러한 남성과 함께 상담하며 이성친구를 사귀는 데에 도움이 되는 새로운 행동전략을 수립하는 것은 상담자가 수행해야 할 중요한 작업 중의 한 가지가 될 수 있다. 마지막으로, 단기적으로는 당면한 고통을 회피하는 데에는 도움이 되지만, 결과적으로는 더 큰 고통을 초래할 수 있는 행동이다. 예를 들면, 스트레스에 대한 대처전략으로서 날마다 술을 마시는 내담자의 경우, 일시적으로 긴장이완을 경험할 수 있을지는 몰라도 학업과 업무에 지장을 줄 수 있으며 가족 간에 불화가 발생하기도 한다. 정리하면, 행동적인 측면의 변화를 일으키기 위해서는 우선 내담자의 욕구가 무엇인지를 분명하게 파악해야 하며, 그다음으로는 내담자의 욕구성취에 도움이 되는 새로운 행동을 계획하고 실천하도록 격려하는 작업을 수행해야 한다. 현실치료의 예를 들면, '욕구탐색 → 현재의 행동 탐색 → 현재의 행동이 욕구성취에 도움을 주는 정도에 대한 평가 → 새로운 행동계획의 수립'이라는 절차를 통해 내담자가 자신을 행복하게 만드는 새로운 행동을 획득하도록 한다.

축어록에 제시된 상담자의 발언들에 드러난 의도들을 정리하면, 첫째, 맞장구치기, 둘째, 내담자의 다문화 경험 탐색하기, 셋째, 다문화 경험에 대한 내담자의 인식 확인하기, 넷째, 대인관계에서 현재 내담자가 경험하고 있는 감정과 취하고 있는 행동 확인하기 등이었다고 할 수 있다. 이러한 상담자의 의도들은 공통적으로 내담자가 제3문화 대학생으로서 보여 주는 특성들을 파악하기 위한 것과 관련되어 있으며, 내담자의 감정, 사고, 행동의 변화를 시도하는 부분은 눈에 띄지 않는다. 아울러 상담자가 주로 사용한 면접기술은 '질문하기'이다.

Did you find any cultural differences in terms of making friends?
I have a question about the meaning of friendships to you?

내담자가 부정적인 정서를 표현하고 있을 때에도 상담자는 감정반영을 사용하는 일이 드물다. 다음의 예를 살펴보자.

Student: Yes, it is difficult. We have different classes every semester. So we do not see each other. I take an economic class right now but I would not see my friends in that class again in our next class, like next semester class. Because I would not take an economic class next semester or they would not take it, you know? But like a high school, you take the same course again and again like math course in 9th grade, 10th grade, and 11grade like that. It was a small community in my high school. So, we know everyone in the school including teachers, because teachers lived with us. We know the teachers, that was like 40 people in my class and it was also divided into two, so it is easier to socialize with each other. But here, it is more than ten thousand people. It is hard to socialize, and sometimes I feel that they are really cold. That's how I feel sometimes. But I am getting used to it. And I hope that I find friends like in my high school.

Counselor: When you describe your high school friends, they seem very diverse.

이 상황에서 투고자는 내담자의 감정을 반영하기보다는 내담자에게 일어나고 있는 사건을 요약하고 있다. 지금 내담자가 호소하고 있는 감정은 무엇인가? 만일 논평자라면, "이곳의 생활이 이전과 달라서 많이 외롭겠어요." 또는 "이곳에서도 고등학교 때처럼 친구들과 함께 할 수 있으면 참 좋겠네요."라고 이야기할 것 같다. 논평자의 주관적인 인상일 수도 있겠지만, 본 작업은 상담이라기보다는 질적연구를 수행할 때에 연구대상의 특성에 대한 정보를 수집하기 위해 실시하는 면담에 가깝다는 생각이 든다.

3. 상담결과

1) 상담목표 달성도

상담의 목표가 내담자에 대한 정보를 획득하는 것이었다면 본 면담은 소기의 목적을 달성했다고 할 수 있다. 그러나 내담자의 변화를 일으키는 것이 목표였다면, 성공한 상담이었다는 평가를 내리기에는 어려움이 있다.

2) 미해결 문제와 그에 대한 대처방안

상담의 목표는 내담자의 감정, 사고, 행동에 변화를 일으켜 내담자가 행복한 삶을 살아갈 수 있게 하는 것이다. 이를 위해 우선 수행해야 할 작업은 다음과 같다. 첫째, 내담자가 가장 고통스러워하고 있는 문제가 무엇이며, 이것이 어떻게 달라지기를 원하는지를 탐색하는 작업이다. 둘째, 내담자가 호소하는 문제와 관련하여 현재 내담자가 가지고 있는 감정, 사고, 행동을 탐색해야 한다. 셋째, 내담자가 원하는 것을 성취하기 위해 내담자의 감정, 사고, 행동에 대해 어떤 변화를 일으켜야 할지에 대해 명확한 목표를 수립해야 한다. 넷째, 수립한 목표를 달성하기 위해 어떤 기법을 사용할지를 결정해야 한다.

4. 총평

본 사례에서 수행한 작업을 통해 내담자에게 어떤 변화를 일으키고자 하였는지가 분명하지 않으며, 면담의 결과로 내담자에게 어떤 긍정적인 변화가 발생하였는지에 대해서도 명확하게 언급하기 어렵다. 정보획득을 위한 면담이 아니라 내담자의 변화를 목적으로 하는 상담이 되기 위해서는 내담자의 호소 문제에 대한 파악 및 이를 해결하기 위한 구체적인 상담계획이 필요할 것으로 보인다.

사례 11

게임만이 나의 유일한 즐거움(중2, 남)

상담자: 정영애

1. 내담자에 대한 기본정보

김○○(남), 중학교 2학년(14세).

2. 내방 경위

내담자는 학습부진이 있고, 또래관계가 원만하지 않다고 하며, 평소 자기 표현이 부족하다고 하였다. 또한 늘 우울해 보이며, 짜증을 많이 낸다고 하며, 게임을 좋아한다고 했다. 담임교사가 상담을 권유하여 ○○청소년수련관의 YC(청소년동반자)를 통해 상담을 받았다. 그러나 효과적으로 상담을 진행하지 못해 본원을 방문하여 상담을 받았고, 상담을 받는 동안 약물치료가 병행되었다.

3. 주 호소 문제

- 어머니는 내담자가 게임을 많이 하고 기분이 어두워 보이며 울적하고 웃는 모습을 보기 어렵다고 한다.
- 어머니는 내담자가 짜증이 심하고, 별것 아닌 일에 화를 내고 격분하며 학습적인 부분이 전혀 안 되고 있고, 영어를 너무 싫어한다고 하였다.
- 내담자는 약물치료와 상담을 왜 받아야 하는지 모르겠고, 어머니가 자신을 키우기 힘들다고 했고 돈을 지불해 아까워서 다닌다고 이야기했다. 자신은 문제가 없다고 생각한다.

4. 행동관찰 및 인상

또래에 비해 작은 키에 왜소한 체격으로 검은 뿔테 안경을 쓴 모습이었다. 내원 시 어머니에게 짜증을 내고, 인상을 쓰고 들어왔으며, 시선접촉이 잘 이루어지지 않고, 묻는 말에 대답도 잘 하지 않았다. 표정이 없고 무심하고 덤덤하게 상담에 임했다. "모르죠. 그렇겠죠." 등으로 일관하여 자발적인 언어표현이나 언어적 유창성은 부족한 편이었고, 단조로운 말투를 사용하고, 정서적 반응이 상당히 제한적이고 방어적이었다.

5. 가족사항

- 아버지(51): 인테리어 사업, 무뚝뚝하며 지적을 잘하고 칭찬에 인색하다. 늦게 들어오며 돈 버는 것만 안다. 취미가 바둑, 사진 찍기, 수석 모

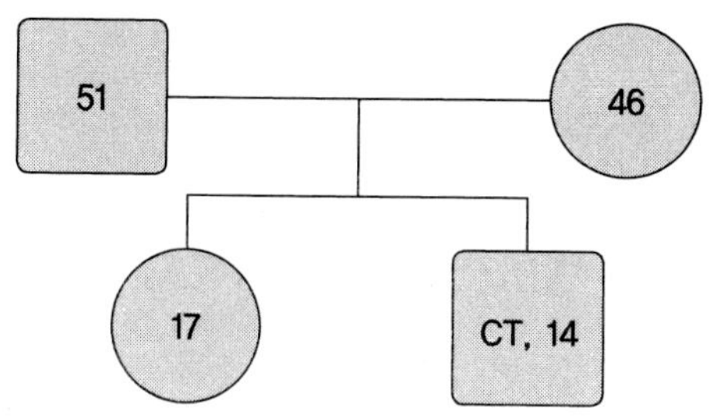

으기인 것으로 보아 정적인 일을 좋아하는 성격이며, 머리는 텁수룩하고 이발과 면도도 신경 쓰지 않고 싫어하여 명절에 몇 번 할 뿐이다. 주변사람을 개의치 않는다는 것 등으로 보아 타인과 관계 맺기를 즐겨하는 성격이 아니고 자신의 일과 자신에게만 관심이 있어 주변 가족들은 소외감을 느낄 수 있겠다. 타인의 시선이나 관심이 중요치 않은 고립적인 성격일 것이다. 가족에게서 깊이 있는 관심과 소통을 얻지 못해 아버지의 사랑을 느끼기 어려웠을 내담자의 현재 성격 특성은 아버지로부터 영향을 받았다고 보인다.

- 어머니(46): 가정주부, 1년 전부터 영업사원 일을 해 왔다. 현재 자신의 문제를 적절히 다루며, 비교적 적응적인 생활을 영위해 나가고 있는 모습으로 보고하고 있다. 자녀의 문제로 인해 신경을 쓰고 있고, 불편감을 경험하고 있기는 하나 이에 대해 심각하게 여기지는 않고 있는 것으로 보인다. 또한 자녀와 충분히 소통되지 않는 것에 대해 답답함이 있기는 하나, 이에 대해 적극적으로 해결을 시도하거나 적절한 방법을 찾는 면은 다소 부족해 보인다. '내가 많이 참는다. 싫어도 참아 준다. 수다 떨기 안 한다. 그 시간에 다른 일을 하지. 다른 사람이 우리 집에 계속 있으면 이상하다.'는 등의 표현을 하는 것으로 보아, 아버지보다는 덜할 수 있겠으나 어머니도 관계에서 적극적이기보다는 거리를 두며 갈등을 최소화하려는 것으로 보인다.
- 누나(17): 미술전공. 착실하고 잘 지낸다. 꿈은 화가이고 한 번도 꿈이 변

한 적 없고 무척 잘한다는 칭찬을 받는 것으로 보아 자신의 진로에 대한 결정이 명확해 보인다. 심리적 소외감, 불편감, 우울감이 현재 덜 나타나 자신의 문제를 적정수준으로 잘 해결해 나가고 있는 것처럼 보인다. 내담자와는 안 맞으며, 우습게 보고, 대화가 안 되며 여동생이 있으면 좋겠다고 표현하는 것으로 보아 내담자와의 친밀감이 부족해 보인다.

6. 검사결과 및 해석

1) 지능검사

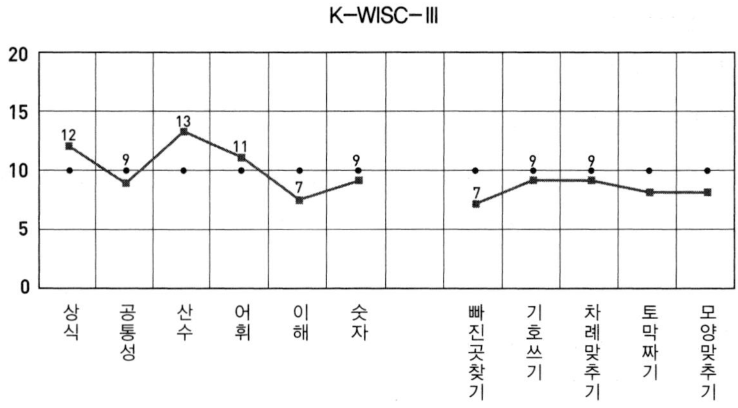

K-WISC-Ⅲ 검사결과 언어성 IQ 103, 동작성 IQ 86, 전체 IQ 94로 평균 수준에 해당된다. 백분위는 34.5%로 오차 범위를 고려할 때 지능지수가 속하는 범위는 87~102이다. 언어성 지능에 비해 동작성 지능이 유의미한 점수 차로 저하되어 있는바 언어적 개념형성능력에 비해 비언어적 추론능력이 저조하며 실제 자신이 개입된 상황에서의 복잡한 문제해결능력이 상대적으로 부족한 것으로 보인다.

구체적으로 살펴보면, 일반 상식 수준과 수 개념 및 계산능력, 단어에 대한 사전적 개념형성능력이 평균 상 수준으로 상대적으로 잘 유지되고 있는 모습이다. 그러나 이에 비해 보다 고차원적인 사고능력을 반영하는 공통성 소검사는 평균 하단에 머물러 있으며, 실용적 언어능력도 경계선 수준으로 저조한 모습이다.

이를 감안할 때 내담자는 학습에서 기본적인 원리나 기반은 적절하게 지니고 있겠지만, 보다 복잡하고 추상적인 과제가 요구되는 고학년의 학습에서는 어려움을 겪을 수 있겠고, 자신의 생각이나 지식을 타인에게 조리 있게 전달하는 면에서도 어려움이 있겠다.

현재 시지각적 조직화능력과 시공간 구성능력은 평균 하 수준으로 저하되어 있는데, 이는 기본적인 조직화능력의 문제이기보다는 정보처리속도의 저하와 관련이 있다고 생각된다. 정서적 우울감으로 인한 정보처리속도의 저하가 시사되고 있다. 한편, 상대적으로 단순한 과제인 기호쓰기 수행은 평균 수준으로 유지되고 있는 모습이다.

사회적 능력과 관련하여 살펴볼 때, 사회적 상황에서 인과관계에 따라 전체적 흐름을 파악하는 면은 평균 수준에 속하고 있으나, 시각적인 기민성과 관습적이고 일반적인 대처에 대한 지식 및 판단력이 경계선 수준으로 저조한 모습이다. 이를 감안할 때, 평소 환경 내에서 접하는 자극들의 중요한 부분과 중요하지 않은 부분을 적절히 구별하지 못하고, 부적절한 자극에 몰입되어 정신적 에너지를 소모할 소지가 많아 보인다.

2) MMPI-A

하위 척도	VRIN	TRIN	F1	F2	F	L	K	1	2	3	4	5	6	7	8	9	10
원점수	6	4	2	4	6	4	21	7	28	24	22	17	9	8	13	15	30
T점수	53	78F	42	45	43	51	67	43	58	48	51	39	41	36	40	38	50

타당도 척도인 TRIN 척도의 점수가 78F로 나타나고 있고, 현재 높은 TRIN 점수와 함께 높은 K점수를 나타내고 있는 것은 검사 문항에 대해 분별없이 응답했기 때문인 것으로 보인다. 이로 인해 프로파일이 타당하지 않을 수 있겠지만 이는 자신을 드러내지 않으려는 거부적이고 방어적인 태도가 반영된 결과로 이해된다.

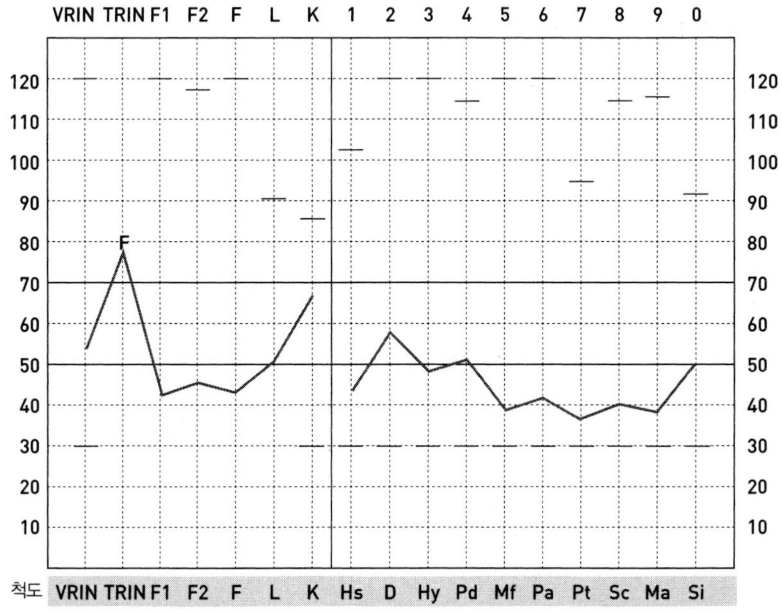

구체적으로 보면 대인관계에서 타인에 대해 과도한 불편감을 경험하고 있고, 스스로에 대한 자신감이 부족하며, 부정적이고 비관적 생각으로 우울함을 느낀다고 평가할 수 있겠다.

6. 내담자 문제의 이해

내담자는 스트레스나 자극을 적절히 다루어 나가는 데 필요한 내적 자원이 상당히 제한적인데, 특히 대인관계에서 타인과의 공감능력이 제한적이며, 타인에 대한 불신감이 크고, 부정적 지각을 지니고 있다. 게다가 스스로 자신감이 부족하고, 자신을 가장 잘 이해하는 것이 개 '또또'이며, 머리카락을 잘린 사건, 과외선생님에게 맞은 사건을 전혀 언급하지 않는 것으로 볼 때 타인과의 관계에서 필요 이상으로 지나치게 경계하는 것으로 생각된다.

상담자의 질문에 "모르죠, 그렇겠죠."라고 답하면서 철수하여 자신만의 영역에 머무르며 안정감을 유지하려는 모습을 보이고 있다. 상담에서도 자신의 속내를 전혀 털어놓지 않고, 최소한의 상호작용을 시도하며, 게임에 흥미를 보이는 것 등도 이와 같은 이유 때문이겠다.

이러한 모습은 최근의 스트레스와 관련된 반응이라기보다는 가족 내의 분위기, 가정에 대한 부의 무관심, 동생과 말없이 지내는 누나의 모습, 부부간의 소통방식 등을 고려할 때 오래전부터 지속되어 온 문제로 보인다. 정서적으로 우울감, 소외감, 낮은 자존감, 불신의 문제가 시사되고 있으나 이러한 정서적 문제를 직접적으로 표현하기보다는 억압하는 경향이 강하다.

자신의 정서적 불편감이나 내적 문제를 드러내는 것에 상당히 거부적이고 방어적인 모습을 보이고 있는데, 상담 시 어떠한 정서적 문제나 내적인 문제에 대해서는 언급하지 않고 피상적이다. 이러한 면 때문에 가족이나 주변 사람들이 내담자의 문제를 정확하게 파악하는 데 어려움을 겪을 수 있고, 문제해결 역시 더욱 어려워지게 되는 것으로 보인다.

7. 상담목표

1) 내담자 목표

• 중요한 타인과 친밀감을 형성할 수 있다.

• 자신의 감정을 적절히 느끼고 표현할 수 있도록 한다.
  - '모르죠' '그렇겠죠'와 같은 철수된 표현보다는 다양한 감정을 표현해도 받아 줄 수 있는 사람이 있다는 것을 경험할 수 있게 도와준다.

2) 母 목표

• 미러링을 할 수 있다.
  - 내담자의 현재 모습이 어머니의 모습과 닮아 있음을 알고 견뎌 주며, 공감, 지지, 격려해 주기가 가능할 수 있다.

8. 상담내용 회기별 요약

1회기(2010. 4. 3)

母 상담

산에 갔다 와서 좀 늦었어요. (네, 어떻게 상담을 신청하게 되었나요?) 딸은 고 1이고 잘 커서 몰랐는데, 아들은 다 힘들다고 하여 그런 줄 알고 있었는데 영어 과목 여자 담임이 중1때 상담을 받는 게 어떻냐고 해서 ○○청소년수련관에서 연계하여 상담을 받았어요. 그런데 상담자가 학생인 것 같고 해서 효과적이지 못한 것 같아 그만뒀어요. (어떤 일로 인해 상담을 받으라고 했나요?) 중1 때 다른 지역에 있는 학교로 전학을 갔어요. ○○중학교죠. 누나가 다녔던 곳이에요. 전학을 갈 때 충분히 의논을 하지 않았어도 본인이 의견을 수렴해서 보냈는데 쉬는 시간에 책만 본다는 거예요. 왕따는 아닌 것 같고 친구들을 거부하는 것 같아요. 이상이 있다고 생각하지 않지만 아들 키우기 힘들다고 생각해요. (아들 키우기 힘들다, 좀 더 자세히 이야기해 주시겠어요?) 표출이 안 되고 2~3번 반복해야 하고 반응이 퉁명스럽고 말도 하지 않고 초등학교 4~5학년 때부터 고집이 너무 셌어요. 고집이 세서 …. [한숨. 한동안 말이 없음, 약 10초] (혹시 어머님이랑 닮은 점이라도 있나요?) 나랑 비슷한 점 있어서 싫어요. 나는 고집을 부렸지만 엄마에게 미안해서 후회하고 참기도 했어요. 독특해요, 이 아이는. 큰아이는 잘하는데 고집을 피울 때마다 왜 저럴까? 생각해요. (이번엔 어떤 고집을 피운다고 생각하세요?) 전학 와서 너무 힘들어했던 게 아닐까 싶어요. 아주 어렸을 적부터 게임을 좋아했어요. 성적이 별루예요. (아빠와의 관계는 좋은가요?) 보통이에요. 대화를 별루 하지 않고 남편이 별루 말이 없어요. 인테리어 사업을 하다 보니 바쁘고 각자 집에서 책 보고 10시 30분이 넘어야 들어오고 집이 참 조용해요. (어머님은 상담을 통해 해결하고 싶은 것이 무엇이죠?) 걱정은 게임에 집중하고 성적이 잘 나오지 않고 혼자 놀고 말이 없고 고집이 센 점, 표현을 잘하지 않고 해서 사교적인 성품의 아이였음 좋겠어요.

내담자 상담

(많이 기다렸죠?) 밖에서 기다리면서 졸렸어요. (상담 빨리 하고 싶었나요?) 맘대로 생각하세요. 안 하면 좋고. (그래. 하지 않을 수 있는 방법을 알아볼까?) 없죠. 돈 내고 하는 것이니깐 오는 건데. 돈 아까우니깐. (그래요. 그럼 상담을 왜 하게 되었는지 남들이 왜 하라고 하는지 알게 되는 날 ○○이 상담은 종결하죠. 그러니 빨리 적극적으로 ○○가 이야기를 해 주면 되는데. 그래야 상담하러 오지 않는 날이 빨리 오겠지요. 어머니께 그렇게 말씀드릴게요. 근데 ○○이는 상담 왜 하러 온 것이야?) 키우느라 힘들다고 해서 …. (키우느라 힘들다는 말 무슨 말인가요?) 엄마가 알려 줬어요. 나 키우느라 힘들어서 오는 것이라고.

2회기(2010. 4. 10)

母 상담

숙제도 하지 않고 늘어져 있어요. 뭐라고 하는 게 너무 힘들어요. 말 안 듣고 퉁명스럽고 짜증내고 중1부터 계속 그러네요. 구슬리면 잘했는데 이제는 하지 않아요. 궁극적으로 대안학교 보낼까 생각해서 두레 ○○중고등학교 생각 중이에요. 최악의 순간 선택할 거예요. 게임을 하게 놔둬도 되는지, 하지 못하게 해야 되는지 모르겠어요. 5, 6시간 하는 것 같아요. 게임을 하는 게 특별히 할 게 없어서 그렇다고 하던데 그래서 운동을 시킬까 해요.

내담자 상담

(저번 주처럼 오늘 상담하러 왔네요.) 오기는 싫죠. 오라니깐 오죠. (엄마 말씀 잘 듣나 보네요.) 돈 냈으니깐 왔죠. 그리고 저번 주에 왜 오게 됐는지 알게 되면 끝난다고 말씀하셨잖아요. (그래요. 상담하고자 하는 이유가 키우느라 힘들다고 했는데 그건 엄마 생각이고 ○○가 원하는 상담은 어떤 것이에요?) 없어요. (음 …. 엄마가 키우느라 힘들다는 무슨 말인가요?) 말 안 듣는다는 말이겠죠. 엄마 생각엔요. 내 생각엔 잘 들을 때도 있고 안 들을 때도 있어요. 난 잘 듣는다 생각하죠. 사람마다 다르니깐. (그래요. 그럼 "엄마 난 잘 듣는다 생각하는데 …." 라고 표현하면 어때요?) 뒤끝 있다고 생각해요. (누가 그렇게 생각해요?) 내가 그렇게 생각해요. 뒤끝 있음 쪼잔하잖아요. 쪼잔하면 어떻게 먹고 살아요? (아 …. 자기 생각을 표현하면 뒤끝이 있고 쪼잔한 사람인 것이고 먹고 살기 힘들어지는 것이에요?) 어차피 시간 지나면 까먹을 텐데 말해 봤자 뭐해요? (그래요? 뭔가를 표현했는데 받아지지 않아서 속상한 적이 있었나요? 어떤 상황이었나요?) 모르죠. (모르죠? 그 표현 독특하네요. 드러내서 표현해야 상담이 빨리 끝난다는 것 알죠?) 모르죠. 제가 어떻게 하고 있는지 저야 모르죠.

3회기(2010. 4. 17)

母 상담

다행히도 사촌동생이 4살인데 이뻐하고 잘 놀아 줘요. 지금도 함께 와서 기다리고 있어요. 그래서 기분이 좀 좋은 것 같아요. 시험기간인데 8시 30분에 자서 오늘 아침 7시에 일어났어요. 전혀 공부를 하지 않아요. 잠이 많아지는 게 약물치료 때문인 것 같아요. 교복도 벗지 않고 가방 맨 채로 오자마자 컴퓨터를 해요. 그 모습을 보며 한편으론 마음이 편하구나라고 이해해야 하는 것인가 하며 웃음이 나와요. 남편은 늦게 와서 아침 일찍 나가요. 전교 440명 중에서 400등 해요. 전학이 가장 힘들었던 점인 것 같아요. 친구도 못 사귀고 약을 복용하면서 좀 좋아졌어요. 대화가 되었죠. 그전엔 집에 딱 들어가면 문 잠그고 일절 말하지도 않았으니까요.

두 달 정도 말하지 않고 방학 동안 게임만 하고 6학년 때 담임이 돌출된 행동을 한다고 했어요. 혼자 자겠다고 해서 수학여행 가서 혼자 잤어요. 이유는 벌레들 때문에 잠을 못 자겠다고 했다고 해요. 남편은 적절한 반응이 없어요. 아이가 좋고 사랑스럽다 하는데도 야단치는 것처럼 보여요.

최근엔 석화라는 친구를 꽃돌이라고 하는데 나 이제 너 안 놀릴게라고 하더군요. 처음 들었어요. 어렸을 적부터 '미안하다, 안할게' 이런 말 한 적이 없어요.

내담자 상담

(무엇이 되고 싶어요?) 난 개가 되고 싶어요. 개 팔자가 상팔자니까. (상팔자라니 개가 어떻길래?) 집에서 안 나가도 되고 자도 되고 학교도 안 가도 되고 집에서 놀면 되잖아요. (편하게 들리네.) 하지만 재롱을 떨어야죠. (재롱을 떨어야 하는 거야?) 먹고 사는 게 걱정이에요. 먹고 살기 힘들어요. 집 사야 하는데 집값 올라서 …. (○○가 벌써 걱정을 하네.) 제 집은 아니니깐.

아빠 집이잖아요. (아빠 집에 함께 사는데 지금은 집보다 ○○이는 학생이니깐 나이에 맞는 고민이 뭐가 있을까?) 저는 적어도 27살에 5천만 원 정도 벌어야 돼요. 엄마를 힘들게 할 수는 없죠. 혼자 살면 편할 것 같아요. 잔소리할 필요도 청소할 필요도 없으니깐요. (누가? 엄마가? 엄마 걱정 해 주는 거야?) 청소는 버티면 되는데 잔소리는 버티기 싫어요. (어떤 잔소리?) 공부하라는 것. (공부? 하지 않으면 안 되나?) 공부하지 않을 수 없어요. 먹고 살 수 있는 게 없으니까. (○○의 하루 일과가 궁금하네. 몇 시에 학교에서 와?) 학교 갔다 온 후 4시부터 5시까지 놀고, 합기도 7시에 끝나고, 과외 7시부터 10시 20분까지 해요. (밥은 안 먹어?) 과외 중간에 쉬는 시간 10분 안에 먹어요. 그리고 화상영어하고 자요. (그래? 컴퓨터 게임 할 시간이 없네.) 공부하라고 잔소리해서 기분 나빠지고, 그냥 기분 나쁜 채로 있어요. (기분 나쁘게 엄마가 잔소리한 말들 또 어떤 것이 있지?) 너무 많아서 말 못해요. (상담을 빨리 그만하고 싶지 않아요? 그러면 말해 봐요.) 말하기 싫어요. (그래요. 키우기 힘들다고 엄마가 그랬다면서요. 이유가 있을까요?) 돈 들고 …. (누구 표현이에요?) 엄마죠. 귀찮게 하고, 이건 내 생각이고, 화내는 것 비위 맞추어 줘야 하고, 공부시켜 줘야 하고, 이것은 엄마 표현이죠. (○○이 생각인 건가요?) 엄마도 이렇게 표현한 적 있어요. (최근에요?) 네 최근에 했어요. 6학년 때 했죠. "네가 없었으면 좋을 것이다. 이때까지 들어간 돈이 해외여행을 5번은 갈 수 있는 돈이다."라고 말했어요.

4회기(2010. 4. 24)

내담자 상담

겨울이 좋아요. 벌레가 없고 바퀴벌레도 없으니. 살충제로는 잡을 수 있지만 버리지를 못해요. 그냥 휴지로 덮어 두죠. (그럼 그건 누가 치우나요?) 엄마가 치우겠죠. (○○는 '겠죠'라는 말을 자주 사용하네.) 아는데요.

게임하다 왔어요. 벌레 잡는 게임, 스타, 서든어택을 했죠. 1시간 정도 하고 휴일엔 4시간 해요. 재밌으니까 하는 거죠. 요샌 1시간 해요. 친구들과는 잘 지내요. (가족들과는 잘 지내?) 아빠랑은 잘 안 지내고. 엄마 누나하고는 잘 지내요. (○○이는 그렇고 누나는?) 누나도 아빠랑은 잘 안 지내요. (누구의 생각이야? 부모님은 그런 ○○이의 마음을 알아?) 모르겠죠.

집은 경기도 ○○인데 현재는 분당에 있는 학교를 다녀요. 아무도 믿지 않아요. 믿었다가 망하니까. (어떤 이유가 있어?) 약속을 안 지켜요. 초등학교 중학교 아이들. 돈 빌려 주면 안 갚아요. (그럼 돈을 못 받은 거예요?) 반드시 받아 내죠. 전화해서. 전화번호를 모르면 비상연락망을 보고 집으로 전화해서 그 아이 엄마가 받으면 친군데 돈 빌려 줬는데 안 갚는다고 말해요. (자주 있었니?) 한 5번. 초등학교 때 2번, 중학교 3번. (얼마였는데?) 그건 비밀이죠. (그래? 왜?) 제 마음이죠. 돈에 관해서는 철두철미해요. 먹고 살아야 하니까. 커서 일자리 못 구하면 끝이죠. 공부 잘해도 일자리 구하기 힘든데. 회계사 될 거예요. 돈 많이 버니까. 회계사 실패하면 막노동할 거예요. 그렇게 살다가 연금 타야죠. (연금?) 나라에서 돈을 내어서 타는 연금.

5회기(2010. 5. 15)

내담자 상담

(어버이날과 어린이날 뭐했어요?) 외식 하러 갔는데 회를 먹고 계산을 할 때 8만 원이 있어서 제가 하려고 했는데 아빠가 했어요. (○○가 계산을 하려고 했다고? 그런 생각을 어떻게 했어요? 그리고 회 좋아하나 봐요?) 어버이날이니깐. (그리고?) 뭘요? (아 …. 어버이날이어서 뜻깊은 일을 하고 싶었구나.) 모르죠. (○○는 "모르죠" "그렇겠죠"라고 자주 이야기하네. 그리고 표정이 없어. 지금 선생님 쳐다보는 것 맞지요?) 네. (그렇구나. 목소리 톤의 변화도 없고 눈 깜박임도 없고 눈동자 움직임도 보이지 않고 계속 뭔가 쳐다

보긴 하는데, 처음부터 느꼈는데 오늘에서야 물어보네.) [침묵] (가족이나 친구들은 그런 말 안 해 주나요? 선생님만 느낀 거야?) 로봇 같다는 말도 들어봤어요. (로봇 같다? 다른 걸로 표현해 보면?) 포커페이스요. (그건 무엇이에요?) 표정 변화 없고 목소리도 일정한 것이요. (알고 있었어요?) 몰랐는데 남들이 이야기해서 알았어요. (그래. 궁금한데 다른 사람이랑 있을 때도 그래요?) 친구들이랑 있을 때는 안 그래요. 친구들이랑 있을 때 로봇 같지 않아요. 웃길 땐. (언제 웃기는데요?) 놀릴 때, 별명 부르거나 할 때요. (별명 궁금하네.) 비밀이죠. (애들이랑 있을 때 어떤 표정인 걸까 궁금하네. 지금 조금만 해 볼 수 있을까?) 애들이랑 있을 때처럼 지금은 못하겠어요. 비밀이에요. (비밀이 자주 있네. 그리고 표정의 변화 없는 것, 목소리 톤의 변화 없는 것도 알고 있었구나.) 본인이 모르면 누가 알아요? (그래? 자신이 모르는 부분도 있겠지.) [침묵] (○○는 부모님께 생각이나 감정이나 의사표현을 자주 해요?) 모르죠. (모르죠? 그럼 가끔은 해?) 내 감정 표현을 한 기억이 없어요. (그래? ○○는 어버이날이라고 대신 돈도 내려고 했고 회도 먹으러 같이 가고 부모님은 ○○의 마음을 잘 알아주나요?) 어버이날이니깐 부모님이 좋아하는 것 먹으러 가야죠. (엄마 아빠가 뭐라고 하셨을까?) 엄마는 맘으로 충분하다고 했고 아빠는 아무 말 하지 않으셨어요. (어버이날이라고 부모님이 좋아하는 것 먹는구나.) 당연히 부모님이 좋아하는 것 알고 있으니 회 먹으러 가자고 했어요. (○○도 좋아해?) [침묵] (뭐 좋아해?) 난 갈비 좋아하는데 엄마가 고기를 구우니 그러면 엄마는 못 먹거든요. 누나도 고기를 싫어해요. (○○가 좋아하고 원하는 것을 가족들에게 요구하지 않았네.) 했는데요. (최근에 있어요?) 없는데요. (기억나는 건?) 없는데요. 나 하나 참으면 다 먹을 수 있는데 상관없어요. (그럼 ○○이 맘을 누가 알아주겠어?) 내 맘을 몰라줘도 상관없는데요.

母 상담

과외선생님이 ○○이 뺨을 때렸다는 말 하지 않던가요? (네. 전혀 하지 않았어요.) 숙제를 하지 았았는데 왜 하지 않았냐고 묻자 "모르죠."라고 대답하고 계속 선생님이 화를 내자 ○○이가 대꾸도 하지 않고 아예 말을 하지 않았어요. 그리고 계속 추궁하니 무표정하게 쳐다보았는데 뭘 쳐다보냐고 물으니까 "그냥 본건데요."라고 대답했는데 선생님이 화가 난 상태여서 아이를 때린 거예요. (○○는 뭐라고 하던가요?) 사과 받을 가치조차 없다고. 나도 자세히 몰랐어요. 나중에 선생님을 통해서 알았죠. 과외 중간에 들어왔는데 아이가 자기 방에 있고 선생님은 화가 난 얼굴로 방에 앉아 있더라구요. 선생님은 일이 있다면서 황급히 나갔고 나중에 선생님이 오시지 않고 전화가 왔어요. 그래서 알게 됐죠. 그 사이에도 나에게 어떤 일이 있었다는 말을 전혀 하지 않았어요. 나에게 전혀 말을 하지 않았던 게 종종 있죠. 오히려 남을 통해 듣게 돼요.

6회기(2010. 5. 22)

내담자 상담

("모르죠"라는 말 말고 다른 말이나 표현은 없을까? 다른 말 선택해 볼까? 언제 사용하는 거야 "모르죠"는?) 모를 때 사용해요. (그래. "그렇겠죠"도 자주 사용하지. 그래서 대화가 연결이 안 되고 끝나는 느낌이 들어서 선생님이 말하기가 조심스럽네요. ○○의 말에 대해 생각해 본 적 있나요?) 아니요. (음 …. 그렇구나. 음 …. 과외는 잘 하고 있니?) 그냥 별루여서 끊었어요. (무슨 일 있었니?) 아무 일도 없어요. 별일 없었어요. 거짓말 하는 것 아니에요. (아무 일 없이 지나가고 싶구나. 별일 없는 것처럼. 아님 선생님에게 말하고 싶지 않거나. 이야기해 달라고 요구하면 해 줄래?) 친한 사람이라도 간단하게만 들어줘요. (부모님에겐 해 주나?) 원한다면 해 줘야죠. (○○를 보면 화

난 것처럼 호응도 하지 않고 거부하는 것처럼 지금도 그렇게 보이는데 그렇게 이해해도 될까?) 맞겠죠. 원래 그래요. (주변사람들이 오해를 해도, ○○를 미워하고 욕하고 화내고 때려도 "맞겠죠." "원래 그렇다."고 이렇게 이야기할 건가요?) 무시하면 돼요. 신경 안 써요. 어차피 욕 먹으면 기분 나쁘기만 할 텐데 무시하는 게 나아요. (기분이 나쁘긴 하죠. 그럼 "기분이 나쁘니 하지 마"라고 표현해도 되지 않을까?) 모르죠. (음 …. "모르죠"라고 하니 본인 이야기하는 게 아니라 제3자 이야기를 한 것 같아요. 지금 여기는 ○○의 이야기를 하고 있는데 제3자 반응으로 "모르죠." "그렇겠죠." 라고 해요. 선생님은 기다릴 거예요. 속 시원하게 "몰라요"라고 아님 "알아요"라고 자신의 이야기를 하는 그날이 바로 상담이 끝나는 날인 것 알죠?)

母 상담

"모르죠" "그렇겠죠"의 반응을 보면 자신을 표현하기 참 힘든 내적으로 빈약한 아이인 것 같다. 절대적으로 미러링이 필요하고 부정적 · 극단적 감정으로 행동을 하더라도 '아들 키우기 참 힘들다'보다는 '지금이라도 알았으니 다행이다' 하고 생각하시고 우선 버텨 주고 받아 주라고 설명했다. 표정이 없고 반응이 없는 것이 모와 닮은 점이 있을 뿐 아니라 아버지와도 닮은 점이 있다 설명해 주었다. 사춘기라서 증폭되어 나타날 뿐 오래전부터 그렇게 양육된 점을 알려 주었다. 한편 지금이라도 알고 상담을 받으러 적극적으로 오시는 모에 대해 ○○이에게 강점이 될 수 있음을 알려 주고 지지해 주었다. 모는 이곳에 올 때마다 보상을 해 준다고 했다. 만화책을 사 준다든가 …. 우선은 그렇게라도 해 주시고 이곳에 오는 시간만큼은 아들과 단 둘만의 시간이니 뜻깊게 보내라고 이야기해 주었다.

7회기(2010. 6. 12)

내담자 상담

(머리가 짧아졌네. 모자도 쓰고 왔네.) 학교에서 머리카락이 잘렸어요. 길어서요. 1센티 남겨 놓고 다 잘랐어요. (무슨 일이 있었니?) 머리 길이를 다 망쳐 놔서 그냥 다 잘랐어요. (기분은?) 아무렇지도 않아요. 어차피 기말고사 때문에 스트레스를 받아 한 행동인데. (무슨 말이니?) 모르죠. (자세히 이야기해 봐. 들어 주고 싶어요.) 어차피 복장검사 있었지만 …. (그러니 복장검사가 있었는데 머리카락을 잘린 거야? 학교에서?) [침묵] (무슨 머리를 그렇게 함부로 자르기까지 하나요. 전학 간 학교 안 그래도 맘에 안 들어했는데 그 학교 정말 대단하다, 그지?) 다른 학교도 빡세게 했어요. 머리카락 자르겠다고 했었어요. (그런데 왜 머리카락을 ○○가 학교에서 잘려? 정말 대단한 학교네. 머리카락 자르겠다고 했어도 좀 기다려 주지. 이유가 있었을 것 아냐. 못 자른 이유 말야. 누가 자른 거야?) 학생부 선생님이요. 정말 시간이 없어서 못 자른 건데. (그래? 그렇다고 이야기하지. 시간이 없어서 못 자른 것이라고 자르겠다고.) 몇 번 주의를 줬는데 내가 일부러 안 자른 게 아니에요. 하루는 엄마가 없어서 돈이 없었고 또 한 번은 이상하게도 내가 다녔던 미용실이 문을 닫아서 못 자르게 되었던 것인데 이렇게 되었어요. (그래. 그렇게 설명을 하지 그랬어.) [침묵] (말하기가 곤란했어?) 하기 싫었어요. 화도 안 났고. (혼자만 머리카락 안 자른 거야?) 아니에요. 여러 명 있었고 내가 대표로 머리카락 잘린 거예요. 뒷머리만 자르더라구요. (왜 네가 대표로 잘려?) 그냥 나를 지목해서 …. (왜 제가 대표로 잘려야 하나요라고 물어보지?) 기분이 나빠야 따지든 말든 할텐데 그렇지 않았어요. 상관없잖아요. 어차피 머리야 자라면 끝이고, 복구할 수 없는 것이면 화가 나겠지만 …. (그래. 그래도 혼자 대표로 뒷머리 잘렸잖아. 그런데 가만히 있으니 너만 머리카락 잘려 온 것 아냐?) 화가 안 나니 표현 안 했어요. 못한 게 아니라 안 했

어요. "그냥 놔두세요"라고 하지도 않고요. (선생님이 지금 계속 너에게 흥분해서 무엇을 이야기하고 있는 것 같으냐?) 모르죠. (그래도 한번 말해 보면 안 될까? "모르죠"라는 것 말고.) 한마디로 속마음을 표현하라는 거죠. 그래야 불이익을 덜 받을 수 있다고. (오늘 많은 이야길 해 줘서 참 좋다.)

母 상담

머리카락 잘린 이야기는 엄마도 모르고 있었다. 학교에서 어떤 일이 있었는지 몰랐던 것이다.

선생님에게 이야기를 했다니 놀라면서 미용실 간다고 돈 달라고 했을 때 빨리 줄 것을 하고 후회했다. 아이가 요구하는 것이 있을 때 주의하여 놓치지 말고 민감하게 반응할 것을 요청했다.

8월 중에 상담을 종결하거나 리퍼 할 것을 이야기했다. 내담자에겐 마지막 주에 이야기해 줄 것을 엄마가 요구했다.

8회기(2010. 6. 12)

내담자 상담

(피곤해 보여요.) [침묵] (오는데 별 일 없었죠?) 오기 싫은 것 억지로 왔어요. (억지로 와서 어떡하나?) 안 하면 되죠. (억지로 와서 화났나요?) 화는 안 나요. 귀찮다. (귀찮아요? 무슨 말인지 알고 싶어요.) 시간이 아깝고 피로하고 잠을 자고 싶어요. 짜증나고 차라리 게임을 하는 게 나은데 훼방을 놓는 것 같아요. 오는데 귀찮고 힘들어요. (음 …. 귀찮다는 게 어떤 의미예요?) 모르죠. (지금 "귀찮고 힘들다"고 했는데 지금 상황이 귀찮다고 상담하러 오는 상황이 억지로 와서 귀찮다고 했는데 또 언제?) 컨디션이 안 좋거나 기분을 망치거나 할 때. (그럼 귀찮다는 것은 "울적하고 화나고 속상하다"라고 표현해도 되겠네요.) 화내는 것에 속하지 않아요. 화는 나쁘다는 생각이어서

표현이 안 되죠. 무조건 화나는 것도 아니구요. (표정은 화가 나 보이는데 그냥 "귀찮다"라고만 표현하고 화라고 표현하면 나쁜 것 같아서 화는 아니고 다양한 감정을 표현하기 어려운가 봐요.) [침묵] (감정을 표현하는 단어는 뭐가 있을까? 지금 상황에서 떠오르는 단어 있어요?) [침묵] (흰색 칠판에 여러 사람 표정이 있죠. 몇 번을 선택할래요?) [침묵] (그럼 과외선생님이 폭력을 휘둘렀을 때, 학교에서 머리 잘렸을 때, 상담하러 올 때 생각해 보면?) 상관없어요. 상관없으니 감정도 없어요. (그래? 상관이 없는 것이구나. 음 …. 지금 선생님 쳐다보는 것 맞아요?) 맞겠죠. (맞아요가 아니라 맞겠죠?) 어차피 헤어지면 끝이잖아요. (응? 방금 뭐라고 말한 거니?) 상관없잖아요. 어차피 헤어지며 끝이니깐 더 볼 일도 없다는 거죠. (그럼 헤어지기 전까지는 상관이 있는 것이야. 그럼 선생님을 상관 있는 사람으로 해 줄 수 있어?) 해 줄 수 있겠죠. (상관이 있는 사람은 ○○에게 어떤 사람이야?) 그냥 아는 사람, 친한 사람이라면 선생님과 대화하듯이 하진 않아요. 도와주고 또 도와달라고 하고 해 달라고 조르기도 하죠. (선생님에게 그렇게 대할 날을 기대해요.)

9회기(2010. 7.3)

母 상담

처음보다는 좋아졌다. 누나랑 말 한마디도 하지 않았는데 컴퓨터에 대해서 이야기하고 깔깔대고 웃는 것이 참 드문 일이라고 했다. 도서관에서 나름대로 공부했다고 하고, 과외선생님은 못 구했으며, 학원도 가지 않고 공부를 하지 않는다. 성적이 좋으면 희망을 갖고. 친구랑 공부했다고 하니 신기하다. 학교선생님에게 ○○이가 나아졌다고 문자가 왔다.

내담자 상담

약을 먹으면 기분이 나빠져요. 그냥 짜증이 나고 신경질 나요. 편두통 증상이랑 비슷하게 머리도 아파요. 목감기 걸리고 나서부터 6키로 빠졌고, 식욕이 떨어졌어요. 55키로에서 45키로로 빠졌다가 다시 49키로가 되었어요.

여자 친구는 돈 아까워서 안 사귀어요. (좋아한다는 말 들어 본 적 있어?) 기억이 안 나요. 모르죠. (들어 본 적 없구나.) 그렇겠죠. (들어 본 적 있구나.) 모르죠. 여자 친구 있으면 돈만 날려요. 불편해요. 사 달라고 하니까. 밥을 왜 사며, 옷은 비싸고, 헤어핀도 비싸고.

(친구들하고는 먹고 싶은 것은 어떻게 사 먹고 나눠 먹니?) 메뉴 정한 후 돈을 걸고 똑같은 거 다 시킨 다음에 그 애가 더 먹고 싶은 게 있으면 더 내게 해요. 자기가 배불러서 나눠 주면 착한 아이가 되고 배고파서 안 나눠 주면 나쁜 애가 돼요.

10회기(2010. 7.10)

母 상담

한 대 때려 주고 싶다. 말을 듣지 않고 어깃장 놓고 내 성격을 테스트 하는 것 같다. 자기 하기 싫으면 남도 시키지 마라고 말한다. 시험성적 오답표를 봤는데 영어를 다 4번으로 찍었다. 친구가 4번 찍으라고 했다면서 …. 어디까지 참아야 하는지 가슴에서 천불이 나서 방학 하면 돈이나 벌러 다니라고 했다. 해야 할 의욕, 필요성이 없고 어디 가는 것도 싫어하고 그래도 변화를 주려고 여행을 보내려고 한다. 합기도 수련회 보내려고 한다.

출산으로 상담을 리퍼 할 것임을 이야기했다. 내담자에겐 마지막 주에 이야기해 주길 원했다.

그래도 미리 말해 줘야 한다고 이야기했다.

내담자 상담

게임하는 중 난 한 개라도 깨야 했고 엄마는 들어가라고 하면서 그냥 밀

어붙이면 기분 나쁘다. (아. 엄마 상담 끝나길 기다리면서 앉아서 게임하고 있었는데 엄마가 들어가라고 했어?) [침묵] (그 상황에서 어떻게 하고 싶었어?) 모르죠. (모르죠? "이야기하고 싶지 않아요."라고 선생님이 이해해도 되겠니?) 맘대로 하세요. (부모님이, 엄마가 어떻게 변했으면 하니?) 없어요. 안 변하는 게 나아요. (그래 …. 게임 좋아하지? 혹시 다음 주에 보드게임 한번 해 볼까?) [침묵] (게임 좋아하잖아. 그럼 지금 해 볼래?) 귀찮아요. (음 …. 그래 …. 근데 영어 시험은 다 4번으로 찍었어?) 공부 안 했으니깐요. (그래도 다양하게 찍어 보지 그랬어.) [계속 상담자를 쳐다봄.] (그렇게 4번으로만 찍으니 어떻든?) 아무렇지도 않아요.

11회기(2010. 7. 23)

母 상담

엄마가 좀 희생적이었어요. 환경이 어려웠죠. 아버지가 일찍 돌아가셨고 엄마가 안쓰러웠어요. 고생하고 키워 주고 내가 좀 고집이 있었는데 ○○에게 내 모습이 있어요.

○○가 조금은 변화가 있는 것 같은데 그래도 맘껏 컴퓨터를 해요. 사람이랑 어울리면서 해야 하는데 보기 너무 싫어요. (그래도 변화된 점은?) 예전에 들은 척도 안 했는데 지금은 "이 판만 하고" "아니면 1시간만 하고 나서" 라고 표현을 해 주고 끝내요. 컴퓨터 때문에 모든 일상이 안 돼요. 밥도 30분, 1시간 뒤에 먹어야 하고 한자 학원도 합기도도 안 가요. 누나는 고1인데 서로 안 맞아요. 꿈은 화가이고 한 번도 꿈이 변한 적 없어요. 독특한 편이고 디자인 쪽으로 가고 싶어 해요. 잘하기도 하구요. ○○이를 우습게 보고, 대화가 안 되며 여동생이 있으면 좋겠다고 표현해요. ○○이가 말을 예쁘게 하면 사랑받을 텐데, 누나에게 지지 않아요. 남편은 무뚝뚝하고, 지적하고 칭찬에는 인색해요. 필요하다고 해도 잘 하지 않아요. 늦게 들어오고 일

찍 오면 9시예요. 술은 안 먹고 술 분위기도 좋아하지 않고 돈 버는 것만 알죠. 취미는 바둑, 사진 찍기, 수석 모으기. (○○가 어렸을 적 어머니 모습 어떤 점과 닮았나요?) 퉁명스러운 말투, 남 속상하게 하는 말 하기, 수줍어하고 말 못하고 …. (왜 그렇게 말할까요?) 자신도 힘들고 상대방의 배려가 없다고 생각하니깐. 내 성격상 단점을 갖고 있어요. 난 스스로 많이 참는 편이에요. 싫어도 참아 주죠. 수다 떨기도 안 하고, 그 시간에 다른 일을 하죠. 다른 사람이 우리 집에 계속 있으면 이상해요.

12회기(2010. 7. 30)

내담자 상담

하루 종일 집에서 있었고 텔레비전을 봤어요. (오늘이 12번째 상담이에요. 상담하러 오는 것 어떤가요?) 그저 그렇고 싫어요. (그런데 상담 왜 왔어요?) 잘되라고요. (○○를 가장 잘 이해하는 사람은?) 또또예요. (응?) 개에요. 할머니 강아지예요. 요크셔이고 5, 6년 되었어요. (강아지 마음을 어떻게 아니?) 절 젤 좋아했어요. 막 쫓아다녀요. 나를 쫓아오는 개. 명령하는 걸 잘 따라 해요. (예를 들면?) 구르기 잘해요. (말 잘 들어서 좋구나.) 다 같이 불러도 나에게 와요. (강아지가 잘 따르는 특별한 방법을 갖고 있나 봐.) 혼날 때 도와주는 것밖에 안 해요. (혹시 ○○는 혼날 때 또는 위기에 처해 있었을 때 도와준 사람이 있었나?) 모르죠. (생각해 봐.) 없어요. (또또 같은 존재가 혹시 가족 중에 없나요?) 한 명쯤은 있어요. 가족은 아니에요. 친구예요. (이야기해 줄 수 있어요?) 없어요. 하기 싫어요. (그래. 곧 선생님과 상담할 시간도 많이 남지 않았네. 혹시 알고 있었니?) 네. (어떻게?) [침묵] (아 …. 배 보고 알았구나.) 아닌데요. (그럼?) 처음부터 선생님이 볼 날이 별루 많지 않다고 했잖아요. (아 …. 그래? 그랬구나. 혹시 그 말이 서운했어?) 아니요. (그래 …. 그렇군. 다른 선생님에게 ○○에 대해 잘 이야기할게. 그 선생님에게 어떻게 더 이야기해 주길 바라는 것 있니?) 없어요. (그래도 혹시 생각나면 이야기해 줘요, 언제든.)

13회기(2010. 8. 2)

母 상담

언제까지 다 자기 뜻대로 받아 줘야 하나 생각해요. 그래도 좋아진 점은 게임도 줄이고 가끔 할 말도 하고 기분 좋을 때도 있다는 거죠. 오늘도 계속 툴툴거리면서 왔어요. 수련회 갔다 왔는데 점잖아졌다고 칭찬을 해 줬어요. 그래서 상담을 받고 있어서 그런가 생각했어요. 나에게 투정부리고 말이 통하지 않는다고, 강압적이라고 했어요. 정말 오기 싫은 날은 심하게 오기 싫어해요. 그럴 때는 나도 왜 왔을까 생각하죠. 하지만 어느 날 갑자기 아이가 말도 하지 않고 방에 틀어박혀서 안 나오고 하면 위기감이 와서 방치하는 것 아닐까 하는 죄책감이 들고 엄마를 잘못 만나서 그런 게 아닐까 하는 생각도 들어요. (그런 마음을 ○○에게 전달해 주면 됩니다. 엄마가 이토록 너를 생각하고 사랑하고 있다는 것을요.)

내담자 상담

(오늘은 상담하러 오는 것 어땠어요?) 엄마에게 낚여서 왔어요. 악연이에요. 여기 오는 자체가 악연이에요. (악연이구나. 그 맘을 이해하고 싶어요.) 왜요? (악연인지 인연이지 알고 싶어서요. 그래도 왔잖아.) 친구들과 놀고 컴퓨터 해야 하는데 또 와야 하니깐. (엄마한테 졌네. 엄마한테 져도 이곳에서 선생님이랑 상담할 수 있어서 좋잖아요.) 말한 내가 잘못이죠. (선생님에게 기분 나쁜 것 있나요?) 많겠죠. (궁금해요. 이야기해요.) 이야기 못해요. 제 마음이니깐요. (그래요. 그럼 새로운 선생님과 만나서 지금보다 이야기 더 잘해서 ○○가 원하는 것 있잖아, 상담 하러 오지 않게 많은 이야기를 하

길 바란다.)

14회기(2010. 8. 14)

내담자 상담

개학을 한다. 잠을 많이 잤다. 할 게 없다. 엄마는 강요하지 않음 좋겠다. 누나는 싫다. 엄마도 좋지만 아빠가 더 좋다.

母 상담

약을 2~3일 먹이지 않았더니 잠을 많이 자더군요. '약을 안 먹여서 상태가 심한가?' '정말 저렇게 아무것도 할 수 없을까?'라고 생각했어요.

(○○가 아빠가 좋다는 이야기를 했어요. 좋고 싫음을 오늘 처음 이야기한 것 같아요.) 남편이 일주일 정도 집에 들어오지 않았어요. 남편의 부재가 불편하게 생각되지는 않아요. 가족이 와해된 것 같은 붕괴된 느낌은 들죠. 그동안 이루어 왔던 게 이것밖에 없었나? 우리 아들도 이럴까? 부가 역할을 하지 않고 집에 관심이 없어요. 나 혼자 하고 아예 관심이 없어요. 돈 벌어 주는 것 외에는 필요성을 못 느껴요. 최근 1~2년 심해졌어요. 머리는 텁수룩, 이발도 면도도 신경 쓰지 않고 싫어해서 명절에 몇 번 자르고 말 뿐이에요. 주변사람을 개의치 않아요. 검버섯 생겨서 병원 가서 제거하자고 해도 절대 안 가요. 지쳤어요. 이젠 하기가 싫어요. 남 보기에 순하고 허허 잘 웃는 사람을 엄마가 마음에 들어해서 중매결혼했어요. 나를 배반하지는 않겠지 싶어서, 성실한 것 같고 해서 했어요. 자식에게 관심도 없고 나 혼자 키울 수 있다는 오기만 늘어요.

지금까지 살면서 일이 힘들다 한 적 없고 굉장히 성실하고 직원들 엄청 아끼지만 집안, 가족, 자식들을 돌보지 않아요. 미주알고주알 듣고 싶은데 무관심에 무심해요. 더 이상 신랑이라고 하고 싶지 않아요. 더 이상 힘들어하고 싶지 않아요. (좀 더 일찍 어머님의 이런 마음을 알았으면 좋았을 텐데 종결 시점에 알게 되어 아쉽군요.)

15회기(2010. 8. 20)

내담자 상담

다음에 만날 선생님에 대해 이야기해 주고, 마지막 상담임을 이야기했다. 여전히 표정과 말이 없다. 저번에 학교에서 머리 잘렸던 사건에 대해 이야기한 것처럼 앞으로도 누군가에게 자기표현을 조금이라도 하길 바란다고 말하고, 해도 괜찮고 편하게 믿고 맘껏 하는 날이 오길 바란다고 말했다. (약속도장 복사 코팅을 함.)

母 상담

자식이 이렇게 싫어하는데 계속해야 하는지 회의가 들어 관둘까 생각 중이라고 했다. 상담자는 새로운 선생님을 만나면 새로운 라포 형성을 통해 새로운 경험이 될 수도 있고 상담 방식이 다를 수 있으니 그래도 한번 해 보라고 권했다. 내 속을 홀딱 뒤집어 놓고 깐죽거리고 친구랑 놀고 싶은데 참고 상담 와야 하니깐, 게임을 계속해야 하는데 끄고 와야 하니깐, 네가 그렇게 싫어하는 줄 모르고 내가 끌고 와서 미안하다고 말했다. 효과도 없고 오늘은 유난히 더 오기 싫어했다고 한다. 인생 뭐 있나 싶기도 하고 나 혼자 살기만 급급해서 이렇게 살다가 끝나는 건가라는 생각이 들었다고 한다. 그래도 불우 이웃돕기 성금 등은 꼭 내고, 돈 아끼고 빌려 준 돈은 반드시 받아 내는 아들의 모습을 보면 기특하다고 했다.

모와 내담자와 함께 있는 자리에서 새로운 선생님을 소개시켜 드렸다.

상담자: 정영애
논평자: 홍종관

본 상담사례논평은 정영애 상담자가 학습이 부진하고, 자기표현력이 부족하고, 늘 우울하고 짜증내고, 게임을 많이 하는 중학교 2학년 남학생과 4개월간 15회기에 걸쳐 상담한 사례에 대해 논평한 것이다.

1. 상담의 개념화 부문에 대한 논평

이 개념화 부분에서 상담자가 내담자를 잘 이해하기 위해 지능검사와 MMPI 검사를 실시하였다는 것은 상담자가 내담자를 객관적으로 이해하고자 한 측면에서 잘한 점이라고 생각된다.

상담자가 이 상담의 개념화 부분에서 보완했으면 하는 점은 다음과 같다.

첫째, 내담자 문제의 이해 문제

상담자는 내담자의 문제의 이해에서 내담자가 공감능력이 제한적이고, 타인에 대한 불신감이 크고, 부정적 지각을 가지고 있고, 낮은 자존감을 가지고 있고 등, 이러한 문제들이 오래전부터 지속되어 온 가족의 문제라고 했는데, 가족의 어떤 문제인지를 파악했어야 한다. 즉 내담자의 문제를 가족의 문제라고만 돌리지 말고 개인내적 원인은 무엇인지에 대해서도 파악했어야 한다.

둘째, 상담목표 설정 문제

상담목표가 내담자와 어머니가 말한 것만을 그대로 정하였는데 상담자의 관점에서도 내담자가 어떻게 변화되어야 하는지에 대한 의견이 상담목표설정에 포함되어야 한다. 내담자들은 자신의 문제가 무엇인지, 왜 그런 문제행동을 하게 되는지, 그리고 그 어떻게 나아져야 하는지 잘 모르는 경우가 많다. 이때 상담자는 내담자와 함께 어떻게 변화되어야 하는지에 대한 상담목표를 찾아보고 합의하여 정해야 한다.

2. 상담진행과정에 대한 논평

본 사례의 내담자처럼 상담동기가 낮아 상담이 끝나가는 종결단계에까지 억지로 상담에 오는 내담자를 끝까지 인내하고 4개월간 15회기의 상담을 진행하였다는 점에서 상담자의 인내심을 칭찬해 주고 싶다.

상담의 진행과정에서 보완되었으면 하는 점은 다음과 같다.

첫째, 상담과정에서 심리검사의 활용 문제

지능검사와 MMPI-A 검사를 통해 내담자를 객관적으로 이해하고자 한 것은 잘한 것인데, 그 결과를 해석한 것에 그쳤고, 실제 상담과정에서 그 검사결과의 활용이 미흡하다. 즉 검사결과에서 보인 내담자의 강점은 내담자 문제의 보호요인으로 보고 내담자 문제해결을 위해 적극 활용해야 할 것이며, 검사결과를 통해 파악한 내담자의 문제점은 상담과정에서 위험요인으로 보고 이를 제거하거나 억제하는 방향으로 고려되어야 한다.

둘째, 낮은 상담동기에 대한 상담자의 접근 문제

내담자는 어머니에 의해 상담을 받으러 온다. 즉 상담동기가 전혀 없다. 이는 상담을 마치는 15회기까지 계속된다. 이렇게 상담동기가 없는 내담자의 경우 상담자는 상담의 목적이나 상담의 효과 등을 설명하여 상담동기를 유발해야 한다. 본 사례의 내담자처럼 상담동기수준이 매우 낮은 내담자의 경우 상담동기수준을 어느 정도 높이는 문제는 상담의 성패에 있어 매우 중요하다. 그런데 상담자는 이에 대한 문제의식도 없이 계속 문제해결에 급급하였다.

셋째, 대화의 깊이 문제

상담자는 상담과정에서 내담자의 말을 깊이 경청하고 그 언어적 이면의 내담자의 심리를 읽고 이에 초점을 두고 대화를 해야 하는데 본 상담자는 상담자가 알고 싶고 하고 싶은 것에 초점을 두고 대화를 하였다. 이로 인해 좀 더 심도 있는 대화가 이루어지지 않고 상담종결단계가 가까이 오는 시점에도 상담초기에서 주고받는 수준의 대화밖에 할 수 없었다.

넷째, 상담개입의 초점 문제

상담자는 내담자의 문제가 가족의 문제라고 보았는데, 그렇다면 내담자를 도울 때에 가족과 관련된 부분에 초점을 두고 상담했어야 한다. 그런데 본 상담자는 개인에게 초점을 두고 상담을 진행하였다.

다섯째, 상담자 개입의 깊이 문제

내담자 문제의 핵심이 무엇인지를 겉으로 드러난 행동적 차원이 아닌 심리적 차원에서 접근하는 것이 부족하다. 즉 내담자가 게임에 몰두하는 것은 그의 심리적인 문제를 회피하고자 하는 심리적인 문제에서 비롯된 것이다. 따라서 게임이 문제가 아니라 그의 어떤 심리적인 문제가 그렇게 게임에 몰두하도록 하는가를 밝혀내고 그 심리적 문제를 해결하는 것에 상담의 초점을 두어야 한다. 그런데 상담자는 상담의 전체적인 과정에서 내담자가 보이는 행동에 초점을 두고 반응하였지만 좀 더 심층적으로 심리적 문제를 다루지는 않았다.

여섯째, 약물치료에서 상담자의 역할 문제

이 상담의 내담자의 경우 약물치료를 겸하고 있다고 하는데, 상담자는 내담자에 대한 의사의 약물처방이 적절한지를 관찰하고 그에 대한 상담자의 의견을 약물처방을 하는 의사에게 알려 주어야 한다. 즉 내담자가 그 약으로 인해 너무 위축되거나 소극적이지는 않았는지, 아니면 좀 더 약이 강하게 처방되어야 하는지 등을 상담자 편에서 약을 처방하는 의사에게 알려 주는 것이 필요하다. 본 사례에서 내담자가 전혀 정서적으로 냉담하리만큼 반응을 보이지 않는다고 했는데 이것이 바로 약물치료의 부작용이 아닌지도 점검해 보아야 한다. 물론 약물처방에 대해 상담자는 전문지식이 없을 것이다. 그러나 내담자의 상태가 정말 심리적인 문제로 인한 것인지 아니면 처방된 약물로 인한 부분도 있는지를 알아야 하고 만약 약물처방에 의심되는 부분이 있다면 이에 대해 약물처방을 하는 의사와 상의해야 한다.

3. 상담결과에 대한 논평

상담자가 아기출산 문제로 상담을 종결하게 되었는데, 이것은 처음부터 예견된 일이었다. 그러므로 상담자는 자신의 상담기간을 4개월로 처음부터 정하고 그에 맞는 상담목표를 설정했어야 한다. 그런데 상담자는 다른 상담자에게 위탁하는 것으로 본인의 상담을 마무리했다. 이로 인해 상담의 목표 달성 여부를 다루지 못하고 상담을 종료하게 되었다. 다른 상담자에게 자신의 내담자를 위탁하더라도 자신과의 상담이 어느 정도 도움이 되었는지 살펴봄으로써 자연스런 상담의 종결을 유도할 수도 있었다. 그런데 본 상담자는 자신의 출산 문제로 상담이 종결되는 것처럼 상담을 종결하고 있다.

4. 총평

상담사례를 정리함에 있어서 전체적으로 내담자, 내담자의 어머니, 상담자의 입장에서 오가며 정리하였는데 단순히 나열만 한 곳이 많고 그 맥락이 잘 드러나지 않으며 체계적으로 정리되지 않았다. 내담자가 한 말에 대한 상담자의 이해와 그에 대한 반응이 좀 더 구체적이고 명확하게 기술되어야 한다. 그리고 위에서 지적한 사항들이 전체적으로 여러 가지 면에서 보완되어야 한다.

상담자: 정영애
논평자: 김인규

논평자인 김인규는 인간중심적 상담, 현실치료 상담, 대인과정접근을 기초로 한 절충주의적 입장을 견지하고 있다. 따라서 다음의 논평은 본인의 이론적 관점에서 비추어 본 논평이다. 따라서 다른 상담 이론적 관점에서 본 사례를 논평한다면, 다른 평가가 가능함을 미리 밝혀 둔다.

본 사례는 게임 과몰입과 학교부적응 문제를 나타내는 비자발적 청소년과 어머니를 5개월 동안 어렵게 상담하고 다른 상담자에게 의뢰된 사례이다. 본 사례를 논평하는 데 있어 첫째, 내담자 문제에 대한 사례개념화, 둘째, 상담진행과정, 셋째, 상담성과 등으로 논평하고자 한다.

1. 사례개념화

상담자가 내담자의 특성 및 문제를 이해하고 그에 대한 원인이 무엇인지를 파악하며 상담계획을 수립하는 것과 관련해서 다음과 같이 논평한다.

첫째, 상담자가 파악하는 내담자의 특성과 문제에 대해서이다. 상담자는 내담자의 주요 문제를 스트레스나 자극을 적절히 다루어 나가는 데 필요한 내적 자원이 상당히 제한적이고, 특히 대인관계에서 타인과의 공감능력이 제한적이며, 타인에 대한 불신감이 크고, 부정적 지각을 지니고 있는 것으로 파악하고 있다. 내담자는 타인과의 관계에서 필요 이상으로 지나치게 경계하고 철수되어 자신만의 영역에 머무르며 안정감을 유지하려는 모습을 보이는데 이는 가족 내 역기능적 의사소통을 통해 오래 전부터 지속되어 온 문제일 것으로 상담자는 파악했다.

내담자와의 면담자료 이외에 내담자 이해를 위해 활용한 자료로는 심리검사와 행동관찰이 있다. 심리검사로는 K-WISC-III 검사결과를 통하여 내담자는 복잡하고 추상적인 과제가 요구되는 고학년의 학습에서 어려움을 겪을 수 있겠고, 자신의 생각이나 지식을 타인에게 조리 있게 전달하는 면에서도 어려움이 있을 수 있으며, 평소 환경 내에서 접하는 자극들의 중요한 부분과 중요하지 않은 부분을 적절히 구별하지 못하고, 부적절한 자극에 몰입되어 정신적 에너지를 소모할 소지가 많을 것으로 보았다. 또한 MMPI 검사결과를 통하여 내담자가 자신을 드러내지 않으려는 거부적이고 방어적인 태도를 보이며, 대인관계에서 타인에 대해 과도한 불편감을 경험하고 있고, 스스로에 대한 자신감이 부족하고, 부정적이고 비관적 생각으로 우울할 수 있을 것으로 파악하였다.

학습부진과 대인관계 미숙, 게임 과몰입 등의 증상을 문제로 보고 이와 관련된 인지적, 정서적 특성을 파악한 것은 내담자에 대한 일차적 이해로는 적절하다고 할 수 있다. 그러나 본 사례는 비자발적인 청소년 내담자와 이 내담자를 상담에 의뢰하고 함께 상담을 받는 어머니 내담자의 사례라는 점에서 문제의 중심을 어머니와 내담자의 관계 문제로 파악하는 것이 더 적절할 수 있다. 청소년수련관에서 YC를 만나기도 했고, 약물치료를 받기도 하면서 본 상담에 참여하게 되기까지 어머니의 적극적 노력이 있었고 이에 대한 청소년 내담자의 반발과 갈등이 심했던 것을 볼 수 있다. 청소년 내담자 개인의 증상 자체보다도 그 증상을 중심으로 한 의사소통, 대인관계 과정의 문제를 파악하고 다루어 가는 것이 대인과정접근에서의 문제파악 방식이다. 본 사례에서 아들의 문제 증상 표현에 대하여 아버지는 무관심, 어머니는 과도한 개입, 누나는 비판적 태도 등을 보이며 어머니와 아들 간에 갈등적인 융합이 형성되고 아들은 수동적 반항의 양상을 보이는 역기능적 의사소통의 가족 문제를 지니고 있다고 볼 수 있다. 또한 내담자의 약물치료에 대한 구체적 탐색이 필요하다.

내담자에 대한 심층적 이해를 위해서는 상담자가 어떤 이론적 견해에 근거해서 상담을 진행하는지에 대한 분명한 이해가 필요하다. 정신역동적 접근, 인지적 접근, 정서적 접근, 행동적 접근 등은 인간이해와 문제해결에 있어 매우 다른 입장을 취하고 있기에 상담자가 취한 관점에 따라 매우 다른 이해와 해결방법이 나올 수 있다. 현재 상담자는 자신의 이론적 입장을 뚜렷이 밝히고 있지 않은데 한두 가지 입장을 통해 심층적으로 내담자를 이해하는 노력을 하는 것이 더 필요하다고 본다.

둘째, 상담목표와 전략에 대해서이다. 상담자는 청소년 내담자에게는 친밀감 형성, 자신의 감정 표현을, 어머니 내담자에게는 미러링을 상담목표로 수립하였다. 우선 내담자가 의뢰된 주요 문제인 게임 과몰입, 학습부진 등에 대한 언급이 없는 점이 아쉽고, 이 목표들이 내담자와 협의하여 수립되어 상담자와 내담자가 공유하고 있는 것인지가 의문스럽다. 상담자는 일정 기간 동안만 이 사례를 진행할 것임을 알고 있었고, 어머니 내담자는 구체적인 문제를 호소하며 상담을 의뢰하였기 때문에 처음부터 구체적인 상담목표를 수립하여 진행하는 것이 바람직했을 것이다. 또한 상담목표를 상담자와 내담자가 공유하였을 때 상담이 더욱 효과적으로 진행될 수 있다.

그리고 상담전략에 대한 기술이 없는 점이 아쉽다. 상담자가 어떤 전략과 기법을 사용하여 상담목표를 이루려고 했는지에 대한 기술이 필요하다.

2. 상담진행과정

1) 상담진행과정에서 돋보이는 점

본 사례에서 상담자의 개입이 적절했다고 보이는 점들은 다음과 같다. 비자발적이며 대화에 소극적인 청소년 내담자를 대상으로 상담을 진행하기 위해 여러 질문과 격려 반응을 하였으며, 계속적인 불평과 한탄을 하는 어머니 내담자를 대상으로 지지와 격려반응을 잘 하여 15회 동안 상담이 지속되도록 하였다.

2) 상담진행과정에서 보완되었으면 하는 점

본 사례에서 상담자의 개입 중 다소 아쉬웠다고 여겨지는 점들은 다음과 같다.

첫째, 청소년 내담자에게 상담을 마치는 것에 대한 반복적인 언급이 상담자와의 동맹 형성에 방해가 되었을 수 있다. 아마도 비자발적 내담자의 동기유발을 위해서 의도적으로 한 말일 수 있지만 그 실제적 기능은 내담자로 하여금 상담자에 대한 신뢰감정 발달에 부정적으로 영향을 미쳤을 수 있다. "상담을 왜 하게 되었는지 알게 되면 상담은 종결이다."(1회), "왜 오게 되었는지 알게 되면 끝난다."(2회) "상담을 빨리 그만두고 싶으면 말해 보라."(3회), "자신의 이야기를 하는 날이 바로 상담이 끝나는 날이다."(6회) 등은 내담자로 하여금 상담을 빨리 마쳐야 하는 부정적인 것으로 인식하도록 하며 상담자도 자신을 빨리 보내고 싶어 한다는 인상을 주어 다시 한번 거부당하는 경험을 주었을 수도 있다. 실제로 12회에서 내담자는 "처음부터 선생님이 볼 날이 별로 많지 않다고 했잖아요."라는 언급을 하면서 상담관계의 지속성에 대한 믿음이 없었음을 보여 준다.

둘째, 청소년과 어머니를 개별적으로만 상담한 것이 아쉽다. 비교적 지속적으로 어머니가 상담에 참여하였기에 일정 시점 이후로는 함께 상담하여 모자간의 상호작용을 파악하고 변화시키려는 노력을 했다면 더욱 효과적이었을 것이다.

셋째, 청소년 내담자의 상처 입은 마음을 알아주고 감싸 안아 주는 과정을 충분히 진행하지 않았다. 계속적으로 정서적 무감각, 대인관계 단절을 드러내는 내담자는 사실 많은 상처를 받아 왔기 때문에 더 이상 자신의 내면을 보여 주지 않으려는 방어를 하고 있다고 볼 수 있다. 이에 대하여 깊은 공감 반응, 견뎌 주기, 과정 언급 등을 통해 내담자의 정서와 사고를 지지하고 표현하도록 하는 과정이 필요하다.

넷째, 라포 형성에 방해가 되는 상담자의 언어반응이 아쉽다. 7회기에 "그래? 그렇다고 이야기하지." "그렇게 설명을 하지 그랬어." "~라고 물어보지?" 등의 반응과, 13회기 "이곳에서 상담할 수 있어 좋았잖아요." "선생님에게 기분 나쁜 것 있나요?" 등의 반응은 내담자를 추궁하고 어른으로서 상담자의 가치와 태도를 내담자에게 강요하는 반응일 수 있다.

3. 상담성과

1) 상담목표 달성도

본 상담의 성과로는 내담자가 자신의 문제를 몇 달간에 걸쳐 이야기하는 경험을 하고 자신에 대한 탐색을 해 보았다는 것이라고 할 수 있다. 그러나 15회기에서 어머니가 "자식이 이렇게 싫어하는데 계속해야 하는지 모르겠다." "효과도 없고 …."라고 한 반응에서 내담자는 뚜렷한 상담성과를 보지 못했다고 생각하고 있음을 알 수 있다. 그리고 상담자가 파악한 상담성과가 제시되어 있지 않아 아쉽다.

2) 미해결 문제와 그에 대한 대처방안

본 상담에서 미해결된 문제로는 청소년 내담자의 대인관계 거부, 학습 부진, 게임 과몰입 등의 증상과 어머니 내담자의 심화된 좌절이다. 상담자의 개인 사정으로 상담을 지속할 수 없어 다른 상담자에게 의뢰되었으므로 새로운 상담자는 이전 상담에서의 경험을 잘 탐색하여 충분한 신뢰관계를 형성하고 구체적인 목표 수립을 통해 상담의 효과성을 높일 수 있도록 해야 할 것이다.

4. 총평

본 사례에서 상담자는 게임 과몰입과 학습부진, 대인관계 거부를 보이는 중학생 내담자와 어머니를 15회기 상담을 통해 자기표현과 미러링을 시도해 보도록 하였다. 계속적인 지지와 격려 등 상담과정에서 돋보이는 부분이 있지만, 가족관계 중심의 문제파악, 구체적 목표 설정, 라포 형성, 조기 종결과 의뢰 등이 아쉬운 사례이다. 앞으로 더욱 명확한 사례개념화를 수립하여 심층적인 상담을 진행하는 것이 필요하다.

용어 설명

BGT(Bender-Gestalt Test): 각종 도형을 이용하여 시각, 지각, 운동의 성숙 수준, 정서적 상태, 갈등 영역, 행동통제 등의 다양한 측면을 살펴보는 검사이다.

HTP(house-tree-person test) 검사: 내담자에게 여러 장의 용지를 제시하고 각각의 용지에 집, 나무, 사람 등을 그리게 한 다음에 이 각 그림에 대해서 자유연상을 시키거나, 여러 가지 질문을 한다. 그리고 이에 대한 전체적 평가, 형식 및 내용 분석 등을 통해 피검자의 심리상태, 성격경향 등을 판정한다.

KFD(Kinetic Family Drawing, 동적가족화): 내담자에게 가족을 그리도록 함으로써 가족의 상호작용을 추론하고자 하는 심리검사이다.

KPRC(The Korean Personality Rating Scale for Children, 한국아동인성평정척도): 한국아동인성검사(KPI-C)를 부분적으로 수정하여 한국 가이던스에서 새롭게 개발한 검사이다. 0~3점까지의 4점 척도를 사용함으로써 보다 구체적이고 자세한 해석을 가능케 하여 검사 후 해석 과정에 있어 신뢰성을 더하였다.

K-WAIS: 데이비드 웩슬러에 의해 고안되었으며, 전 세계적으로 가장 널리 사용되는 지능검사 중의 하나인 WAIS(Wechsler Adult Intelligence Scale)를 한국 실정에 맞게 표준화한 것이다.

MMPI(Minnesota Multiphasic Personality Inventory): 미국 미네소타 대학교 연구팀이 개발한 다면적 인성검사법으로, 대학생들의 성격검사와 기업체에서의 인사관리 등에 쓰이고 있다.

SCT(sentence completion test): 문장의 일부를 제시하고 자유로이 완성시키게 하는 방식의 검사이다. 완성의 방법, 내용에 피험자의 내부에 숨겨져 있는 심리가 나타나므로 그것을 일정한 이론에 따라서 진단에 이용한다.

U&I 학습유형검사: 공부 때문에 힘들어 하는 학생과 부모들을 위해 개발된 검사. 학생이 학습과정에서 보일 수 있는 행동 및 태도, 성격 양식을 알아봄으로써 개별 학생에게 적합한 교육 프로그램을 개발하고 치료하는 데 널리 활용되고 있다.

저자 소개

박경애(광운대학교 교육대학원장, 상담심리/심리치료교육 전공 주임교수)
이재규(공주대학교 교육학과 교수)
김혜원(호서대학교 청소년문화상담학과 교수)
조현주(성균관대학교 학생상담센터 상담교수)
김인규(전주대학교 상담심리학과 교수)
김춘경(경북대학교 아동학부 교수)
김희수(한세대학교 교양학부 교수)
신지영(한국정신치료연구원 책임연구원)
윤정혜(하연상담교육연구소 소장)
이한종(춘천교육대학교 교육학과 교수)
조붕환(공주교육대학교 초등교육학과 교수)
조정연(대구사이버대학교 행동치료학과 교수)
최태산(동신대학교 상담심리학과 교수)
홍종관(대구교육대학교 교육학과 교수)

한국학교상담학회 『학교상담 사례연구』 편집 위원

기획 책임자

박경애(학회장, 광운대학교 교육대학원장)

편집 책임자

이재규(학술위원장, 공주대학교 교육학과 교수)

기획 및 편집 위원

김혜원(학술지 발간위원장, 호서대학교 청소년문화상담학과 교수)
조현주(교육연수위원장, 성균관대학교 학생상담센터 상담교수)

학교상담 사례연구

2013년 3월 22일 1판 1쇄 발행
2023년 10월 20일 1판 7쇄 발행

지은이 • 박경애 · 이재규 · 김혜원 · 조현주 · 김인규 · 김춘경 · 김희수
신지영 · 윤정혜 · 이한종 · 조붕환 · 조정연 · 최태산 · 홍종관

펴낸이 • 김 진 환
펴낸곳 • (주) 학지사
04031 서울특별시 마포구 양화로 15길 20 마인드월드빌딩 5층
대표전화 • 02) 330-5114 팩스 • 02) 324-2345
등록번호 • 제313-2006-000265호

홈페이지 • http://www.hakjisa.co.kr
인스타그램 • https://www.instagram.com/hakjisabook

ISBN 978-89-997-0106-1 93180

정가 18,000원

저자와의 협약으로 인지는 생략합니다.
파본은 구입처에서 교환하여 드립니다.